COLLECTION

Claude **Lizeaux** • Denis **Baude**

SVT Term S

SCIENCES de la VIE et de la TERRE

Enseignement de spécialité
Programme 2012

Sous la direction de Claude Lizeaux et Denis Baude,
ce livre a été écrit par :

Adeline André
Denis Baude
Christophe Brunet
Jean-Yves Dupont
Bruno Forestier
Emmanuelle François
Yves Jusserand
Guy Lévêque
Claude Lizeaux
Paul Pillot
Stéphane Rabouin
André Vareille

Jean-Yves Dupont : coordination du manuel numérique
Claude Fabre et **Hélène Grand** : photographies et vidéos
Grégory Michnik : dessins originaux
Pierre Perez : animations (manuel numérique)
Paul Pillot : vidéos des modèles moléculaires (manuel numérique)

éco responsable
Bordas

Les SVT en Terminale S

Un manuel pour une démarche

Faire des sciences, c'est enquêter, utiliser des méthodes et des techniques pour résoudre des problèmes scientifiques. Le manuel de SVT incite à mener une **démarche d'investigation** : des documents de qualité, soigneusement sélectionnés, sont là pour vous accompagner dans cette démarche.

Le manuel propose de multiples activités pratiques à mener en classe sous la conduite du professeur. En classe de Terminale S, une large place est laissée à l'**autonomie**, laissant chacun chercher et trouver une voie pour résoudre les problèmes posés.

Un manuel pour mieux réussir

Il n'y a pas de réussite sans un travail et un investissement personnel. Ce manuel de SVT, parfaitement conforme au programme de Terminale S, constitue une aide efficace à la mémorisation des connaissances essentielles, à l'acquisition des différentes compétences évaluées au **baccalauréat**. Les exercices proposés sont là pour vous entraîner, vous aider à remédier aux éventuelles difficultés rencontrées.

Un manuel pour préparer l'avenir

Votre manuel de SVT vous permettra de mieux connaître les formations qui conduisent aux **métiers scientifiques**. Il contribue à élargir la culture scientifique et générale et constitue ainsi une base solide pour aborder les études supérieures. Enfin, il vous aidera à comprendre le rôle et la responsabilité des sciences face aux grands enjeux du monde contemporain.

Les auteurs remercient pour leur collaboration :

- Malika Ainouche, Université de Rennes 1.
- Jean-Luc Anton, Centre de recherche en IRM fonctionnelle cérébrale, Marseille.
- Jean-Jacques Auclair, professeur de SVT, Vendôme.
- Alex Baumel, Maître de Conférences, Université Aix-Marseille.
- Christophe Boesch, Max Planck Institute for Evolutionary Anthropology, Leipzig.
- Christine Camilleri, Institut Jean-Pierre-Bourgin, UMR 1318, INRA-AgroParisTech.
- Valérie Boursain, Jacky Chenuet, Daniel Guet, Philippe Turpin, lycée Bernard-Palissy, Gien.
- Dr Jean-Daniel Champagnac, Geological Institute - Earth Surface Dynamics.
- Swiss Federal Institute of Technology (ETHZ).
- Nicolas Claidière, University of St Andrews.
- Valérie Courcier, Société Medtronic.
- Pr David Davies, Istvan Botos, National Institute of Diabetes and Digestive and Kidney Diseases, National Institutes of Health, Bethesda.
- Bastien Delacou, Thèse, Université de Neuchâtel, Suisse.
- Kristin DeLucia, Northwestern University, Chicago.
- Dr F. Dujardin, Anatomie et Cytologie Pathologiques, Faculté de Médecine, Tours.
- Bernard Dutrillaux, CNRS.
- Dr Antoine Feydy, Hôpital Cochin, Paris.
- Alain Fortineau, UMR 1091 EGC, INRA Versailles-Grignon.
- Dr Gaëtan Garraux, Service de Neurologie, CHU de Liège.
- Émilie Gauthier, Chrono-environnement, Université de Besançon.
- Francis Grousset, chercheur CNRS, paléoclimat, Université de Bordeaux I.
- Pr Robert Hanson, St Olaf College, Northfield.
- Pr Serge Guyetant, Service d'Anatomie et Cytologie Pathologiques, Hôpital Trousseau, CHRU de Tours.
- Tobias Hevor, Laboratoire de neurobiologie, Université d'Orléans.
- Maj Hultén, University of Warwick.
- Emmanuel Joussein, laboratoire GRESE, Université de Limoges.
- Pr Alexandre Krainik, service de neuroradiologie, CHU Grenoble.
- La société Jeulin.
- Le proviseur et les personnels du laboratoire de SVT du lycée Gay-Lussac, Limoges.
- Le proviseur et les personnels du laboratoire de SVT du lycée Renoir, Limoges.
- Les personnels du laboratoire de SVT du lycée Guez-de-Balzac, Angoulême.
- Pierre-Marie Lledo, Institut Pasteur et CNRS.
- Marc Maier, CNRS, Université Paris Descartes/Université Paris Diderot.
- Pr Alex McPherson, Steven B. Larson, Department of Molecular Biology and Biochemistry, The University of California, Irvine.
- Adriana de Mello Gugliotta, Instituto de Botânica, São Paulo.
- Guillaume Rami, ENS Lyon.
- Laboratoire « Resource for Biocomputing, Visualization and informatics », Université de Californie, San Diego.
- Céline Richard-Molard, UMR 1091 EGC, INRA Versailles-Grignon.
- Marc Rousset, GDR 2977 PROBBE, CNRS, BIP, Marseille.
- Jean-Pierre Sardin, membre du Conseil national de protection de la nature.
- Vincent Savolainen, professeur à l'Imperial College of London.
- Michel Séranne, UMR 5243, Geosciences, Université Montpellier 2.
- La société Sordalab.
- Patrick Strozza, professeur SVT, lycée Georges-Duby-de-Luynes, académie d'Aix-Marseille.
- Pr Christian Sue, Université de Franche-Comté, UMR 6249 - Chrono-environnement, Besançon.

Direction éditoriale : Jacqueline Erb
Édition : Christine Delormeau
Iconographie : Christine Varin
Couverture : Oxygène
Conception graphique : Valérie Venant
Mise en page : Atelier des 2 Ormeaux
Schémas : Vincent Landrin
Fabrication : Françoise Leroy

ISBN 978-2-04-732930-6

Sommaire

Partie 1 Énergie et cellule vivante

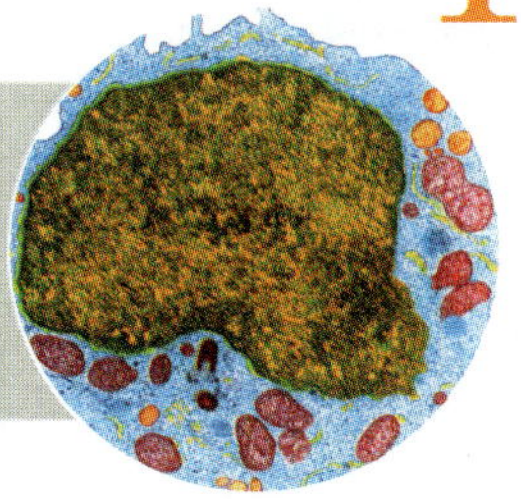

Chapitre 1 La photosynthèse 13
Chapitre 2 Respiration et fermentations cellulaires 33
Chapitre 3 L'utilisation de l'ATP par la fibre musculaire 55

Bilan général 66
Des clés pour aller plus loin 68
Des métiers autour de la biologie 70

Partie 2 Atmosphère, hydrosphère, climats : du passé à l'avenir

Chapitre 1 L'atmosphère primitive et son évolution 79
Chapitre 2 L'évolution récente de l'atmosphère et du climat 97
Chapitre 3 De l'évolution récente du climat au climat de demain 119
Chapitre 4 Le Crétacé : une période particulièrement chaude 137

Bilan général 154
Des clés pour aller plus loin 156
Des métiers autour des sciences du climat 158

Partie 3 Glycémie et diabète

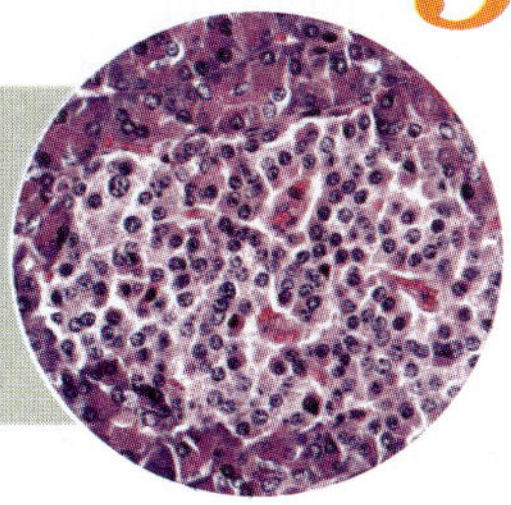

Chapitre 1 La catalyse enzymatique 165
Chapitre 2 La régulation de la glycémie 183
Chapitre 3 Les diabètes 203

Bilan général 222
Des clés pour aller plus loin 224
Des métiers autour du médicament et de la santé 226

Corrigés d'exercices 228
Aide méthodologique 231
Lexique 232
Index 236
Annexe : textes officiels 238

Le manuel numérique enrichi PREMIUM

- **Une utilisation interactive et totalement ouverte de tous les documents du manuel**
- **Des exercices interactifs (QCM), des ressources complémentaires**

→ *Pour observer, comprendre, faire le point.*
→ *Pour manipuler et expérimenter en développant l'autonomie.*
→ *Pour s'interroger, aller plus loin.*
→ *Pour s'entraîner et s'évaluer.*

Des vidéos et des animations

Partie 1 : Énergie et cellule vivante

Chapitre 1
- La concentration en dioxygène, un indicateur de la photosynthèse 15
- La phase chimique de la photosynthèse (cycle de Calvin) 18
- La photosynthèse 27

Chapitre 2
- ATP et mouvements cellulaires (cyclose chez l'Élodée) 42
- Respiration et fermentations cellulaires 49

Chapitre 3
- La fibre musculaire utilise de l'ATP 56
- Interaction actine-myosine 61
- Les mécanismes moléculaires de la contraction musculaire 61
- L'utilisation de l'ATP par la fibre musculaire 63

Partie 2 : Atmosphère, hydrosphère, climats : du passé à l'avenir

Chapitre 1
- L'atmosphère primitive et son évolution 91

Chapitre 2
- Extraction des grains de pollen d'une tourbe 102
- L'évolution récente de l'atmosphère et du climat 113

Chapitre 3
- De l'évolution récente du climat au climat de demain 131

Chapitre 4
- Le Crétacé, une période particulièrement chaude 149

Partie 3 : Glycémie et diabète

Chapitre 1
- Les enzymes : une fonction liée à leur structure (exemple de l'amylase) 168
- La double spécificité des enzymes 170
- Les enzymes, une serrure qui s'ajuste à sa clé 170
- La catalyse enzymatique 177

Chapitre 2
- La libération de glucose dans le sang à partir du glycogène cellulaire 188
- Les hormones pancréatiques : insuline et glucagon 191
- Une boucle de régulation 192
- La régulation de la glycémie 197

Chapitre 3
- Les diabètes 217

Dans le manuel, ces pictogrammes signalent une vidéo ou une animation associée.

Vidéo Animation

Connaître le manuel pour mieux l'utiliser

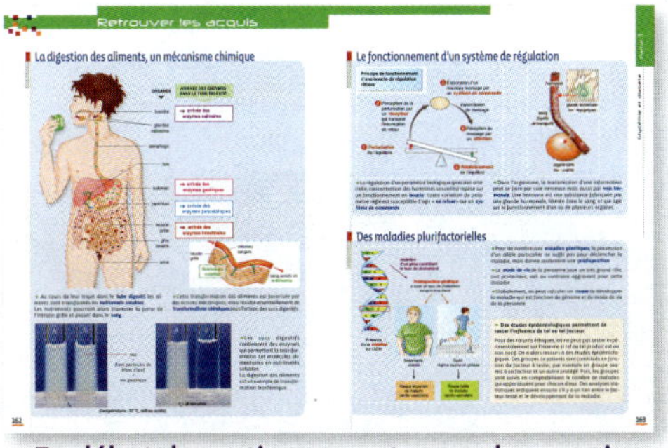

En début de partie, pour retrouver les acquis

Pour poser les problématiques du chapitre

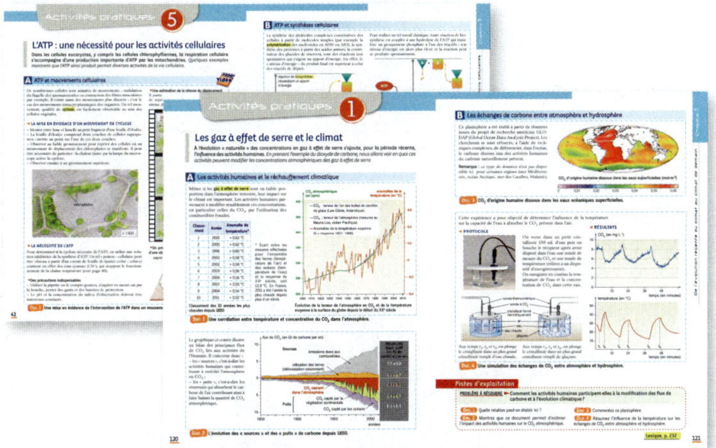

Les activités, pour construire les notions du programme :

→ de nombreuses activités expérimentales.

→ des documents à mettre en relation.

→ des activités de modélisation.

→ une question et des pistes pour une utilisation ouverte des documents.

Les mots surlignés sont définis dans le **Lexique** à la fin du manuel.

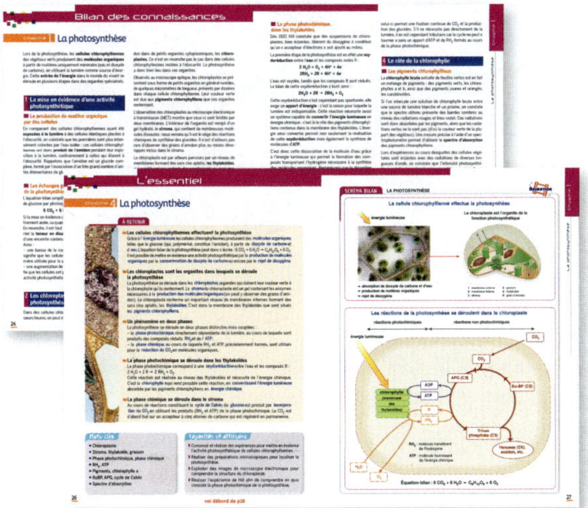

Un bilan des connaissances

Un résumé et un schéma pour faciliter la mémorisation

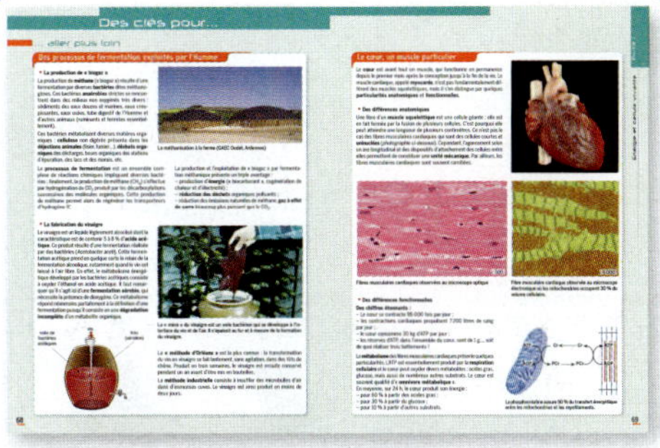

« Des clés », pour aller plus loin

Des exercices pour s'évaluer et s'entraîner

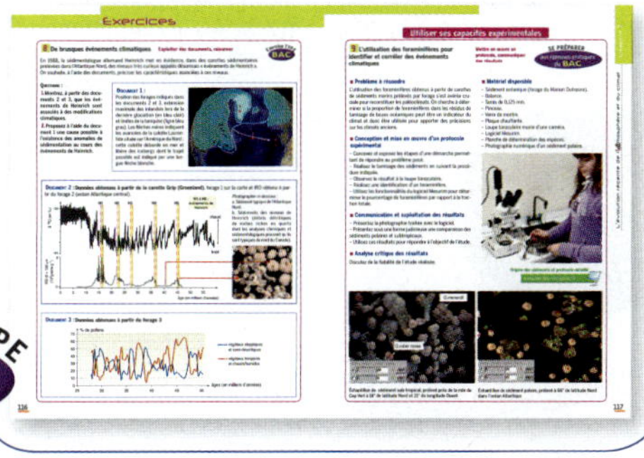

Exercice TYPE BAC

Des ressources à consulter et à télécharger

www.bordas-svtlycee.fr

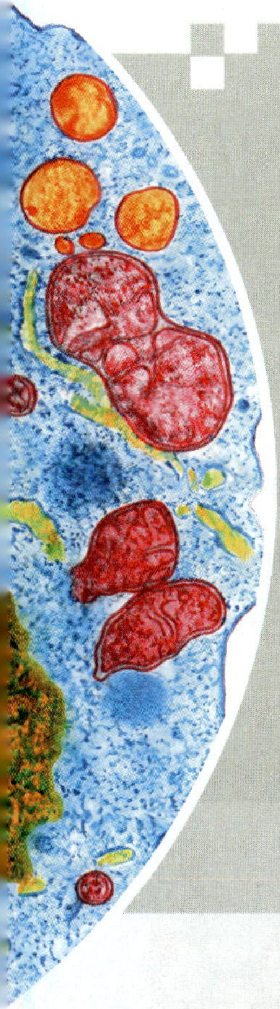

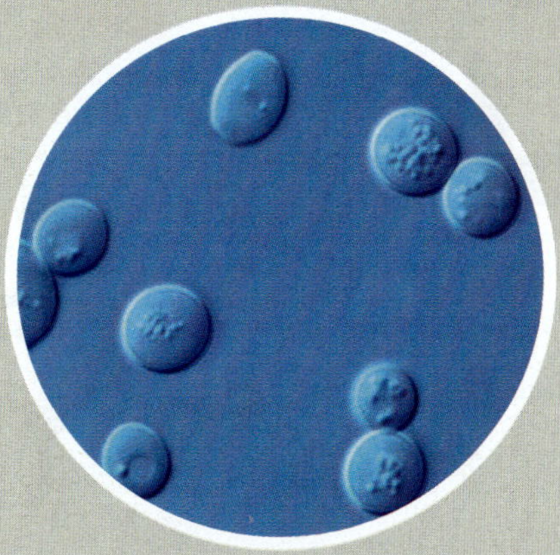

Partie 1

Énergie et cellule vivante

Chapitre 1	La photosynthèse	12
Chapitre 2	Respiration et fermentations cellulaires	32
Chapitre 3	L'utilisation de l'ATP par la fibre musculaire	54

La matière du vivant

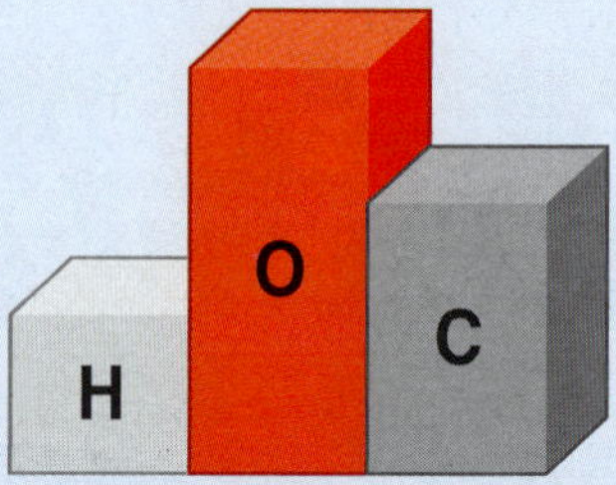

Les trois principaux éléments chimiques de la matière vivante

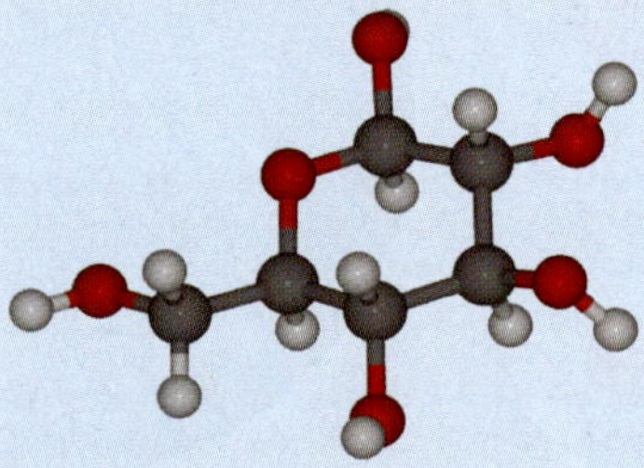

Molécule de glucose

- La matière vivante est principalement constituée d'**eau** et de **molécules carbonées** (glucides, lipides, protides, acides nucléiques). Ces molécules carbonées sont qualifiées d'**organiques** (par opposition à la matière minérale) : dans de telles molécules, le carbone est toujours lié à des atomes d'hydrogène, souvent également à de l'oxygène. Une propriété de ces molécules est d'être **combustibles**.

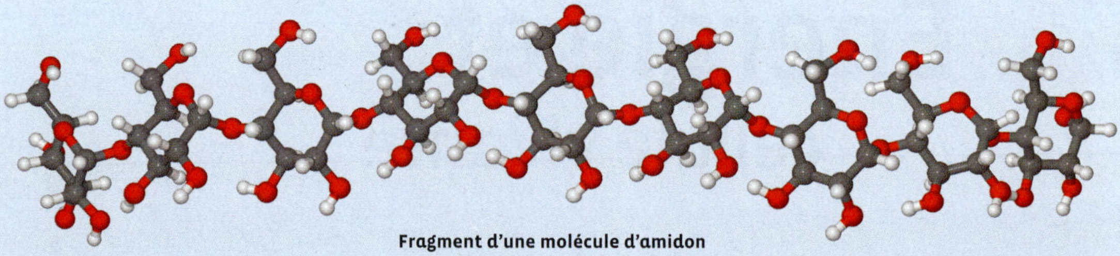

Fragment d'une molécule d'amidon

- De nombreuses molécules du vivant sont des **macromolécules** formées d'un enchaînement de motifs élémentaires. Par exemple, les **protéines** sont des séquences d'acides aminés.

L'**amidon** et le **glycogène** sont des polymères du glucose : ce sont les principaux **glucides de réserve** des végétaux (amidon) et des animaux (glycogène).

- Différents réactifs permettent de mettre en évidence certaines matières organiques. Par exemple, l'**eau iodée**, naturellement de couleur orangée, prend une teinte bleu-violet en présence d'amidon.

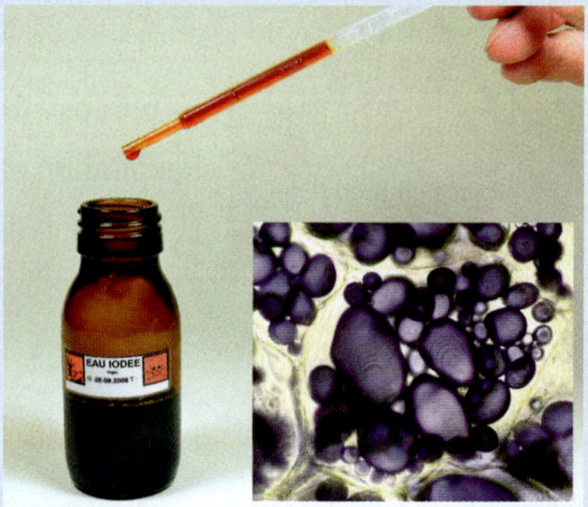

Mise en évidence d'amidon dans des cellules de tubercule de pomme de terre

Les niveaux d'organisation du vivant

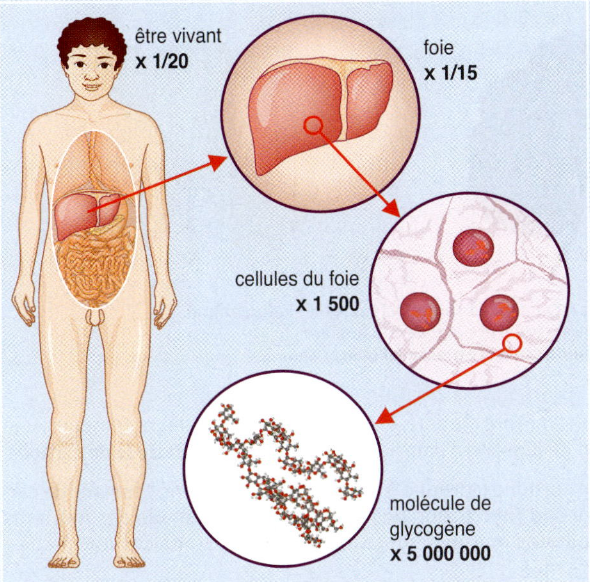

- L'organisation d'un être vivant peut être définie à différentes échelles, de celle de l'**organisme** à celle de la molécule.
- Un être vivant est constitué d'un certain nombre d'**organes** spécialisés, observables à l'œil nu : par exemple, le foie d'un animal, la feuille d'une plante, etc.
- Les organes sont tous constitués de cellules, observables au microscope optique ou au microscope électronique, dont la taille est d'une dizaine de micromètres (µm) environ pour une cellule animale, de quelques dizaines de µm pour une cellule végétale.
- Chaque cellule est constituée et renferme d'innombrables **molécules**, beaucoup plus petites, de l'ordre de quelques nanomètres (soit mille fois plus petites qu'une cellule).

La cellule eucaryote

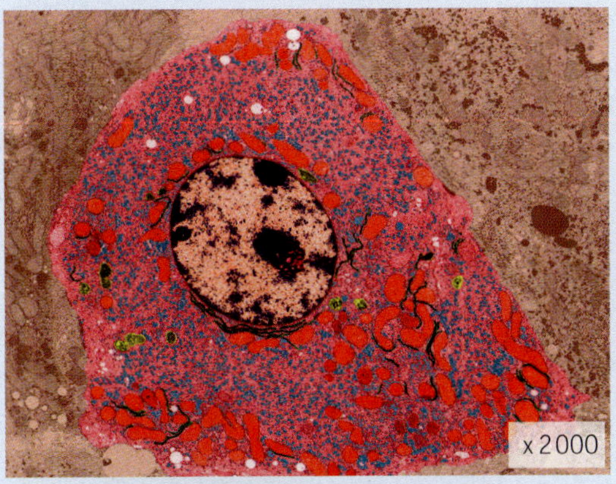

Cellule animale observée au microscope électronique

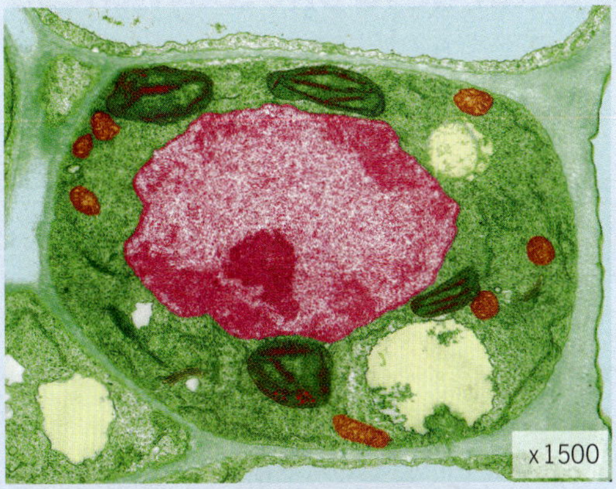

Cellule végétale observée au microscope électronique

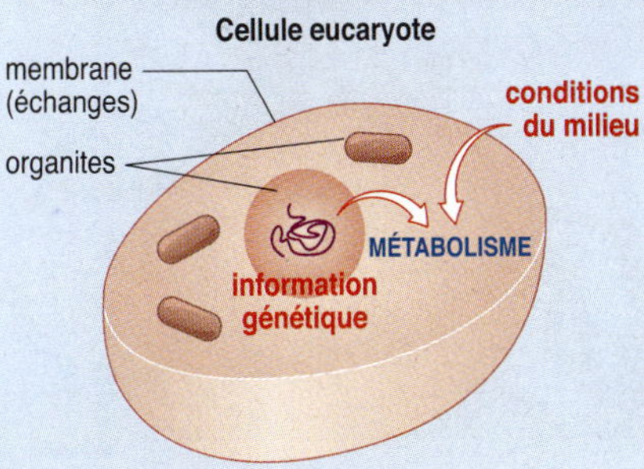

- La cellule est l'**unité structurale** de tous les êtres vivants. C'est aussi une **unité fonctionnelle** : l'ensemble des réactions biochimiques qui se déroulent dans la cellule définissent son **métabolisme**.
- Une cellule ne fonctionne pas en vase clos : elle **échange** en permanence matière et énergie avec son milieu.
- La cellule des organismes **eucaryotes** est **compartimentée** : elle possède divers **organites** dont le rôle est spécialisé. Le noyau, par exemple, bien délimité par une membrane, renferme l'information génétique.

La production de matière organique par les végétaux

Tests à l'eau iodée sur deux feuilles de Pelargonium.
a : feuille qui a été placée à la lumière.
b : feuille qui a été placée à l'obscurité.

- Pour produire sa propre matière, c'est-à-dire des molécules organiques, une plante a besoin de **lumière,** d'**eau**, de **sels minéraux** et de **dioxyde de carbone**.
- Le dioxyde de carbone (carbone à l'état minéral) est donc la **source de carbone** nécessaire à la fabrication des sucres et de l'ensemble des matières organiques produites par une plante (lipides, protides, acides nucléiques, etc.).

Le bilan de la photosynthèse

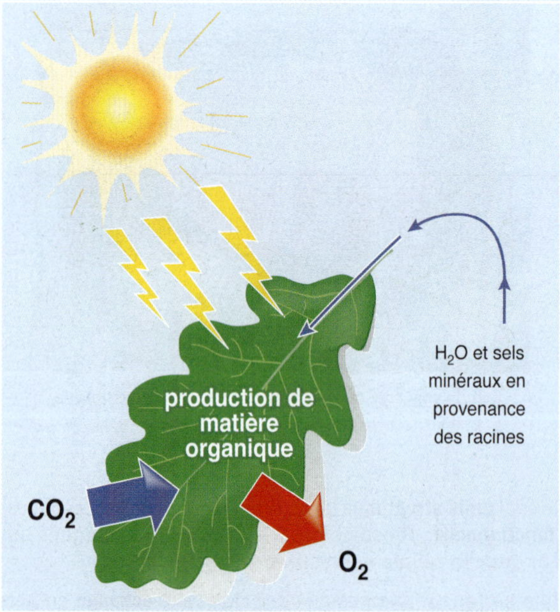

- Dans les parties chlorophylliennes des végétaux, la lumière solaire est susceptible d'être convertie en énergie chimique utilisable pour effectuer la fabrication des matières organiques : c'est la **photosynthèse**. L'**équation-bilan** simplifiée de la fabrication d'une molécule de glucose par photosynthèse s'écrit ainsi :

$$6\ CO_2 + 6\ H_2O \rightarrow C_6H_{12}O_6 + 6\ O_2$$

- Le **dioxygène** rejeté par les végétaux chlorophylliens (*photographie ci-dessous*) est un déchet de la photosynthèse.

L'énergie nécessaire au fonctionnement des organes

- Le fonctionnement des organes nécessite des échanges permanents avec le sang. Les organes ont besoin de nutriments, provenant de la **digestion** des aliments, et de **dioxygène**, provenant de la respiration. Ce fonctionnement produit des déchets qui doivent être éliminés.
- L'**énergie** nécessaire au fonctionnement des organes (contraction musculaire par exemple) provient d'une **réaction chimique** entre les nutriments et le dioxygène.

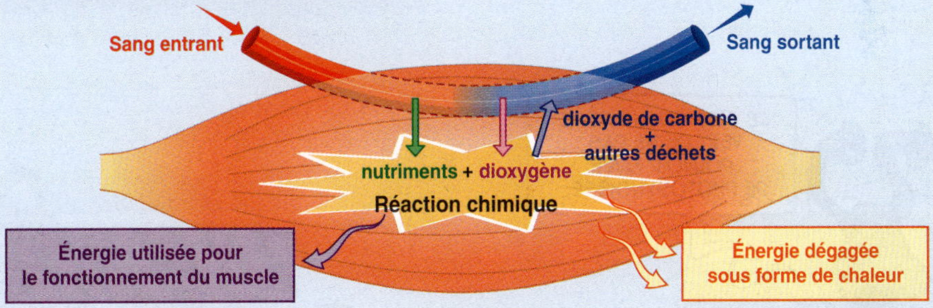

Les échanges gazeux de la respiration

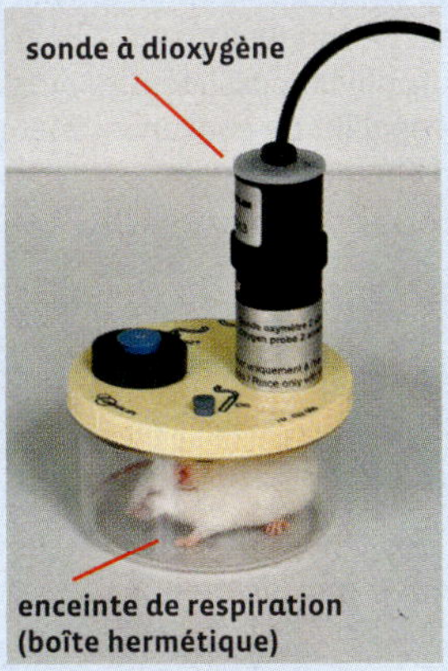

Les **échanges gazeux** de la **respiration** peuvent être mis en évidence expérimentalement. La respiration se manifeste par :
- une consommation de **dioxygène** ;
- un rejet de **dioxyde de carbone**.

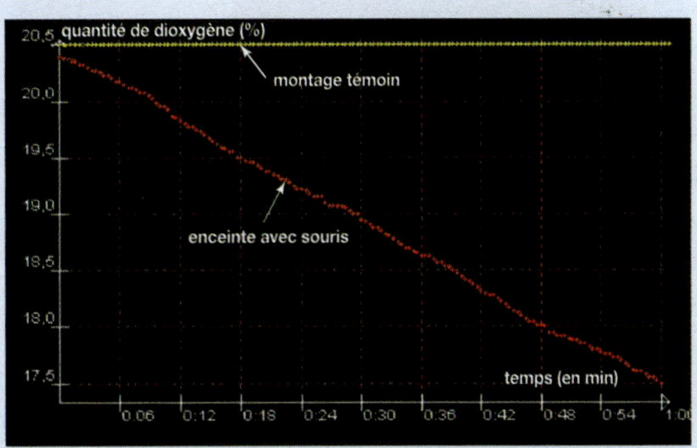

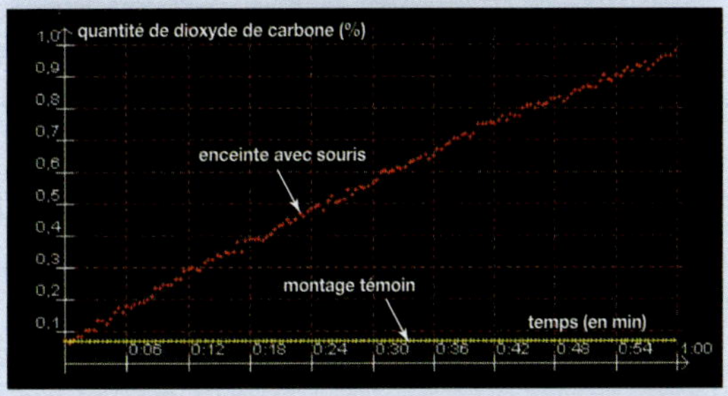

Des DOCUMENTS pour se poser des questions

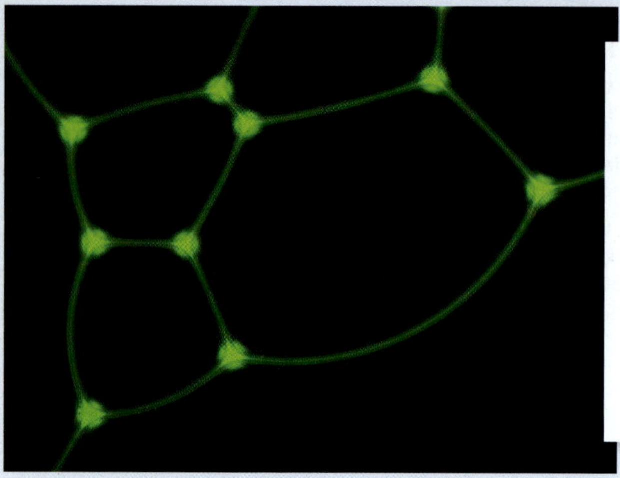

Photosynthèse artificielle ?

Utiliser l'énergie du soleil et le CO_2 pour produire des sucres : c'est ce que font toutes les cellules chlorophylliennes.
Des ingénieurs de l'Université de Cincinnati ont réussi à fabriquer une sorte de « mousse » (*photographie ci-contre*) qui associe dans des membranes tous les éléments nécessaires à la photosynthèse et dont l'efficacité de la conversion énergétique avoisinerait 96 % !
« *L'avantage de notre système, comparé aux plantes et aux algues, est que toute l'énergie solaire capturée est convertie en sucres, alors que ces organismes doivent utiliser une grande partie de l'énergie pour les autres fonctions qui les maintiennent en vie et leur permettent de se reproduire* ».

Il ne suffit pas d'être vert...

Les végétaux chlorophylliens sont doués de photosynthèse : c'est une différence fondamentale avec l'ensemble du règne animal, dépourvu de cette fonction.

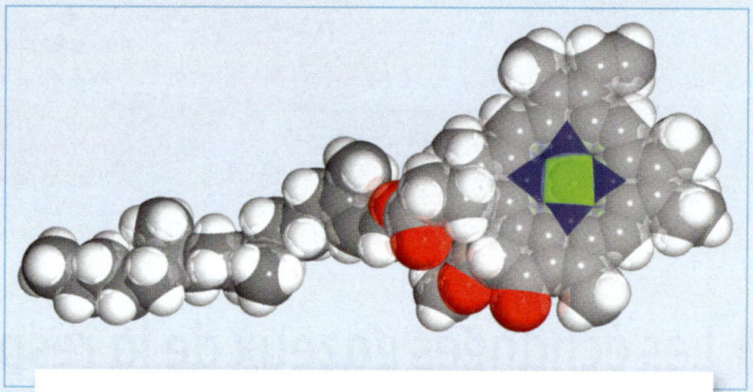

La molécule de chlorophylle

Comme tout pigment, la chlorophylle absorbe une partie du spectre lumineux.
Mais la chlorophylle possède une propriété extraordinaire : la capacité de convertir l'énergie lumineuse absorbée en énergie chimique.

LES PROBLÉMATIQUES DU CHAPITRE

- Comment met-on en évidence la photosynthèse effectuée par les cellules chlorophylliennes ?
- Quel rôle jouent les chloroplastes dans la photosynthèse ?
- Quelles sont les étapes de la fixation du CO_2 et de la synthèse des molécules organiques ?
- Comment l'énergie lumineuse est-elle convertie en énergie chimique ?

Cellule végétale observée au microscope électronique à transmission (x 9 000).

chapitre 1

La photosynthèse

LES ACTIVITÉS DU CHAPITRE

1 Des cellules qui effectuent la photosynthèse 14
2 Les chloroplastes, organites de la photosynthèse 16
3 La « phase chimique » de la photosynthèse 18
4 La « phase photochimique » de la photosynthèse 20
5 Le rôle de la chlorophylle 22

Des cellules qui effectuent la photosynthèse

Les cellules chlorophylliennes effectuent la photosynthèse grâce à l'énergie lumineuse. *Plusieurs méthodes permettent de mettre en évidence et de mesurer l'intensité de l'activité photosynthétique des cellules chlorophylliennes.*

A Une production de matière organique

Les **spirogyres** sont des algues vertes d'eau douce, que l'on trouve communément dans les fossés et les mares, à condition que l'eau soit suffisamment claire.

La spirogyre se présente sous la forme de longs filaments non ramifiés de plusieurs décimètres de long. Chaque filament est constitué d'une succession de cellules **chlorophylliennes**, d'environ 20 µm de large et de 30 à 60 µm de long.

PROTOCOLE EXPÉRIMENTAL

- Disposer une même masse de filaments de spirogyre dans deux aquariums.
- Exposer l'un des aquariums à la lumière, placer l'autre à l'obscurité.
- Après plusieurs jours, prélever quelques filaments de chaque aquarium, puis les déposer dans deux verres de montre contenant une même quantité d'eau iodée.
- Observer au microscope.

RÉSULTATS

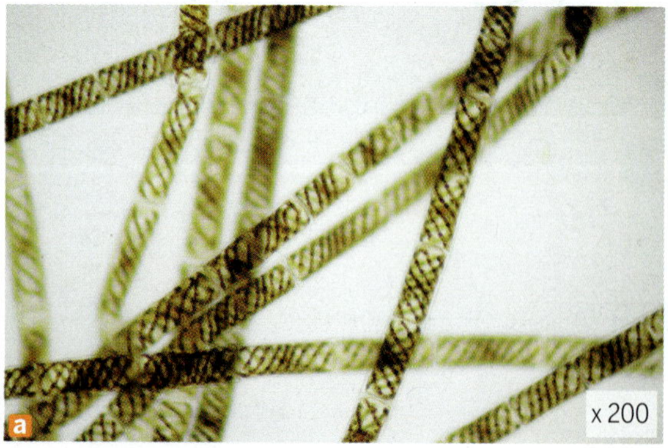

Filaments de spirogyre placés à l'obscurité, coloration à l'eau iodée

Filaments de spirogyre placés à la lumière, coloration à l'eau iodée

Doc. 1 Une mise en évidence de l'activité photosynthétique de cellules chlorophylliennes.

B Des échanges gazeux indicateurs de l'intensité de la photosynthèse

Les **euglènes** sont des algues **unicellulaires** vivant pour la plupart en eau douce.
Leur cellule, chlorophyllienne, possède un long flagelle qui permet une grande mobilité.
Les euglènes et autres algues unicellulaires (chlorelles par exemple) se prêtent donc bien à l'étude du métabolisme à l'échelle cellulaire.

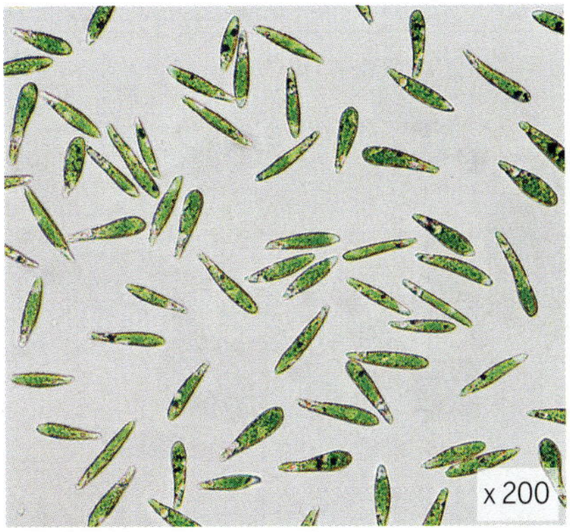

PROTOCOLE EXPÉRIMENTAL

– Mettre une culture d'euglènes dans un bécher bien éclairé, avec un bulleur, pendant au moins 20 minutes.
– Placer quelques millilitres de cette culture dans le **bioréacteur** d'un dispositif d'**ExAO**. Fermer le bioréacteur en veillant à ce qu'il n'y ait pas de bulles d'air.
– Placer une sonde mesurant la concentration en dioxyde de carbone.
– Éclairer le bioréacteur, lancer l'agitation et faire une mesure sur plusieurs minutes.

EXEMPLE DE RÉSULTATS

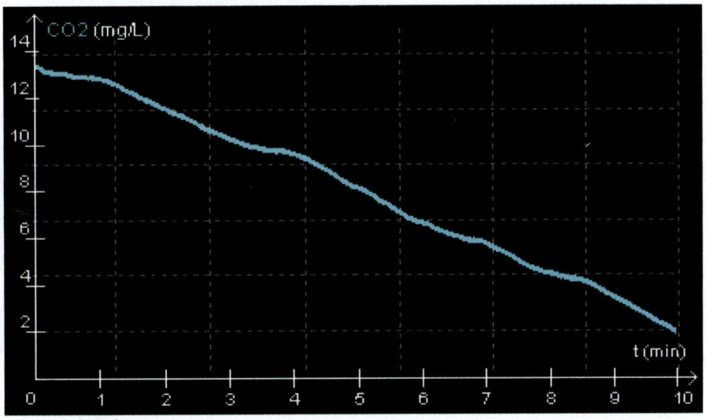

Doc. 2 **Un suivi possible en temps réel de l'activité photosynthétique.**

Vidéo

PROTOCOLE EXPÉRIMENTAL

– Réaliser une expérience à l'aide d'un dispositif d'ExAO semblable à celui utilisé pour l'expérience du document 2 mais en utilisant ici une sonde mesurant la concentration en dioxygène du milieu.
– Après quelques minutes de mesures, faire une injection d'une petite quantité de $NaHCO_3$ (0,2 mL à la concentration de 0,5 mol·L^{-1}).

Remarque : $NaHCO_3$ constitue une source de CO_2 pour le milieu aquatique.

EXEMPLE DE RÉSULTATS

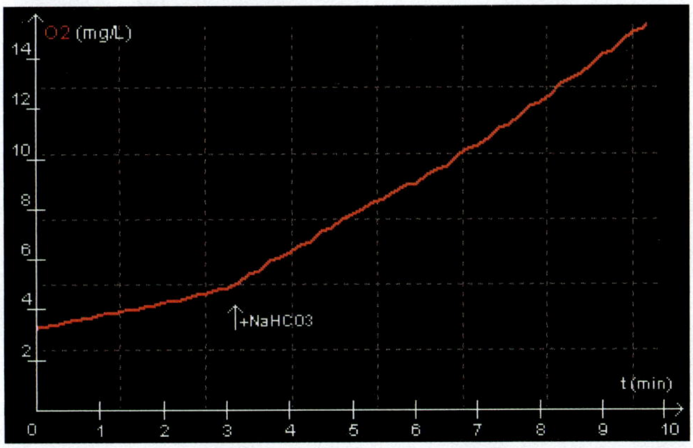

Doc. 3 **La concentration en dioxygène : un autre indicateur facile à mesurer.**

Pistes d'exploitation

PROBLÈME À RÉSOUDRE ► **Comment mettre en évidence et mesurer l'activité photosynthétique de cellules chlorophylliennes ?**

Doc. 1 Comparez les photographies **a** et **b**. Que peut-on en déduire ?

Doc. 1 à 3 En vous appuyant sur le bilan chimique de la photosynthèse, justifiez le principe de chaque méthode utilisée.

Doc. 2 et 3 Quel intérêt présentent ces deux procédés ?

Doc. 2 et 3 Pour chaque expérience, interprétez les résultats obtenus et déterminez l'intensité de la photosynthèse.

Lexique, p. 232

Les chloroplastes, organites de la photosynthèse

Les cellules eucaryotes contiennent divers organites, éléments bien délimités assurant des fonctions essentielles à la vie cellulaire. *De fait, la photosynthèse est une fonction étroitement associée à des organites spécialisés propres aux cellules chlorophylliennes.*

A La mise en évidence d'une synthèse d'amidon dans les chloroplastes

PROTOCOLE EXPÉRIMENTAL

– Mettre des rameaux d'une plante aquatique dans de l'eau enrichie en dioxyde de carbone (en ajoutant de l'hydrogénocarbonate de sodium à 5 % par exemple).

– Répartir les rameaux en deux lots. Exposer le lot 1 à un éclairement optimal pendant plusieurs heures. Placer le lot 2 à l'obscurité pendant 24 h.

– Réaliser deux préparations microscopiques, l'une avec une feuille prélevée sur un rameau du lot 1, l'autre avec une feuille prélevée sur un rameau du lot 2. Utiliser une goutte d'eau iodée diluée comme liquide de montage des deux préparations microscopiques.

RÉSULTATS

Cellules d'un rameau placé à l'obscurité, coloration à l'eau iodée

Cellules d'un rameau placé à la lumière, coloration à l'eau iodée

Doc. 1 Des observations qui permettent de localiser la photosynthèse.

B Le chloroplaste, un organite compartimenté

Les cellules chlorophylliennes des plantes vertes renferment de nombreux **chloroplastes** : ce sont des organites ovoïdes de 1 à 4 µm d'épaisseur et de 3 à 10 µm de longueur.
Un chloroplaste est délimité par une double membrane (une membrane interne et une membrane externe).
L'intérieur du chloroplaste est rempli d'une substance homogène au microscope et appelée **stroma**.
Dans ce stroma, on peut observer de très nombreux sacs aplatis de taille variable, limités chacun par une membrane plasmique. Certains sacs forment des empilements appelés **granums**.
Le stroma peut parfois renfermer des **grains d'amidon**.

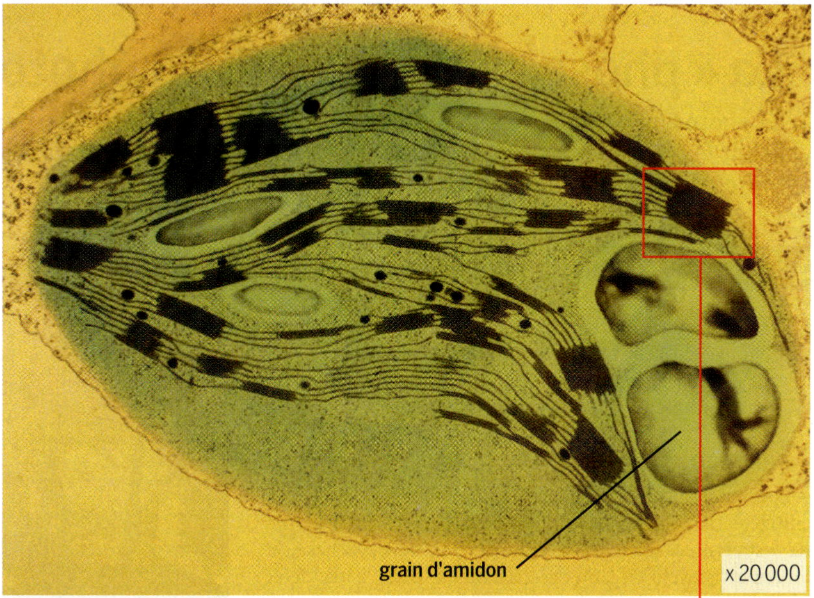

Un chloroplaste observé au microscope électronique à transmission (MET)

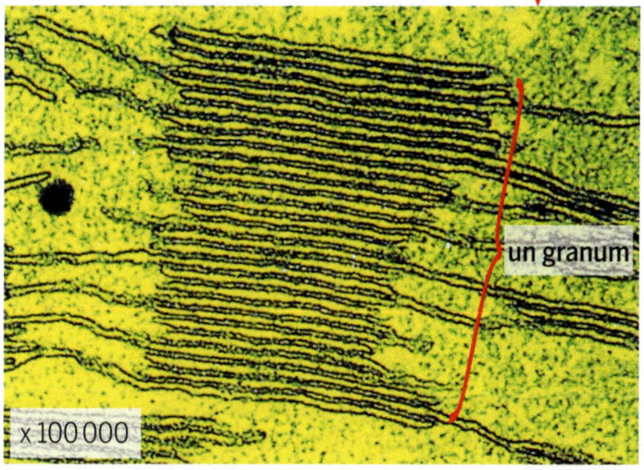

Un granum est constitué par un empilement de disques appelés thylakoïdes.

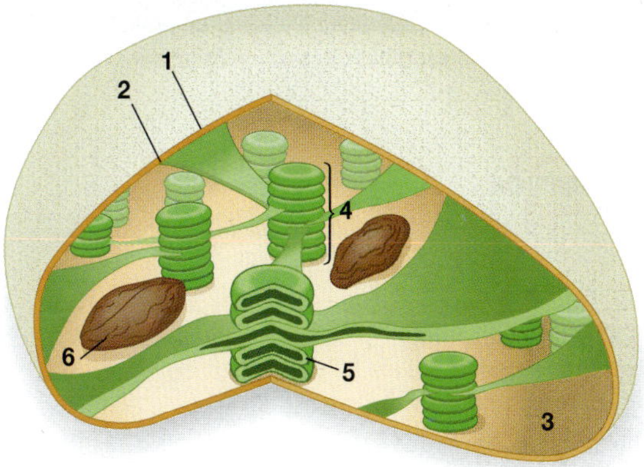

1 : membrane externe
2 : membrane interne
3 : stroma
4 : granum
5 : thylakoïde
6 : grain d'amidon

Un **thylakoïde** est constitué par une membrane formant une sorte de sac aplati. C'est dans l'épaisseur des membranes des thylakoïdes que sont enchâssées les molécules de **chlorophylle**.

Doc. 2 **La structure d'un chloroplaste, révélée grâce au microscope électronique.**

Pistes d'exploitation

PROBLÈME À RÉSOUDRE ► Dans une cellule chlorophyllienne, où la photosynthèse se déroule-t-elle ?

Doc. 1 Que montrent ces observations ? Proposez une explication aux différences constatées.

Doc. 2 Identifiez sur la photographie les différents éléments constituants un chloroplaste (vous pouvez faire un dessin ou légender une photographie).

Doc. 2 Dans quel compartiment du chloroplaste observe-t-on parfois des grains d'amidon ?

Doc. 1 et 2 Montrez que l'organisation d'une cellule chlorophyllienne permet d'exposer à la lumière une très grande surface garnie de molécules chlorophylliennes.

Lexique, p. 232

La « phase chimique » de la photosynthèse

La photosynthèse permet de produire des molécules organiques, des glucides notamment, en utilisant le CO_2 comme source de carbone. *Des expériences historiques ont permis de déterminer les mécanismes de cette* **réduction** *du CO_2 en molécules organiques.*

A L'identification des produits de la photosynthèse

Entre 1950 et 1960, trois chercheurs, Calvin, Benson et Bassham réalisèrent une série d'expériences qui leur permirent d'élucider les étapes chimiques qui conduisent du CO_2 aux premières molécules organiques.

PROTOCOLE EXPÉRIMENTAL

– Des chlorelles (algues unicellulaires) en suspension sont cultivées dans un récipient plat et transparent (en forme de « sucette »). De façon à favoriser la photosynthèse, le milieu est enrichi en CO_2 et le flacon est placé entre deux éclairages puissants.

– À un moment précis, on injecte dans le milieu du dioxyde de carbone radioactif ($^{14}CO_2$). Ceci permettra de suivre « à la trace » le devenir du carbone car les molécules contenant du ^{14}C sont susceptibles de noircir du papier photographique.

– Au bout d'un temps que l'on peut faire varier (de quelques secondes à quelques dizaines de secondes), on fait couler un échantillon de la culture dans de l'alcool bouillant, ce qui stoppe instantanément toutes les réactions cellulaires.

Le dispositif utilisé par Calvin, Benson et Bassham

Animation

IDENTIFICATION DES MOLÉCULES OBTENUES

Après 30 secondes de mise en présence des algues avec le $^{14}CO_2$, on réalise une **chromatographie** de l'échantillon de la culture prélevée : cette technique permet de séparer les constituants du mélange. À l'aide de solvants, on étale les constituants du mélange sur un papier spécial ; le résultat s'appelle un chromatogramme.

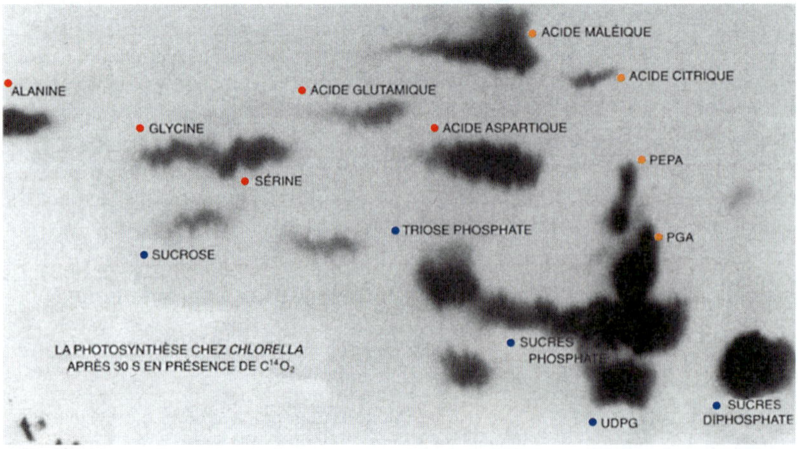

Par **autoradiographie**, on révèle sur du papier photographique toutes les molécules contenant du ^{14}C radioactif, donc formées à partir du $^{14}CO_2$.

Leur position sur le chromatogramme permet d'identifier les différentes molécules. On observe ici la présence de :
- glucides (•) ;
- acides aminés (•) ;
- acides organiques (•).

Doc. 1 Les expériences de Calvin, Benson et Bassham.

B Les étapes de l'incorporation du CO_2

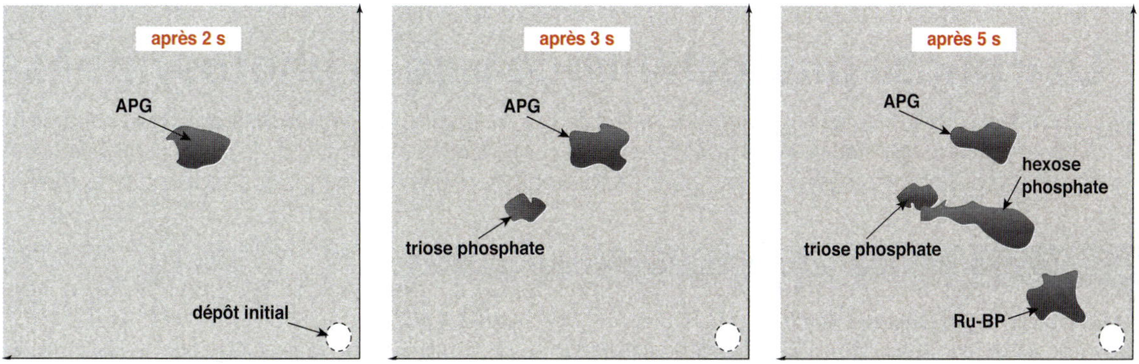

L'expérience de Calvin, Benson et Bassham est répétée avec des temps très courts : on peut alors identifier l'ordre chronologique des premiers produits formés par incorporation de CO_2 au cours de la photosynthèse.

APG : acide phosphoglycérique (3 atomes de C).
Triose : glucide à 3 atomes de carbone.
Hexose : glucide à 6 atomes de carbone (glucose par exemple).
Ru-BP : Ribulose biphosphate (glucide à 5 atomes de carbone).

Doc. 2 L'établissement de la chronologie de la formation des premiers produits de la photosynthèse.

Dans l'expérience traduite par le *graphe ci-dessous*, les concentrations en APG et Ru-BP sont suivies en continu. Au temps t = 0, la culture cesse d'être approvisionnée en CO_2.

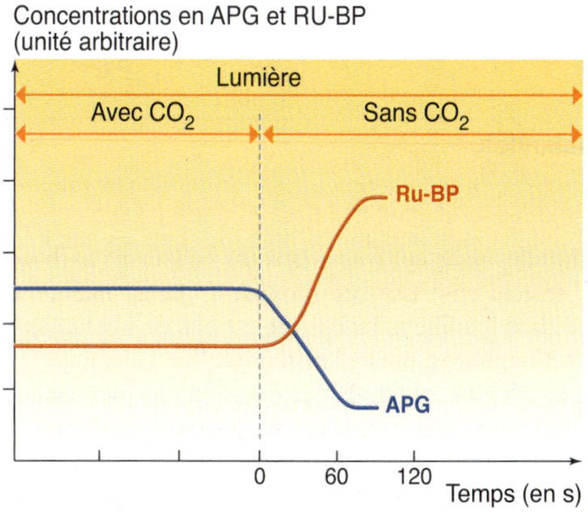

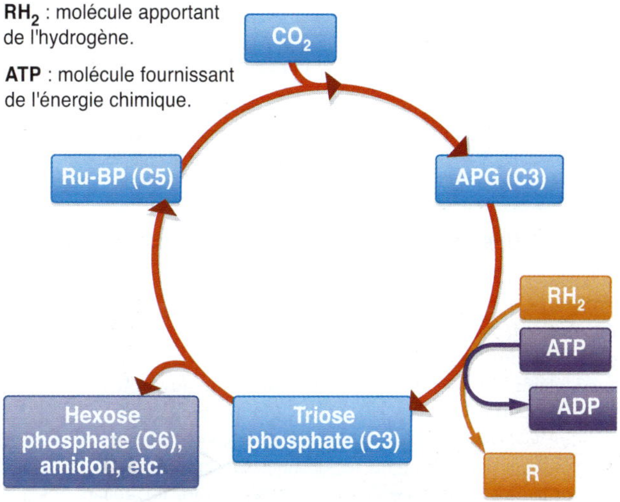

Les principales étapes du cycle établi par Calvin, Benson et Bassham.

Doc. 3 Dans le stroma du chloroplaste, un cycle complexe de réactions chimiques.

Pistes d'exploitation

PROBLÈME À RÉSOUDRE ► **Dans le chloroplaste, comment le CO_2 est-il incorporé dans des molécules organiques ?**

Doc. 1 Quelle est la preuve que les molécules identifiées sont effectivement produites à partir de CO_2 ?

Doc. 1 à 3 Établissez la relation entre les autoradiographies et le cycle établi par les chercheurs.

Doc. 3 Expliquez les résultats de l'expérience.

Doc. 3 Montrez que les réactions du cycle de Calvin sont dépendantes d'un apport extérieur au cycle qui permet à celui-ci de « tourner ».

Lexique, p. 232

La « phase photochimique » de la photosynthèse

La synthèse de molécules organiques à partir de CO_2 nécessite des composés apportant l'hydrogène et l'énergie chimique nécessaires à ces réactions. *Les réactions chimiques de la photosynthèse sont en effet couplées à des réactions dites « photochimiques » car directement dépendantes de la lumière.*

A La photosynthèse : un couplage entre deux phases

• La nécessité d'une réduction du CO_2

Le cycle établi par Calvin et ses collaborateurs (*voir page 19*) montre que la production des molécules organiques par photosynthèse nécessite une **réduction chimique** du CO_2 : en effet, dans une molécule comme le glucose ($C_6H_{12}O_6$), le C se trouve sous une forme réduite, la molécule est hydrogénée. Un apport d'hydrogène est donc nécessaire : celui-ci est fourni par des transporteurs (molécules qui, pour simplifier, sont ici notées « R »). Par ailleurs, ces réactions nécessitent de l'énergie chimique, fournie par l'hydrolyse de molécules d'**ATP** (le rôle universel de l'ATP sera envisagé dans le chapitre 2).

• Expérience

Pour déterminer l'origine des composés nécessaires (**RH_2** et ATP), Arnon réalise une expérience en préparant, à partir de chloroplastes, une fraction contenant uniquement les **thylakoïdes** et une fraction correspondant au **stroma**.

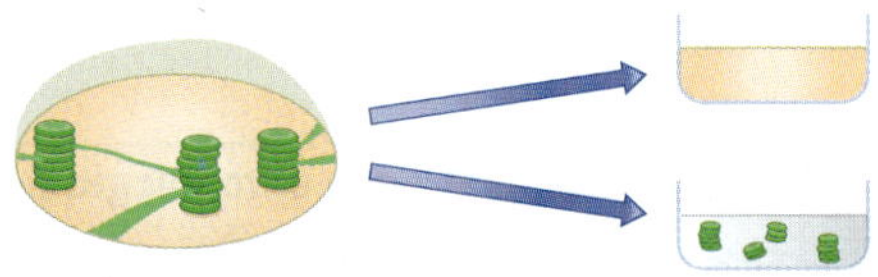

	Expérience 1	Expérience 2	Expérience 3
Conditions dans lesquelles est placé le stroma	Stroma seul, maintenu à l'obscurité et alimenté en $^{14}CO_2$	Stroma maintenu à l'obscurité et alimenté en $^{14}CO_2$ + thylakoïdes ayant séjourné à la lumière	Stroma seul maintenu à l'obscurité et alimenté en $^{14}CO_2$, RH_2 et ATP
Résultats	Pas de fixation de $^{14}CO_2$ (aucune molécule organique radioactive)	Fixation de $^{14}CO_2$ dans diverses molécules organiques	Fixation de $^{14}CO_2$ dans diverses molécules organiques

Doc. 1 Une expérience qui révèle le rôle indispensable des thylakoïdes.

Du dioxyde de carbone radioactif ($^{14}CO_2$) est introduit dans une suspension d'algues unicellulaires. Cette suspension est fortement éclairée pendant au moins 10 minutes, puis placée à l'obscurité. On mesure la quantité de $^{14}CO_2$ fixée par les algues au cours de l'expérience. Les résultats constatés dans les dizaines de secondes qui suivent la mise à l'obscurité peuvent être compris à l'aide de l'expérience d'Arnon présentée par le document 1.

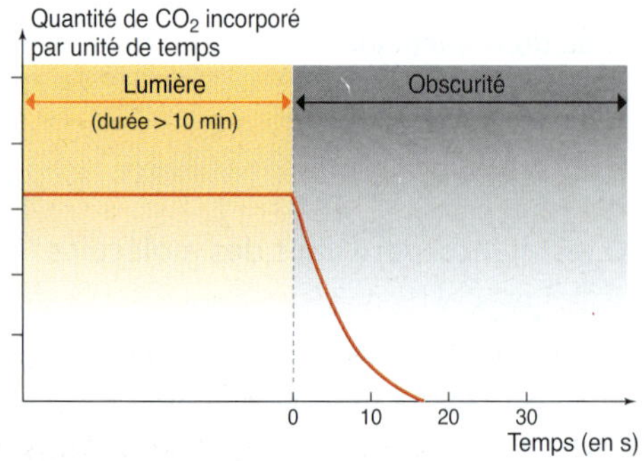

Doc. 2 L'expérience de Gaffron.

Des chlorelles sont cultivées dans un milieu où barbote de l'air enrichi en $^{14}CO_2$ (le taux de CO_2 est maintenu constant dans le milieu). La culture est placée à la lumière pendant 30 minutes, puis à l'obscurité.
Des prélèvements effectués périodiquement permettent de mesurer la radioactivité de deux produits du cycle de Calvin, l'APG et le Ru-BP *(voir page 19)*.

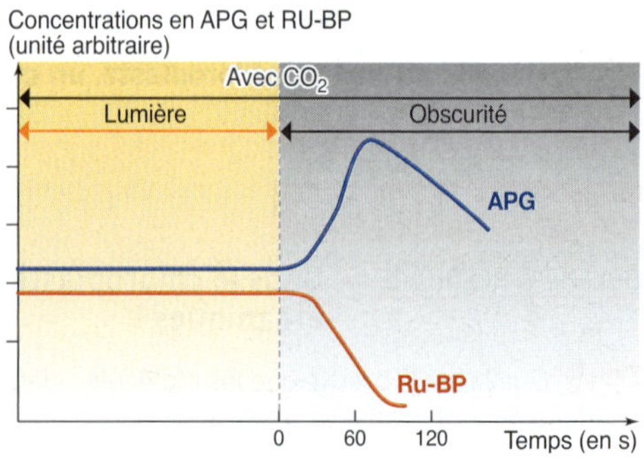

Doc. 3 Un couplage entre phase chimique et phase photochimique.

B L'expérience de Hill, une découverte capitale

L'HYPOTHÈSE DE HILL

En 1937, Hill émet l'hypothèse que la première étape de la photosynthèse est globalement une oxydoréduction entre l'eau et une substance oxydante, appelée ici « R » :

$$2H_2O = O_2 + 4H^+ + 4e^-$$
$$2RH_2 = 2R + 4H^+ + 4e^-$$

Cependant, d'après les valeurs des potentiels redox, l'oxydoréduction

$$2H_2O + 2R \rightarrow 2RH_2 + O_2$$

est une réaction qui n'est pas spontanée : elle exige un apport d'énergie.

Hill émet l'hypothèse que c'est l'énergie lumineuse captée par la chlorophylle qui permet cette réaction.

PROTOCOLE EXPÉRIMENTAL

À l'aide d'un dispositif expérimental assisté par ordinateur, il est possible de réaliser une expérience similaire à celle réalisée par Hill.

• Extraction des chloroplastes

– Peser 10 g de feuilles fraîches d'épinard ou de lis, les découper en morceaux dans un mortier préalablement placé au réfrigérateur.
– Ajouter 10 à 25 mL de solution tampon* (destinée à maintenir le pH) et broyer pendant au moins 2 minutes.
– Filtrer le broyat obtenu, presser si nécessaire pour recueillir suffisamment de filtrat.
– Contrôler au microscope optique la présence de chloroplastes.

Remarque* : cette solution tampon ne contient pas de CO_2. La réaction de Hill s'effectue sans apport de CO_2.

• Réalisation de l'expérience

– Concevoir un protocole expérimental montrant que la production de dioxygène exige à la fois de la lumière et une substance oxydante, le « réactif de Hill ».

UN EXEMPLE DE RÉSULTATS OBTENUS

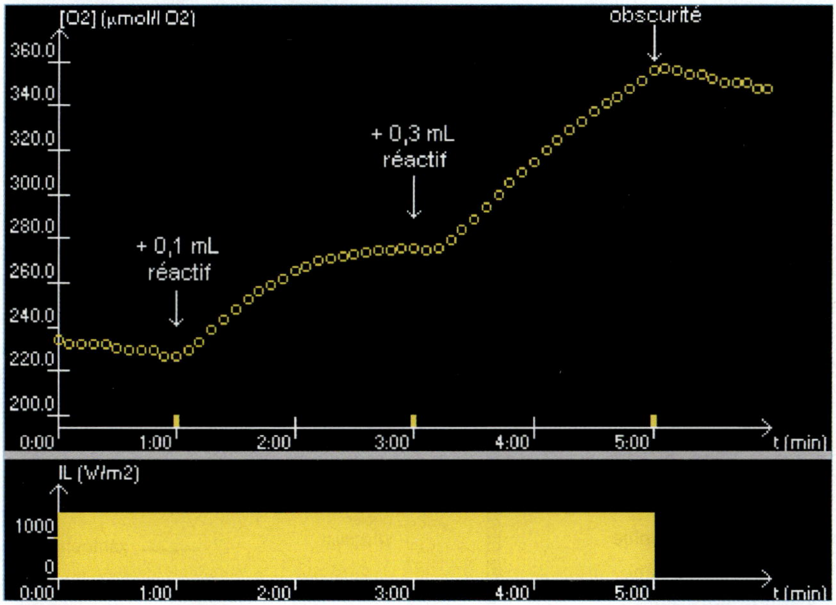

Qu'est-ce que le « réactif de Hill » ?

Lors de l'extraction, le composé « R », oxydant naturellement présent dans les chloroplastes, se retrouve en quantité insignifiante dans le filtrat.
Dans l'expérience, on utilise une solution d'hexacyanoferrate de potassium (le « réactif de Hill ») qui est susceptible de jouer le rôle d'oxydant.

Doc. 4 **Une expérience qui permet de comprendre le rôle de l'énergie lumineuse.**

Pistes d'exploitation

PROBLÈME À RÉSOUDRE ► En quoi la lumière est-elle nécessaire à la photosynthèse ?

Doc. 1 Par un raisonnement rigoureux, déduisez de cette expérience le rôle des thylakoïdes.

Doc. 1 et 2 Proposez une interprétation des résultats de l'expérience de Gaffron.

Doc. 3 Interprétez ces résultats à l'aide du cycle de Calvin présenté page 19.

Doc. 4 Que montre l'expérience de Hill ? Précisez l'origine du dioxygène rejeté et le rôle que l'on peut attribuer à la lumière.

Lexique, p. 232

Le rôle de la chlorophylle

Dans le monde du vivant, seules les cellules chlorophylliennes sont capables d'effectuer la photosynthèse. *En effet, la chlorophylle est une molécule dotée de fonctions très particulières, permettant une conversion de l'énergie lumineuse en énergie chimique.*

A La séparation des pigments chlorophylliens par chromatographie

Ce que l'on appelle couramment « **chlorophylle** » est en réalité un mélange d'un certain nombre de **pigments** (d'où la diversité de teintes des plantes dites « vertes »). L'objectif est ici d'extraire et de séparer les différents pigments contenus dans une feuille.

PROTOCOLE EXPÉRIMENTAL

• Extraction de la « chlorophylle brute »

– Découper en morceaux quelques feuilles bien vertes (épinard, lierre, bette, mâche...), puis broyer ces morceaux dans un mortier avec un peu de sable afin de bien écraser les cellules.

– Ajouter progressivement 10 mL d'alcool à 90°, ce qui solubilise les pigments chlorophylliens.

– Filtrer le contenu du mortier : on obtient une solution alcoolique des différents pigments photosynthétiques appelée « chlorophylle brute ».

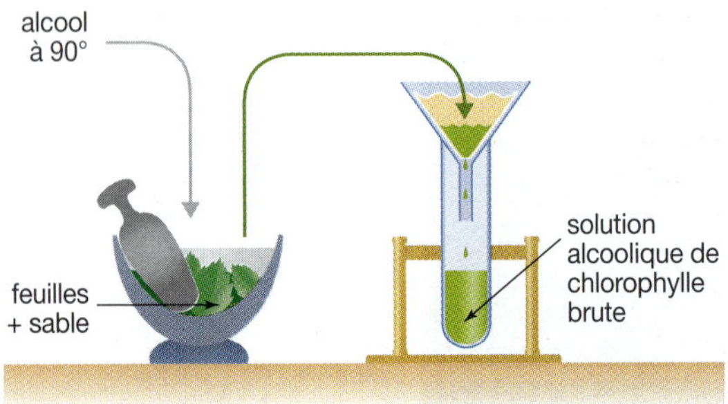

• Séparation des différents pigments par chromatographie

– Sur une bande de papier à chromatographie, déposer à 2 cm du bas une goutte de la solution de chlorophylle brute. Laisser sécher, puis superposer au même endroit jusqu'à 10 gouttes.

Attention à l'emplacement du dépôt : il devra se situer au-dessus du niveau du solvant.

– Verser environ 5 mL de solvant (le niveau devra se situer en dessous du dépôt de chlorophylle).

– Suspendre le papier à chromatographie dans l'éprouvette. Recouvrir d'un cache et laisser l'éprouvette dans l'obscurité pendant 15 à 30 minutes.

Remarque : une autre technique consiste à réaliser le dépôt en écrasant une feuille à l'aide d'un embout en verre.

RÉSULTATS OBTENUS

Solution de « chlorophylle brute » renfermant différents pigments

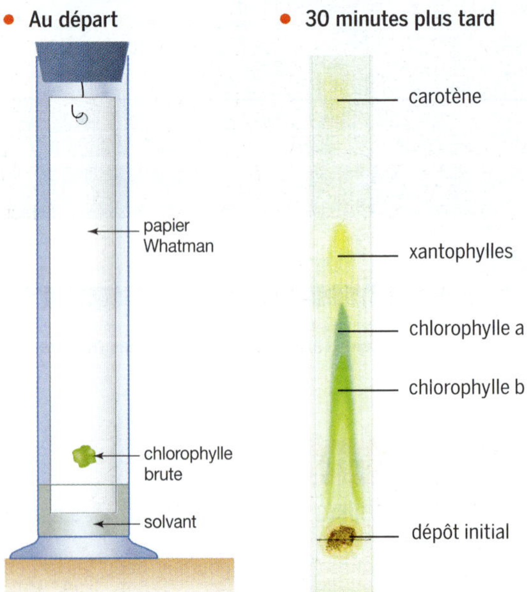

Chromatographie des pigments chlorophylliens

Doc. 1 La chlorophylle brute est un mélange de plusieurs pigments.

B L'absorption et la conversion de l'énergie lumineuse

• Un **spectroscope** contient un prisme décomposant la lumière en un **spectre** de radiations colorées que l'on peut observer par l'oculaire de l'appareil.
Sur *l'image ci-contre*, le **spectre A** est celui de la lumière blanche et joue ici le rôle de « témoin ».
Si, avant le prisme, on introduit un tube contenant un peu de solution de chlorophylle brute, on peut observer le **spectre B.**

• La **spectrophotométrie** permet de mesurer, pour différentes radiations lumineuses, la quantité de lumière transmise après la traversée de la solution de chlorophylle.
Pour chaque valeur du spectre, la lumière transmise est reçue par un capteur puis convertie en signaux électriques. Le traitement de ces signaux permet de calculer, pour chaque longueur d'onde, le pourcentage de lumière absorbée. La traduction graphique du résultat constitue ce que l'on appelle le **spectre d'absorption** de la chlorophylle.

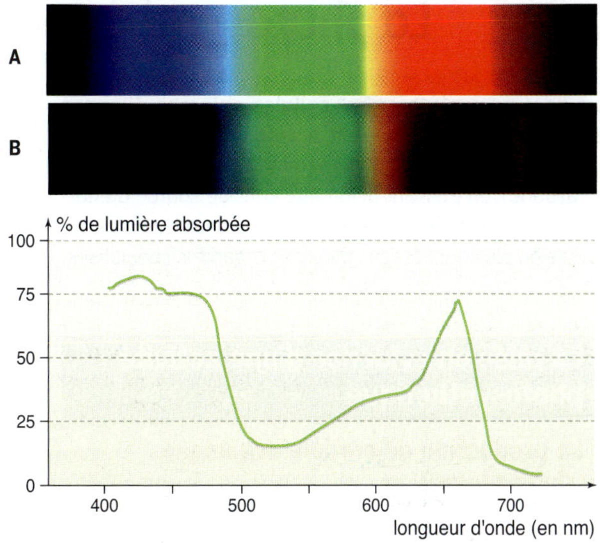

Doc. 2 Le spectre d'absorption de la chlorophylle brute.

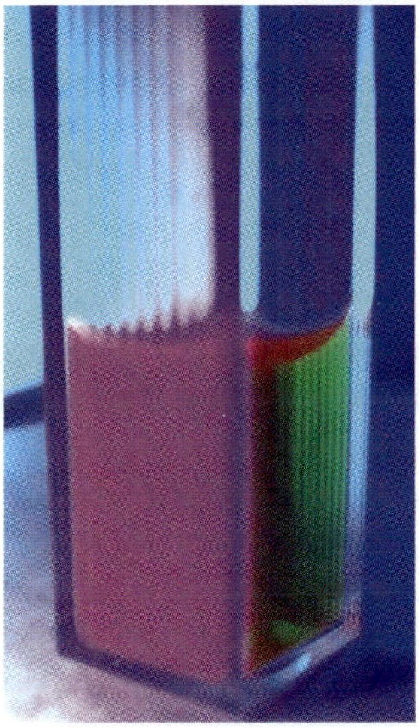

La chlorophylle est une molécule **fluorescente** : immédiatement après avoir absorbé de la lumière, c'est-à-dire avoir capté un photon, elle peut restituer l'énergie absorbée en réémettant de la lumière.
La fluorescence de la chlorophylle est spectaculaire dans la mesure où les photons réémis correspondent à une longueur d'onde élevée, donc de couleur rouge, qui tranche avec la couleur verte du pigment.

Mais la **chlorophylle a** possède une propriété bien particulière : au lieu d'être restituée sous forme de lumière, l'énergie lumineuse absorbée peut être transférée à des électrons et permettre une réaction d'oxydoréduction.

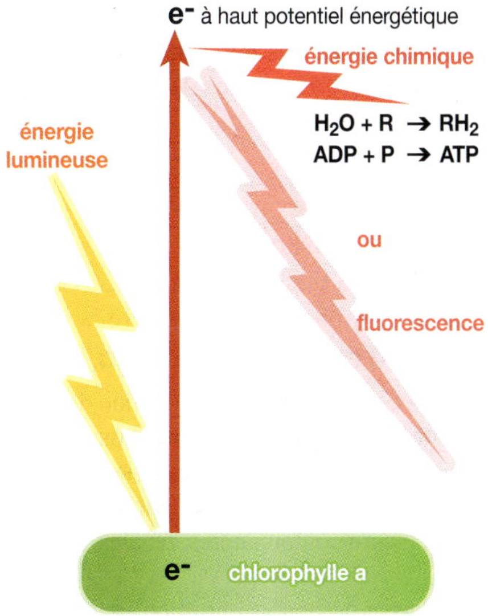

Doc. 3 Le rôle fondamental de la chlorophylle a.

Pistes d'exploitation

PROBLÈME À RÉSOUDRE ► **Quel rôle joue la chlorophylle dans le processus de la photosynthèse ?**

Doc. 1 et 2 Que contient la chlorophylle brute ? Quel peut être l'avantage de l'association de différents pigments ?

Doc. 2 Exploitez ce document pour préciser les propriétés optiques de la chlorophylle.

Doc. 3 Si l'on injecte un peu de « réactif de Hill » dans un tube de chlorophylle éclairée, on constate que la chlorophylle cesse d'être fluorescente. Comment expliquez-vous ce phénomène ?

Lexique, p. 232

chapitre 1 La photosynthèse

Lors de la photosynthèse, les **cellules chlorophylliennes** des végétaux verts produisent des **molécules organiques** à partir de matières uniquement minérales (eau et dioxyde de carbone), en utilisant la lumière comme source d'énergie. Cette **entrée de l'énergie** dans le monde du vivant se déroule en plusieurs étapes dans des organites spécialisés.

1 La mise en évidence d'une activité photosynthétique

La production de matière organique par des cellules

En comparant des cellules chlorophylliennes ayant été **exposées à la lumière** à des cellules identiques placées à l'obscurité, on constate que les premières sont plus intensément colorées par l'eau iodée : ces cellules chlorophylliennes ont donc **produit de l'amidon** pendant leur exposition à la lumière, contrairement à celles qui étaient à l'obscurité. Rappelons que l'amidon est un glucide complexe, formé par l'association d'un très grand nombre d'unités élémentaires de glucose ($C_6H_{12}O_6$).

Les échanges gazeux caractéristiques de la photosynthèse

L'équation-bilan simplifiée de la fabrication d'une molécule de glucose par photosynthèse s'écrit ainsi :

$$6\ CO_2 + 6\ H_2O \rightarrow C_6H_{12}O_6 + 6\ O_2$$

Si la mise en évidence de la production de glucides est relativement aisée, sa quantification est beaucoup plus difficile. En revanche, il est tout à fait possible de mesurer en temps réel la **teneur en dioxyde de carbone et en dioxygène** d'une enceinte contenant des cellules chlorophylliennes. Ainsi :

– une baisse de la concentration en dioxyde de carbone signifie que les cellules ont absorbé ce gaz, matière première utilisée pour la synthèse des glucides ;

– une augmentation de la concentration en dioxygène signifie que les cellules ont produit ce gaz, conséquence de leur activité photosynthétique.

2 Les chloroplastes, organites de la photosynthèse

Dans des cellules chlorophylliennes éclairées depuis plusieurs heures, on peut mettre en évidence la présence d'amidon dans de petits organites cytoplasmiques, les **chloroplastes.** Ce n'est en revanche pas le cas dans des cellules chlorophylliennes restées à l'obscurité. La photosynthèse a donc bien lieu dans ces organites.

Observés au microscope optique, les chloroplastes se présentent sous forme de petits organites en général ovoïdes, de quelques micromètres de longueur, présents par dizaines dans chaque cellule chlorophyllienne. Leur couleur verte est due aux **pigments chlorophylliens** que ces organites renferment.

L'observation des chloroplastes au microscope électronique à transmission (MET) montre que ceux-ci sont limités par deux membranes. L'intérieur de l'organite est rempli d'un gel hydraté, le **stroma**, qui contient de nombreuses molécules dissoutes : nous verrons qu'il est le siège des réactions chimiques de synthèse des glucides. Il n'est d'ailleurs pas rare d'observer des grains d'amidon plus ou moins développés inclus dans le stroma.

Le chloroplaste est par ailleurs parcouru par un réseau de membranes formant des sacs clos aplatis, l**es thylakoïdes**, qui constituent par endroits des empilements ou granums. C'est dans l'épaisseur de ces membranes que sont inclus les pigments chlorophylliens.

3 Le déroulement de la photosynthèse

Un phénomène en deux phases

Différentes expériences ont permis de déterminer que la photosynthèse se déroule en deux phases principales.

La **phase photochimique** se déroule dans les **thylakoïdes**. Exposés à la lumière, ceux-ci produisent des composés hydrogénés, que l'on note, par simplification, **RH_2** et de l'**ATP**, une molécule fournissant l'énergie nécessaire aux réactions de biosynthèse (la structure et le rôle de l'ATP seront étudiés de façon plus détaillée dans le chapitre 2).

La **phase chimique** se déroule dans le **stroma**. Elle consiste en une réduction chimique du **dioxyde de carbone** en molécule organique. Ces réactions nécessitent les composés hydrogénés RH_2, qui apportent l'hydrogène nécessaire, et de l'ATP, qui fournit l'énergie.

Ces deux phases sont donc **couplées** : même si la phase chimique n'exige pas directement la lumière, elle en est tributaire et c'est bien lorsque des cellules chlorophylliennes sont exposées à la lumière que se déroulent conjointement les deux phases de la photosynthèse.

La phase photochimique, dans les thylakoïdes

Dès 1937, Hill constate que des suspensions de chloroplastes, bien éclairées, libèrent du dioxygène à condition qu'un « accepteur d'électrons » soit ajouté au milieu.

La première étape de la photosynthèse est en effet une **oxydoréduction** entre l'**eau** et les composés notés R :

$$2\ H_2O = O_2 + 4H^+ + 4e^-$$
$$2RH_2 = 2R + 4H^+ + 4e^-$$

L'eau est oxydée, tandis que les composés R sont réduits. Le bilan de cette oxydoréduction s'écrit ainsi :

$$2H_2O + 2R \rightarrow 2RH_2 + O_2$$

Cette oxydoréduction n'est cependant pas spontanée, elle exige un **apport d'énergie** : c'est la raison pour laquelle la lumière est indispensable. Cette réaction nécessite aussi un système capable de **convertir l'énergie lumineuse** en énergie chimique : c'est là le rôle des pigments chlorophylliens contenus dans la membrane des thylakoïdes. L'énergie ainsi convertie permet non seulement la réalisation de cette **oxydoréduction** mais également la synthèse de molécules d'**ATP**.

C'est donc cette dissociation de la molécule d'eau grâce à l'énergie lumineuse qui permet la formation des composés transportant l'hydrogène nécessaire à la synthèse des molécules organiques. Remarquons que le dioxygène rejeté au cours de la photosynthèse provient de la molécule d'eau : c'est un produit secondaire de cette réaction, non utilisé dans la suite du processus.

La phase chimique, dans le stroma

Les expériences de Calvin, Benson et Bassham ont permis de comprendre les modalités d'incorporation du CO_2 et de synthèse de glucides. Ces réactions se déroulent dans le stroma du chloroplaste, qui contient les enzymes nécessaires à leur déroulement.

Le dioxyde de carbone se fixe sur un accepteur organique, le **ribulose biphosphate** ou **Ru-BP**, molécule constituée de cinq atomes de carbone qui se scinde alors en deux molécules d'**acide phosphoglycérique (APG)**, molécule organique à trois atomes de carbone.

Ensuite, l'APG est réduit en **triose phoshate** (sucre à trois carbones) : cette réaction nécessite de l'ATP et de l'hydrogène, apporté par les composés RH_2. C'est donc cette étape qui est dépendante de la phase photochimique.

Une partie des trioses phosphates sert à **reformer l'accepteur Ru-BP**, ce qui permet à la fixation de CO_2 de se poursuivre, alors que l'autre partie est le point de départ de la synthèse de multiples **molécules organiques** : glucose, amidon (qui peut être stocké temporairement dans le chloroplaste), autres glucides, acides aminés, etc.

Cet ensemble de réactions constitue le **cycle de Calvin** ; celui-ci permet une fixation continue de CO_2 et la production des glucides. S'il ne nécessite pas directement de la lumière, il en est cependant tributaire car le cycle ne peut « tourner » sans un apport d'ATP et de RH_2 formés au cours de la phase photochimique.

4 Le rôle de la chlorophylle

Les pigments chlorophylliens

La **chlorophylle brute** extraite de feuilles vertes est en fait un mélange de pigments : des pigments verts, les chlorophylles a et b, ainsi que des pigments jaunes et orangés, les caroténoïdes.

Si l'on intercale une solution de chlorophylle brute entre une source de lumière blanche et un prisme, on constate que le spectre obtenu présente des bandes sombres au niveau des radiations rouges et bleu-violet. Ces radiations sont donc absorbées par les pigments, alors que les radiations vertes ne le sont pas (d'où la couleur verte de la plupart des végétaux). Une mesure précise à l'aide d'un spectrophotomètre permet d'obtenir le **spectre d'absorption** des pigments chlorophylliens.

Lors d'expériences au cours desquelles des cellules végétales sont éclairées avec des radiations de diverses longueurs d'onde, on constate que l'intensité photosynthétique est élevée en lumière rouge ou bleue, mais nulle en lumière verte.

Les radiations absorbées par les pigments chlorophylliens correspondent donc à une « capture » de l'énergie lumineuse nécessaire à la photosynthèse : on les qualifie de **pigments photosynthétiques.**

La conversion de l'énergie lumineuse en énergie chimique

Nous avons vu que les réactions d'oxydoréduction caractérisant la phase photochimique exigeaient un apport d'énergie. En réalité, l'oxydoréduction globalement réalisée entre l'eau et les composés R s'effectue par étapes grâce à une série de molécules intermédiaires situées, avec les pigments chlorophylliens, dans la membrane des thylakoïdes. L'ensemble de ces molécules forment la **chaîne photosynthétique**. C'est au cœur de ce processus qu'intervient la **chlorophylle a**.

Les électrons intervenant dans ces oxydoréductions transitent par la chlorophylle a : sous l'effet de la lumière, les électrons sont portés à un **niveau d'énergie supérieur** qui autorise ainsi la poursuite des réactions d'oxydoréduction. Cette propriété est unique : seule la chlorophylle a est en effet capable de convertir ainsi l'énergie lumineuse en énergie utilisable pour une réaction chimique. Le rôle des autres pigments est accessoire : ils servent uniquement à élargir le spectre de la lumière absorbée.

chapitre 1 La photosynthèse

À RETENIR

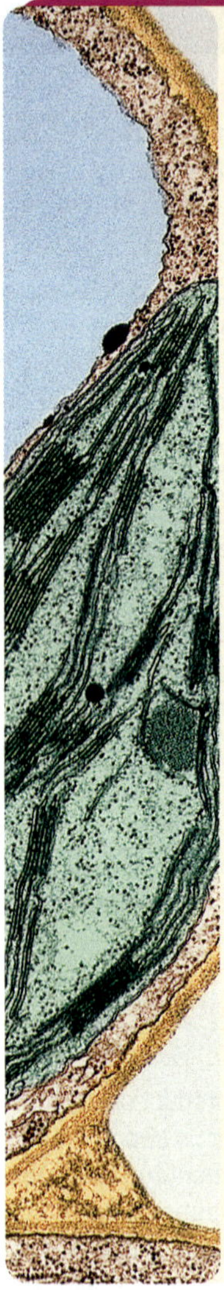

Les cellules chlorophylliennes effectuent la photosynthèse

Grâce à l'**énergie lumineuse**, les cellules chlorophylliennes produisent des **molécules organiques**, telles que le glucose (qui, polymérisé, constitue l'amidon), à partir de **dioxyde de carbone** et d'**eau**. L'équation-bilan de la photosynthèse peut donc s'écrire : $6\ CO_2 + 6\ H_2O \rightarrow C_6H_{12}O_6 + 6\ O_2$.
Il est possible de mettre en évidence une activité photosynthétique par la **production de molécules organiques**, par la **consommation de dioxyde de carbone** ou encore par le **rejet de dioxygène**.

Les chloroplastes sont les organites dans lesquels se déroule la photosynthèse

La photosynthèse se déroule dans les **chloroplastes**, organites qui doivent leur couleur verte à la chlorophylle qu'ils renferment. Le **stroma** du chloroplaste est un gel contenant les enzymes nécessaires à la **production des molécules organiques** (on peut y observer des grains d'amidon). Le chloroplaste renferme un important réseau de membranes internes formant des sacs clos aplatis, les **thylakoïdes**. C'est dans la membrane des thylakoïdes que sont situés les **pigments chlorophylliens**.

Un phénomène en deux phases

La photosynthèse se déroule en deux phases distinctes mais couplées :
– la **phase photochimique**, directement dépendante de la lumière, au cours de laquelle sont produits des composés réduits **RH_2** et de l'**ATP** ;
– la **phase chimique**, au cours de laquelle RH_2 et ATP, précédemment formés, sont utilisés pour la **réduction du CO_2** en molécules organiques.

La phase photochimique se déroule dans les thylakoïdes

La phase photochimique correspond à une **oxydoréduction** entre l'eau et les composés R :
$2\ H_2O + 2\ R \rightarrow 2\ RH_2 + O_2$.
Cette réaction est réalisée au niveau des thylakoïdes et nécessite de l'énergie chimique. C'est la **chlorophylle a** qui rend possible cette réaction, en **convertissant l'énergie lumineuse** absorbée par les pigments chlorophylliens en **énergie chimique**.

La phase chimique se déroule dans le stroma

Au cours de réactions constituant le **cycle de Calvin**, du **glucose** est produit par **incorporation du CO_2** en utilisant les produits (RH_2 et ATP) de la phase photochimique. Le CO_2 est d'abord fixé sur un accepteur à cinq atomes de carbone qui est régénéré en permanence.

Mots-clés

- Chloroplaste
- Stroma, thylakoïde, granum
- Phase photochimique, phase chimique
- RH_2, ATP
- Pigments, chlorophylle a
- RuBP, APG, cycle de Calvin
- Spectre d'absorption

Capacités et attitudes

- Concevoir et réaliser des expériences pour mettre en évidence l'activité photosynthétique de cellules chlorophylliennes.
- Réaliser des préparations microscopiques pour localiser la photosynthèse.
- Réaliser l'expérience de Hill, exploiter des documents, pour comprendre le déroulement de la photosynthèse.
- Réaliser une chromatographie des pigments chlorophylliens, mettre en évidence leur spectre d'absorption.

ANIMATION

La cellule chlorophyllienne effectue la photosynthèse

énergie lumineuse

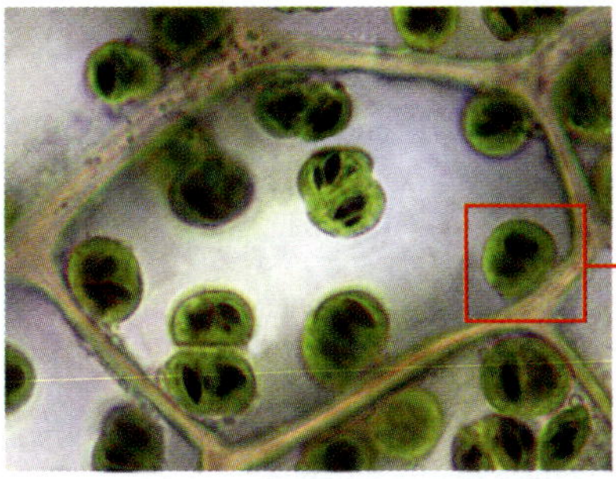

→ absorption de dioxyde de carbone et d'eau
→ production de matières organiques
→ rejet de dioxygène

Le chloroplaste est l'organite de la fonction photosynthétique

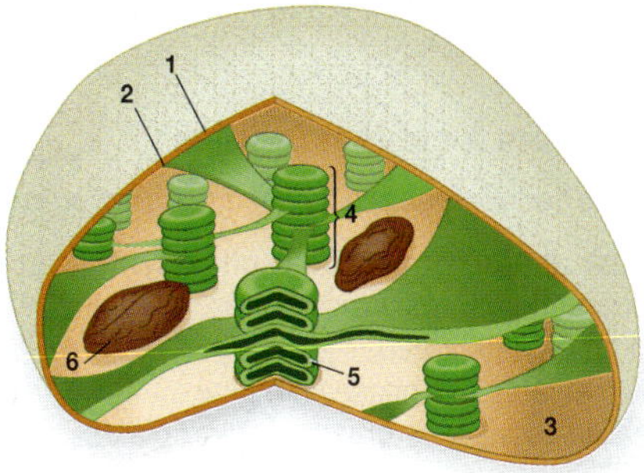

1 : membrane externe
2 : membrane interne
3 : stroma
4 : granum
5 : thylakoïde
6 : grain d'amidon

Les réactions de la photosynthèse se déroulent dans le chloroplaste

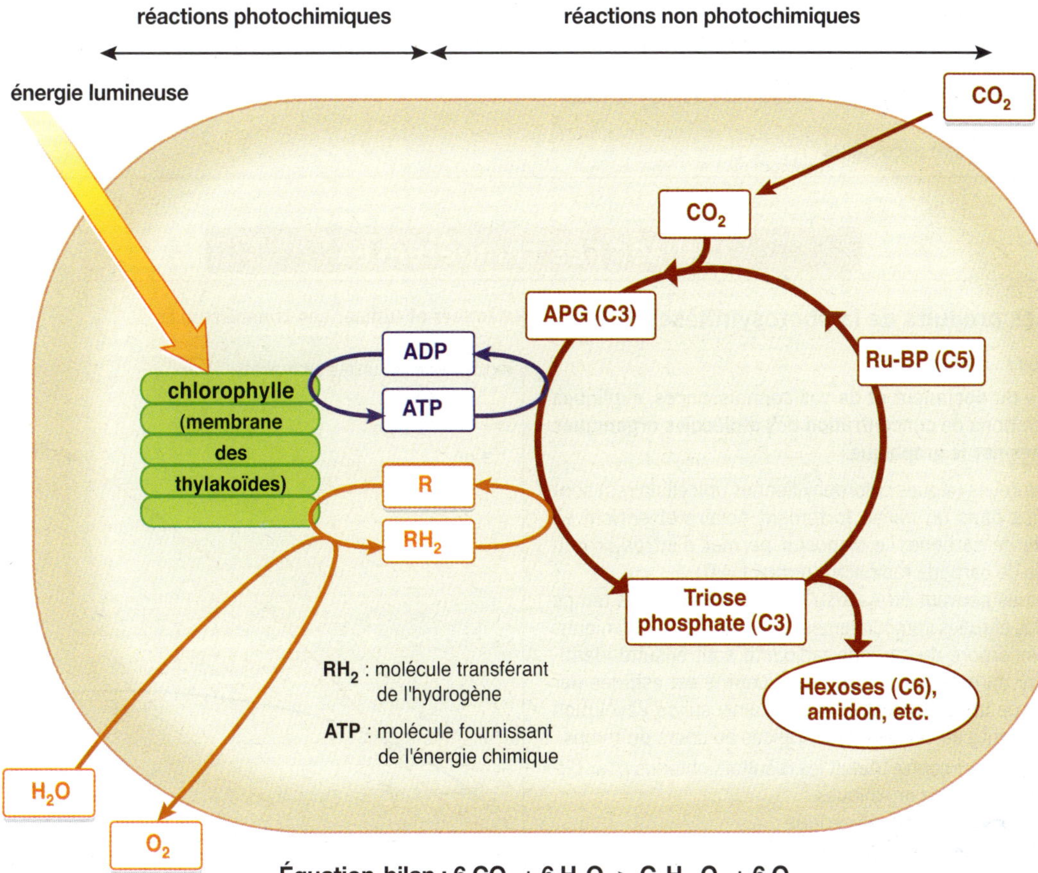

RH_2 : molécule transférant de l'hydrogène

ATP : molécule fournissant de l'énergie chimique

Équation-bilan : $6\ CO_2 + 6\ H_2O \rightarrow C_6H_{12}O_6 + 6\ O_2$

Exercices

Tester ses connaissances

1 Définissez les mots ou expressions

Thylakoïde, spectre d'absorption, phase photochimique, acide phosphoglycérique (APG), ribulose biphosphate (Ru-BP), chlorophylle

2 Questions à choix multiples QCM

Choisissez la bonne réponse pour chaque série d'affirmations.

1. La phase photochimique de la photosynthèse :
a. consomme du dioxyde de carbone ;
b. consomme du dioxygène ;
c. est un préalable à la phase chimique ;
d. est réalisée dans le stroma des chloroplastes.

2. La phase chimique de la photosynthèse :
a. correspond à une réduction du CO_2 ;
b. produits des composés réduits RH_2 ;
c. a lieu dans les thylakoïdes ;
d. produit de l'ATP.

3. La chlorophylle a :
a. est le seul pigment photosynthétique présent chez les végétaux verts ;
b. permet la conversion de l'énergie lumineuse en énergie chimique ;
c. intervient directement sur la réduction du CO_2 en molécules organiques ;
d. est un pigment accessoire.

3 Vrai ou faux

Repérez les affirmations exactes et corrigez celles qui sont inexactes.

a. Le ribulose biphosphate permet la fixation du CO_2 dans les thylakoïdes.
b. Pour une plante, la fonction de la photosynthèse est la production de dioxygène.
c. Le chloroplaste est un organite spécialisé dans la photosynthèse.
d. La chlorophylle est localisée dans le stroma des chloroplastes.
e. Le premier produit issu de la fixation du CO_2 est l'acide phosphoglycérique.
f. RH_2 et ATP sont des produits de la phase chimique nécessaires à la phase photochimique.
g. Les produits de la photosynthèse sont consommés dans le chloroplaste lorsque la plante est à l'obscurité.

4 Questions à réponse courte

1. Expliquez comment les deux phases de la photosynthèse sont liées entre elles.

2. Quel est le rôle de la chlorophylle dans la photosynthèse ?

3. Expliquez comment le dioxyde de carbone est transformé en glucide lors de la photosynthèse.

Utiliser ses compétences

5 Les produits de la photosynthèse

Raisonner et utiliser ses connaissances

Question :

À l'aide du document et de vos connaissances, expliquez les variations de concentration des molécules organiques traduites par le graphique.

Des chlorelles (algues chlorophylliennes unicellulaires) sont cultivées dans un milieu fortement éclairé et enrichi en dioxyde de carbone. Le dispositif permet d'introduire du dioxyde de carbone radioactif (temps t = 0).
Les algues peuvent être soustraites du milieu à des temps variables et tuées immédiatement. Les molécules organiques ayant incorporé du carbone radioactif sont ensuite identifiées par chromatographie et leur quantité est estimée par mesure de la radioactivité. On peut ainsi suivre l'évolution de la quantité de certaines substances au cours du temps.

Le *graphique ci-contre* traduit les résultats obtenus pour différentes molécules organiques :
– APG : acide phosphoglycérique ;
– Ru-BP : ribulose biphosphate ;
– hexoses (glucides à 6 atomes de carbone comme le glucose).

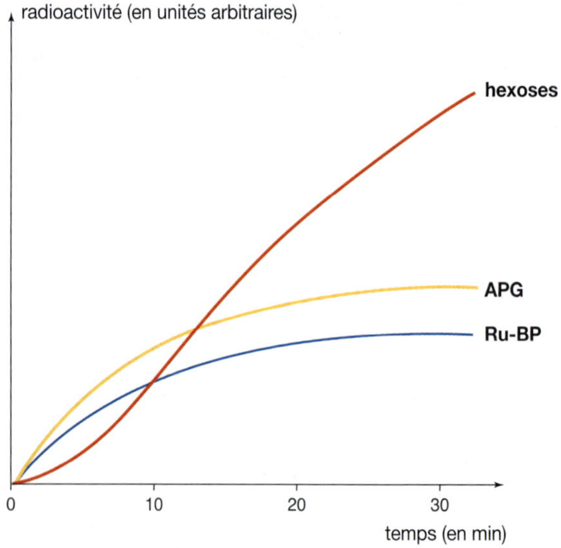

6 Le spectre d'action des pigments chlorophylliens **Exploiter un document à l'aide des connaissances**

Question :

À l'aide des documents ci-dessous, montrez que toutes les radiations lumineuses n'ont pas la même efficacité photosynthétique. Expliquez pourquoi.

À l'aide d'un dispositif d'ExAO, on mesure la concentration en dioxygène et en dioxyde de carbone d'un milieu contenant des fragments de feuilles d'une plante aquatique.

Le dispositif est éclairé par un projecteur devant lequel on peut placer divers filtres monochromatiques (chaque filtre ne laisse passer que des radiations correspondant à une couleur donnée).

Lors de cette expérience, un filtre rouge puis un filtre vert ont été utilisés après une période d'éclairement en lumière blanche et une période d'obscurité.

Remarque : l'éloignement de la source lumineuse a été déterminé pour chaque période de façon à ce que les plantes reçoivent exactement la même intensité lumineuse dans les trois situations d'éclairement.

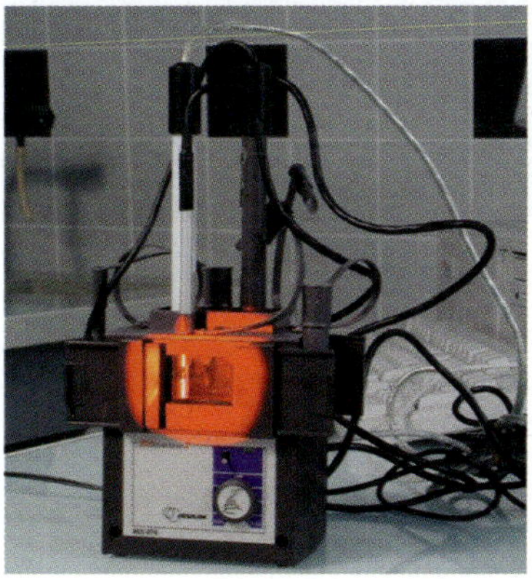

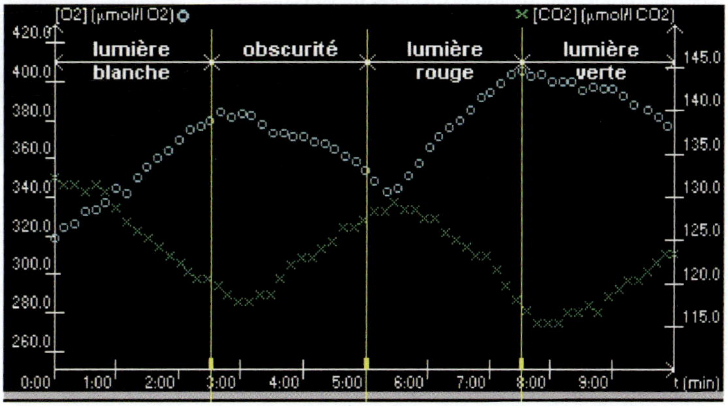

7 L'origine du dioxygène émis par la photosynthèse **Extraire des informations, raisonner**

Question :

À l'aide des documents, exploitez les résultats de cette expérience pour déterminer l'origine du dioxygène émis lors de la photosynthèse.

En 1941, Ruben et Kamen recherchent l'origine du dioxygène produit lors de la photosynthèse.

Ils utilisent des chlorelles, algues chlorophylliennes unicellulaires, qu'ils cultivent en présence d'eau et d'ions hydrogénocarbonates (ces ions, HCO_3^-, sont la source de CO_2 pour les plantes aquatiques).

Plusieurs essais sont réalisés dans lesquels les chercheurs utilisent de l'eau et des ions hydrogénocarbonates contenant différentes proportions de ^{18}O et ^{16}O.
^{18}O est un isotope naturel de ^{16}O (dans la nature, 99,8 % de O est ^{16}O et 0,2 % est ^{18}O).

Le dioxygène produit au cours de chaque expérience est recueilli et les chercheurs mesurent la teneur en isotope ^{18}O du dioxygène émis par les chlorelles pendant la photosynthèse.

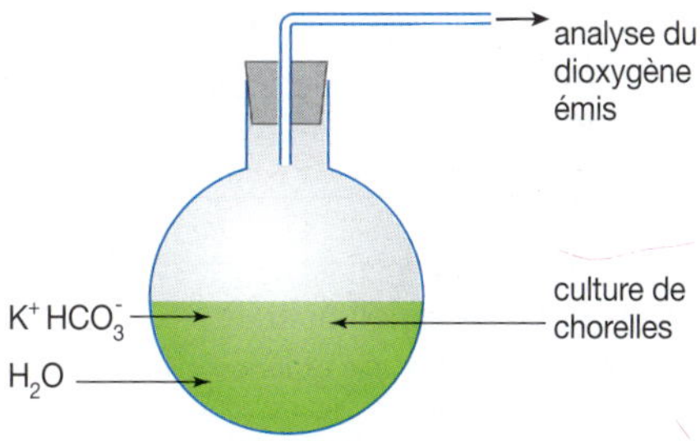

Le tableau *ci-contre* rend compte des résultats de ces expériences.

	Teneur en ^{18}O dans... ...l'eau de la culture (H_2O)	... les ions hydrogéno-carbonates (HCO_3^-)	...le dioxygène produit (O_2)
Expérience 1	0,85 %	0,40 %	0,85 %
Expérience 2	0,20 %	0,57 %	0,20 %

8 Une couleur étonnante pour un végétal chlorophyllien

Pratiquer une démarche scientifique

Exercice TYPE BAC

Contrairement à beaucoup d'algues vertes et brunes qui sont particulièrement résistantes, les algues rouges (*photographie ci-contre*) s'avèrent, au contraire, très fragiles : elles ne supportent pas d'être émergées, craignent le soleil et la pluie ainsi que l'agitation provoquée par les marées. L'habitat de ces algues est donc typiquement l'étage infralittoral (zones rocheuses qui restent immergées à marée basse). On rencontre des algues rouges jusqu'à des profondeurs importantes (30 m), là où les algues vertes et brunes ne peuvent se développer.

Question :

En exploitant les documents et à l'aide de vos connaissances, expliquez comment les algues rouges peuvent effectuer la photosynthèse à une profondeur d'eau où les algues vertes ne le peuvent plus.

Document 1 : Pigments photosynthétiques des algues vertes et des algues rouges et spectres d'absorption correspondants

	Algues vertes	Algues rouges
Chlorophylle a	+	+
Chlorophylle b	+	–
Carotènes	+	+
Phycoérythrine	–	+

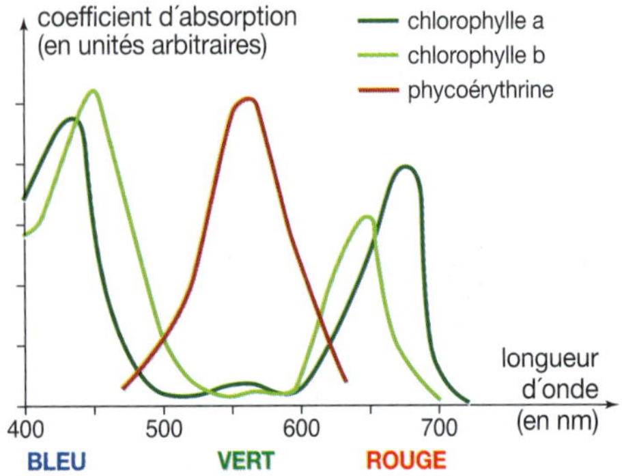

Document 2 : Pénétration des différentes radiations solaires dans l'eau de mer

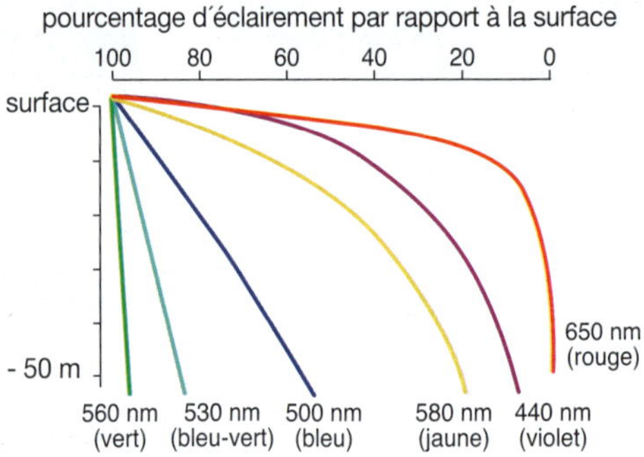

Document 3 : Étude expérimentale

Des chercheurs ont réalisé une expérience *in vitro* sur le complexe pigmentaire des algues rouges. Dans les conditions expérimentales, la lumière absorbée par les pigments ne peut être convertie en énergie chimique. L'énergie lumineuse est alors restituée sous forme de fluorescence, c'est-à-dire par réémission de photons dans une longueur d'onde un peu plus élevée (voir page 23). Après un éclair très bref de 6 picosecondes (ps), à 550 nm, les chercheurs ont suivi dans le temps l'émission de fluorescence par le complexe pigmentaire.

Remarque : la fluorescence à 680 nm est caractéristique de la chlorophylle a.

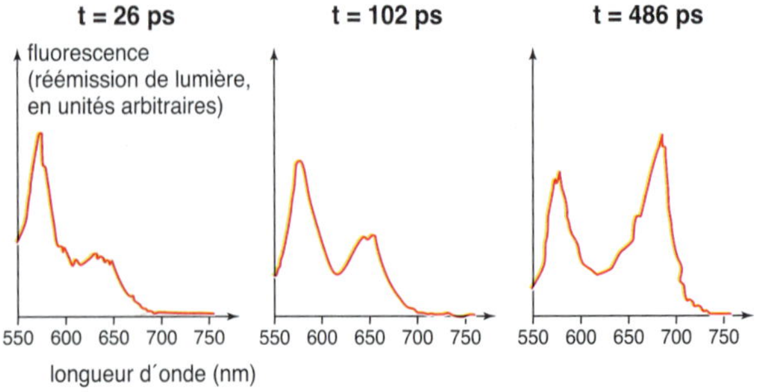

D'après Yamazaki et al., 1984

Utiliser ses capacités expérimentales

9 Les pigments photosynthétiques des feuilles rouges

Expérimenter pour résoudre un problème biologique

SE PRÉPARER aux épreuves pratiques du BAC

Les Prunus forment une famille d'arbres comportant plus de 200 espèces : certaines sont cultivées pour leurs fruits (prunes, cerises, abricots, etc.), d'autres pour leurs fleurs ou leur feuillage ornemental : il existe, par exemple, des prunus à feuilles vertes, d'autres à feuilles rouges (*photographie ci-contre*).

Prunus incisa

■ Problème à résoudre

On cherche à savoir si, malgré leur couleur rouge, les Prunus à feuilles rouges disposent de pigments photosynthétiques absorbant les mêmes radiations lumineuses que les Prunus à feuilles vertes.

■ Matériel disponible

- Feuilles de Prunus à feuilles vertes.
- Feuilles de Prunus à feuilles rouges.
- Mortier et pilon, gaze, coton.
- Solvant pour pigments photosynthétiques.
- Erlenmeyer, entonnoir, filtre.
- Spectroscope.
- Papier Whatmann et éprouvette pour chromatographie.
- Règle.
- Agitateur.
- Fiche technique « Extraction des pigments chlorophylliens ».
- Fiche technique « Utilisation d'un spectroscope ».
- Fiche technique « Chromatographie ».

■ Documents de référence

a. Spectre de la lumière blanche.

b. Spectre de la lumière ayant traversé une solution de pigments extraits des feuilles de Prunus vert.

c. Chromatogramme obtenu à partir de feuilles de Prunus vert.

a

b

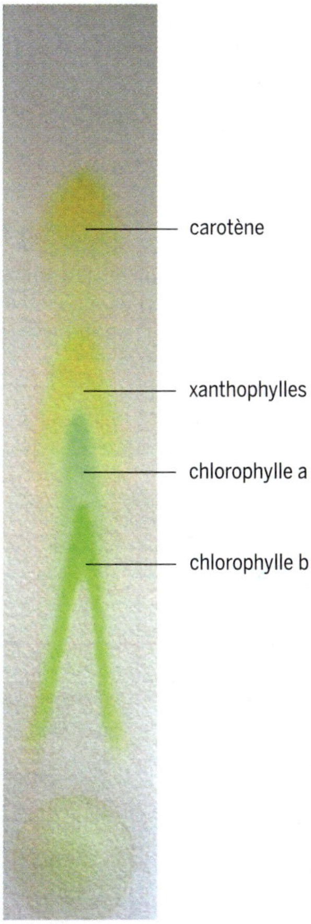

c

■ Conception et mise en œuvre d'un protocole expérimental

- Exposez la méthode à mettre en œuvre pour résoudre le problème posé.
- Déterminez les principales étapes du protocole à suivre.
- Réalisez les expériences en s'aidant des fiches techniques.

■ Communication et exploitation des résultats

- Présentez sous forme de schémas les dispositifs expérimentaux ainsi que les résultats obtenus.
- Rédigez une conclusion argumentée.

Des DOCUMENTS pour se poser des questions

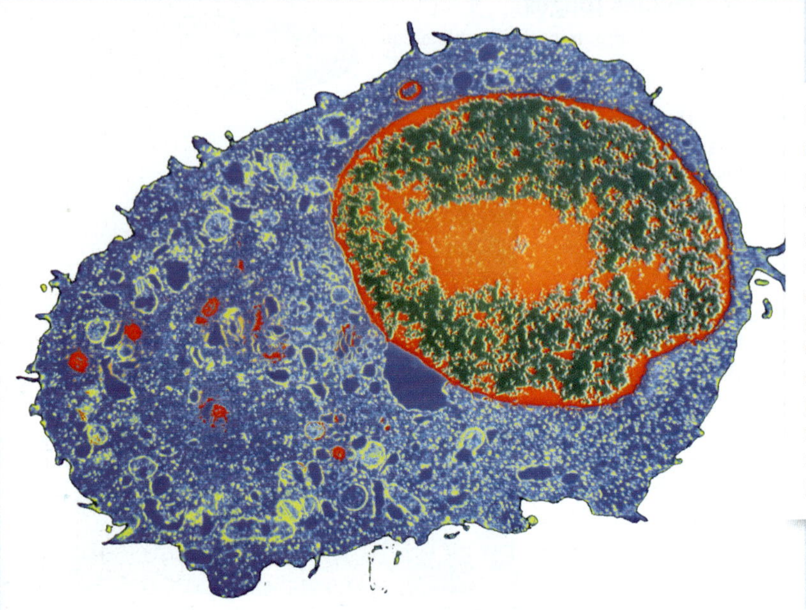

La cellule, une unité organisée qui nécessite de l'énergie

La cellule est l'unité structurale des êtres vivants. C'est un état hautement organisé, comme en témoigne la compartimentation de la cellule eucaryote : noyau et divers autres organites ayant une fonction précise, etc.

Comme le stipulent les grands principes de la thermodynamique, mettre en place et maintenir un tel état d'organisation nécessite d'investir de l'énergie : la respiration est un moyen efficace pour procurer cette énergie.

Le foulage du raisin

La fermentation est surtout connue du grand public comme un procédé permettant de produire certaines substances (de l'alcool, par exemple). Pour les levures, la fermentation a cependant une toute autre signification biologique.

Le foulage du raisin, traditionnellement pratiqué avec les pieds, permet de mettre en contact les microorganismes vivant à la surface de la peau des grains de raisin (des levures) avec le jus sucré renfermé dans les grains.

LES PROBLÉMATIQUES DU CHAPITRE

- En quoi consiste la respiration cellulaire ?
- Quelles sont les étapes et les mécanismes de cette respiration ?
- Dans une cellule, sous quelle forme l'énergie est-elle disponible ?
- Qu'est-ce qu'une fermentation cellulaire ?

chapitre 2

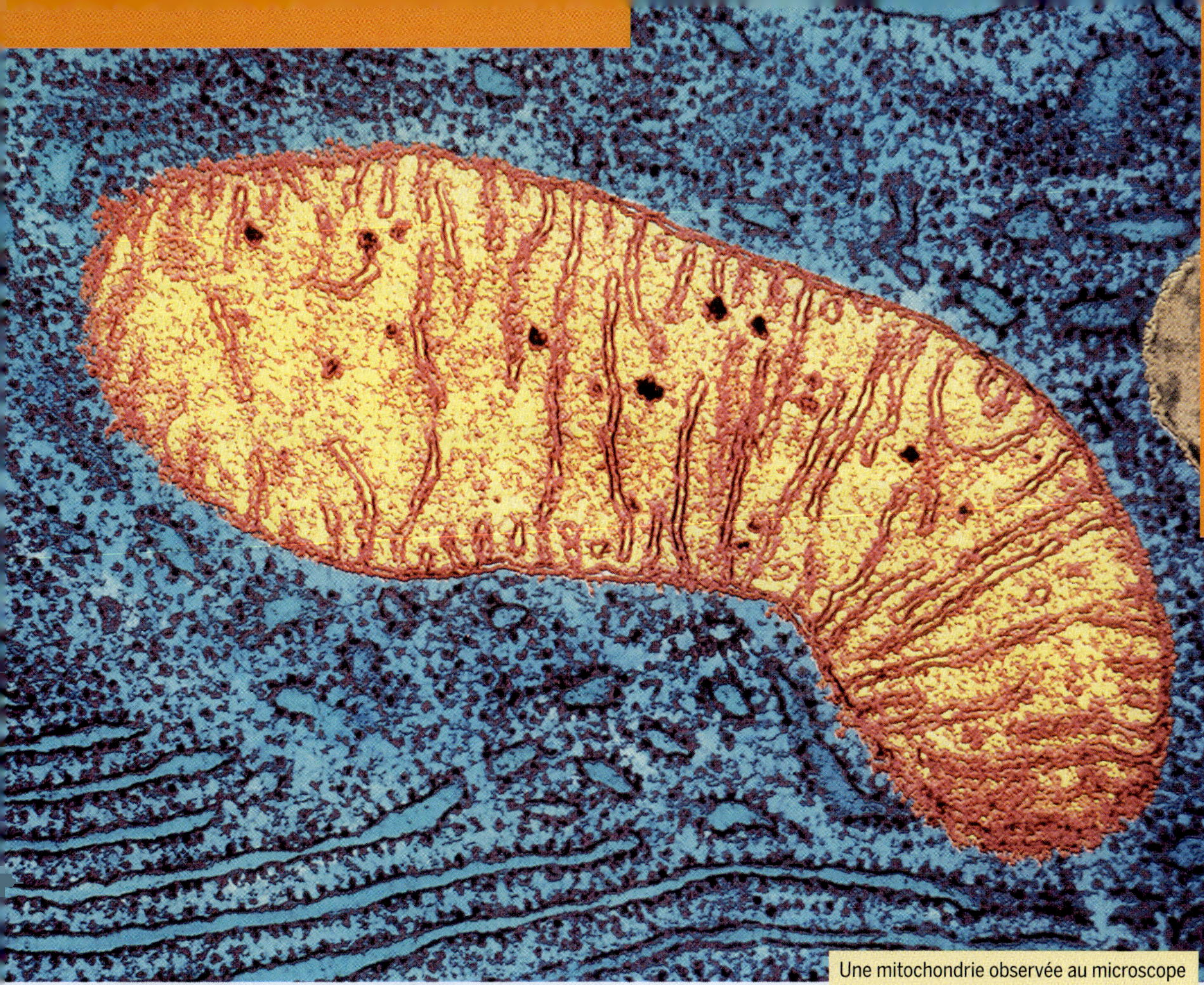

Une mitochondrie observée au microscope électronique à transmission (x 150 000).

Respiration
et fermentations cellulaires

LES ACTIVITÉS DU CHAPITRE

1 Les cellules respirent ... 34
2 Les mitochondries, organites de la respiration ... 36
3 Les étapes de la respiration cellulaire ... 38
4 La respiration : une conversion de l'énergie chimique ... 40
5 L'ATP : une nécessité pour les activités cellulaires ... 42
6 Fermentations cellulaires et production d'ATP ... 44

Les cellules respirent

La respiration, très souvent présentée comme une fonction essentielle à la vie, se manifeste aux différentes échelles du vivant : organisme, organes, cellules. *La respiration est en effet un phénomène très général que l'on peut mettre en évidence chez la plupart des cellules eucaryotes.*

A Une étude expérimentale de la respiration d'une suspension cellulaire

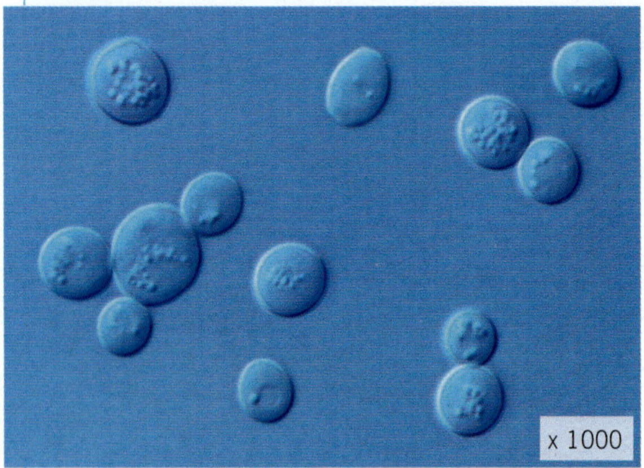

Les levures (*photographie ci-contre*) sont des organismes unicellulaires appartenant au groupe des **mycètes** (champignons). Ce sont des cellules non chlorophylliennes, qui vivent grâce aux échanges réalisés avec le milieu dans lequel elles se trouvent.

On se propose de mettre en évidence, à l'échelle cellulaire, les échanges gazeux caractéristiques de la respiration. On cherche également à montrer que ces échanges gazeux sont dépendants de la mise à disposition des cellules d'un nutriment organique.

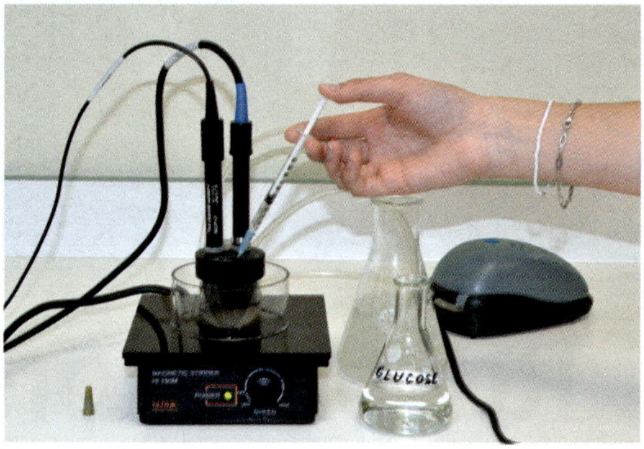

■ DISPOSITIF ET PROTOCOLE EXPÉRIMENTAL

– Des levures sont cultivées depuis 24 h dans un **milieu minéral**, oxygéné grâce à un bulleur.
– Le matériel à utiliser est constitué d'un dispositif d'ExAO, avec sondes mesurant les concentrations en dioxygène et dioxyde de carbone dans le milieu. On dispose également d'une solution de glucose que l'on peut injecter à tout moment dans le milieu.

■ EXEMPLE DE RÉSULTAT OBTENU

Le *graphique ci-contre* montre l'évolution, au cours du temps, des concentrations en dioxygène et en dioxyde de carbone du milieu dans lequel sont cultivées des levures.
Le milieu est agité en permanence mais l'enceinte contenant la suspension de levures est fermée, de telle sorte qu'il n'y a plus d'échanges entre le milieu de culture et l'air ambiant.
Après 1 min 45 s de mesure, on a injecté dans le milieu 0,2 mL d'une solution de glucose à 20 %.

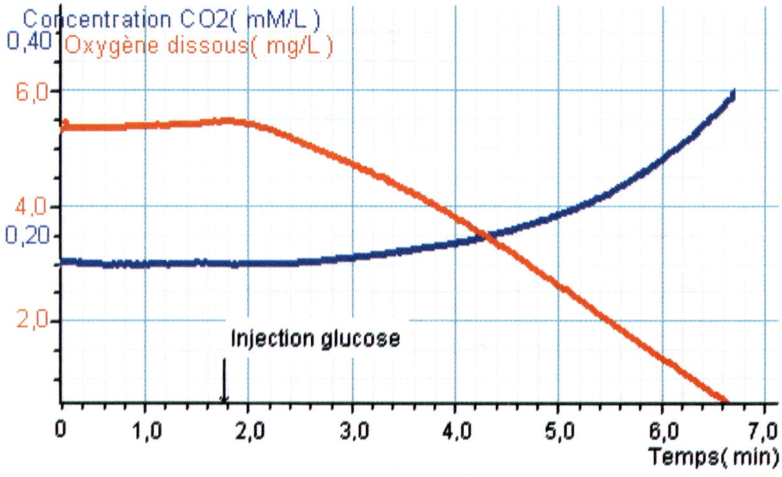

Doc. 1 **La respiration : une relation entre échanges gazeux et utilisation d'un métabolite.**

B Une étude chez les cellules chlorophylliennes

■ DISPOSITIF ET PROTOCOLE EXPÉRIMENTAL

Une étude similaire peut être réalisée avec des cellules **chlorophylliennes**.

Cependant, il est ici nécessaire d'effectuer des mesures à la lumière d'une part, à l'obscurité d'autre part, pour s'affranchir alors des échanges gazeux liés à la photosynthèse.

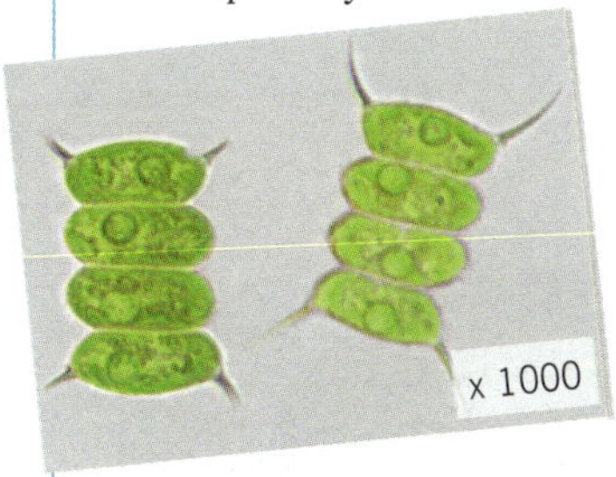

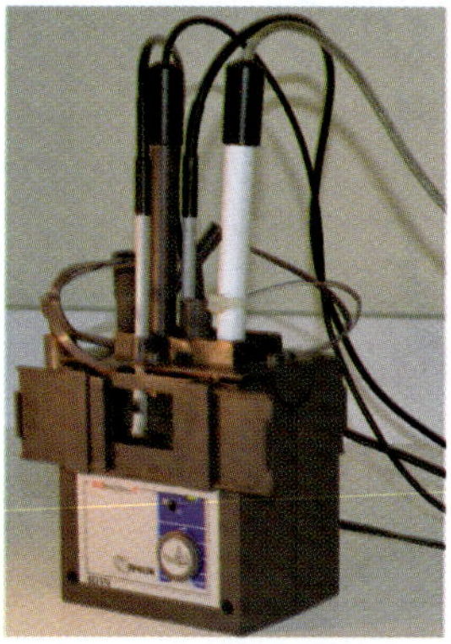

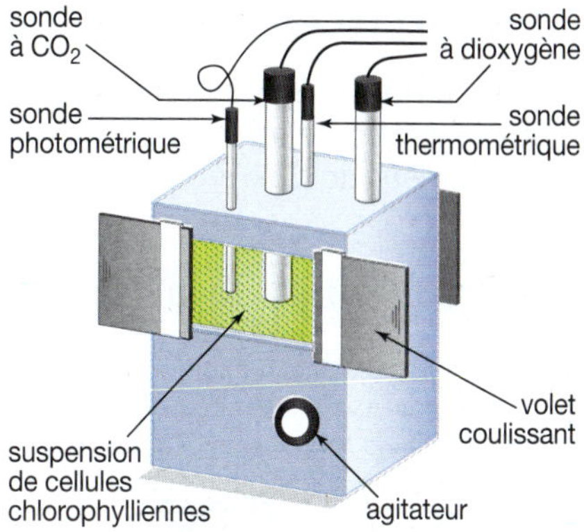

■ EXEMPLE DE RÉSULTAT

Le *graphique ci-contre* a été obtenu en plaçant dans le bioréacteur une suspension de cellules chlorophylliennes de *Scenedesmus* (*photographie ci-dessus*) et en mesurant divers paramètres :
- concentration en dioxygène ;
- concentration en dioxyde de carbone ;
- intensité lumineuse ;
- température.

• De t = 0 à t = 5 min et de t = 15 min à t = 25 min, la suspension est éclairée.

• De t = 5 min à t = 15 min, la suspension est à l'obscurité (fermeture des volets placés devant le bioréacteur).

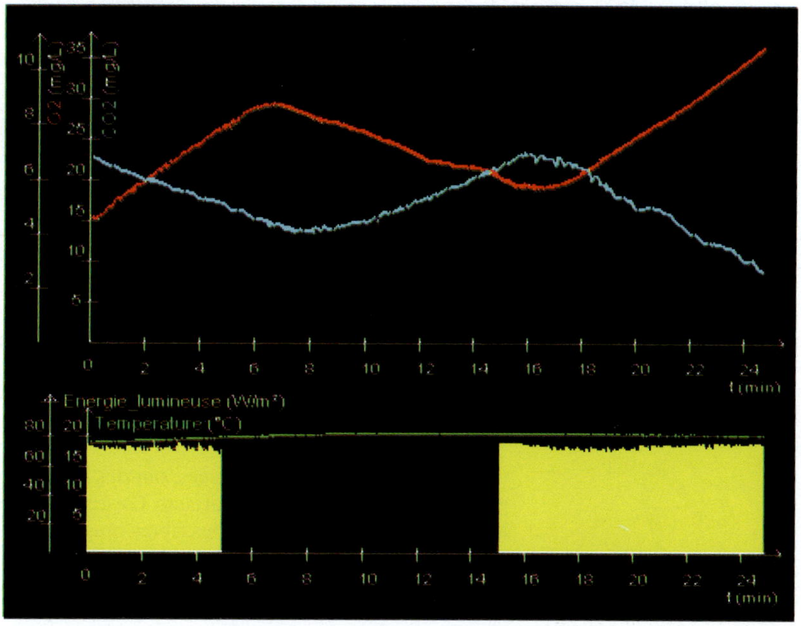

Doc. 2 **Les échanges gazeux entre les cellules chlorophylliennes et leur milieu.**

Pistes d'exploitation

PROBLÈME À RÉSOUDRE ► Comment se manifeste, globalement, la respiration cellulaire ?

Doc. 1 Utilisez le dispositif expérimental pour mettre en évidence les échanges gazeux caractéristiques de la respiration. Démontrez qu'il existe une relation entre ces échanges et la mise à disposition d'un **métabolite** organique.

Doc. 2 Montrez que les cellules chlorophylliennes respirent également.

Doc. 2 En admettant que les cellules chlorophylliennes respirent aussi bien à la lumière qu'à l'obscurité, proposez une interprétation des mesures faites à la lumière en vous appuyant sur vos connaissances concernant les échanges gazeux liés à la photosynthèse *(voir page 15)*.

Lexique, p. 232

Les mitochondries, organites de la respiration

La respiration est une fonction complexe qui procure aux cellules l'énergie dont elles ont besoin par oxydation d'un métabolite organique. *Des organites spécialisés, les mitochondries, jouent un rôle majeur dans le processus de respiration cellulaire.*

A La localisation de la respiration cellulaire

La respiration est un phénomène intracellulaire qui consiste en une oxydation d'un métabolite organique, produisant des déchets minéraux (CO_2 et H_2O). Les réactions chimiques de la respiration libèrent de l'énergie utilisable par la cellule.

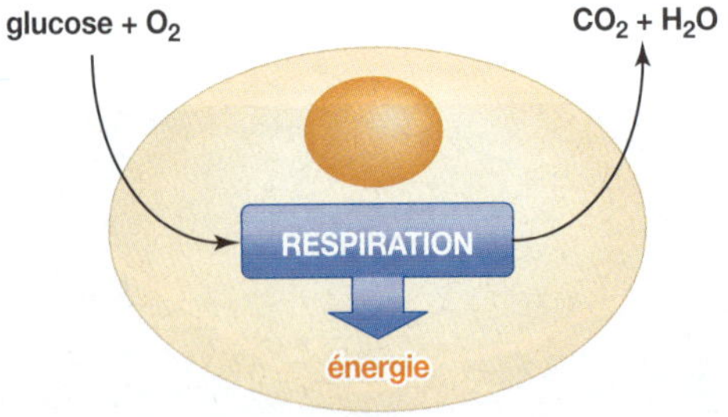

Dans toute cellule **eucaryote** (donc aussi bien chez les animaux que chez les plantes ou les **mycètes**), on peut observer au microscope électronique des **mitochondries**, petits organites plus ou moins nombreux noyés dans le cytoplasme.

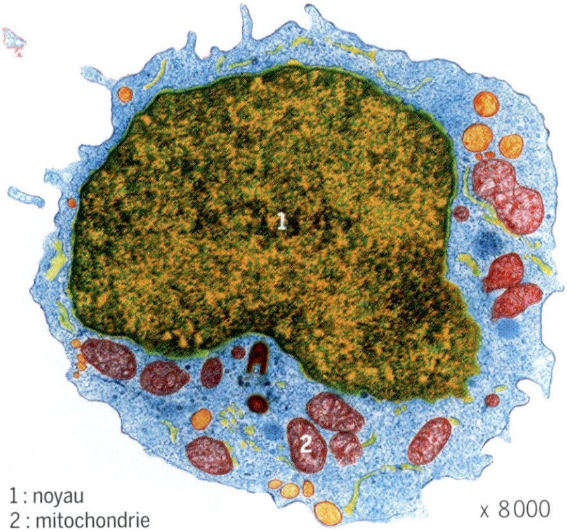

1 : noyau
2 : mitochondrie

Lymphocyte humain observé au **MET**

Doc. 1 La respiration : une oxydation de métabolites organiques.

Certaines cellules, très spécialisées, ont des besoins énergétiques particulièrement importants. C'est, par exemple, le cas des spermatozoïdes et des fibres musculaires.

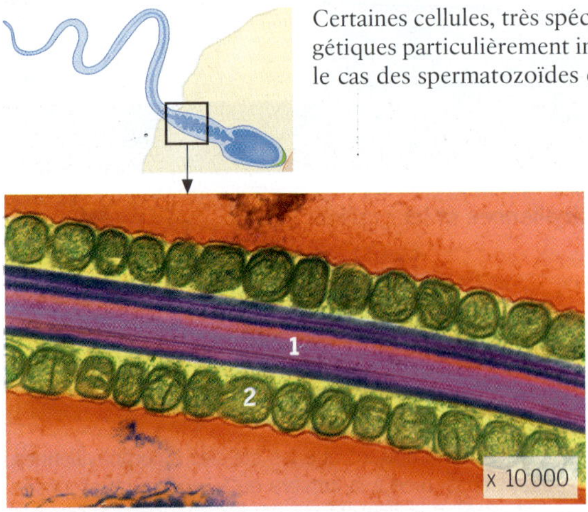

a Portion du cytoplasme d'un spermatozoïde
1 : fibrilles flexibles du flagelle
2 : mitochondrie

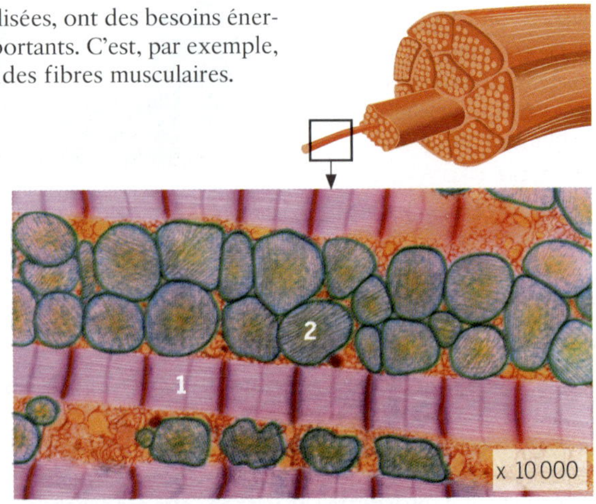

b Portion du cytoplasme d'une fibre musculaire
1 : élément contractile de la fibre musculaire
2 : mitochondrie

Doc. 2 Des cellules aux besoins énergétiques particulièrement importants.

B Une mise en évidence expérimentale du rôle des mitochondries

Pour étudier le rôle des mitochondries, il est nécessaire de les isoler. Pour cela, on utilise des cellules particulièrement riches en mitochondries, par exemple des cellules du foie.
Les cellules subissent d'abord un broyage mécanique modéré afin de libérer les constituants sans trop les léser. Le broyat est ensuite centrifugé : la rotation à grande vitesse des tubes contenant les extraits cellulaires permet de séparer les constituants cellulaires et d'obtenir une fraction riche en mitochondries. L'isolement réel des mitochondries nécessite cependant une centrifugation à très grande vitesse (imparfaitement réalisée avec une centrifugeuse de lycée).

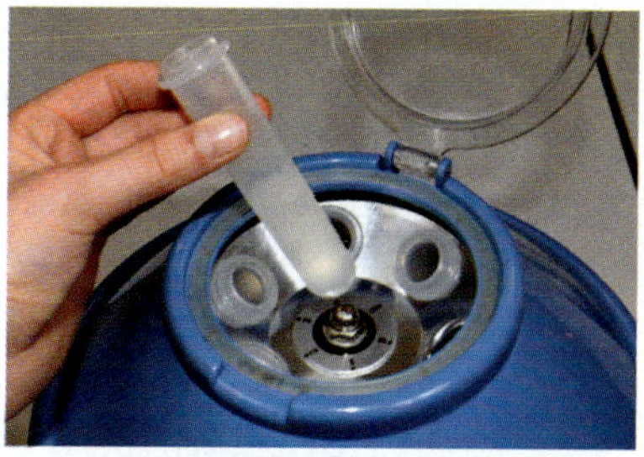

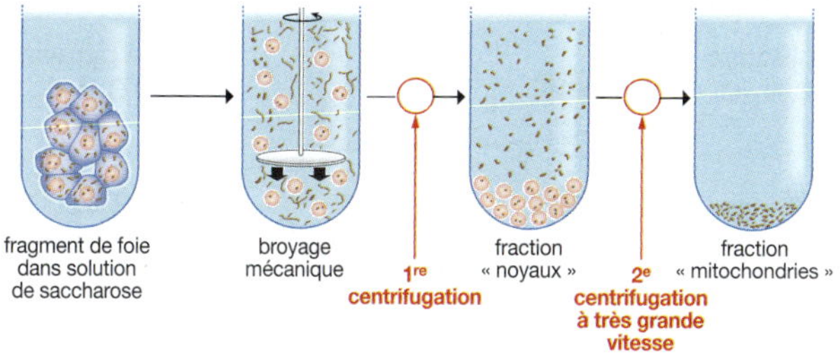

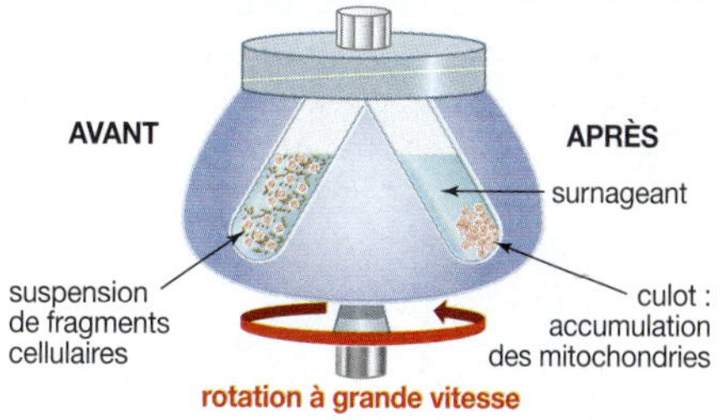

Doc. 3 **La préparation d'une suspension riche en mitochondries.**

UNE HYPOTHÈSE À ÉPROUVER

Différentes études et observations suggèrent que la respiration se déroule dans les mitochondries mais qu'une première étape se produit dans le cytoplasme, en dehors des mitochondries.
Cette première étape consisterait en une scission (et une déshydrogénation) du glucose ($C_6H_{12}O_6$) en deux molécules d'acide pyruvique ($C_3H_4O_3$).
Pour éprouver cette hypothèse, on prépare un extrait contenant des mitochondries isolées et on mesure les concentrations en dioxygène et en dioxyde de carbone de cette suspension.

Remarque : Le pyruvate est la forme ionique de l'acide pyruvique.

RÉSULTAT

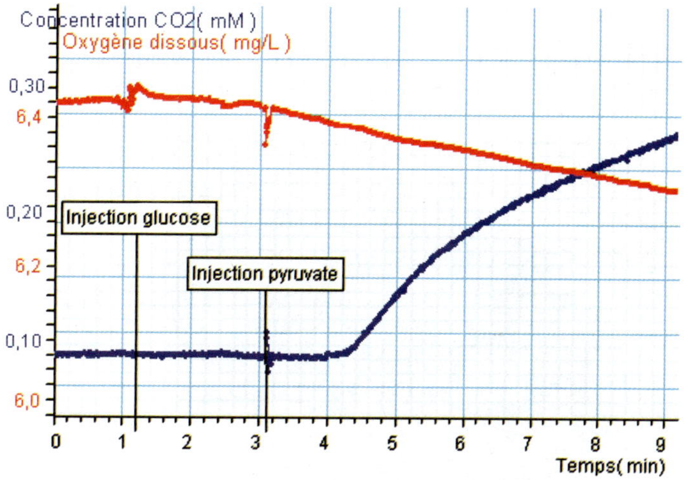

Doc. 4 **La mise en évidence du rôle des mitochondries dans le processus de respiration cellulaire.**

Pistes d'exploitation

PROBLÈME À RÉSOUDRE ► **En quoi consiste la respiration cellulaire et où se déroule-t-elle ?**

Doc. 1 et 2 Quels indices permettent de supposer que les mitochondries jouent un rôle important dans la respiration cellulaire ?

Doc. 3 et 4 Montrez que le protocole expérimental permet d'éprouver l'hypothèse exposée dans le document 4. Que peut-on déduire des résultats obtenus ?

Doc. 1 à 4 Précisez le rôle que l'on peut attribuer aux mitochondries. Explicitez votre raisonnement.

Lexique, p. 232

Les étapes de la respiration cellulaire

La respiration cellulaire débute dans le cytoplasme et se poursuit pour l'essentiel dans les mitochondries. *La structure et l'équipement moléculaire de ces organites permettent en effet une oxydation progressive et complète des métabolites organiques.*

A La dégradation totale d'un métabolite organique

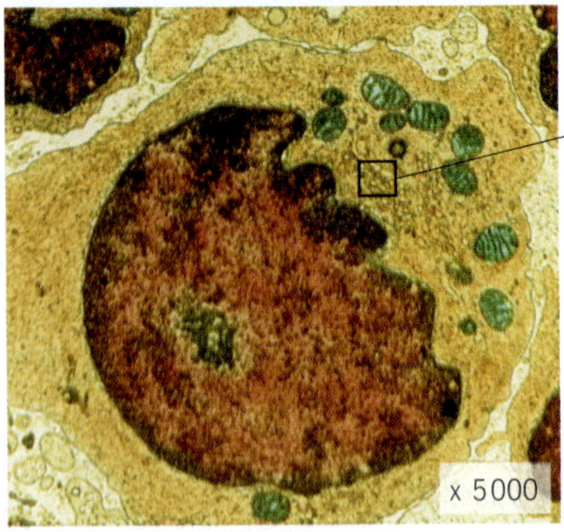

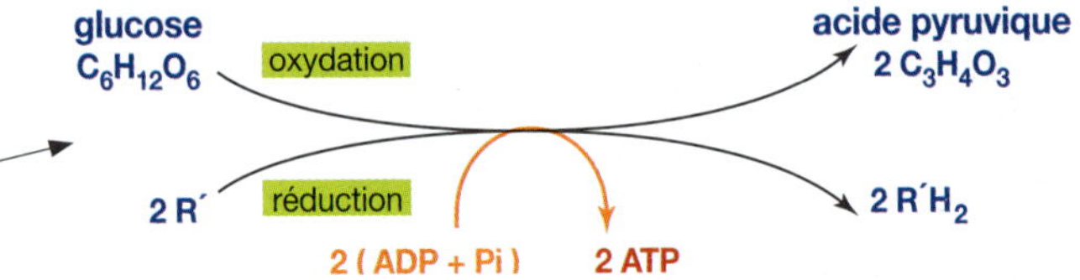

Dans le **hyaloplasme**, la molécule de glucose est progressivement convertie en deux molécules d'acide pyruvique : cette succession de réactions chimiques s'appelle la **glycolyse**. Globalement, deux événements importants se produisent :
– le glucose est oxydé en acide pyruvique grâce à la réduction d'un composé (noté ici R') ;
– l'énergie libérée par cette oxydation permet la synthèse de deux molécules d'**ATP** (ADP, Pi et ATP sont présentés *page 40*).

Doc. 1 Première étape : la glycolyse dans le hyaloplasme.

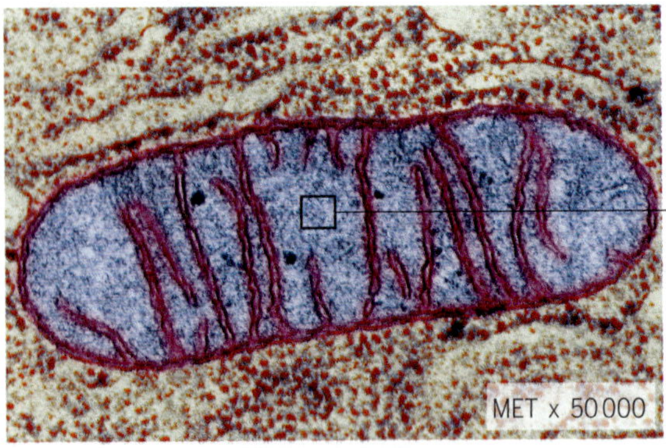

Les mitochondries sont des organites en forme de bâtonnets allongés, de 1 à 2 µm de long. Le compartiment interne d'une mitochondrie, la **matrice**, est un gel contenant divers éléments dont de nombreuses substances dissoutes.

Dans la matrice mitochondriale, l'acide pyruvique est totalement dégradé au cours d'une succession complexe de réactions chimiques que l'on nomme **cycle de Krebs**.

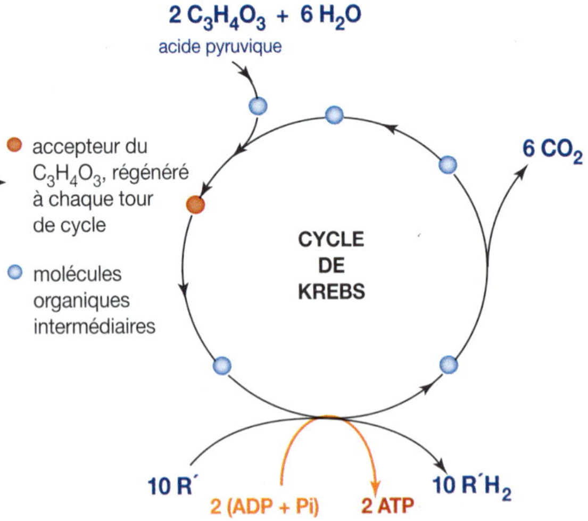

Les réactions du cycle de Krebs produisent du dioxyde de carbone, déchet minéral qui sera rejeté, et des composés qui, ayant pris en charge les atomes d'hydrogène initialement présents dans l'acide pyruvique, se trouvent à l'état réduit (R'H_2).

Au cours de ces réactions, deux nouvelles molécules d'ATP sont produites (pour une molécule de glucose au départ).

Doc. 2 Deuxième étape : le cycle de Krebs dans la matrice des mitochondries.

B La réoxydation des composés réduits et l'intervention du dioxygène

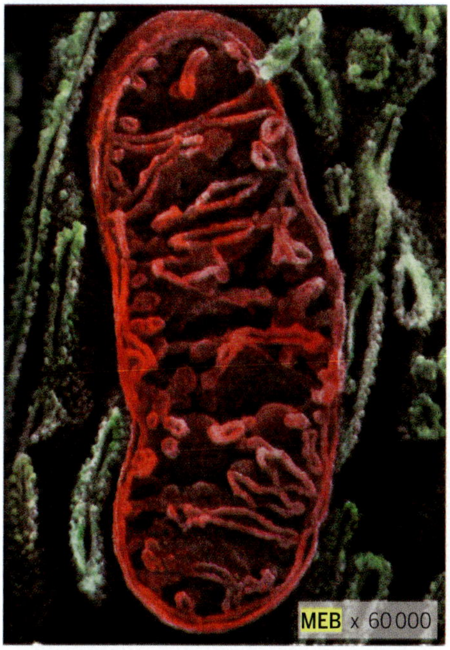

L'observation au microscope électronique à fort grossissement montre qu'une mitochondrie possède deux membranes. Alors que la membrane externe est une simple enveloppe, la membrane interne présente une structure complexe avec de très nombreux replis, appelés **crêtes mitochondriales**. La surface en contact avec la matrice est ainsi démultipliée. En outre, la membrane interne est très riche en protéines (80 % de ses constituants, contre 50 % pour la membrane externe).

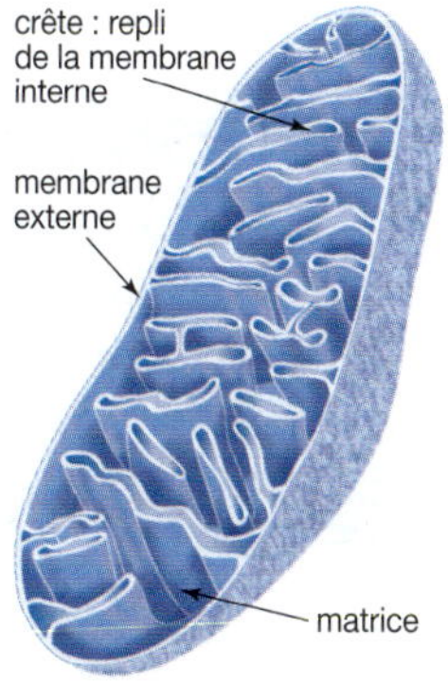

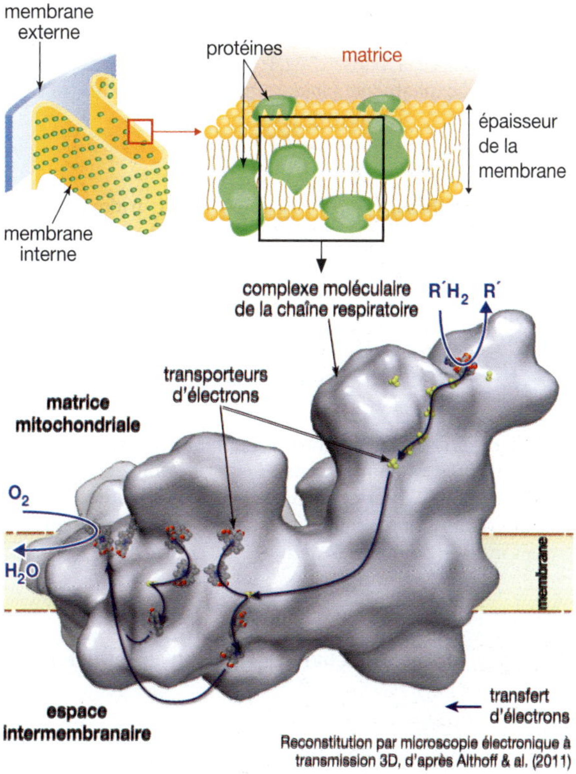

Reconstitution par microscopie électronique à transmission 3D, d'après Althoff & al. (2011)

Un ensemble complexe de molécules enchâssées dans la membrane interne constitue la **chaîne respiratoire** (*modèle moléculaire ci-contre*). Ces molécules assurent une ré-oxydation des composés réduits $R'H_2$ produits par la glycolyse et le cycle de Krebs. Chaque transporteur de la chaîne accepte les électrons du transporteur précédent et les transmet au suivant. Finalement, en bout de chaîne, c'est le dioxygène qui accepte électrons et protons pour former de l'eau. L'énergie libérée par ces oxydations successives permet de produire 32 molécules d'ATP à partir de 12 $R'H_2$.

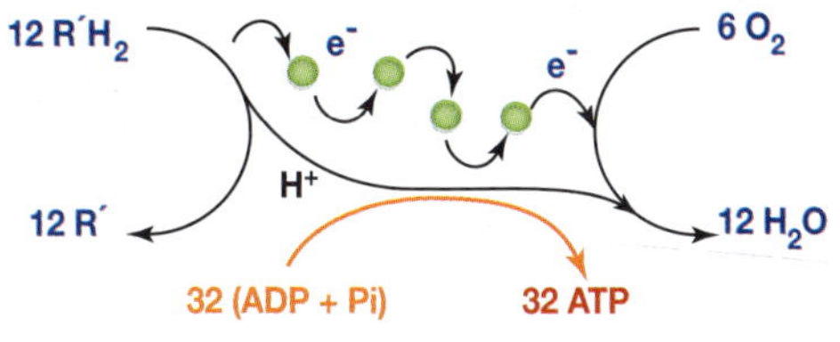

Doc. 3 **Troisième étape : les réactions de la chaîne respiratoire dans les crêtes mitochondriales.**

Pistes d'exploitation

PROBLÈME À RÉSOUDRE ► **Quelles sont les principales étapes de la dégradation d'une molécule organique par respiration ?**

Doc. 1 à 3 Montrez que les différentes étapes de la respiration cellulaire sont dépendantes les unes des autres.

Doc. 2 et 3 Précisez l'origine du dioxyde de carbone rejeté et le rôle du dioxygène absorbé au cours de la respiration.

Doc. 1 à 3 Comparez la production d'ATP au cours des principales étapes de la respiration.

Doc. 1 à 3 Établissez le bilan global de ces réactions. Pourquoi dit-on que la respiration est une dégradation complète d'un métabolite organique ?

Lexique, p. 232

La respiration : une conversion de l'énergie chimique

La respiration consiste en une oxydation complète d'un métabolite organique dans les mitochondries.
L'énergie chimique libérée par les réactions de la respiration est en partie investie dans la production de molécules d'ATP.

A L'ATP, un intermédiaire énergétique universel

L'adénosine tri-phosphate ou **ATP** est une molécule organique constituée d'une base azotée, l'adénine, et d'un sucre, le ribose, auquel sont rattachés successivement trois groupements phosphates (PO_4^{3-}). La rupture par hydrolyse d'une liaison phosphate est une réaction qui libère de l'énergie. Inversement, la synthèse d'ATP à partir d'ADP (adénosine di-phosphate) et d'un ion **phosphate inorganique** (noté Pi) nécessite un apport d'énergie.

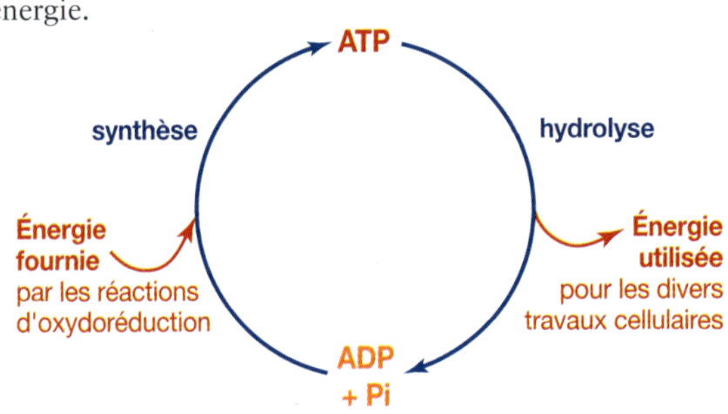

L'ATP est une molécule universellement présente dans les cellules vivantes, y compris chez les **procaryotes**. Hydrolyse et synthèse d'ATP interviennent de façon incessante dans toute cellule vivante : une cellule musculaire en activité peut générer et utiliser 10 millions de molécules d'ATP par seconde !

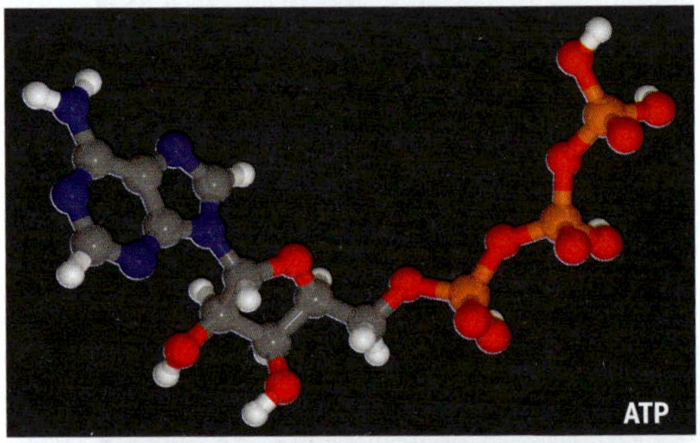

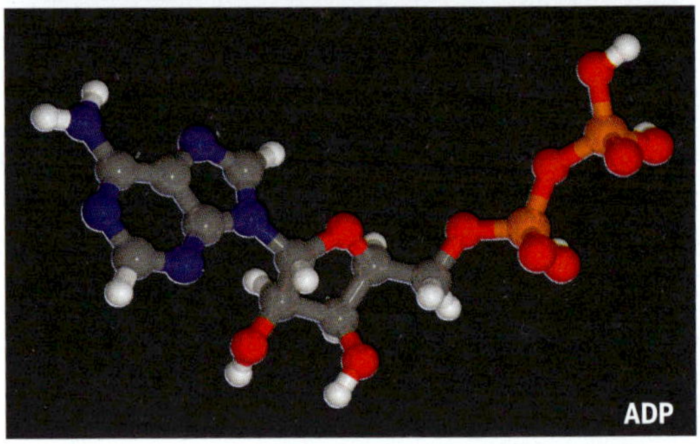

Pour télécharger les modèles moléculaires
www.bordas-svtlycee.fr

Doc. 1 Toutes les cellules produisent et utilisent de l'ATP.

Grâce à un dispositif d'ExAO comportant une sonde à dioxygène, on mesure en continu la concentration en dioxygène d'une solution.
La solution initiale placée dans le bioréacteur contient uniquement du phosphate et du succinate, un **métabolite** organique intermédiaire du cycle de Krebs (*voir page 38*).
Au temps t_1, on introduit dans le bioréacteur une suspension de mitochondries isolées, obtenues par ultracentrifugation.
Aux temps t_2 et t_3, on ajoute une quantité limitée (200 µmoles) d'ADP.
Au temps t_4, on ajoute du cyanure. Le cyanure est le plus puissant « poison » de la chaîne respiratoire : il empêche le transfert d'électrons du dernier transporteur de la chaîne respiratoire (cytochrome oxydase) au dioxygène.

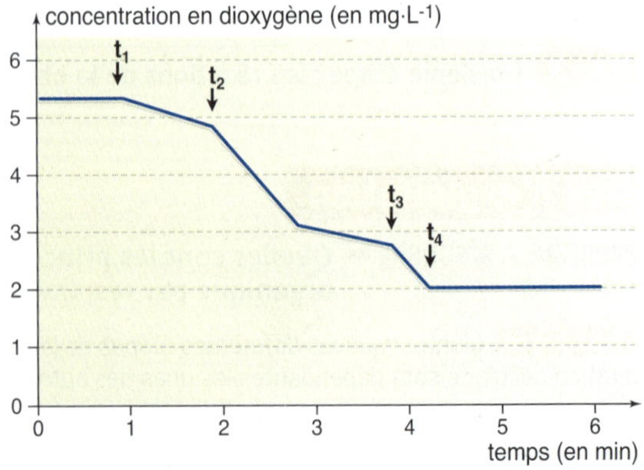

Doc. 2 Une mise en évidence du lien entre respiration mitochondriale et production d'ATP.

B Le bilan énergétique de la respiration

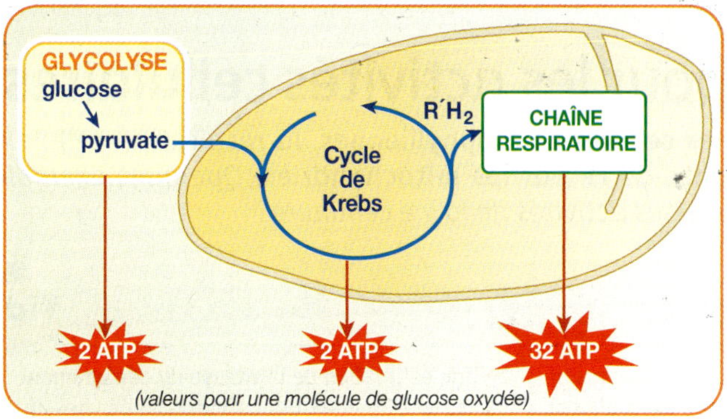

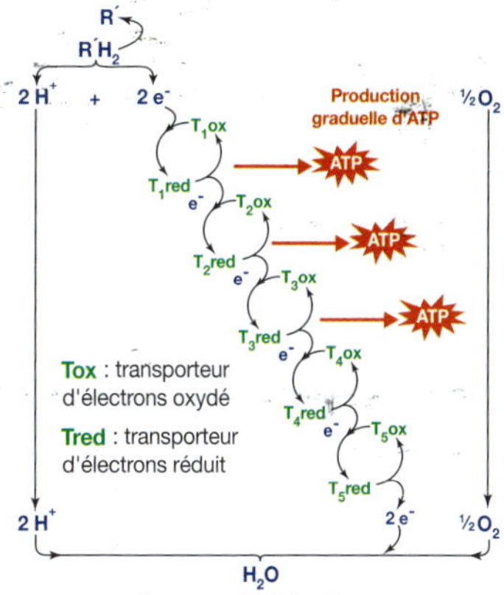

Les oxydoréductions de la chaîne respiratoire

Chacune des grandes étapes de la respiration cellulaire correspond globalement à une oxydation de composés organiques :

– au cours de la glycolyse, le glucose est oxydé en acide pyruvique ;

– au cours du cycle de Krebs, l'acide pyruvique est totalement oxydé en CO_2 ;

– les réactions de la chaîne respiratoire oxydent l'ensemble des composés $R'H_2$ produits au cours des réactions précédentes.

Ces oxydations successives sont des réactions qui libèrent de l'énergie.

Par des mécanismes complexes (et qui ne sont pas au programme de la classe de Terminale), ces réactions d'oxydoréduction sont couplées à la synthèse de molécules d'ATP : ainsi, l'énergie libérée par les oxydations est progressivement convertie sous forme d'ATP.

Doc. 3 Une exploitation optimale des métabolites organiques.

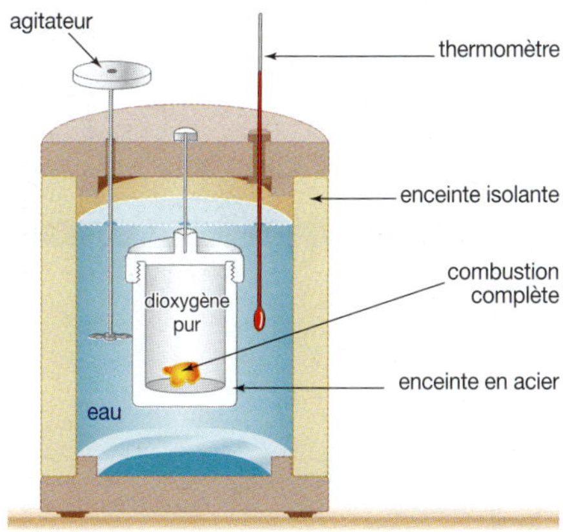

• La valeur énergétique des molécules organiques peut être déterminée très précisément avec un calorimètre (*schéma ci-contre*) : grâce à cet appareil, on peut mesurer la quantité de chaleur dégagée par la combustion complète d'une quantité connue de matière.
Ainsi, il est établi que la combustion complète d'une mole de glucose libère 2 840 kJ.

• La quantité d'énergie chimique investie dans l'ATP varie suivant les conditions : l'hydrolyse d'une mole d'ATP peut en effet libérer de 7 à 55 kJ (30,5 kJ dans les conditions standard). Dans les conditions de pH et de température qui règnent dans les cellules, elle est environ de 50 kJ par mole.

Doc. 4 La respiration : un mécanisme biologique au rendement énergétique excellent.

Pistes d'exploitation

PROBLÈME À RÉSOUDRE ► Comment l'énergie chimique des métabolites organiques est-elle convertie au cours des étapes de la respiration cellulaire ?

Doc. 1 Pourquoi dit-on que l'ATP joue un rôle de couplage énergétique ?

Doc. 2 Analysez les résultats de cette expérience et proposez une interprétation en vous appuyant sur les étapes de la respiration décrites précédemment *(pages 38-39)*.

Doc. 3 et 4 Estimez le rendement énergétique de la respiration cellulaire dans le cas de l'oxydation d'une mole de glucose.

Doc. 1 à 4 Pourquoi dit-on que la respiration permet une conversion de l'énergie chimique ?

Lexique, p. 232

L'ATP : une nécessité pour les activités cellulaires

Dans les cellules eucaryotes, y compris les cellules chlorophylliennes, la respiration cellulaire s'accompagne d'une production importante d'ATP par les mitochondries. *Quelques exemples montrent que l'ATP ainsi produit permet diverses activités de la vie cellulaire.*

A ATP et mouvements cellulaires

Vidéo

De nombreuses cellules sont animées de mouvements : ondulation du flagelle des spermatozoïdes ou contraction des fibres musculaires par exemple. Il existe aussi des mouvements plus discrets : c'est le cas des mouvements intracytoplasmiques des organites. Un tel mouvement, qualifié de **cyclose**, est facilement observable au sein des cellules végétales.

LA MISE EN ÉVIDENCE D'UN MOUVEMENT DE CYCLOSE

– Monter entre lame et lamelle un petit fragment d'une feuille d'élodée.
– La feuille d'élodée comprend deux couches de cellules superposées : mettre au point sur l'une de ces deux couches.
– Observer au faible grossissement pour repérer des cellules où un mouvement de déplacement des chloroplastes se manifeste. Il peut être nécessaire de patienter : la chaleur émise par la lampe du microscope active la cyclose.
– Observer ensuite à un grossissement supérieur.

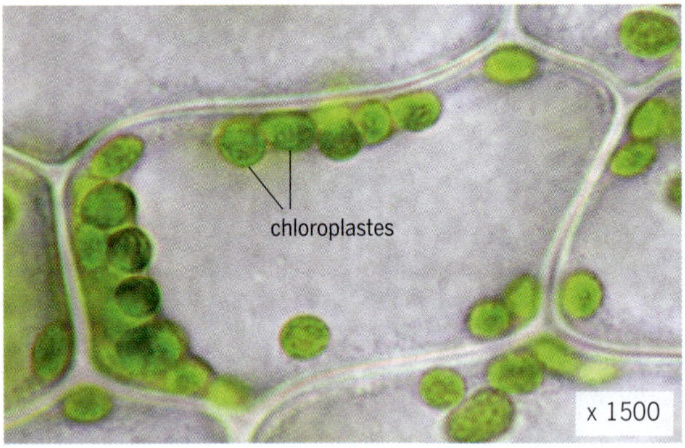

LA NÉCESSITÉ DE L'ATP

Pour déterminer si la cyclose nécessite de l'ATP, on utilise une solution inhibitrice de la synthèse d'ATP. Un tel « poison » cellulaire peut être obtenu à partir d'un extrait de feuille de laurier cerise : celui-ci contient en effet des ions cyanure (CN^-), qui stoppent le fonctionnement de la chaîne respiratoire (*voir page 40*).

• Des précautions indispensables

– Utiliser la pipette ou le compte-gouttes, n'aspirer en aucun cas par la bouche, porter des gants et des lunettes de protection.
– Le pH et la concentration du milieu d'observation doivent être maintenus constants.

• Une estimation de la vitesse du déplacement

À partir d'une séquence vidéo, il est possible de repérer un chloroplaste et d'estimer sa vitesse de déplacement (temps indiqué en s.).

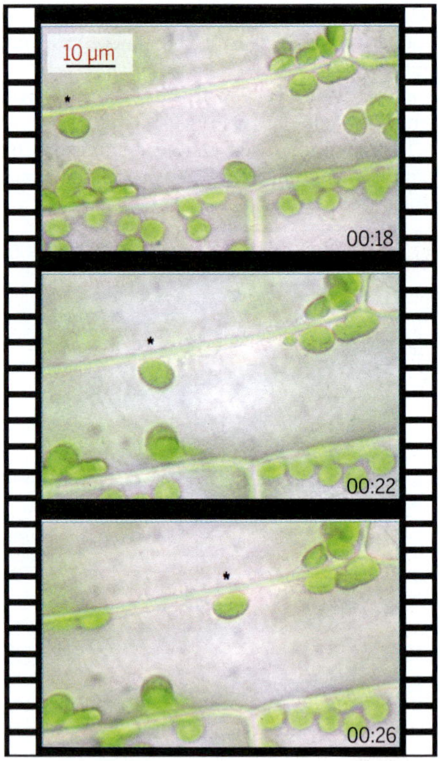

• Un procédé pour modifier le milieu au cours d'une observation

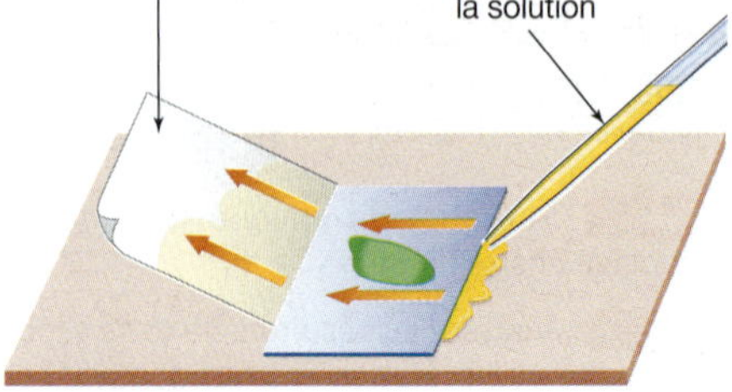

Doc. 1 **Une mise en évidence de l'intervention de l'ATP dans un mouvement cellulaire.**

B ATP et synthèses cellulaires

La synthèse des molécules complexes constitutives des cellules à partir de molécules simples (par exemple la **polymérisation** des nucléotides en ADN ou ARN, la synthèse des protéines à partir des acides aminés, la constitution des glucides de réserves), sont des réactions non spontanées qui exigent un apport d'énergie. En effet, le « niveau d'énergie » du produit final est supérieur à celui des réactifs de départ.

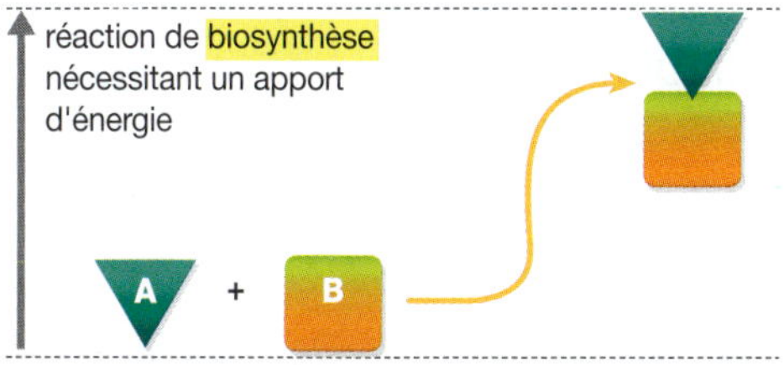

Pour réaliser un tel travail chimique, toute réaction de biosynthèse est couplée à une hydrolyse de l'ATP qui transfère un groupement phosphate à l'un des réactifs : son niveau d'énergie est alors plus élevé et la réaction peut se produire spontanément.

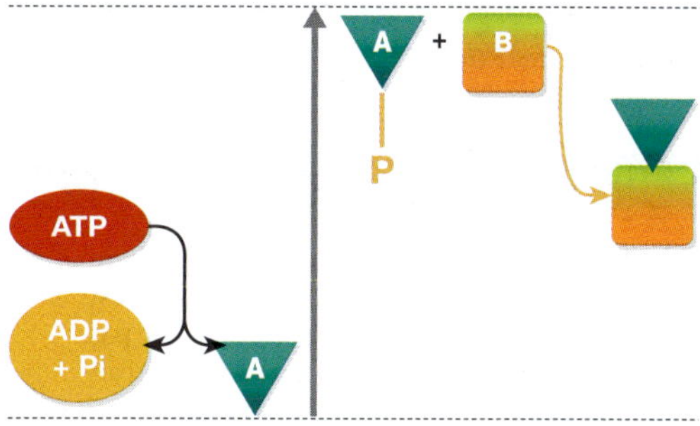

Doc. 2 L'ATP permet un travail chimique.

L'amidon et le **glycogène** sont deux polymères du glucose qui constituent les réserves glucidiques des cellules (l'amidon dans les cellules végétales, le glycogène dans les cellules des animaux et des mycètes).
La synthèse d'amidon à partir de glucose se produit, par exemple, dans les cellules des tubercules de pomme de terre. Cette synthèse nécessite une **enzyme** spécifique, l'amylosynthétase, que l'on peut extraire de ces tubercules.

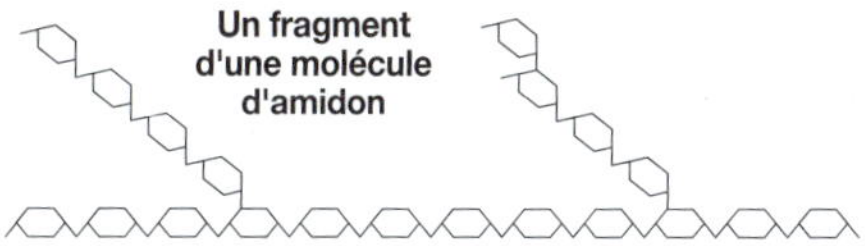

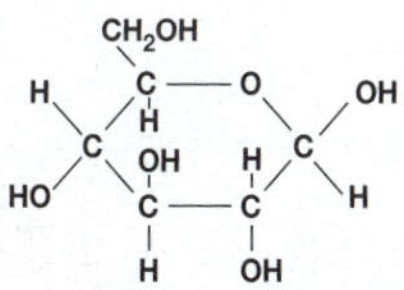

une molécule de glucose

PROTOCOLE EXPÉRIMENTAL

Préparer trois tubes à essai contenant respectivement :
- **Tube 1 :** 2 mL de glucose + 1 mL d'amylosynthétase + 1 mL d'eau distillée.
- **Tube 2 :** 2 mL glucose +1 mL d'ions phosphate + 1 mL d' amylosynthétase.
- **Tube 3 :** 2 mL de glucose 1-P + 1 mL d'amylosynthétase + 1 mL d'eau distillée.

Le glucose 1-P est une molécule de glucose à laquelle a été transféré un groupement phosphate sur le carbone 1.

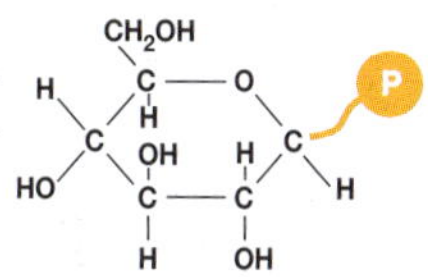

RÉSULTATS

Contrôler la présence ou l'absence d'amidon. Pour cela, effectuer au départ puis régulièrement après 3, puis 5 et 10 minutes, des tests à **l'eau iodée** en prélevant une ou deux gouttes de chaque tube.

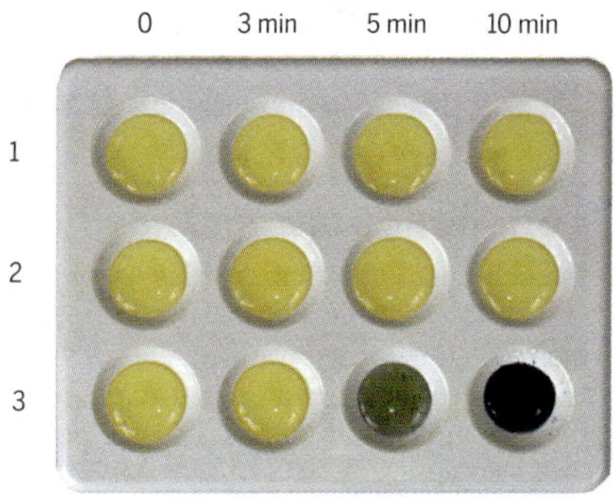

Doc. 3 Une mise en évidence expérimentale.

Protocole détaillé
www.bordas-svtlycee.fr

Pistes d'exploitation

PROBLÈME À RÉSOUDRE ► Quelles activités cellulaires peuvent nécessiter l'ATP produit par la respiration ?

Doc. 1 Réalisez cette expérience, présentez vos résultats (par exemple, en réalisant des séquences vidéo ou des photographies) et proposez une interprétation.

Doc. 1 Justifiez les consignes de sécurité.

Doc. 2 et 3 Interprétez les résultats de l'expérience à l'aide des informations données par le document 2.

Doc. 1 à 3 Utilisez ces exemples pour définir le rôle de la respiration cellulaire.

Lexique, p. 232

Fermentations cellulaires et production d'ATP

La respiration est une fonction qui permet aux cellules de se procurer, avec une très grande efficacité, l'énergie dont elles ont besoin. *Il existe cependant d'autres façons de produire de l'ATP par dégradation de métabolites organiques.*

A Étude expérimentale de la fermentation alcoolique

Des levures sont mises en culture dans un milieu glucosé. Le flacon, complètement rempli, est bouché et le tube à dégagement ne permet pas un renouvellement en dioxygène à partir de l'air ambiant (*montage ci-contre*). Très rapidement, le dioxygène présent initialement est épuisé et la suspension de levures fermente : on observe effectivement un bouillonnement (fermenter vient du latin *fervere* qui veut dire bouillir).

Quelques observations

– Il est possible de recueillir dans l'éprouvette le gaz dégagé par la culture de levures. Un test à l'**eau de chaux** montre qu'il contient du dioxyde de carbone.

– Si l'on dispose un alcootest à la place du tube à dégagement, le test donne un résultat positif, alors qu'il est négatif au début de l'expérience.

Doc. 1 Une mise en évidence de la fermentation alcoolique.

■ DÉMARCHE D'INVESTIGATION

On cherche à déterminer si les levures sont susceptibles de développer un autre **métabolisme** que la respiration, en particulier lorsqu'elles sont privées de dioxygène. On cherche aussi à caractériser ce métabolisme.

■ DISPOSITIF ET PROTOCOLE EXPÉRIMENTAL

– Utiliser un montage semblable à celui présenté *page 34* mais ajouter une troisième sonde mesurant la concentration en éthanol dans le milieu.

– Avant de démarrer la mesure, introduire dans la suspension 0,2 mL de solution glucosée à 200 g/L.

– Effectuer les mesures sur une période de temps suffisamment longue (supérieure à 5 minutes).

■ RÉSULTAT

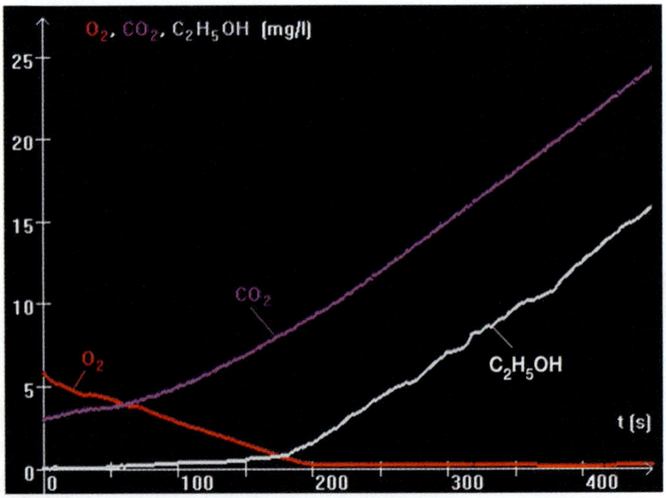

Doc. 2 Les levures peuvent utiliser deux voies métaboliques différentes.

B Les fermentations : une production d'ATP à faible rendement

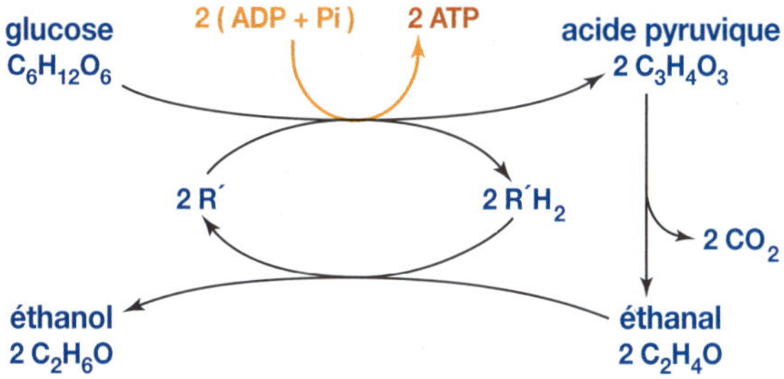

Les réactions de la fermentation alcoolique se déroulent dans le cytoplasme des levures. Elles ne nécessitent pas d'organites spécialisés (mais des enzymes spécifiques).
Pour la cellule qui l'effectue, la fermentation alcoolique permet une production d'ATP dans certaines conditions, par exemple en **anaérobiose**, c'est-à-dire dans un milieu dépourvu de dioxygène.
Par fermentation, la dégradation du métabolite organique est incomplète : il y a production d'un composé secondaire organique, ici l'éthanol.

Respiration et fermentation sont deux façons différentes de produire de l'énergie (ATP) à partir d'un même métabolite organique. Leur rendement est cependant bien différent : alors que la respiration produit 36 ATP par mole de glucose consommé, la fermentation n'en produit que deux.

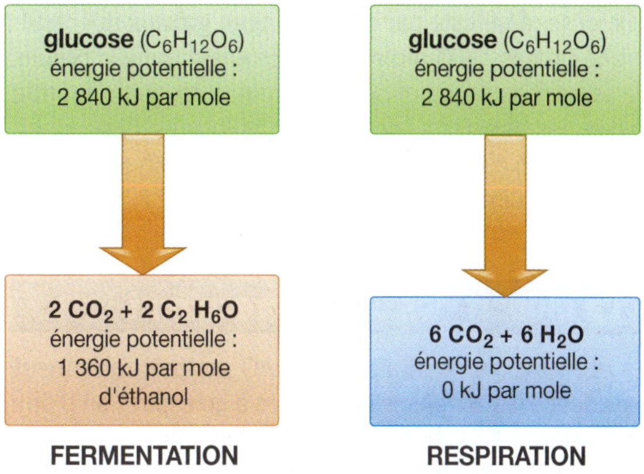

Doc. 3 Une comparaison entre fermentation et respiration.

Certaines cellules, les **bactéries lactiques** mais aussi les cellules musculaires (*voir page 57*) sont capables de réaliser une fermentation dite lactique. Dans ce cas, la dégradation du glucose produit de l'acide lactique.

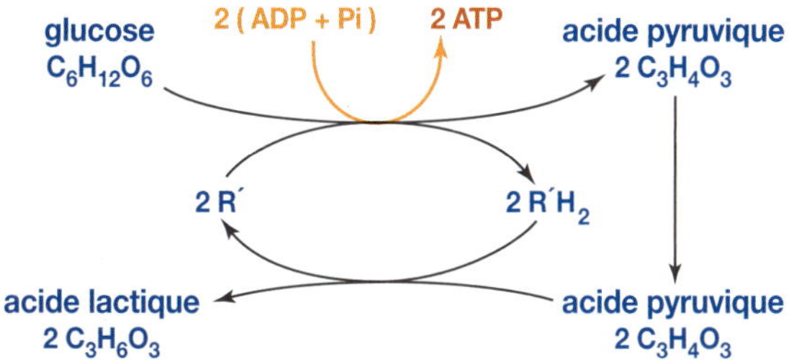

Pour vivre, les bactéries du yaourt, observées ici au microscope optique après coloration au bleu de méthylène, utilisent le **lactose** du lait et produisent par fermentation de l'acide lactique (responsable d'une modification de la consistance et de la saveur du lait). ▶

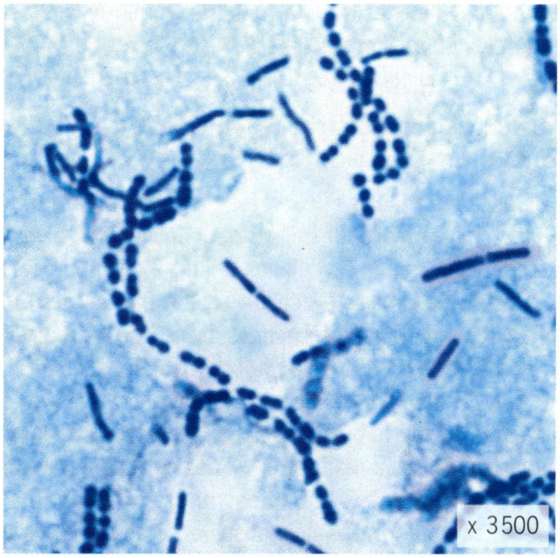

Doc. 4 Un autre exemple : la fermentation lactique.

Pistes d'exploitation

PROBLÈME À RÉSOUDRE ▶ **Quelles sont les différentes voies métaboliques de production d'ATP par dégradation de molécules organiques ?**

Doc. 1 à 3 Établissez le bilan de la fermentation alcoolique.

Doc. 1 à 3 À la lumière de cette étude, expliquez le but du « foulage » du raisin présenté *page 32*.

Doc. 2 et 3 Analysez et interprétez le résultat de l'expérience présentée par le document 2.

Doc. 3 et 4 Comparez ces deux exemples de fermentation. Pourquoi la dernière étape des réactions de ces fermentations est-elle nécessaire ?

Lexique, p. 232

chapitre 2 Respiration et fermentations cellulaires

Chez la plupart des cellules eucaryotes, l'**énergie** nécessaire aux activités cellulaires est fournie par la **respiration**. Celle-ci se manifeste par des **échanges gazeux** qui résultent de processus complexes se déroulant dans la cellule. Elle permet de produire de l'**ATP**, molécule jouant un rôle clé dans les transferts énergétiques cellulaires. Cependant, la respiration n'est pas la seule voie métabolique permettant de produire cette énergie.

1 La plupart des cellules respirent

Des études expérimentales par ExAO mettent facilement en évidence les échanges gazeux liés à la respiration d'une suspension cellulaire, de levures par exemple : les cellules **consomment du dioxygène** et **rejettent du dioxyde de carbone**, à condition toutefois que du glucose soit présent dans le milieu. En effet, la respiration consiste en une **oxydation totale de molécules organiques**, glucose par exemple. Le bilan des transformations chimiques de la respiration cellulaire s'écrit :

$$C_6H_{12}O_6 + 6\ O_2 \rightarrow 6\ CO_2 + 6\ H_2O$$

Remarquons que les produits formés, CO_2 et H_2O, sont exclusivement minéraux.

La plupart des cellules eucaryotes respirent, y compris les cellules chlorophylliennes. Ceci peut facilement être mis en évidence lorsque les cellules chlorophylliennes sont à l'obscurité. À la lumière, les cellules chlorophylliennes respirent également, mais les échanges gazeux de la respiration sont masqués par ceux de la **photosynthèse**, qui sont souvent quantitativement plus importants. Ainsi, à la lumière, on mesure en fait le bilan des échanges gazeux de la photosynthèse et de la respiration. C'est ce qu'on appelle la **photosynthèse nette**. La photosynthèse brute (ou réelle) s'obtient en ajoutant, en valeur absolue, les échanges gazeux de la photosynthèse nette et ceux de la respiration.

2 Le déroulement de la respiration cellulaire

Les mitochondries sont les organites de la respiration

Les **mitochondries** sont de petits organites (1 µm de longueur environ) présents par dizaines ou centaines dans le cytoplasme des cellules eucaryotes, y compris dans les cellules végétales. Leur nombre est particulièrement important dans les cellules qui ont besoin de beaucoup d'énergie comme les fibres musculaires ou les spermatozoïdes, par exemple. Au microscope électronique, on peut observer qu'une mitochondrie est limitée par une double membrane, la membrane interne formant de nombreux replis appelés **crêtes mitochondriales**. Cette structure augmente la surface de contact entre la membrane interne et le milieu intérieur de la mitochondrie appelé **matrice**.

Une première étape dans le hyaloplasme : la glycolyse

Des études expérimentales ont démontré que les mitochondries ne consomment pas directement le glucose. Une étape préalable se déroule dans le cytoplasme, en dehors des mitochondries : une molécule de glucose ($C_6H_{12}O_6$) est oxydée en deux molécules d'**acide pyruvique** ($C_3H_4O_3$). Des atomes d'hydrogène du glucose sont pris en charge par des composés notés R' (chimiquement proches des composés R intervenant dans la photosynthèse) qui sont alors réduits en $R'H_2$. Le bilan de cette transformation, nommée glycolyse, s'écrit donc ainsi :

$$C_6H_{12}O_6 + 2\ R' \rightarrow 2\ C_3H_4O_3 + 2\ R'H_2$$

Les réactions de la glycolyse libèrent de l'énergie qui permet de produire deux molécules d'**ATP** pour une molécule de glucose oxydée.

Le cycle de Krebs, dans la matrice des mitochondries

Dans la matrice mitochondriale, l'acide pyruvique, fixé au départ sur un accepteur, subit une série de réactions qui régénèrent l'accepteur initial, constituant ainsi un cycle appelé **cycle de Krebs**. Au cours de ces réactions, l'acide pyruvique est totalement dégradé en **hydrogène** d'une part, les atomes d'hydrogène étant alors pris en charge par des transporteurs R', en $\mathbf{CO_2}$ d'autre part. C'est là l'origine du dioxyde de carbone rejeté par la respiration.

Pour deux molécules d'acide pyruvique (donc, pour une molécule de glucose), il se forme ainsi **6 molécules de CO_2 et 10 $R'H_2$**.

Ces réactions libèrent de l'énergie permettant de produire deux molécules d'**ATP.**

L'oxydation des composés réduits au niveau des crêtes mitochondriales

La membrane interne des mitochondries, repliée en crêtes, est riche en molécules qui constituent ce qu'on appelle la **chaîne respiratoire** mitochondriale. Il s'agit de diverses molécules enchâssées dans la membrane de la mitochondrie et situées à proximité les unes des autres. Cet ensemble oxyde les composés $R'H_2$: par une série d'**oxydoréductions**, les électrons et les atomes d'hydrogène sont transférés de proche en proche jusqu'à un accepteur final qui n'est autre que le **dioxygène**. Ce dernier est alors réduit pour former de l'eau. C'est donc à ce stade, en tant qu'accepteur final des électrons et de l'hydrogène, qu'intervient le dioxygène nécessaire à la respiration.

En terme de **couplage énergétique**, ce système est remarquable car les réactions d'oxydoréduction de la chaîne respiratoire permettent, pour 12 $R'H_2$ oxydés (2 provenant de la glycolyse et 10 du cycle de Krebs) une production de 32 molécules d'**ATP**.

À partir d'une molécule de glucose totalement oxydée lors des diverses étapes de la respiration, 36 molécules d'ATP environ sont produites, pour l'essentiel au niveau de la chaîne respiratoire mitochondriale.

3 L'ATP permet les activités cellulaires

L'ATP, un intermédiaire énergétique universel

L'ATP est une molécule universelle, présente dans toutes les cellules. D'une façon générale, l'ATP est impliquée dans les transferts d'énergie nécessaires aux réactions biochimiques.

La molécule d'ATP (adénosine triphosphate) est composée :
- d'un glucide (le ribose) ;
- d'une base azotée (l'adénine) ;
- de trois groupements phosphate.

L'**hydrolyse de l'ATP** produit de l'ADP et un ion phosphate libre (noté Pi) et libère de l'énergie :

$$\mathbf{ATP + H_2O \rightarrow ADP + Pi + \text{énergie disponible}}$$

L'énergie libérée par l'hydrolyse de l'ATP varie suivant les conditions (concentration des autres substances, température, etc.). Dans les conditions qui règnent dans les cellules, elle est de l'ordre de 50 $kJ{\cdot}mole^{-1}$.

Inversement, la **synthèse d'ATP** nécessite un apport d'énergie. Au cours de la respiration, c'est l'énergie libérée par les oxydations successives qui permettent la production d'ATP :

$$\mathbf{ADP + Pi + \text{énergie libérée par les oxydoréductions} \rightarrow ATP + H_2O}$$

Sachant que la combustion complète d'une mole de glucose libère 2 870 kJ sous forme de chaleur, la production de 36 ATP au cours de la respiration, soit l'équivalent de 1 800 kJ environ, signifie que le rendement de la respiration est de l'ordre de 60 %, ce qui est tout à fait remarquable.

ATP et activités cellulaires

De nombreux exemples montrent que les diverses activités cellulaires qui nécessitent de l'énergie consomment de l'ATP. C'est le cas par exemple des mouvements intracellulaires comme la **cyclose** (mouvement des organites dans le cytoplasme). Expérimentalement, on peut en effet constater qu'un inhibiteur de la synthèse d'ATP interrompt très rapidement la cyclose. Cette observation apporte la preuve du couplage de l'activité de cyclose avec la disponibilité en ATP. La nécessité d'ATP s'applique aussi à toutes les réactions de **biosynthèses** : les réactions du métabolisme qui consistent à « construire » des molécules complexes (glucides de réserves, protéines, ADN, etc.) sont toujours couplées à une hydrolyse de molécules d'ATP.

Le fonctionnement musculaire est également un exemple du couplage entre consommation d'ATP et activité cellulaire : l'intervention de l'ATP au cours de la **contraction musculaire** est l'objet du chapitre 3.

4 Certaines cellules réalisent une fermentation

Contrairement à une idée répandue, la respiration n'est pas indispensable à la vie. De fait, la vie a existé sur Terre bien avant que l'atmosphère ou l'eau ne soient enrichies en dioxygène (conditions dites anaérobies). Il existe en effet une autre voie métabolique que la respiration pouvant produire de l'ATP.

Les levures, notamment, sont capables d'effectuer une **fermentation** dite **alcoolique**. Dans le cytoplasme, la glycolyse produit de l'acide pyruvique et des composés $R'H_2$, comme au cours de la première étape de la respiration. Rappelons que la glycolyse permet de produire 2 molécules d'ATP pour 1 molécule de glucose oxydée.

En absence de dioxygène, et toujours dans le hyaloplasme, l'acide pyruvique est ensuite réduit en **éthanol** :

$$\mathbf{2\ C_3H_4O_3 + 2\ R'H_2 \rightarrow 2\ C_2H_6O + 2\ CO_2 + 2\ R'}$$

Cette deuxième étape, qui produit du CO_2, est nécessaire à l'entretien de la glycolyse car elle permet la réoxydation des composés $R'H_2$.

D'autres cellules réalisent d'autres types de fermentation. Par exemple, les « bactéries du yaourt » ou les fibres musculaires (voir chapitre 3) peuvent réaliser la **fermentation lactique**. Dans ce cas, l'acide pyruvique est réduit en **acide lactique** :

$$\mathbf{2\ C_3H_4O_3 + 2\ R'H_2 \rightarrow 2\ C_3H_6O_3 + 2\ R'.}$$

Les diverses fermentations ont en commun une production d'ATP à **faible rendement** : deux molécules d'ATP seulement sont produites pour une molécule de glucose consommée, soit un rendement 18 fois plus faible que la respiration. Cependant, le glucose est **incomplètement dégradé** et les fermentations forment des produits secondaires organiques encore énergétiques (éthanol, acide lactique). Par ailleurs, la fermentation présente l'intérêt d'être parfois possible dans des conditions où la respiration ne l'est pas.

chapitre 2 Respiration et fermentations cellulaires

À RETENIR

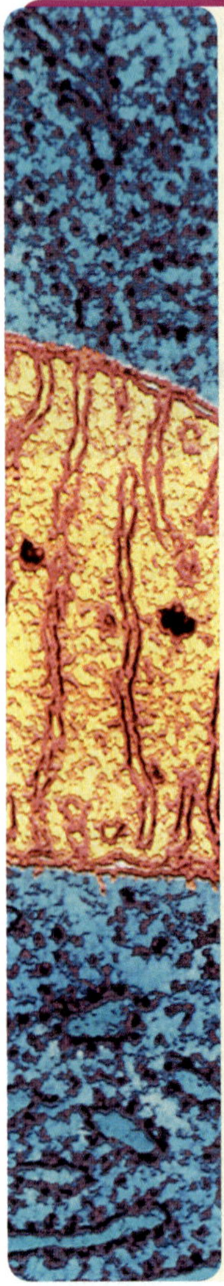

La plupart des cellules eucaryotes respirent

À l'aide du dioxygène, les cellules oxydent la matière organique en matière minérale. Pour une molécule de glucose oxydée, le **bilan de la respiration** s'écrit :

$$C_6H_{12}O_6 + 6\ O_2 \rightarrow 6\ CO_2 + 6\ H_2O$$

Cette **oxydation complète** du glucose libère de l'énergie investie dans la production de molécules d'ATP, avec un rendement remarquable.
Les cellules végétales respirent également, mais, à la lumière, les échanges gazeux de la respiration sont en général masqués par ceux de la photosynthèse.

Le déroulement de la respiration cellulaire

La respiration débute dans le hyaloplasme où se produit la **glycolyse** : le glucose est alors oxydé en 2 molécules d'acide pyruvique. La suite du processus respiratoire se déroule intégralement dans les mitochondries, qui sont les organites de la respiration.
Dans la **matrice mitochondriale**, l'acide pyruvique est totalement dégradé en CO_2 et en hydrogène (pris en charge par des transporteurs) au cours des réactions du **cycle de Krebs**.
Au niveau des **crêtes mitochondriales**, les transporteurs réduits $R'H_2$ sont oxydés par les molécules de la **chaîne respiratoire**. Ces oxydoréductions successives permettent de produire de grandes quantités d'ATP. Le **dioxygène** intervient en bout de chaîne, en tant qu'accepteur final des électrons et de l'hydrogène.

L'ATP permet les activités cellulaires

L'ATP est une molécule présente dans toutes les cellules vivantes où elle joue un rôle central dans les **transferts d'énergie**. Au cours de la respiration, l'énergie libérée par l'oxydation progressive du glucose est investie sous la forme de **synthèse** de molécules d'ATP. Inversement, c'est l'**hydrolyse** de molécules d'ATP qui fournit l'énergie nécessaire aux diverses activités cellulaires (mouvements intracellulaires, biosynthèses).

Une autre voie pour produire de l'ATP : la fermentation

Le glucose est oxydé par glycolyse, ce qui permet de produire un peu d'ATP. Une réaction secondaire permet de réoxyder les transporteurs d'hydrogène et d'entretenir le processus. Dans le cas de la **fermentation alcoolique**, cette réaction secondaire produit de l'éthanol, dans le cas de la **fermentation lactique**, elle produit de l'acide lactique. La dégradation du glucose est donc incomplète. Une fermentation produit de l'ATP avec un rendement beaucoup plus faible que la respiration.

Mots-clés

- Respiration
- Fermentation
- ATP
- Mitochondrie
- Glycolyse
- Cycle de Krebs
- Chaîne respiratoire

Capacités et attitudes

- Concevoir et mettre en œuvre un protocole expérimental pour mettre en évidence les échanges gazeux respiratoires et l'utilisation d'un métabolite.
- Recenser et exploiter des informations pour montrer le rôle des mitochondries.
- Concevoir et mettre en œuvre un protocole expérimental pour distinguer métabolisme respiratoire et fermentation.
- Concevoir et mettre en œuvre un protocole expérimental pour montrer le couplage entre une activité cellulaire et la disponibilité en ATP.

Animation

Respiration ou fermentations fournissent l'ATP nécessaire aux activités cellulaires

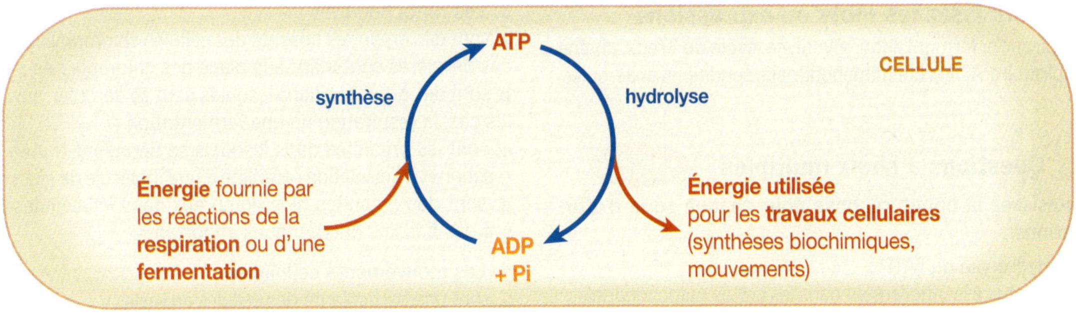

La production d'ATP par la respiration cellulaire

1 La glycolyse dans le hyaloplasme

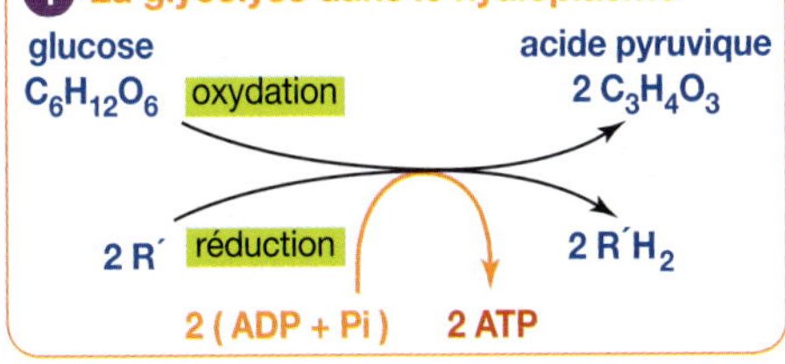

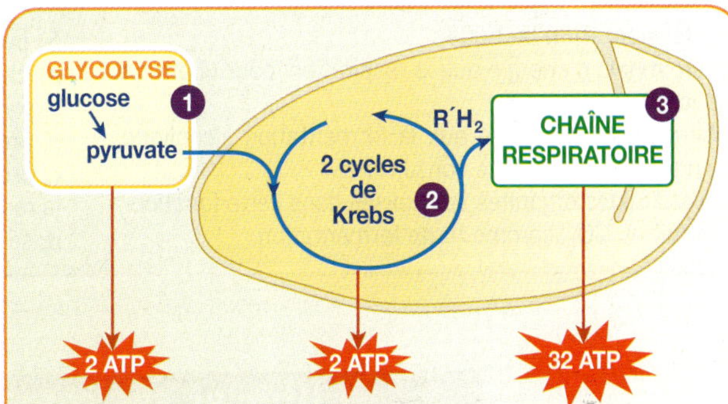

(valeurs pour une molécule de glucose oxydée)

2 Le cycle de Krebs dans la matrice de la mitochondrie

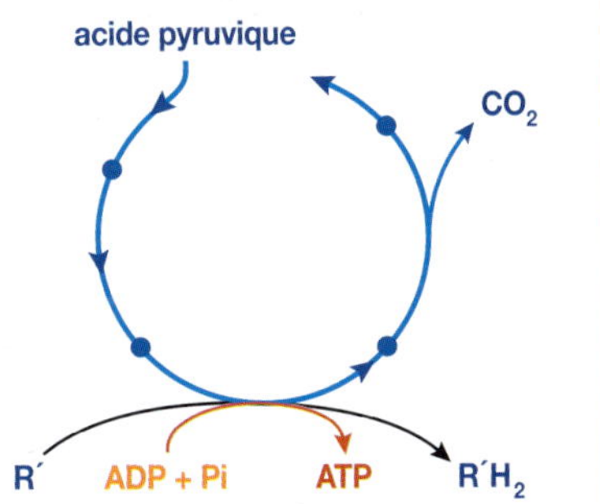

3 Les oxydations de la chaîne respiratoire dans les crêtes mitochondriales

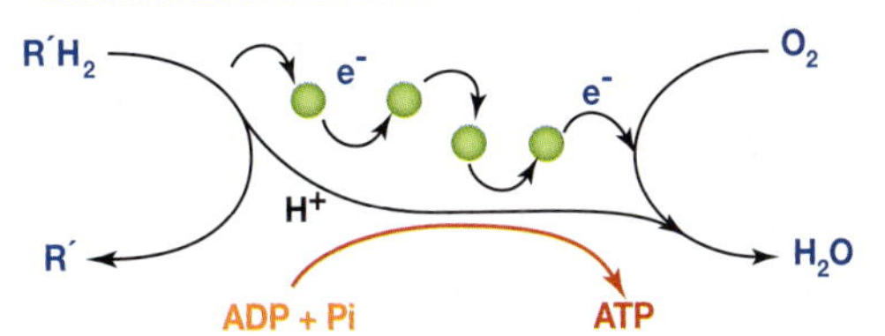

Équation-bilan : $C_6H_{12}O_6 + 6\ O_2 \rightarrow 6\ CO_2 + 6\ H_2O$

La production d'ATP par fermentation

- **La fermentation alcoolique**

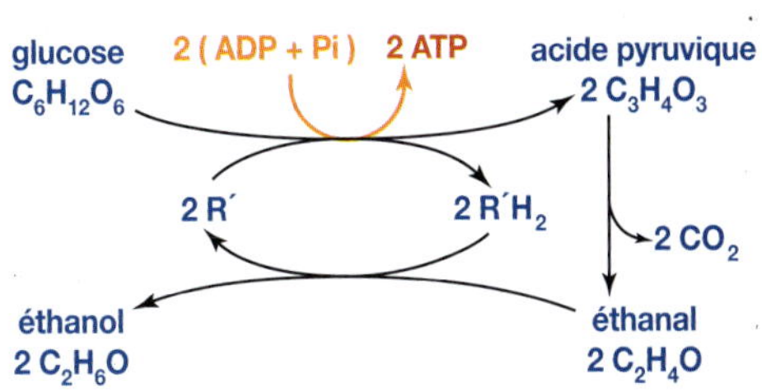

- **La fermentation lactique**

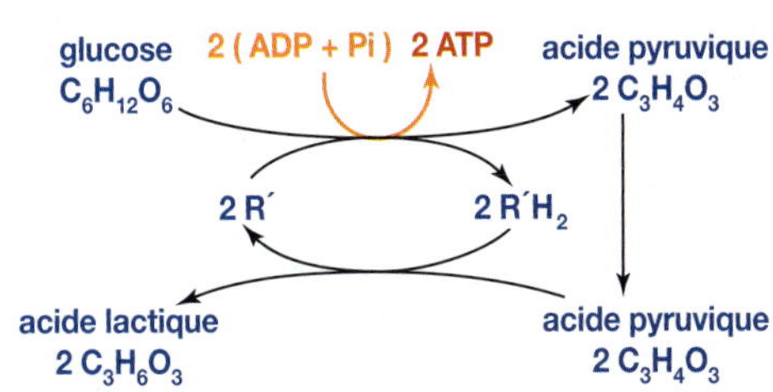

Tester ses connaissances

1 Définissez les mots ou expressions

Respiration, fermentation, glycolyse, cycle de Krebs, chaîne respiratoire, ATP, crête mitochondriale, conditions anaérobies.

2 Questions à choix multiples QCM

Choisissez la bonne réponse pour chaque série d'affirmations.

1. L'hydrolyse de l'ATP :
a. s'effectue essentiellement dans les crêtes mitochondriales ;
b. libère de l'énergie nécessaire aux activités cellulaires ;
c. est une réaction qui nécessite un apport d'énergie ;
d. est indispensable à l'activité des cellules animales, contrairement aux cellules végétales qui n'en ont pas besoin.

2. La fermentation lactique :
a. libère moins d'énergie que la respiration, pour une mole de glucose consommée ;
b. libère moins d'énergie que la fermentation alcoolique, pour une mole de glucose consommée ;
c. nécessite des organites spécialisés dans cette fonction ;
d. produit du CO_2, comme toute fermentation.

3. Les mitochondries :
a. sont des organites absents des cellules chlorophylliennes, ces dernières contenant à la place des chloroplastes ;
b. sont des organites dans lesquels peut se dérouler, suivant les cas, la respiration ou une fermentation ;
c. sont les organites dans lesquels se déroulent toutes les réactions de l'oxydation complète d'une molécule de glucose ;
d. sont des organites plus nombreux dans les cellules qui ont des besoins énergétiques importants.

4. Les mouvements cellulaires :
a. sont une particularité des cellules animales ;
b. produisent de l'ATP ;
c. consomment de l'ATP ;
d. sont automatiques et indépendants du métabolisme énergétique.

5. Les réactions du cycle de Krebs :
a. produisent du dioxyde de carbone et consomment du dioxygène ;
b. produisent des composés réduits hydrogénés ;
c. produisent la majeure partie de l'ATP formé au cours de la respiration ;
d. se déroulent dans les crêtes mitochondriales.

Utiliser ses compétences

3 L'effet Pasteur

Raisonner et utiliser ses connaissances

En 1860, Louis Pasteur réalise une série d'expériences sur les levures qui peuvent être résumées par les *schémas ci-contre*.

Conditions expérimentales	Quantité d'éthanol produite par les levures	Rendement de la culture (en mg de levures formées par g de glucose consommé)
Expérience 1 : au contact du dioxygène de l'air 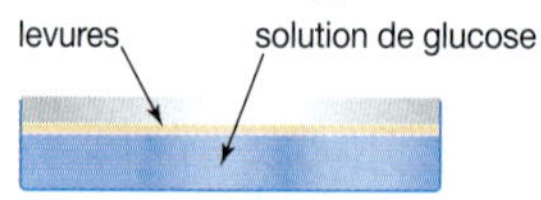	traces	250
Expérience 2 : air appauvri en dioxygène 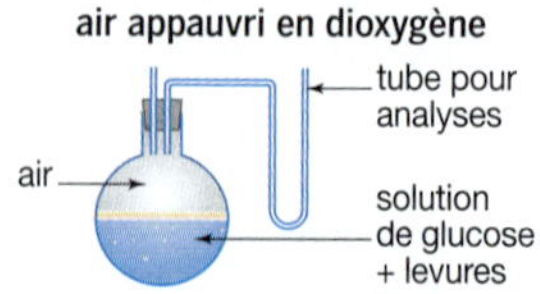	++	40
Expérience 3 : absence de dioxygène 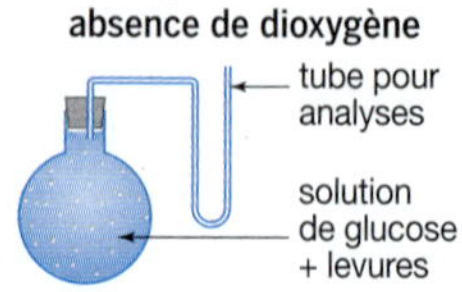	+++++	5,7

Questions à choix multiples QCM

Choisissez la bonne réponse pour chaque série d'affirmations.

1. La présence d'éthanol :
a. révèle l'existence d'un processus de fermentation ;
b. stimule la croissance des levures ;
c. inhibe la croissance des levures ;
d. est un déchet du métabolisme respiratoire.

2. Ces expériences montrent que :
a. pour produire un gramme de matière, les levures consomment plus de glucose si elles respirent que si elles fermentent ;
b. les levures ne peuvent vivre sans dioxygène ;
c. un enrichissement en dioxygène inhibe le métabolisme de la fermentation ;
d. le glucose inhibe le métabolisme de la fermentation.

4 L'énergie des spermatozoïdes   Pratiquer un raisonnement scientifique

Question :

Par un raisonnement fondé sur l'exploitation des documents et en utilisant vos connaissances, expliquez comment s'effectue la production d'ATP dans un spermatozoïde.

Document 1 : Organisation d'un spermatozoïde

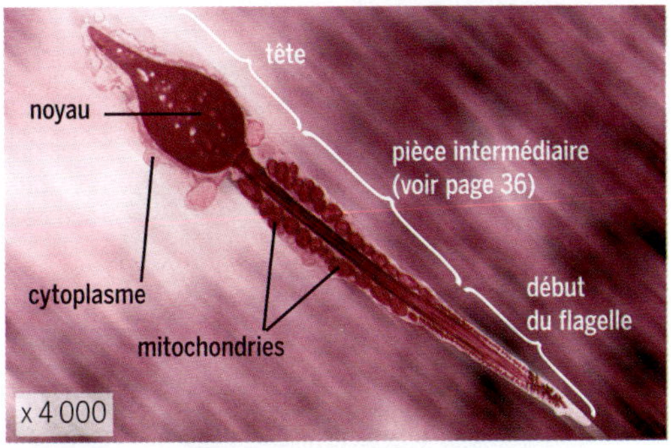

Document 2 : Utilisation du fructose

Le fructose ($C_6H_{12}O_6$) est une molécule comparable au glucose. Il est présent à une concentration variant de 1,5 à 6 g·L^{-1} dans le liquide du sperme, produit par la prostate et les vésicules séminales. Dans le cytoplasme du spermatozoïde, il est dégradé en acide pyruvique :

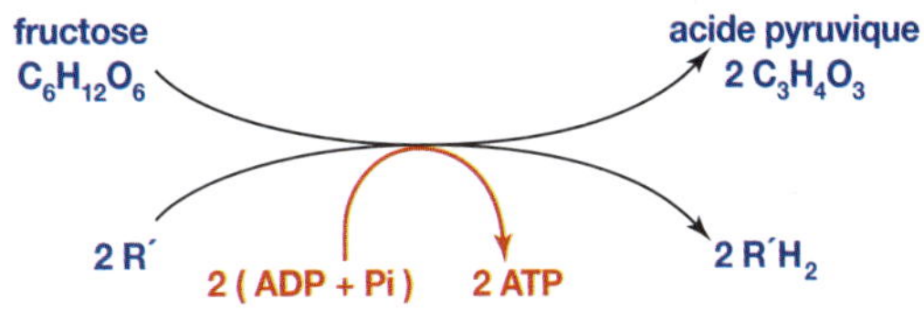

Document 3 : Étude expérimentale

Des spermatozoïdes sont placés dans un milieu contenant du fructose à une concentration comparable à celle du liquide du sperme. On évalue leur mobilité dans trois conditions différentes :

1 : milieu oxygéné sans ajout d'ATP ;
2 : milieu non oxygéné sans ajout d'ATP ;
3 : milieu non oxygéné avec addition d'ATP.

Les résultats sont présentés par le *graphique ci-contre*.

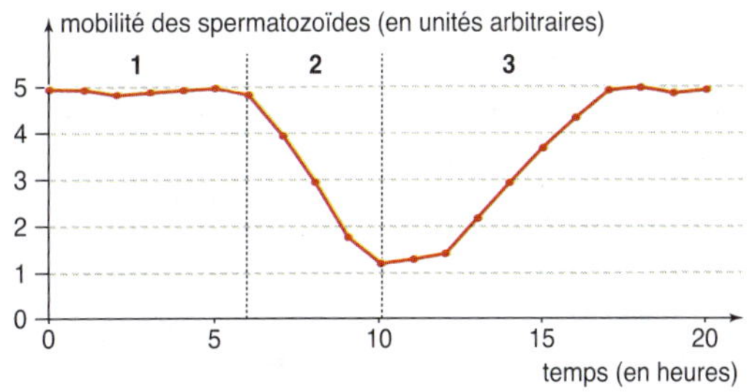

5 Les plantes respirent-elles ?   Exploiter un document, raisonner

Questions :

1. **Analysez les résultats des *expériences ci-contre* pour déterminer s'il existe un métabolisme respiratoire chez les plantes vertes.**

2. **À l'aide des connaissances acquises dans les chapitres 1 et 2 de cette partie, expliquez les variations constatées.**

Sur de jeunes plants de blé, on prélève d'une part les extrémités de racines (fragments de 1 cm), d'autre part des feuilles vertes que l'on coupe également en morceaux de 1 cm.

Les fragments de racine sont mis en suspension dans un milieu minéral dont on mesure la concentration en dioxygène et sont exposés à l'obscurité ou à la lumière par périodes successives d'une minute. Pendant la dernière période, on injecte du cyanure : on rappelle que le cyanure bloque le transfert des électrons dans la chaîne respiratoire mitochondriale. Les résultats sont traduits par le *graphique **a** ci-contre*.

La même étude est réalisée avec les fragments de feuilles. Les résultats sont traduits par le *graphique **b** ci-contre*.

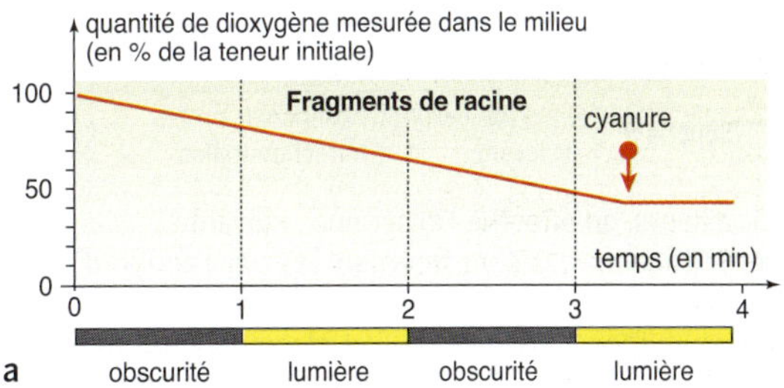

a

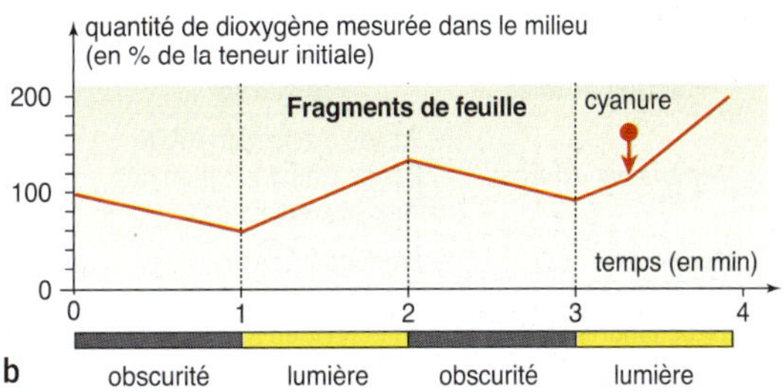

b

6 Diversité des métabolismes chez les levures

Pratiquer un raisonnement scientifique

Exercice TYPE BAC

Question :

À partir de l'analyse des documents et en utilisant vos connaissances, expliquez la différence d'aspect des colonies de levures des deux souches.

Document 1 : Culture des deux souches de levures

Après ensemencement dans une boîte de Petri contenant un milieu nutritif approprié, les levures se multiplient et forment en quelques jours des colonies visibles à l'œil nu (*photographie ci-contre*).

On cultive deux souches de levures, P et G. Dans cette expérience, le milieu gélosé contient 5 % de glucose, les cultures sont placées à température constante (30 °C) et restent en contact avec l'air :

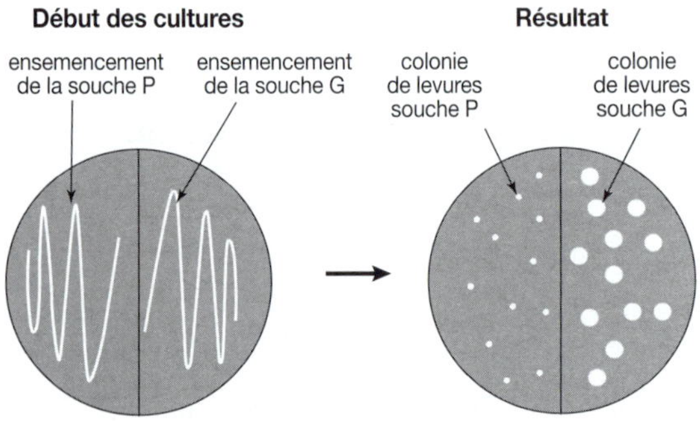

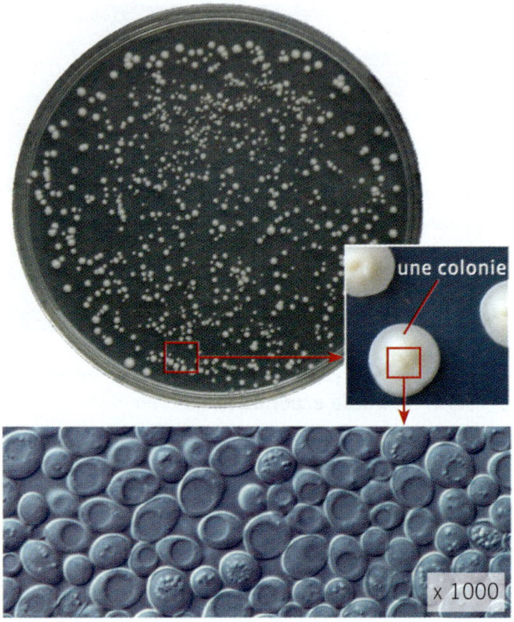

Document 2 : Étude des mitochondries

Les mitochondries présentes dans les levures ont été dénombrées et observées au microscope électronique :

	Nombre	Aspect
Souche G	15 par cellule de levure	Crêtes mitochondriales bien développées
Souche P	4 à 5 par cellule de levure	Absence de crêtes mitochondriales

Par ailleurs, on effectue l'expérience suivante :
Des mitochondries sont fragmentées par l'action d'ultrasons. On obtient ainsi différentes fractions de membranes mitochondriales que l'on place dans un milieu contenant du dioxygène, des composés réduits $R'H_2$, ADP et Pi.

Fraction étudiée	Résultats
Membranes externes	– Pas de production d'ATP. – Pas de transformation des composés réduits $R'H_2$
Membranes des crêtes mitochondriales	– Production d'ATP – Oxydation des composés réduits $R'H_2$ en R'

Document 3 : Comparaison de l'activité métabolique des deux souches de levures

On cultive les deux souches de levures dans un milieu non oxygéné mais dans lequel on ajoute du triphényl-tétralozium, substance qui peut être utilisée par les levures comme accepteur final des électrons de la chaîne respiratoire à la place du dioxygène. Ce composé est alors réduit en formazan, de couleur rouge.

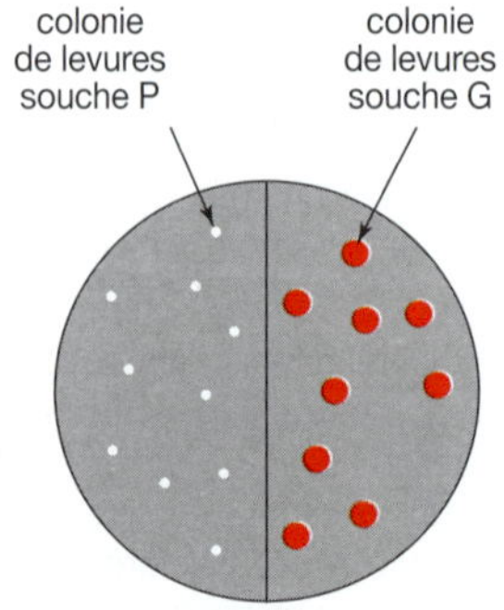

Résultat des cultures en présence de triphényl-tétralozium

Utiliser ses capacités expérimentales

7 L'utilisation de glucides par une souche de levures

Utiliser un dispositif d'ExAO

SE PRÉPARER aux épreuves pratiques du BAC

Pour produire l'ATP nécessaire à leur activité, les levures ont la capacité d'utiliser divers substrats organiques. Cette production d'ATP peut, suivant les circonstances, être obtenue par métabolisme respiratoire ou par fermentation alcoolique.

■ Problème à résoudre

Le saccharose (sucre de table) et le maltose sont des glucides proches du glucose. On cherche à savoir si les levures sont susceptibles d'exploiter le saccharose et le maltose et, si oui, à déterminer quelle voie métabolique est utilisée.

■ Conception et mise en œuvre d'un protocole expérimental

– Proposez une démarche scientifique qui permettra de déterminer si les levures peuvent exploiter le saccharose et le maltose et, le cas échéant, d'identifier le métabolisme utilisé.
– Mettez au point le protocole correspondant, paramétrez les mesures, réalisez les expériences.

■ Communication et exploitation des résultats

Présentez l'ensemble de la démarche et répondez au problème posé. La production réalisée devra notamment comporter un schéma du dispositif expérimental ainsi que le graphique annoté des résultats des mesures.

■ Matériel disponible

– Chaîne d'ExAO avec divers capteurs : sonde à dioxygène, sonde à dioxyde de carbone, sonde à éthanol.
– Solution de saccharose, solution de maltose.
– Eau distillée.
– Seringue pour injection.
– Fiche d'aide à l'utilisation du logiciel.
– Éthylotests.
– Suspension de levures (10 $g \cdot L^{-1}$) dans de l'eau, milieu oxygéné par un bulleur depuis 24 heures.

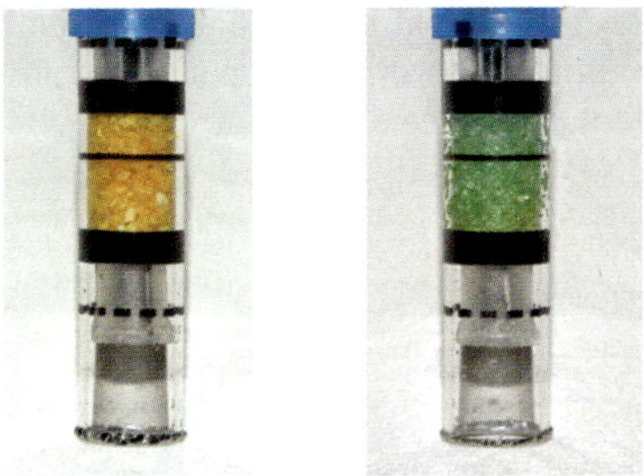

Éthylotest : résultat négatif (à gauche) et résultat positif (à droite)

■ Exemple de résultat

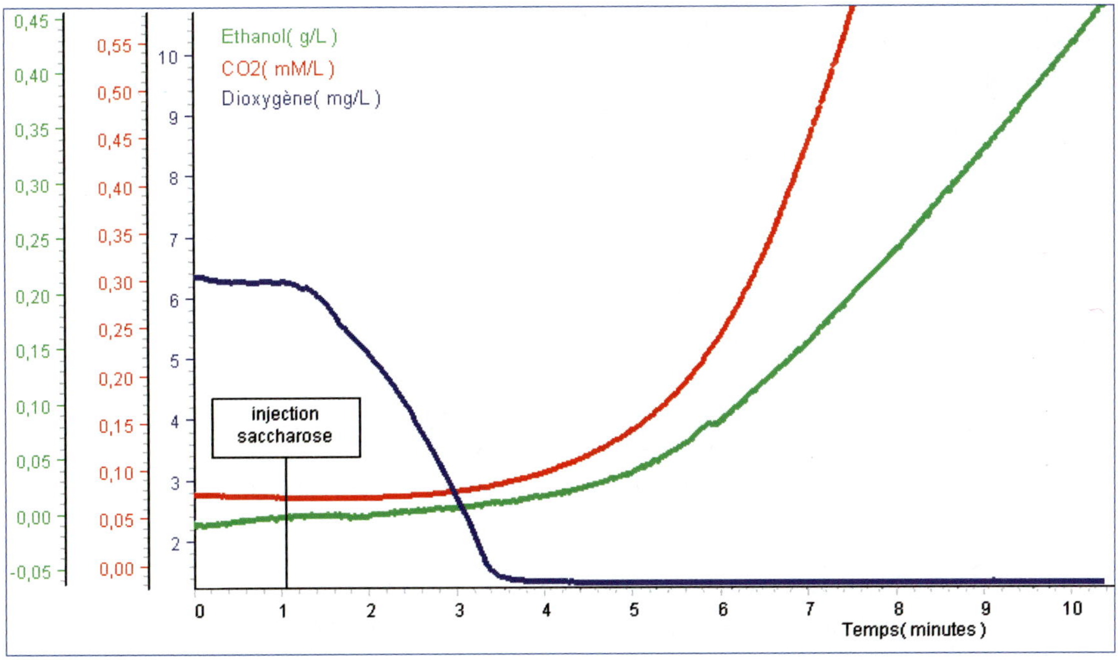

Des DOCUMENTS pour se poser des questions

Un effort impossible à maintenir

Certaines pratiques sportives (haltérophilie, sprint) sont des exercices dont la puissance est d'emblée très importante : un tel effort ne peut être maintenu que pendant une durée très courte.

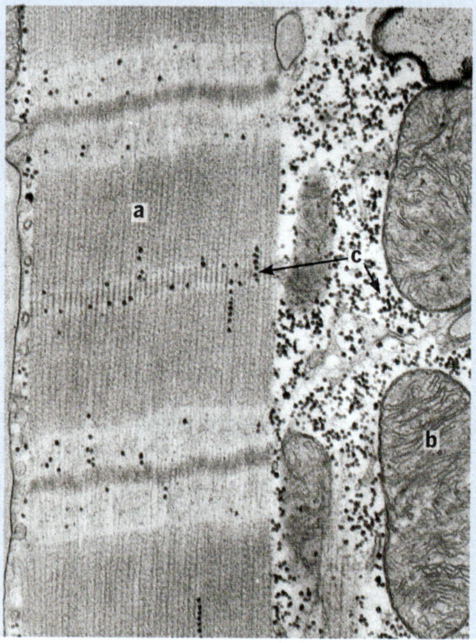

Une cellule bien particulière

Sur cette portion de fibre musculaire observée au microscope électronique (x 22 000), on peut observer dans le cytoplasme :
- un ensemble de protéines filamenteuses (**a**) ;
- des mitochondries (**b**) ;
- de nombreux granules de glycogène, glucide de réserve (**c**).

Les carburants des fibres musculaires

À tout instant, les cellules musculaires doivent être approvisionnées en énergie immédiatement utilisable.

LES PROBLÉMATIQUES DU CHAPITRE

- **Quelles voies métaboliques les cellules musculaires utilisent-elles pour se procurer l'énergie nécessaire à l'exercice physique ?**
- **Quelles particularités structurales des cellules musculaires expliquent que ces cellules puissent accomplir un travail ?**
- **Comment intervient l'ATP dans le mécanisme de contraction musculaire ?**

Myofibrilles et mitochondries dans une fibre musculaire (MET x 24 000).

chapitre 3

L'utilisation de l'ATP par la fibre musculaire

LES ACTIVITÉS DU CHAPITRE

1 Le métabolisme des cellules musculaires 56

2 La fibre musculaire, une cellule très spécialisée 58

3 Le mécanisme moléculaire de la contraction 60

Le métabolisme des cellules musculaires

Les muscles sont des organes qui accomplissent un travail important, susceptible de varier rapidement dans des proportions considérables. *L'énergie nécessaire à la contraction est fournie à la cellule musculaire, selon les circonstances, par différentes voies métaboliques.*

A Les fibres musculaires utilisent de l'ATP

Vidéo

L'expérience suivante a pour objectif de mettre en évidence la nécessité de l'**ATP** dans la contraction musculaire. On utilise des **fibres musculaires** d'un animal mort, dont les propriétés peuvent être conservées pendant très longtemps à condition d'être placées dans une solution aqueuse de glycérine.

PROTOCOLE EXPÉRIMENTAL

– Des fibres musculaires glycérinées d'un muscle de lapin ont été prélevées et finement dissociées.

– Une portion de fibre a alors été placée dans une solution ionique (contenant des ions Mg^{2+}, K^{+}, Cl^{-}) et observée au microscope à fort grossissement.

– On introduit ensuite lentement dans la préparation une solution contenant les mêmes ions et de l'ATP.

Les deux *photographies ci-contre* ▶ montrent l'aspect de la fibre au début et à la fin de l'observation.

EXEMPLE DE RÉSULTAT

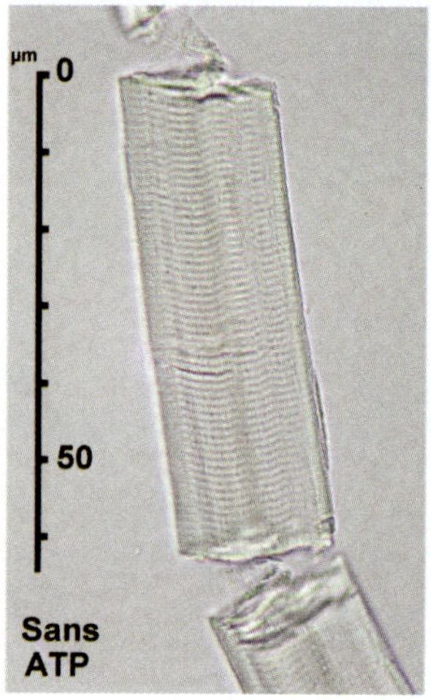

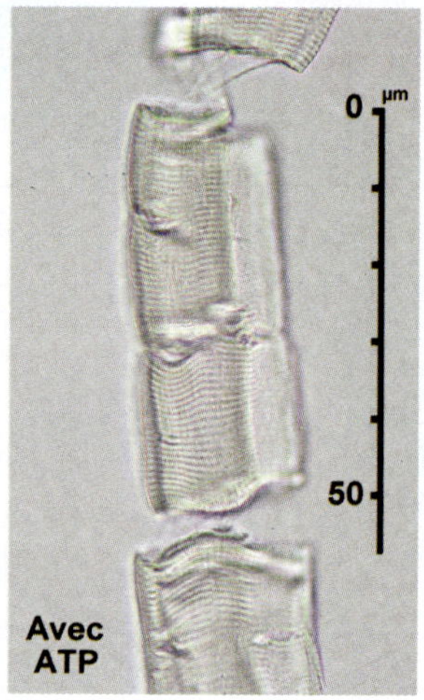

Doc. 1 Une expérience qui montre la nécessité de l'ATP.

Lors d'un exercice bref et intense (haltérophilie, sprint), la puissance musculaire développée est très importante. Dans cette situation, les cellules musculaires utilisent les réserves d'ATP immédiatement disponibles.

Les réserves d'ATP dans une cellule musculaire sont infimes. Il existe cependant dans les cellules une autre molécule, la **phosphocréatine** (PCr), possédant une liaison phosphate à haut potentiel énergétique. L'énergie libérée par l'hydrolyse de la phosphocréatine n'est pas directement utilisée par le muscle mais permet de reconstituer de l'ATP :

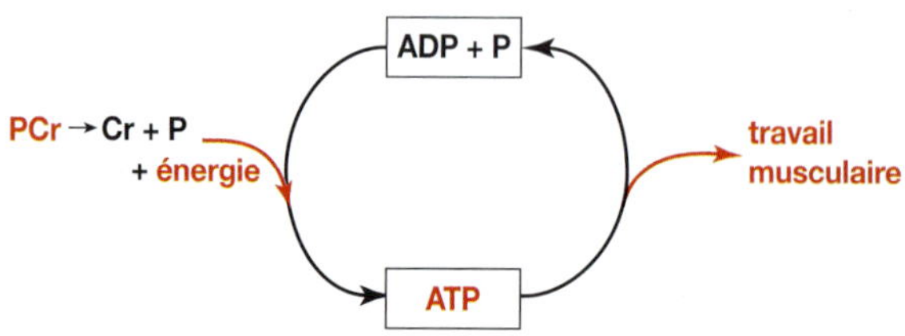

Ce système est instantané et ne nécessite aucune structure cellulaire particulière. Il permet de subvenir aux besoins immédiats, mais, très rapidement, les stocks d'ATP et de phosphocréatine s'épuisent.

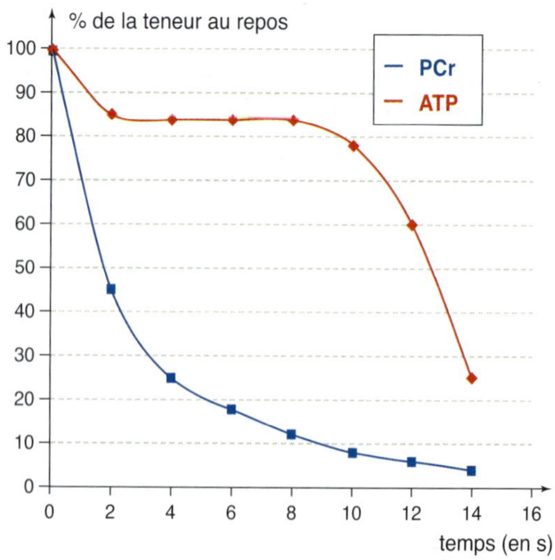

Variation des taux d'ATP et de phosphocréatine (PCr) dans les muscles au cours d'un sprint.

Doc. 2 Des stocks d'ATP immédiatement disponibles mais très limités.

B Les sources d'énergie des fibres musculaires

• Pour reconstituer durablement le stock d'ATP nécessaire à la contraction, le muscle dispose principalement de deux voies métaboliques qui utilisent du glucose provenant de l'hydrolyse du **glycogène** : la fermentation lactique (qui produit de l'acide lactique) et la respiration.
Le *graphique ci-dessous* montre la succession dans le temps des différentes voies métaboliques utilisées par le muscle pour produire l'ATP nécessaire à la contraction au cours d'un exercice d'intensité moyenne.

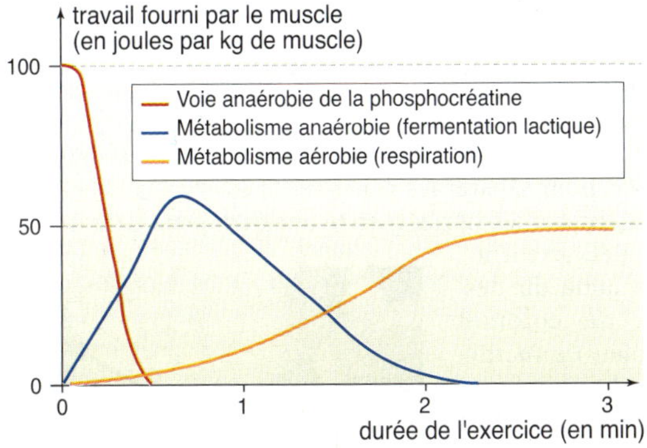

• Chaque sport a ses exigences métaboliques : ce *tableau* présente la part des différentes modalités de génération de l'ATP au cours de différentes pratiques sportives.

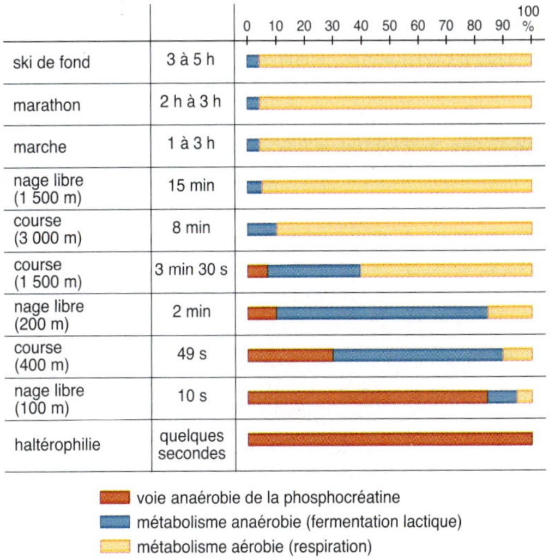

• **Concentration en acide lactique dans le sang en fonction de la vitesse chez un nageur de haut niveau.**

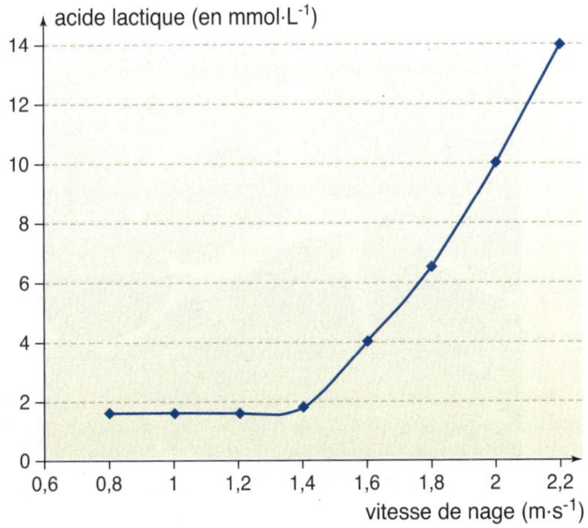

D'après «*Physiologie du sport et de l'exercice*». De Boeck.

• Le glycogène est la forme de réserve glucidique présente dans le muscle : ce *graphique* traduit la quantité de glycogène dans les muscles du mollet au cours d'une course de 3 heures à 70 % des capacités maximales.

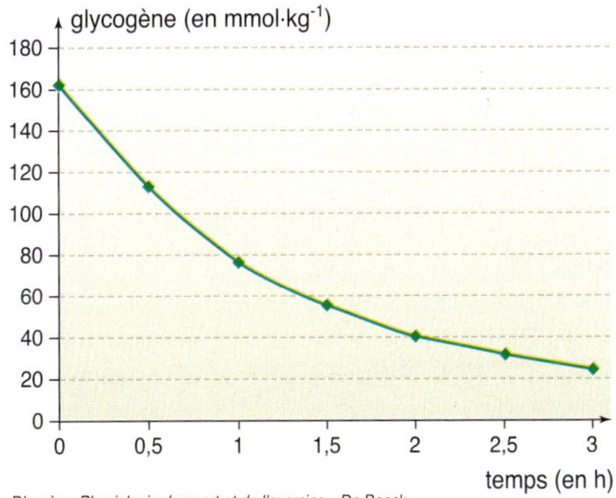

D'après «*Physiologie du sport et de l'exercice*». De Boeck.

Doc. 3 Des voies métaboliques complémentaires.

Pistes d'exploitation

PROBLÈME À RÉSOUDRE ► Comment la fibre musculaire se procure-t-elle l'énergie dont elle a besoin ?

Doc. 1 Que montre cette expérience ?

Doc. 2 et 3 Mettez en relation l'intensité et la durée d'un effort avec les différentes voies métaboliques utilisées.

Doc. 2 et 3 À l'aide de vos connaissances, indiquez quels peuvent être les avantages et les inconvénients des différentes voies de production d'ATP utilisées par les cellules musculaires.

Lexique, p. 232

La fibre musculaire, une cellule très spécialisée

Comme tous les organes, les muscles sont constitués de cellules : ce sont les fibres musculaires. *Pour comprendre le mécanisme de la contraction musculaire et le rôle joué par l'ATP, il est au préalable nécessaire de connaître l'organisation particulière de ces cellules très spécialisées.*

A Des cellules très particulières

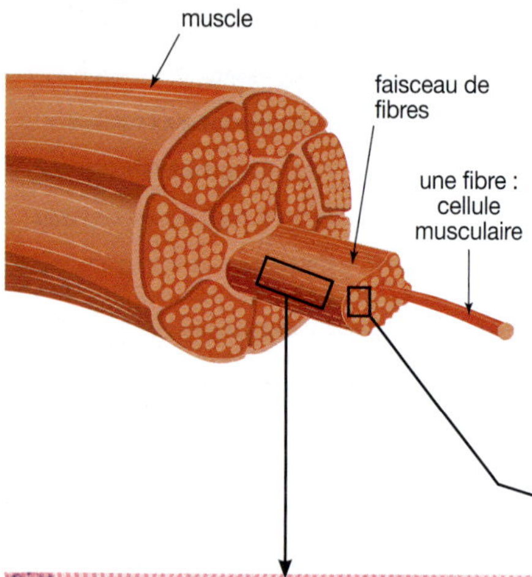

- **Observer des fibres musculaires au microscope**

– Prélever un faisceau de fibres musculaires dans un muscle cru de bœuf (« viande longue »).
– Placer ce fragment sur une lame de verre et le dilacérer, dans le sens de la longueur, pour séparer les fibres.
– Pour mieux séparer les fibres, mettre une deuxième lame et écraser en appuyant délicatement.
– Enlever la lame du dessus, ajouter du colorant (éosine ou bleu de méthylène). Attendre quelques minutes avant de recouvrir d'une lamelle et observer au microscope.

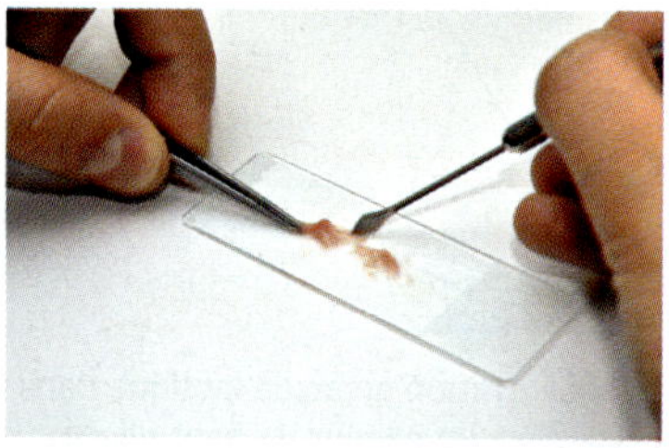

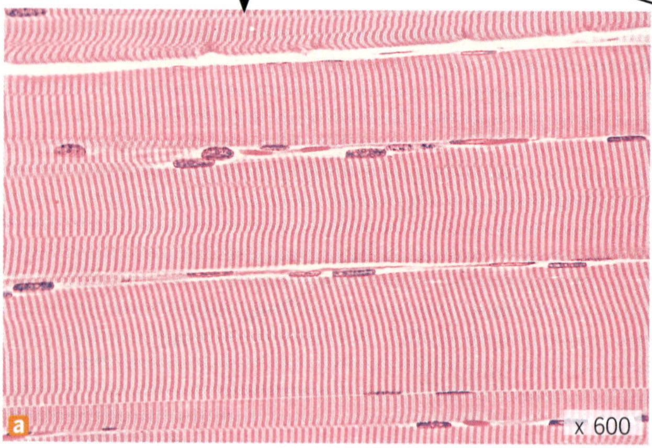

Coupe longitudinale

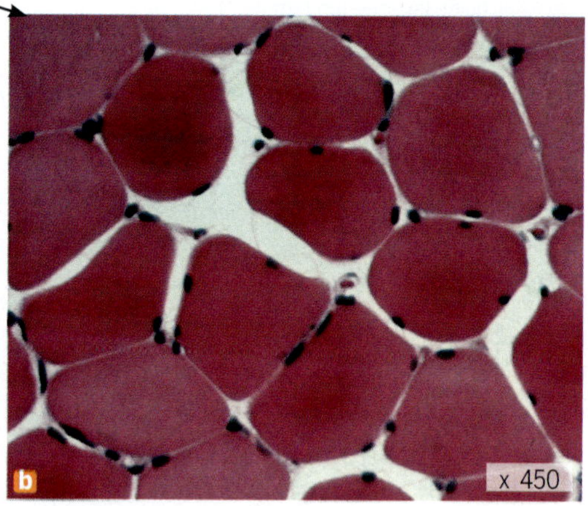

Coupe transversale

Les deux *photographies ci-dessus* sont des observations microscopiques obtenues à partir de coupes très fines de fibres musculaires (et non de fibres dilacérées). Une coloration particulière permet de bien mettre en évidence les constituants cellulaires.

- Les cellules des **muscles squelettiques** ont la forme de fibres très allongées. Chaque fibre musculaire est une structure fuselée d'une longueur pouvant atteindre plusieurs centimètres et d'un diamètre de 10 à 100 µm.

Une seule fibre contient des centaines de noyaux cellulaires : en réalité, une fibre résulte de la fusion, au cours du développement embryonnaire, de très nombreuses cellules.

- Observées au microscope, les fibres d'un muscle squelettique présentent une striation transversale très nette, d'où le qualificatif de **muscle strié** donné à ce type de muscle. Le cytoplasme d'une fibre musculaire est essentiellement occupé par des filaments protéiques responsables de la contraction (*voir pages suivantes*). Les noyaux d'une fibre se trouvent plaqués contre la membrane plasmique.

Doc. 1 Des observations de fibres musculaires au microscope optique.

B Dans les myofibrilles, deux types de filaments

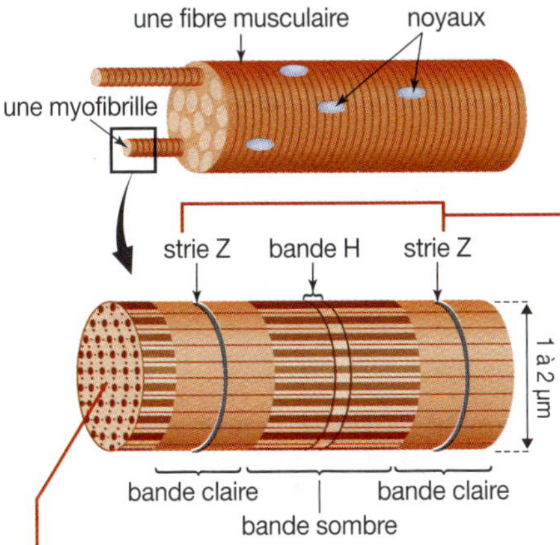

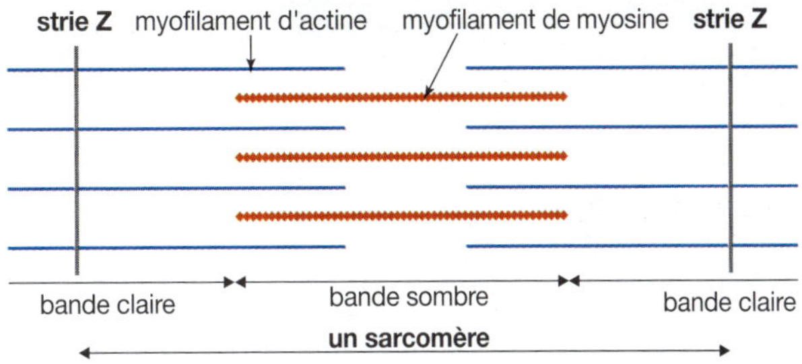

• Le cytoplasme d'une fibre musculaire est rempli, à 80 %, de cylindres disposés parallèlement à l'allongement de la fibre : ce sont les **myofibrilles**. Une fibre musculaire peut contenir plusieurs centaines ou plusieurs milliers de myofibrilles.

Chaque myofibrille est formée d'une succession de **sarcomères**. Deux sarcomères successifs sont unis au niveau d'une strie Z.

• Chaque sarcomère est constitué de deux types de **myofilaments** :
– des myofilaments épais de **myosine**, localisés au niveau des bandes sombres ;
– des myofilaments fins d'**actine** rattachés aux stries Z.

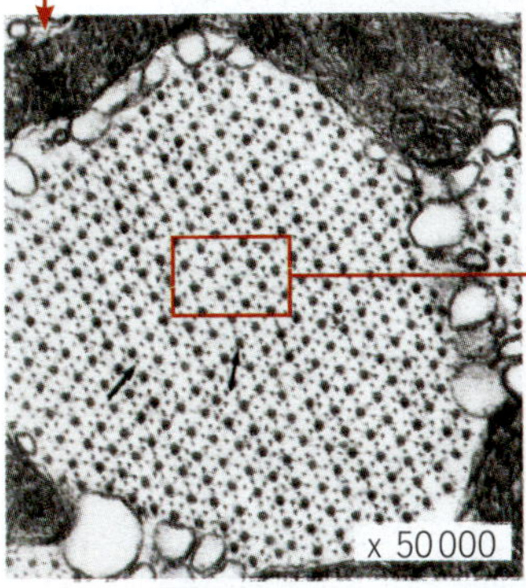

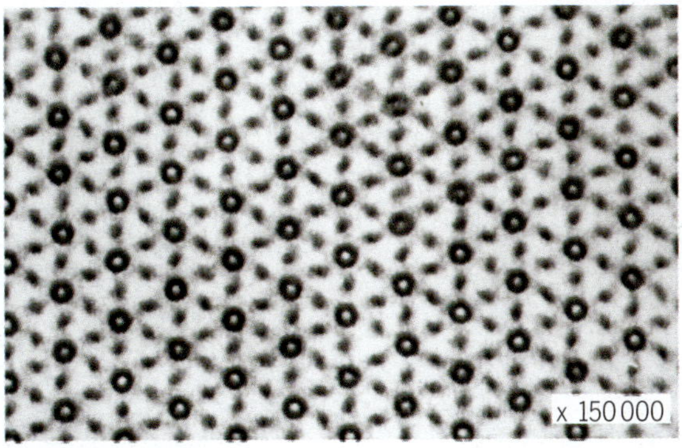

Coupe transversale réalisée au niveau d'une bande sombre. La disposition relative des filaments apparaît très clairement.

Doc. 2 **Des filaments protéiques disposés de façon très précise.**

Pistes d'exploitation

PROBLÈME À RÉSOUDRE ► **Quelle est l'organisation précise des cellules musculaires ?**

Doc. 1 Faites une observation microscopique de fibre musculaire. Utilisez les informations données par le texte pour légender un dessin ou une photographie.

Doc. 1 et 2 Pourquoi une fibre musculaire apparaît-elle striée ?

Doc. 2 Identifiez les deux types de myofilaments sur les différentes coupes.

Doc. 2 Mettez en relation l'aspect clair ou sombre des différentes bandes d'une myofibrille avec la nature et la disposition des myofilaments.

Lexique, p. 232

Le mécanisme moléculaire de la contraction

Un mouvement, par exemple une flexion du bras, est dû au raccourcissement qui résulte de la contraction d'un muscle. *Les interactions entre les myofilaments sont responsables de ce raccourcissement et nécessitent l'intervention de l'ATP.*

A Un raccourcissement des sarcomères

Des fibres musculaires au repos et des fibres musculaires en état de contraction ont été congelées brutalement. L'observation au microscope électronique des **myofibrilles** permet de comprendre l'origine du raccourcissement engendré par la contraction.

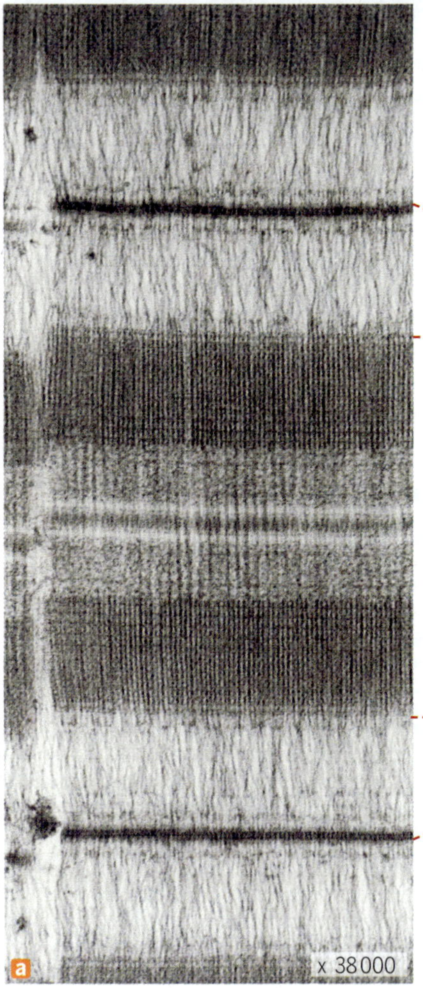

Sarcomère relâché

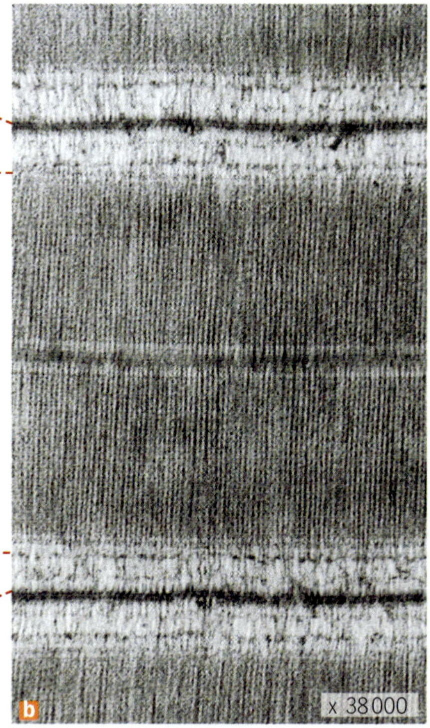

Sarcomère contracté

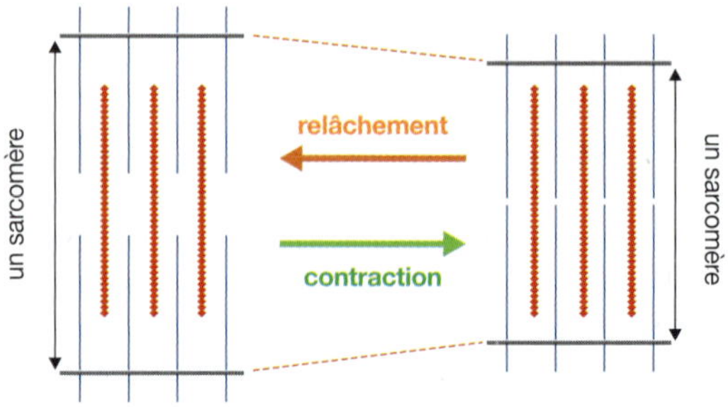

Dans une myofibrille, tous les **sarcomères** se contractent de façon comparable et de manière synchrone. Ainsi, le raccourcissement de la myofibrille résulte de la somme des raccourcissements de ses différents sarcomères.

Doc. 1 Des modifications à l'échelle du sarcomère.

B L'intervention de l'ATP

Vidéo — Animation

• L'actine est une protéine de forme globuleuse : de nombreuses molécules d'actine peuvent se **polymériser** pour former de longs filaments fins.
Une molécule de **myosine** est, quant à elle, constituée d'une « tige » et d'une « tête » globuleuse : l'assemblage de plusieurs centaines de molécules de myosine pour constituer un filament épais est tel que le filament apparait « hérissé » sur sa longueur par la saillie des têtes de myosine. Les filaments d'**actine** portent des sites sur lesquels les têtes de myosine peuvent se fixer.

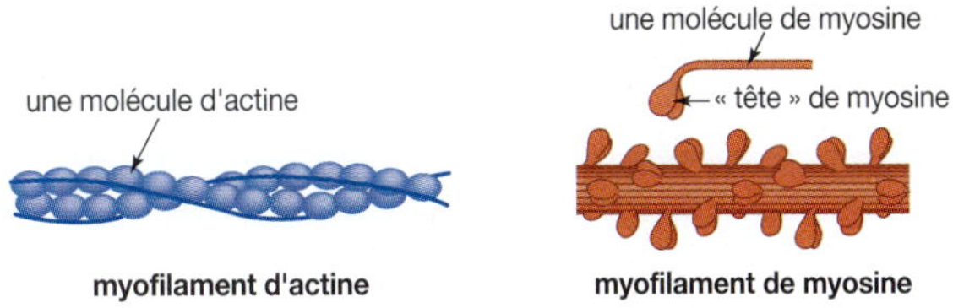

a Observation au microscope électronique à très fort grossissement

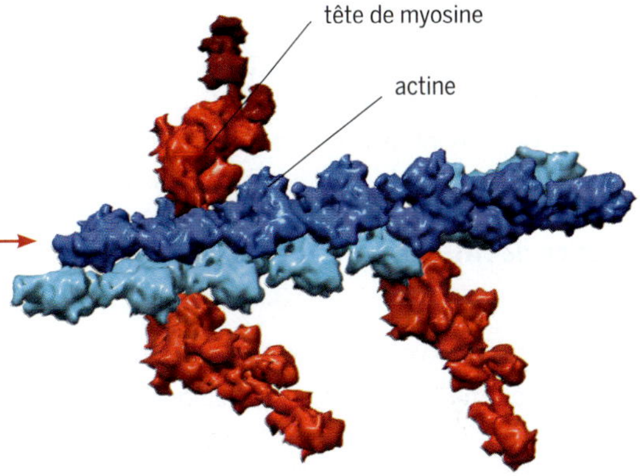

b Modèle moléculaire de l'interaction entre les myofilaments

• Pendant la contraction, les têtes de myosine se déplient et s'accrochent aux filaments d'actine. Ensuite, elles pivotent, ce qui fait glisser les filaments, puis se détachent. Ce cycle peut se répéter plusieurs fois par seconde, ce qui fait progressivement glisser les filaments à une vitesse de 15 µm par seconde.
Comme le montre le *schéma ci-contre*, la fixation puis l'hydrolyse d'une molécule d'ATP sont nécessaires au changement de conformation de la tête de myosine et donc à l'entretien de ce mécanisme.

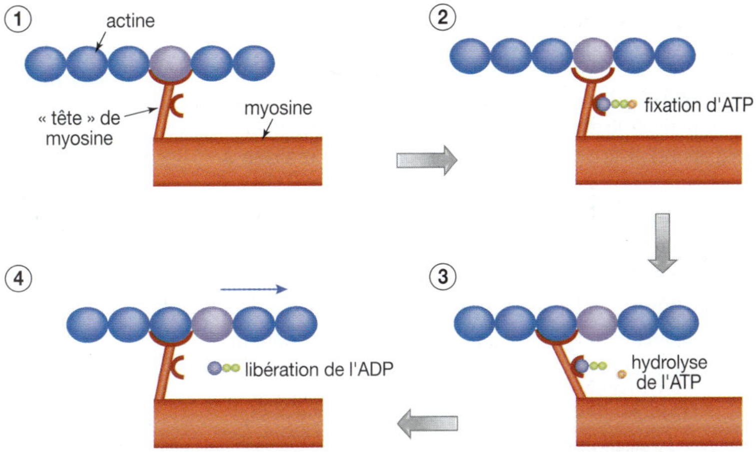

Doc. 2 **Des interactions moléculaires à l'origine du mouvement des myofilaments.**

Pour télécharger le modèle moléculaire
www.bordas-svtlycee.fr

Pistes d'exploitation

PROBLÈME À RÉSOUDRE ► **Comment les myofilaments peuvent-ils produire un raccourcissement des myofibrilles et quelle est l'intervention de l'ATP dans ce mécanisme ?**

Doc. 1 Comparez très précisément le sarcomère dans son état relâché et dans son état contracté. Rédigez un texte expliquant l'origine du raccourcissement observé.

Doc. 1 Estimez le raccourcissement d'une myofibrille constituée d'une succession de 20 000 sarcomères.

Doc. 2 Les myofilaments se raccourcissent-ils au cours de la contraction ? Expliquez.

Doc. 1 et 2 Pourquoi le renouvellement de l'ATP est-il indispensable au cours de la contraction musculaire ?

Lexique, p. 232

chapitre 3 L'utilisation de l'ATP par la fibre musculaire

1 Le métabolisme des fibres musculaires

Les fibres musculaires consomment de l'ATP

La contraction des muscles représente une dépense énergétique importante (sous forme de travail mécanique et de chaleur). C'est l'hydrolyse de l'**ATP** qui fournit directement aux cellules musculaires l'énergie nécessaire à la contraction. Cependant, les réserves des cellules musculaires en ATP, extrêmement faibles, seraient presqu'immédiatement épuisées s'il n'existait pas plusieurs mécanismes de **restauration de l'ATP**.

Les différentes voies de restauration de l'ATP

La **phosphocréatine** est un composé métabolique présent dans la cellule musculaire qui peut instantanément fournir l'énergie nécessaire à la restauration de l'ATP. Ce mécanisme ne nécessite ni apport de métabolite extérieur, ni dioxygène, ni aucune structure cellulaire particulière. Cependant, au cours d'un exercice, le stock de phosphocréatine est épuisé en moins de 20 secondes.

Les fibres musculaires ont d'autre part la capacité d'effectuer une **fermentation lactique**. Cette voie métabolique a l'avantage de pouvoir procurer rapidement de l'ATP, sans nécessiter d'apport accru en dioxygène. La glycolyse, réalisée à partir de glucose issu des réserves de glycogène produit en effet de l'ATP. Ce mécanisme est cependant d'un faible rendement car il consomme beaucoup de réserves glucidiques pour une production d'ATP relativement modeste. En outre, l'acide lactique produit par cette fermentation abaisse le pH musculaire, ce qui contribue à la fatigabilité et conduit même à l'épuisement.

Enfin, la **respiration** est le mécanisme le plus efficace pour produire durablement de l'ATP. L'ensemble des réserves énergétiques de l'organisme (et non celles du muscle seulement) peuvent être mobilisées et le rendement en ATP est très élevé. Cependant, cette voie de production d'ATP est limitée par l'approvisionnement des cellules en dioxygène, lui-même soumis aux capacités des appareils respiratoire et circulatoire.

Des mécanismes complémentaires

Au cours d'un exercice, les **réserves** d'ATP et de phosphocréatine, instantanément mobilisées, permettent de réaliser immédiatement le travail musculaire. La fermentation lactique intervient ensuite en **relais**, permettant le maintien du travail musculaire en attendant que le système cardio-respiratoire s'adapte pour assurer un **approvisionneme[nt] accru en dioxygène**, indispensable au métabolisme resp[i]ratoire. Lorsque ce dernier atteint sa capacité maximale, [la] fermentation lactique permet également de fournir un su[r]plus d'ATP.

L'ATP fournit donc l'énergie nécessaire à la contraction muscu[]laire. Les **stocks d'ATP** musculaires étant très faibles, la fib[re] musculaire utilise l'ATP fourni, selon les circonstances, par [la] **phosphocréatine**, la **fermentation lactique** ou la **respiratio[n]**.

2 L'ATP et la contraction musculaire

Des cellules spécialisées

Chaque fibre musculaire est une cellule géante, de plu[]sieurs centimètres de long. Le cytoplasme renferme de[s] réserves de glycogène (polymère du glucose) et de très nom[]breuses mitochondries. Mais la plus grande partie du volum[e] intracellulaire est occupé par de nombreuses myofibrille[s] d'aspect strié : en effet, chaque **myofibrille** est formé[e] d'une succession d'unités de 2,5 µm de long environ, le[s] **sarcomères**.

Chaque sarcomère est un assemblage de deux types d[e] filaments de nature protéique, parallèles à l'axe de la myof[i]brille : des filaments fins d'**actine** et des filaments épais d[e] **myosine**. Les filaments épais occupent la partie centrale d[u] sarcomère. Les filaments fins sont attachés aux extrémité[s] du sarcomère (stries Z) et pénètrent en partie dans la zon[e] centrale, alternant à ce niveau avec les filaments de myosin[e].

Le mécanisme de la contraction

Les filaments de myosine possèdent des **extrémités glo[]buleuses** (« têtes ») qui peuvent **se fixer** sur les filament[s] d'actine : en se fixant et en se détachant de façon répétitive, le[s] filaments d'actine et de myosine **glissent** les uns par rappor[t] aux autres, ce qui peut raccourcir le sarcomère d'environ 25 % de sa longueur. C'est à ce stade qu'intervient l'ATP.

La **fixation d'une molécule d'ATP** est en effet nécessaire [à] la rupture des liaisons entre l'actine et la myosine tandis qu[e] l'**hydrolyse de l'ATP** permet un basculement de la tête d[e] myosine qui pourra alors se fixer un peu plus loin sur l[e] filament d'actine.

Le sarcomère est donc l'unité structurale et contractile d[u] muscle strié. Le glissement des filaments protéiques d'actine e[t] de myosine constitue le mécanisme moléculaire à la base de l[a] contraction musculaire. Un tel mouvement des myofilaments es[t] couplé à l'hydrolyse d'ATP qui fournit ainsi l'énergie nécessaire

SCHÉMA BILAN — L'UTILISATION DE L'ATP PAR LA FIBRE MUSCULAIRE

ANIMATION

La fibre musculaire, une cellule spécialisée

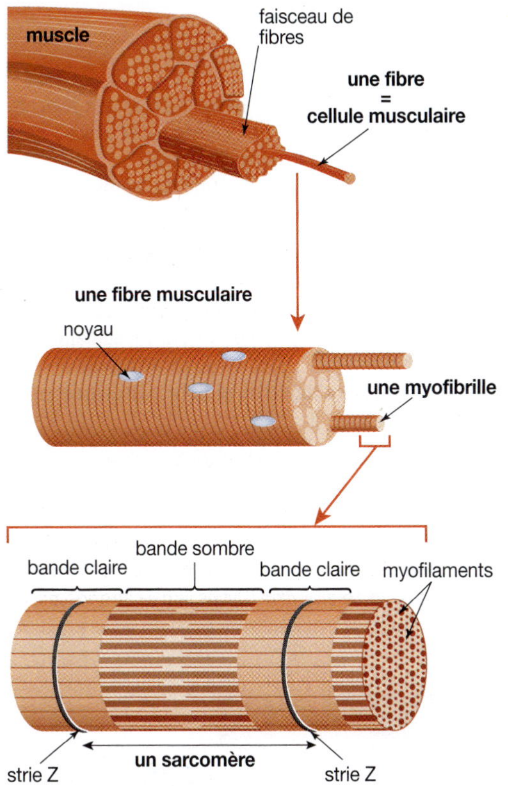

Le métabolisme des fibres musculaires

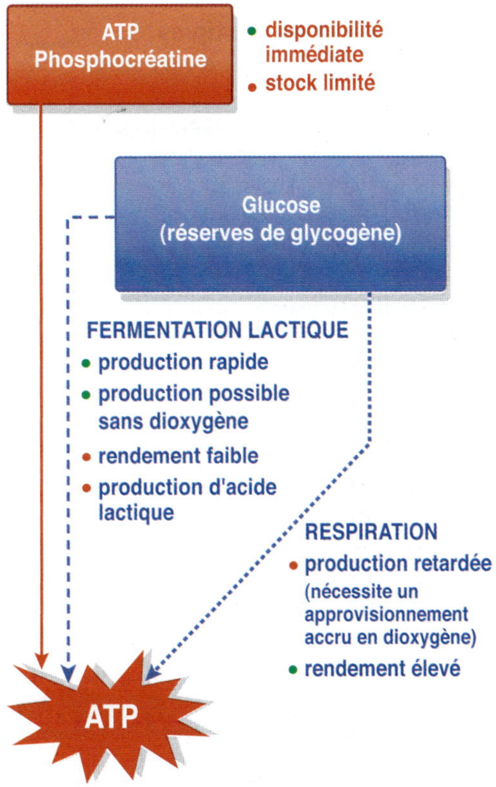

Le mécanisme de la contraction

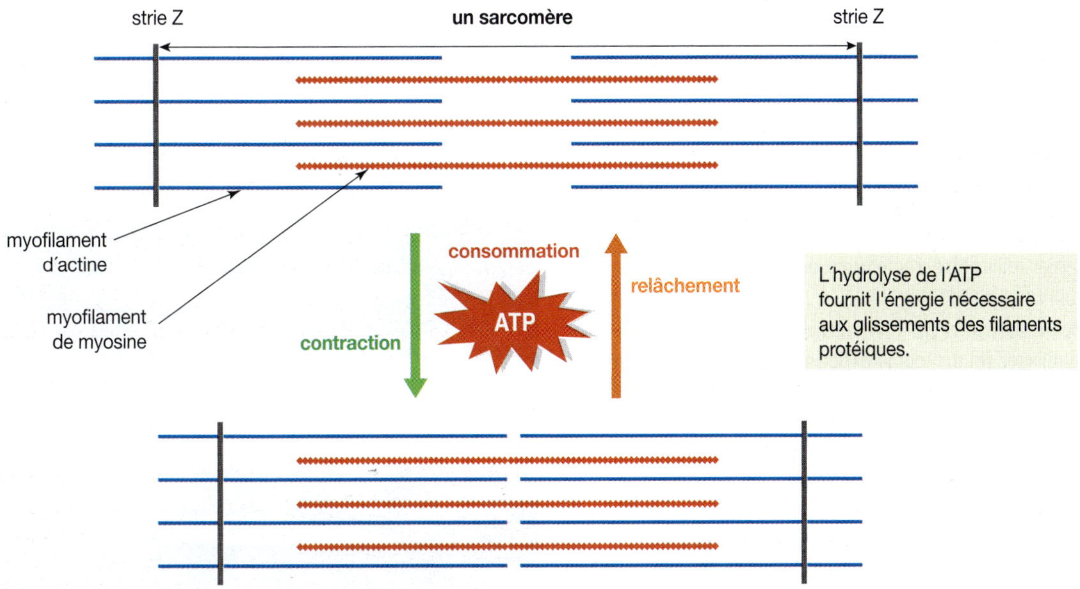

Exercices

Tester ses connaissances

1 Questions à choix multiples

QCM

Choisissez la bonne réponse pour chaque série d'affirmations.

1. Dans les cellules musculaires, les réserves d'ATP sont :
a. inépuisables ;
b. largement suffisantes pour couvrir un exercice physique prolongé mais d'intensité modérée ;
c. très rapidement épuisées ;
d. inexistantes.

2. La fermentation lactique :
a. produit de l'ATP sans consommation des réserves glucidiques ;
b. produit de l'ATP plus rapidement que la respiration ;
c. nécessite un approvisionnement accru en dioxygène ;
d. est un processus illimité de production d'ATP.

3. Le glycogène est :
a. une protéine musculaire ;
b. un lipide de réserve ;
c. un glucide simple ;
d. un polymère du glucose.

4. Une myofibrille :
a. comporte un assemblage de filaments d'actine et de myosine ;
b. est l'autre nom donné à une cellule musculaire ;
c. est un ensemble de fibres musculaires ;
d. est un filament protéique d'actine ou de myosine.

5. Un sarcomère :
a. peut mesurer plusieurs centimètres de longueur ;
b. possède une alternance de bandes claires constituées d'actine et de bandes sombres constituées de myosine.
c. est une unité structurale de la fibre musculaire dont la longueur est constante ;
d. est une unité structurale de la fibre musculaire qui peut se raccourcir.

6. Les myofilaments d'actine et de myosine :
a. peuvent se raccourcir ;
b. peuvent glisser les uns par rapport aux autres ;
c. sont fixés les uns aux autres grâce à l'énergie libérée par l'hydrolyse de l'ATP ;
d. sont juxtaposés en alternance, sans jamais être liés entre eux.

Utiliser ses capacités expérimentales

2 Contraction musculaire et nécessité d'ATP

SE PRÉPARER aux épreuves pratiques du BAC

Problème à résoudre

L'objectif est de démontrer expérimentalement que l'ATP est nécessaire à la contraction d'un faisceau de fibres musculaires.

Matériel disponible

- Fragment de muscle frais (lapin) conservé dans de la glycérine.
- Solution ionique sans ATP.
- Solution ionique avec ATP.
- Cuvette à dissection.
- Lames de verre.
- Trousse à dissection.
- Papier noir.
- Papier millimétré, règle graduée.
- Appareil photographique.

Conception d'un protocole et réalisation

- Établissez un protocole expérimental permettant de répondre au problème posé.
- Réalisez l'expérience.
- Vous pouvez réaliser des photographies.

Présentation et exploitation des résultats

Exposez et justifiez votre démarche.
Utilisez vos propres résultats ou ceux fournis pour présenter l'expérience réalisée et vos conclusions.

Exemple de résultat

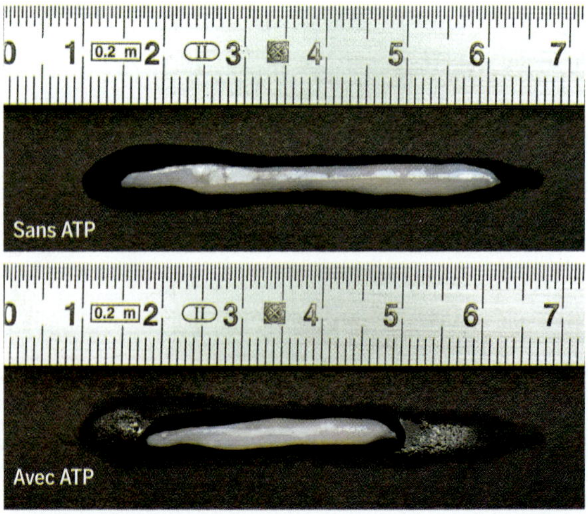

Utiliser ses compétences

3 Deux types de fibres musculaires — Pratiquer une démarche scientifique

Exercice TYPE BAC

Dans un muscle squelettique, il est souvent possible de différencier deux principaux types de fibres musculaires, dénommées « fibres de type I » et « fibres de type II ». Les fibres de type I sont qualifiées de « fibres lentes rouges » tandis que les fibres de type II sont qualifiées de « fibres rapides blanches ».

Questions :

En exploitant ces documents et à l'aide de vos connaissances :

– montrez que les deux types de fibres se caractérisent par un métabolisme prédominant différent et justifiez les qualificatifs données aux deux types de fibres ;

– établissez la relation entre la proportion des deux types de fibres et la spécialité des sportifs présentées par le document 2.

Les muscles des sprinters sont très riches en fibres de type II, d'où un volume musculaire souvent impressionnant !

Document 1 : Coupe transversale d'un muscle squelettique observée au microscope optique (x 40).

Cette observation des fibres musculaires d'un muscle a été réalisée après coloration particulière : l'intensité de la coloration traduit en effet l'activité d'une enzyme intervenant dans la production d'ATP par les mitochondries.

On y distingue deux types principaux de fibres musculaires :

– les fibres de type I, de couleur foncée, à forte activité enzymatique ;

– les fibres de type II, de couleur claire, à faible activité enzymatique.

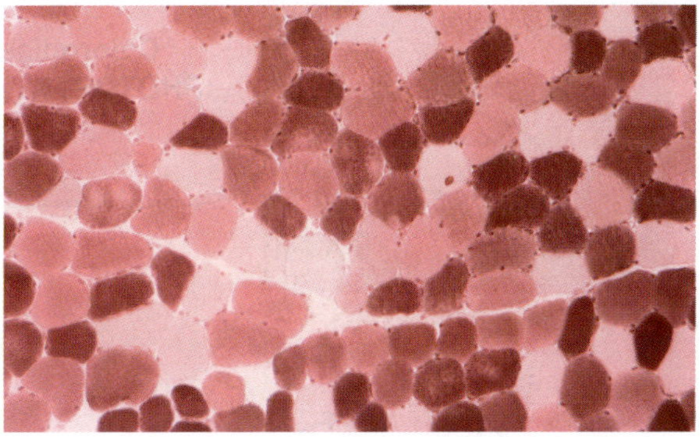

Document 2 : Proportions des deux types de fibres dans les muscles de sportifs en fonction de leur spécialité.

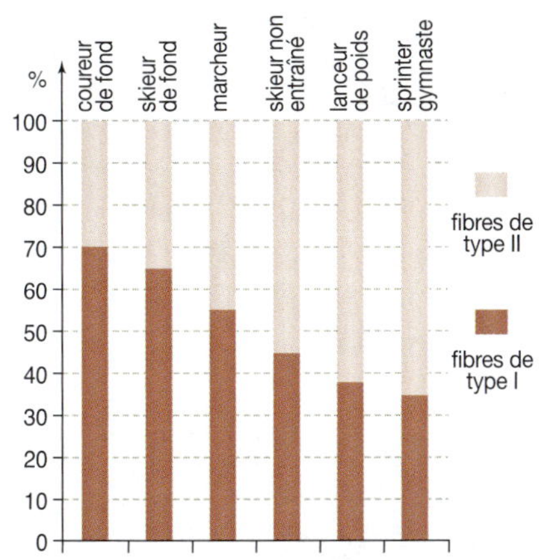

Document 3 : Quelques caractéristiques des deux types de fibres musculaires (le nombre de croix indique l'importance relative de chaque caractéristique).

	Fibres de type I	Fibres de type II
Réserves de glycogène	++	+++
Densité en myofibrilles	++	+++
Mitochondries	+++	+
Densité en capillaires sanguins	+++	+
Myoglobine*	+++	+
Vitesse de contraction	+	+++
Force développée	+	+++
Fatigabilité	+	++
Volume	+	+++

* La myoglobine est une protéine de couleur rouge présente dans le cytoplasme des fibres musculaires, dont le rôle est de fixer et diffuser dans la fibre le dioxygène apporté par le sang.

L'ATP : un rôle majeur dans les couplages énergétiques

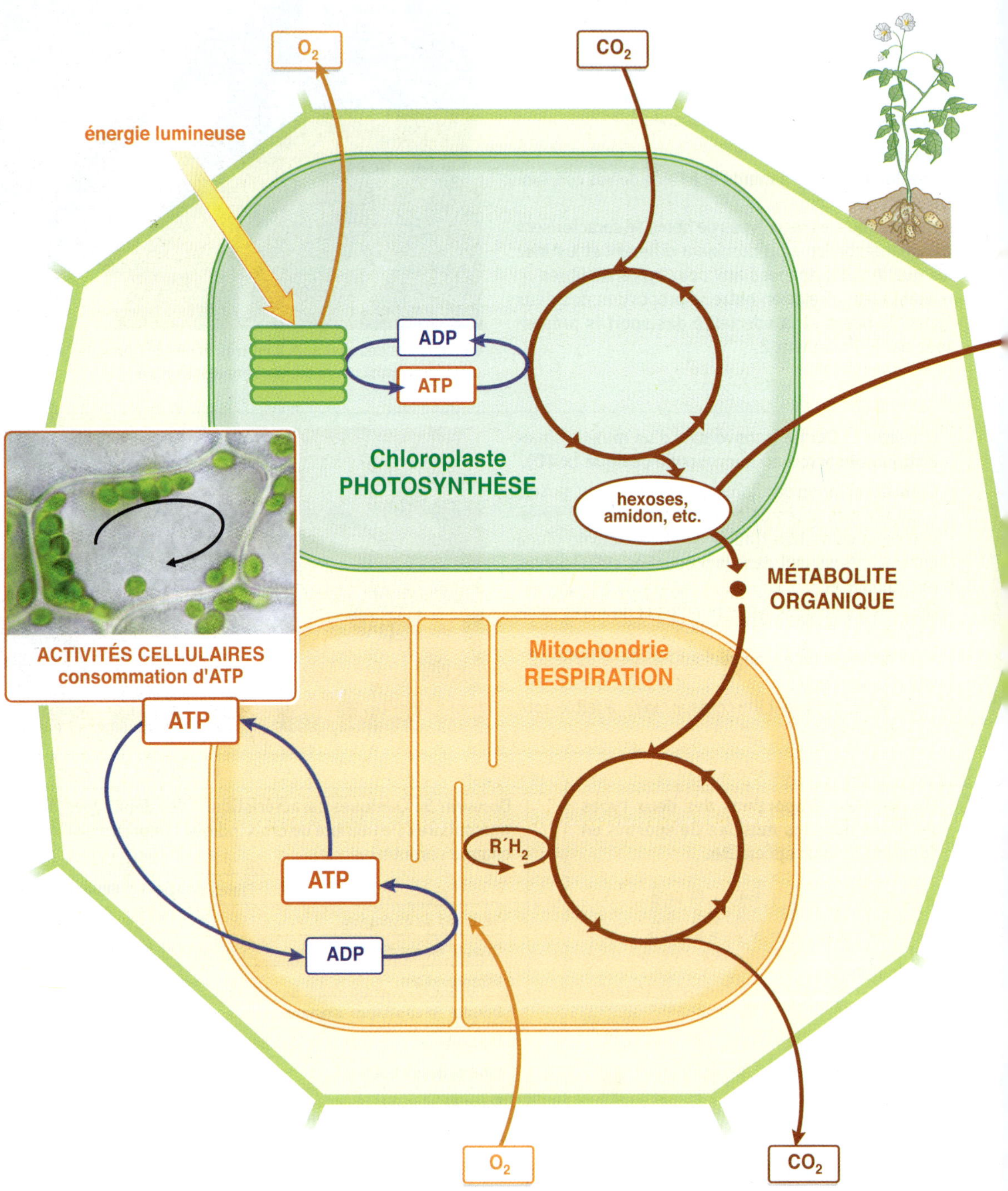

CELLULE AUTOTROPHE

nécessaires au fonctionnement des cellules

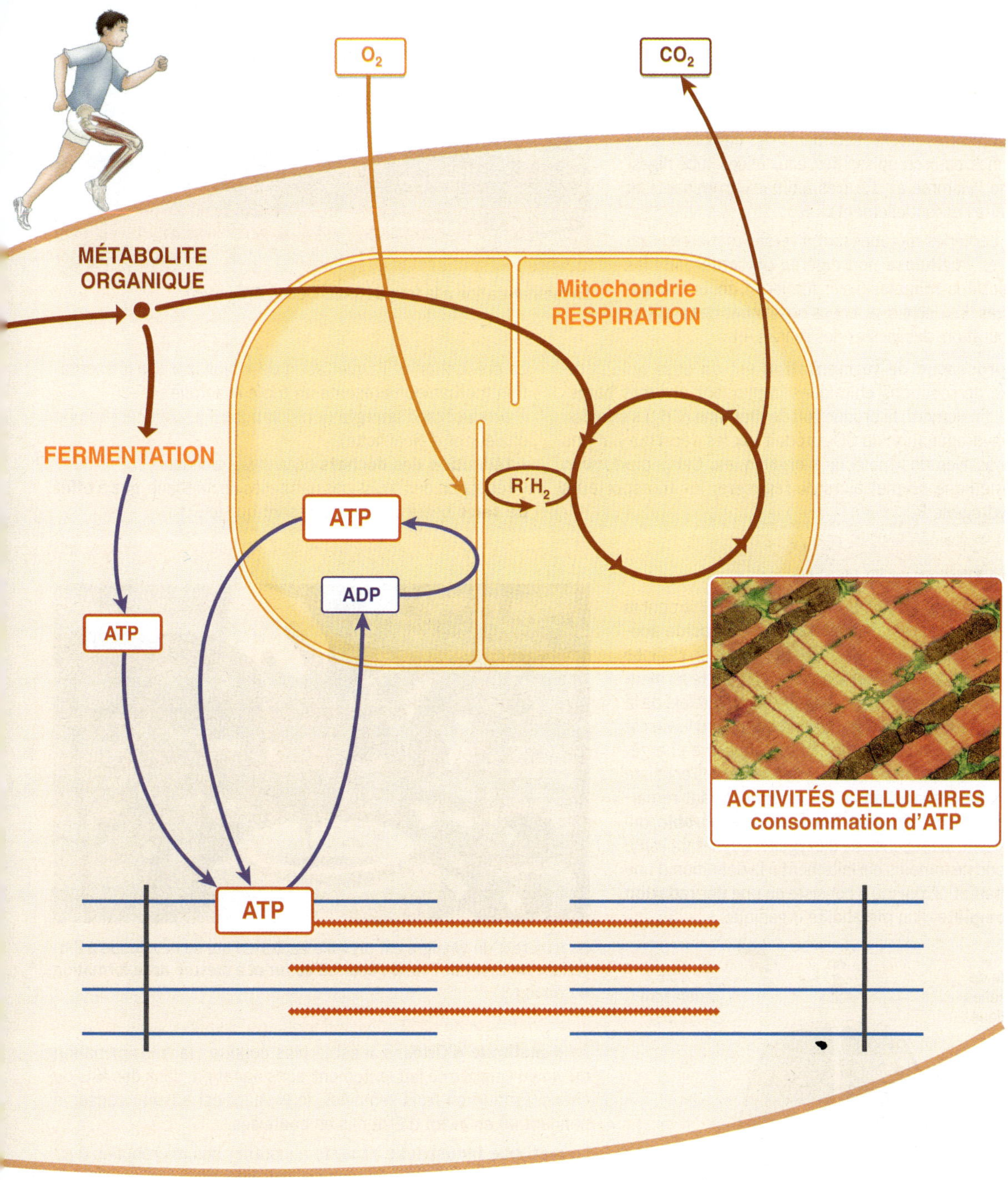

CELLULE HÉTÉROTROPHE

... aller plus loin

Des processus de fermentation exploités par l'Homme

- **La production de « biogaz »**

La production de **méthane** (« biogaz ») résulte d'une fermentation de substrats organiques par diverses **bactéries** dites méthanogènes. Ces bactéries **anaérobies** strictes se rencontrent dans des milieux non oxygénés très divers : sédiments des eaux douces et marines, eaux croupissantes, eaux usées, tube digestif de l'Homme et d'autres animaux (ruminants et termites essentiellement).

Ces bactéries métabolisent diverses matières organiques : **cellulose** non digérée présente dans les **déjections animales** (lisier, fumier...), **déchets organiques** des décharges, boues organiques des stations d'épuration, des lacs et des marais, etc.

La méthanisation à la ferme (GAEC Oudet, Ardennes)

Le **processus de fermentation** est un ensemble complexe de réactions chimiques impliquant diverses bactéries ; finalement, la production de méthane (CH_4) s'effectue par hydrogénation du CO_2 produit par les décarboxylations successives des molécules organiques. Cette production de méthane permet alors de régénérer les transporteurs d'hydrogène R'.

La production et l'exploitation de « biogaz » par fermentation méthanique présente un triple avantage :
- production d'**énergie** (« biocarburant », cogénération de chaleur et d'électricité) ;
- **réduction des déchets** organiques polluants ;
- réduction des émissions naturelles de méthane, **gaz à effet de serre** beaucoup plus puissant que le CO_2.

- **La fabrication du vinaigre**

Le vinaigre est un liquide légèrement alcoolisé dont la caractéristique est de contenir 5 à 8 % d'**acide acétique**. Ce produit résulte d'une fermentation réalisée par des bactéries (*Acetobacter aceti*). Cette fermentation acétique prend en quelque sorte le relais de la fermentation alcoolique, notamment quand le vin est laissé à l'air libre. En effet, le métabolisme énergétique développé par les bactéries acétiques consiste à oxyder l'éthanol en acide acétique. Il faut remarquer qu'il s'agit ici d'une **fermentation aérobie**, qui nécessite la présence de dioxygène. Ce métabolisme répond néanmoins parfaitement à la définition d'une fermentation puisqu'il consiste en une **dégradation incomplète** d'un métabolite organique.

La « mère » du vinaigre est un voile bactérien qui se développe à l'interface du vin et de l'air. Il s'épaissit au fur et à mesure de la formation du vinaigre.

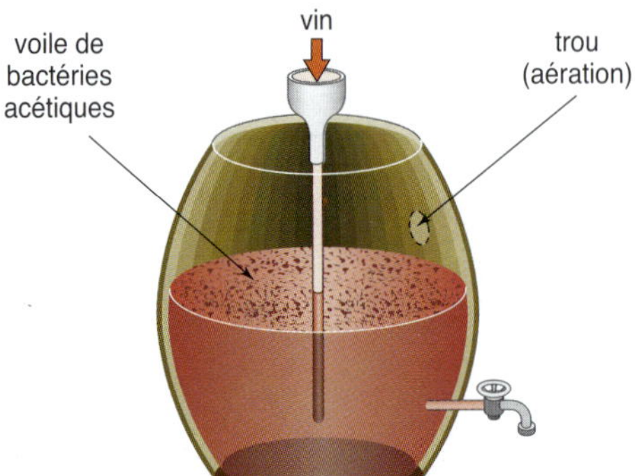

La **« méthode d'Orléans »** est la plus connue : la transformation du vin en vinaigre se fait lentement, sans agitation, dans des fûts de chêne. Produit en trois semaines, le vinaigre est ensuite conservé pendant un an avant d'être mis en bouteilles.

La **méthode industrielle** consiste à insuffler des microbulles d'air dans d'immenses cuves. Le vinaigre est ainsi produit en moins de deux jours.

Le cœur, un muscle particulier

Le **cœur** est avant tout un muscle, qui fonctionne en permanence depuis le premier mois après la conception jusqu'à la fin de la vie. Le muscle cardiaque, appelé **myocarde**, n'est pas fondamentalement différent des muscles squelettiques, mais il s'en distingue par quelques **particularités anatomiques** et **fonctionnelles**.

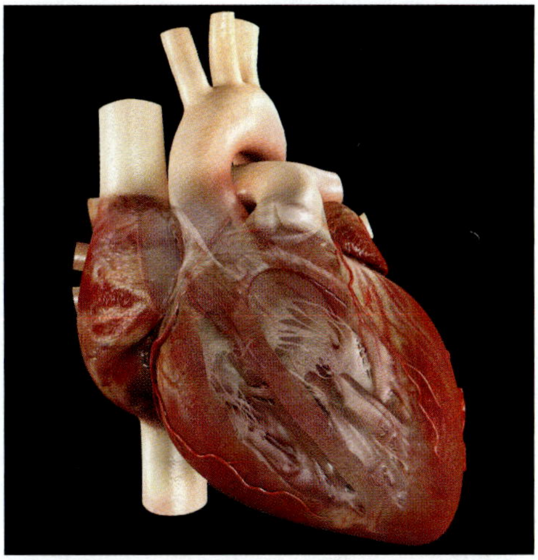

• Des différences anatomiques

Une fibre d'un **muscle squelettique** est une cellule géante : elle est en fait formée par la fusion de plusieurs cellules. C'est pourquoi elle peut atteindre une longueur de plusieurs centimètres. Ce n'est pas le cas des fibres musculaires cardiaques qui sont des cellules courtes et **uninucléées** (*photographie ci-dessous*). Cependant, l'agencement des fibres et des dispositifs particuliers d'attachement, reliant les cellules entre elles, permettent de constituer une **unité mécanique**. Par ailleurs, les fibres musculaires cardiaques sont souvent ramifiées.

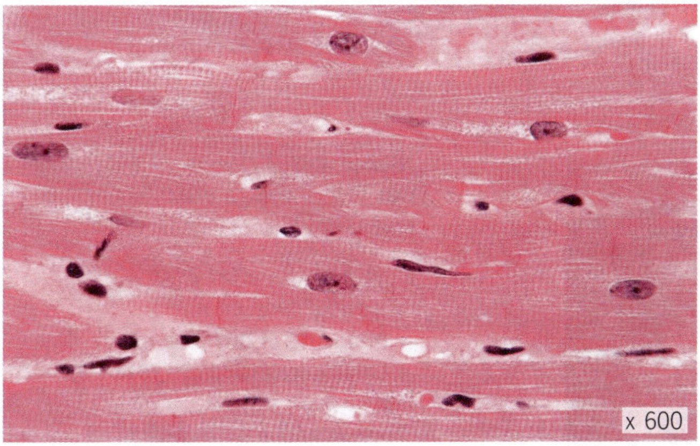

Fibres musculaires cardiaques observées au microscope optique

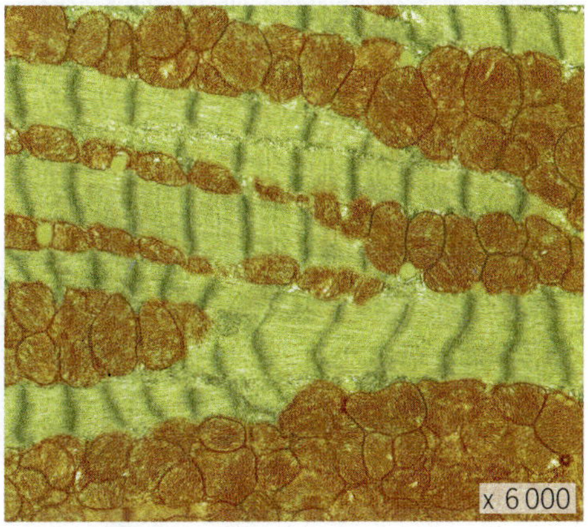

Fibre musculaire cardiaque observée au microscope électronique où les mitochondries occupent 30 % du volume cellulaire.

• Des différences fonctionnelles

Des chiffres étonnants :

- Le cœur se contracte 95 000 fois par jour ;
- les contractions cardiaques propulsent 7200 litres de sang par jour ;
- le cœur consomme 30 kg d'ATP par jour ;
- les réserves d'ATP, dans l'ensemble du cœur, sont de 1 g..., soit de quoi réaliser trois battements !

Le **métabolisme** des fibres musculaires cardiaques présente quelques particularités. L'ATP est essentiellement produit par la **respiration cellulaire** et le cœur peut oxyder divers métabolites : acides gras, glucose, mais aussi de nombreux autres substrats. Le cœur est souvent qualifié d'« **omnivore métabolique** ».

En moyenne, sur 24 h, le cœur produit son énergie :
- pour 60 % à partir des acides gras ;
- pour 30 % à partir du glucose ;
- pour 10 % à partir d'autres substrats.

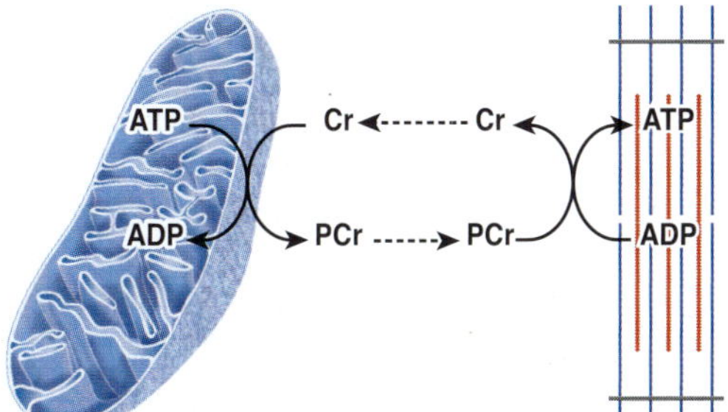

La phosphocréatine assure 90 % du transfert énergétique entre les mitochondries et les myofilaments.

Chercher à comprendre le fonctionnement du vivant, animer une équipe.

Biologiste

Doctorat (Bac + 8).
Secteur public ou privé.
Études longues et sélectives.

Comprendre, découvrir, communiquer

Mettre les outils informatiques au service des sciences du vivant.

Bio-informaticien

- **DUT Génie biologique *option Bio-informatique* (2 ans).**
- **Divers Masters : *biologie, informatique, génomique…* (5 ans).**
- **Écoles d'ingénieurs.**

Secteur en essor.

Participer à la recherche

Utiliser des matériels et appliquer des techniques, mettre au point et suivre des protocoles.

Technicien biologiste

- **Divers BTS et DUT (Bac + 2).**
- **Licence professionnelle (Bac + 3).**

Secteur public ou privé.
Travail valorisant.

Préparer le matériel. Effectuer des analyses, des mesures, des essais.

Technicien de laboratoire

Divers BTS et DUT (Bac + 2).
Des débouchés dans les laboratoires de recherche mais aussi d'analyses médicales, ou encore dans l'industrie pharmaceutique ou agro-alimentaire.

Travailler dans un laboratoire

Travailler dans la nature

Exploiter la terre, mais aussi gérer une entreprise.

Agriculteur

Bac Pro, Bac + 2 (BTSA), Écoles d'agronomie ou d'agriculture.
Avenir incertain.

Assurer la gestion et l'exploitation de forêts domaniales ou privées.

Technicien forestier

BTSA *gestion forestière*, Bac S + concours de l'ONF.
Peu de débouchés.

Diffuser des informations, vulgariser.

Journaliste scientifique

Diverses licences et masters professionnels, écoles.
Sélectif, débuts difficiles.

Transmettre des savoirs, expliquer, éduquer.

Professeur

Master (Bac + 5) + concours de recrutement.
Sélectif.

Communiquer, enseigner

Travailler dans l'industrie

Élaborer et suivre les critères de qualité. Sensibiliser, effectuer des contrôles.

Technicien qualité

DUT et BTS (Bac + 2), Licence professionnelle.
Des débouchés.

Organiser et superviser la transformation des produits agricoles.

Ingénieur agroalimentaire

Universités ou classes préparatoires (BCPST), Écoles d'ingénieurs.
Secteur en essor.

Partie 2

Atmosphère, hydrosphère, climats : du passé à l'avenir

Chapitre 1	L'atmosphère primitive et son évolution	78
Chapitre 2	L'évolution récente de l'atmosphère et du climat	96
Chapitre 3	De l'évolution récente du climat au climat de demain	118
Chapitre 4	Le Crétacé : une période particulièrement chaude	136

Les particularités de l'atmosphère terrestre

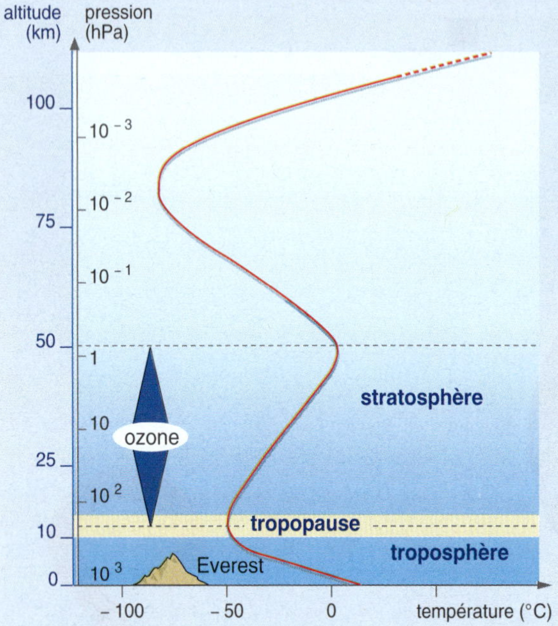

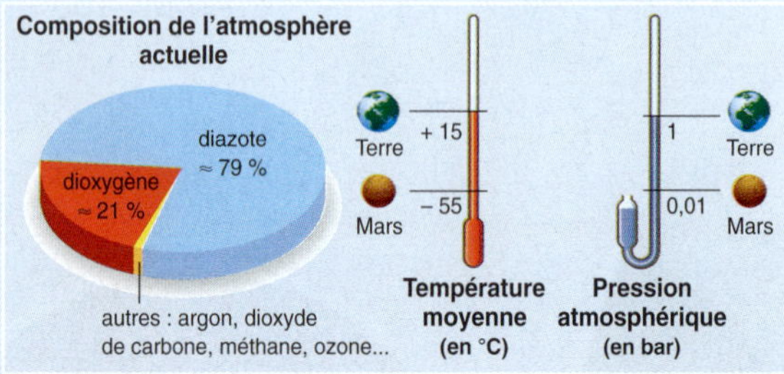

- L'atmosphère terrestre a une épaisseur d'environ 800 km mais est pour l'essentiel concentrée dans les premiers kilomètres d'épaisseur. Ainsi, la **troposphère**, qui va jusqu'à 12 à 15 km d'altitude seulement, contient 80 à 90 % de la masse totale de l'air et la quasi-totalité de la vapeur d'eau. C'est la couche où se produisent les phénomènes météorologiques. La seconde couche atmosphérique, ou **stratosphère**, est beaucoup moins dense que la troposphère (1000 fois moins à son sommet, à 50 km d'altitude), mais contient un gaz important : l'ozone.
- Le **dioxyde de carbone** (CO_2) et la vapeur d'eau, présents dans l'atmosphère, sont responsables d'un **effet de serre** sans lequel la température moyenne du globe serait de 30 °C inférieure.

L'eau liquide permet la vie sur Terre

- L'eau (océans, lacs, fleuves, etc.) constitue le **milieu de vie** d'un très grand nombre d'espèces. Il est aujourd'hui acquis que c'est dans l'eau que la vie est apparue.
- Tous les êtres vivants sont constitués d'une quantité impressionnante d'eau : cette eau est en effet indispensable pour que les réactions chimiques nécessaires à la vie puissent se produire.

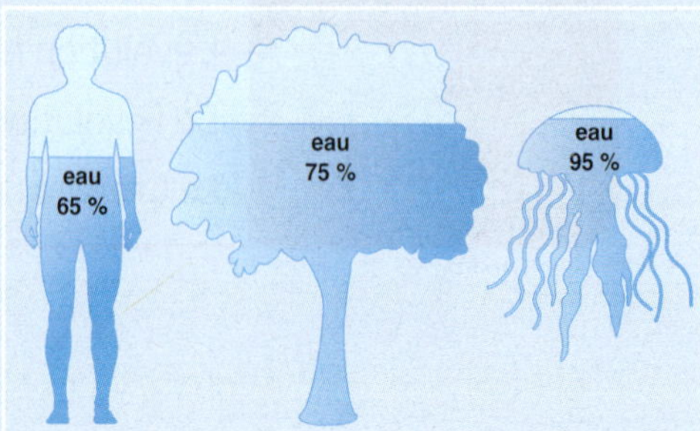

L'effet de serre

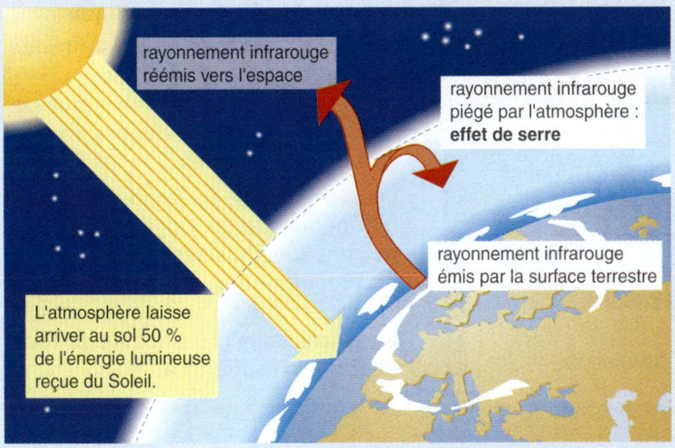

- Le **rayonnement solaire** absorbé par l'atmosphère et par la surface du globe terrestre est transformé en chaleur. La Terre émet donc de la chaleur sous forme d'un **rayonnement infrarouge** mais la quantité émise dans l'espace, au sommet de l'atmosphère, est inférieure à celle émise à la surface du globe.
- Cela signifie qu'une part importante du rayonnement infrarouge terrestre est piégée par l'atmosphère et partiellement renvoyée en direction du sol : c'est l'**effet de serre.** Les gaz atmosphériques, responsables de cette absorption du rayonnement infrarouge, sont principalement la vapeur d'eau et le dioxyde de carbone : ils sont qualifiés de **gaz à effet de serre**.

Le bilan radiatif de la planète

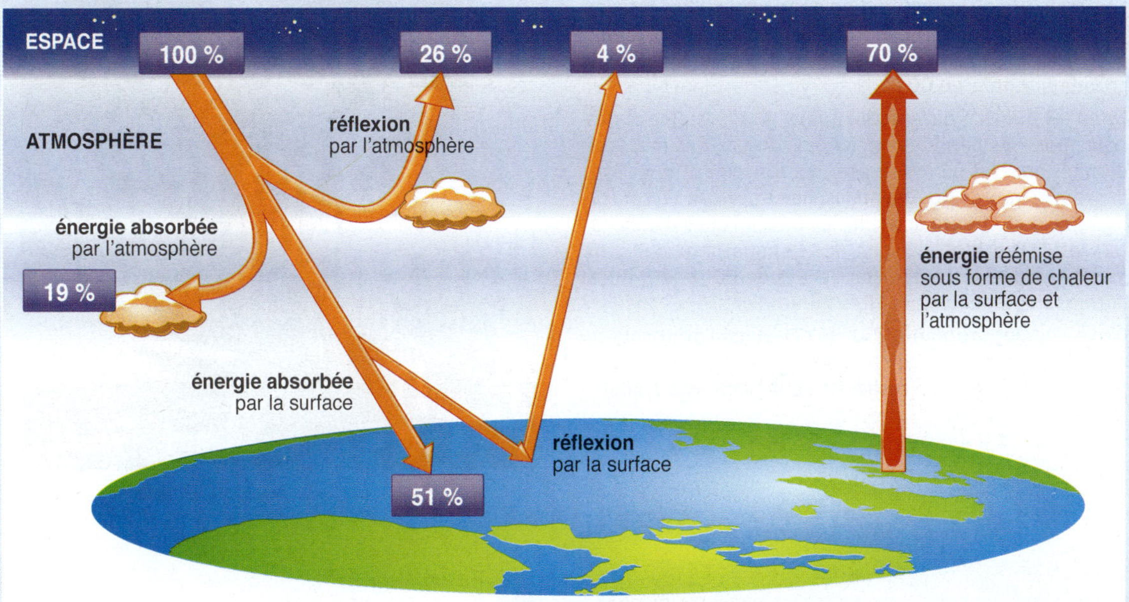

L'**apport d'énergie** provient principalement du Soleil : il est en moyenne d'environ 340 W·m^{-2}.
Pour 100 W reçus par le sommet de l'atmosphère, 70 W sont effectivement **absorbés** par la Terre ou l'atmosphère sous forme de chaleur, 30 W sont **réfléchis** par l'atmosphère, les nuages ou la surface de la Terre. Toute l'énergie absorbée est ensuite réémise sous forme de **rayonnements infrarouges** : une partie est piégée dans l'atmosphère par les gaz à effet de serre, le reste repart directement dans l'espace.
On appelle **bilan radiatif de la Terre** la différence entre la quantité d'énergie reçue par le système climatique Terre-atmosphère et la quantité d'énergie réémise vers l'espace. On peut considérer que, sur une année, le bilan radiatif est nul, si bien que la température moyenne de la surface du globe est **sensiblement constante**.

Cycle du carbone et activités humaines

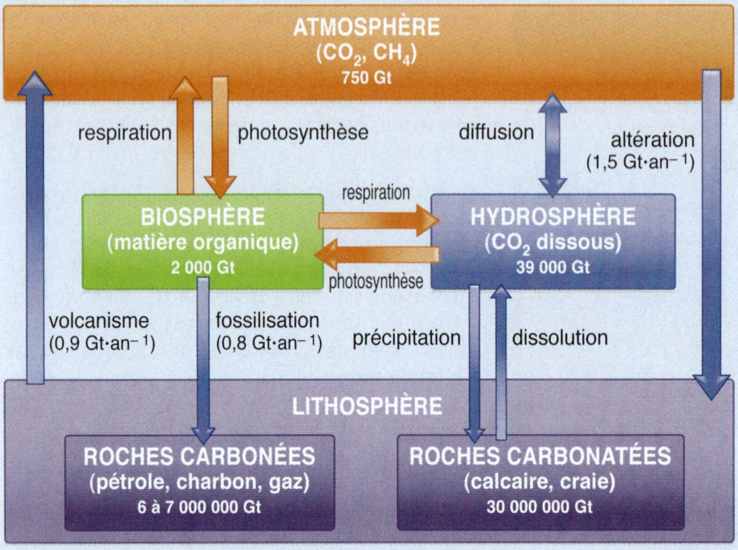

- **Le cycle naturel du carbone**

Sur Terre, le **carbone** est présent sous des formes bien différentes : CO_2 de l'atmosphère, de l'eau, matière organique des êtres vivants, roches carbonées, calcaires...

Ces **réservoirs** ne sont cependant pas indépendants les uns des autres : par des mécanismes géochimiques ou biochimiques, ils échangent de la matière, ce qui constitue un **cycle biogéochimique** responsable du taux de CO_2 atmosphérique.

- **L'Homme enrichit l'atmosphère en CO_2**

L'Homme tire de la combustion des **combustibles fossiles** la majeure partie de l'énergie dont il a besoin pour ses activités. Cette combustion libère dans l'atmosphère une grande quantité de **CO_2**.

Dans les bulles d'air emprisonnées dans les glaces des pôles pour les périodes anciennes, ou par des mesures directes pour les périodes récentes, les scientifiques établissent le taux de **CO_2 des atmosphères passées**. La courbe indique, qu'à l'heure actuelle, les mécanismes d'absorption du CO_2 atmosphérique par le milieu naturel sont insuffisants pour compenser l'excès de CO_2 libéré dans l'atmosphère par les activités humaines.

Cette augmentation du taux de CO_2 dans l'atmosphère est à l'origine d'un accroissement de l'effet de serre avec, pour conséquence, un **réchauffement climatique global**.

Pittsburg, aux États-Unis, en 1890

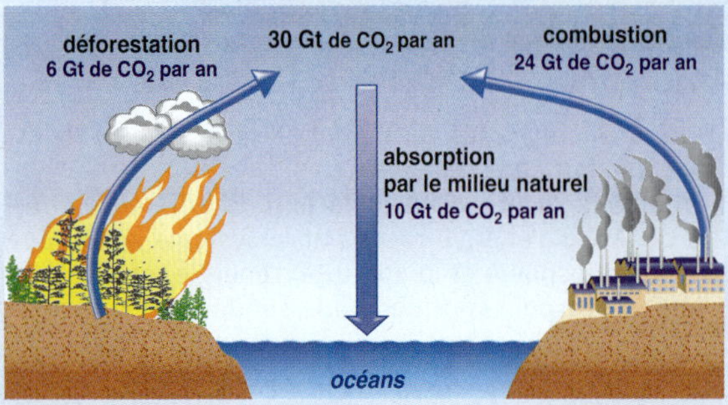

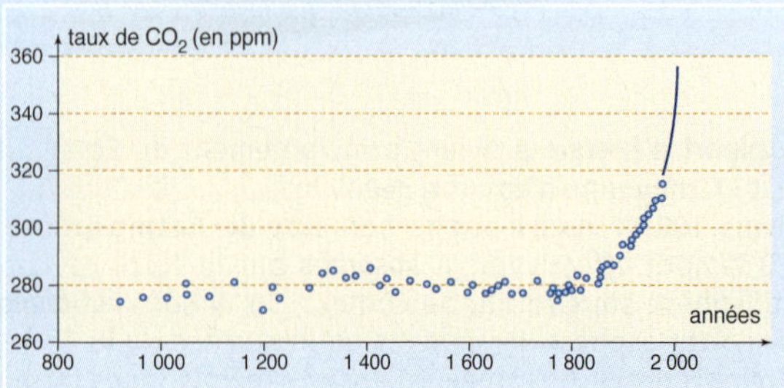

Évolution de la teneur de l'atmosphère en CO_2 depuis 1 200 ans.

L'origine du charbon

- Le charbon a une **origine biologique.** Il se forme au sein de bassins sédimentaires par transformation d'une biomasse d'origine végétale incorporée dans des sédiments. La matière organique rapidement enfouie est ainsi **soustraite à l'action des minéralisateurs**. Dans des conditions géologiques particulières, par exemple un effondrement tectonique qui permet un enfoncement lent et régulier du plancher le long d'une faille (on parle de **subsidence**), la matière organique est portée peu à peu à des températures élevées. Cet enfouissement conduit à la **dégradation thermique** de la matière organique qui se transforme en charbon.

- Les **fossiles** présents dans le charbon permettent de reconstituer la forêt houillère à l'époque du Carbonifère : des fougères géantes, des arbres de la famille des prêles actuelles... qui signent un **climat chaud et humide** de type tropical.

Deux fossiles du charbon : *Pecopteris, Calamites*

Reconstitution d'une forêt houillère : fougères géantes...

L'origine des courants marins

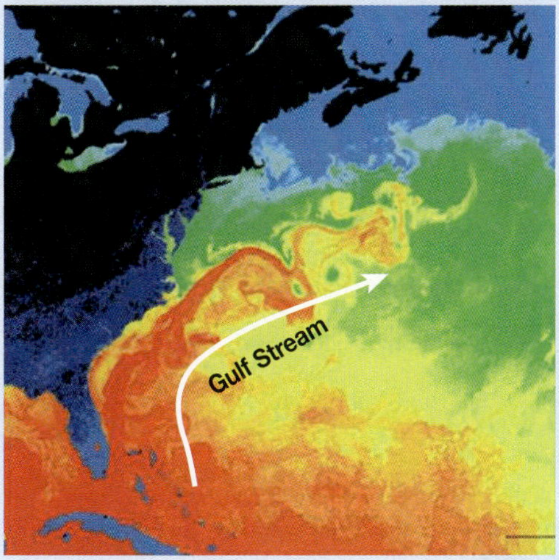

Les courants marins comme le Gulf Stream sont dus aux **différences de température** des eaux océaniques et à la **force des vents**.
Le *modèle ci-contre* permet de comprendre comment des différences de température entre deux régions océaniques peuvent créer des courants.

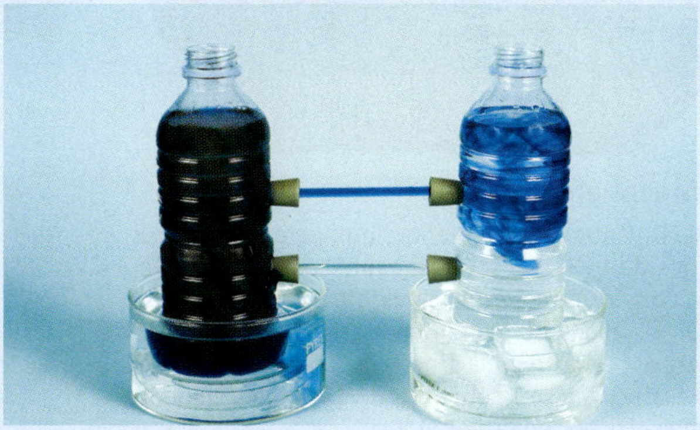

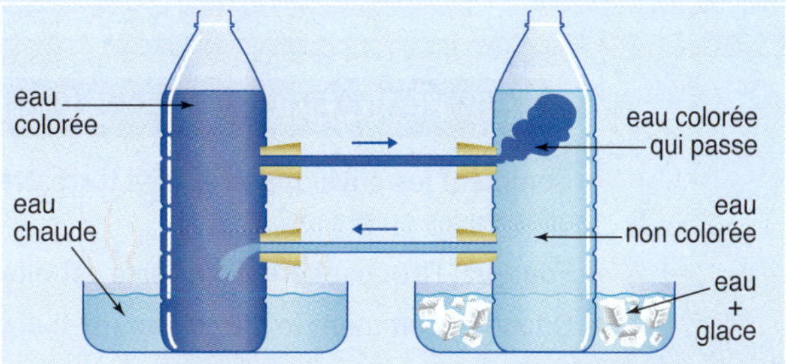

Des DOCUMENTS pour se poser des questions

L'atmosphère terrestre actuelle

La Terre possède une atmosphère singulière aussi bien par sa composition que par son épaisseur (*voir p. 74*). Cette atmosphère est particulièrement propice à la vie.

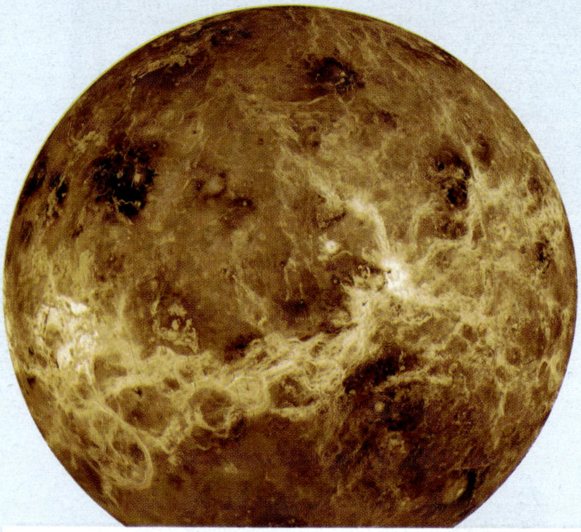

L'atmosphère de Vénus

Même si Vénus est une planète aux caractéristiques proches de la Terre, son atmosphère est très différente. Constituée essentiellement de CO_2 (96,5 %) et de N_2 (3,4 %), elle génère un intense effet de serre. Cette planète est en outre plus proche du Soleil que la Terre. Ces deux paramètres confèrent à Vénus une température de surface d'environ 470 °C.

Le dioxygène, autrefois un poison !

On sait aujourd'hui que le dioxygène atmosphérique terrestre a une origine biologique. En effet, des êtres vivants photosynthétiques en ont produit très tôt au cours de l'histoire de la Terre. Ce dioxygène s'est avéré être un véritable poison pour les premières formes de vie microbiennes qui étaient anaérobies.

LES PROBLÉMATIQUES DU CHAPITRE

- Comment les enveloppes fluides terrestres (atmosphère, hydrosphère) se sont-elles mises en place ?
- Pourquoi l'atmosphère de la Terre est-elle si différente de celle de Vénus ?
- Quand et comment le dioxygène est-il devenu abondant dans l'atmosphère ?

Les stromatolites de Shark Bay dans l'ouest de l'Australie produisent actuellement du dioxygène, tout comme leurs lointains ancêtres il y a plus de trois milliards d'années.

L'atmosphère primitive et son évolution

LES ACTIVITÉS DU CHAPITRE

1 L'atmosphère de la Terre primitive 80
2 La chute de la concentration du CO_2 atmosphérique 82
3 L'atmosphère devient oxydante 84
4 L'évolution de la vie accompagne celle de l'air 86

L'atmosphère de la Terre primitive

On sait aujourd'hui que l'atmosphère initiale de notre planète était bien différente de l'atmosphère actuelle. *Il s'agit de comprendre sur quels indices les scientifiques ont pu s'appuyer pour établir la composition de l'atmosphère aux débuts de l'histoire de la Terre.*

A La formation des enveloppes terrestres.

Comme les autres planètes du système solaire, la Terre s'est formée il y a 4,57 Ga (milliards d'années) par **accrétion**, c'est-à-dire par agglomération de gaz, poussières et objets de toutes tailles présents dans l'environnement du Soleil. La jeune Terre attirant tous les objets passant à proximité est alors soumise à un véritable bombardement. Ces collisions parfois gigantesques dégagent une chaleur telle que la planète est en fusion.

Progressivement, l'intensité du bombardement va diminuer tandis que la planète va subir une **différenciation**, c'est-à-dire une organisation en enveloppes liée à la migration des éléments suivant leur densité. Le noyau terrestre (contenant les éléments les plus denses) est surmonté par le manteau, les éléments les moins denses migrant vers sa périphérie. Parallèlement, la Terre se refroidit : une croûte solide s'installe, entourée d'une atmosphère.

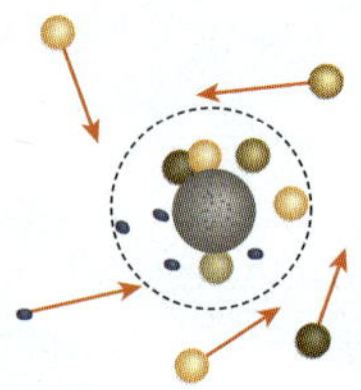

Croissance de la future planète par accrétion d'objets de toutes tailles et de densités variées.

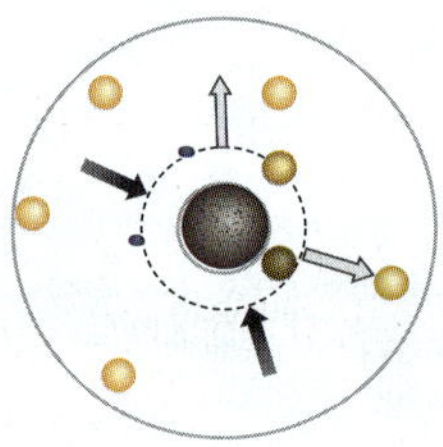

Migration des éléments suivant leur densité : différenciation.

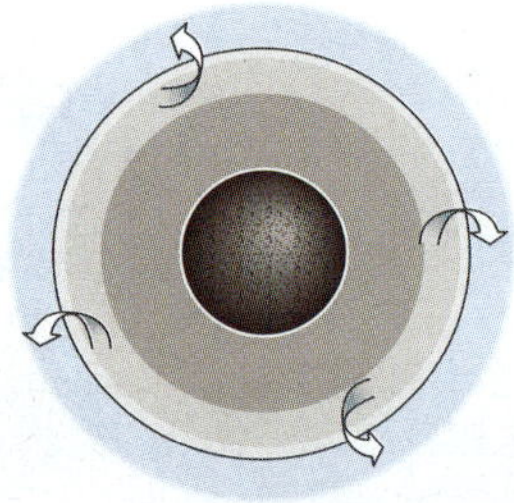

Noyau central dense enveloppé d'un manteau surmonté d'une écorce périphérique. Apparition d'une atmosphère par dégazage du manteau.

Doc. 1 La formation des enveloppes terrestres.

• Le gaz « rare » **argon** est le troisième constituant de notre atmosphère (0,93 % en volume). Ce gaz présente différents isotopes stables parmi lesquels le plus abondant est ^{40}Ar (99,6 %). Cet isotope est produit par la désintégration radioactive du ^{40}K, présent dans les minéraux de la croûte et du manteau terrestres. La **demi-vie** du ^{40}K est très longue (1,25 milliard d'années). La production de ^{40}Ar se maintient donc depuis le début de l'histoire de la Terre. La teneur atmosphérique élevée en ^{40}Ar est finalement la conséquence de deux phénomènes : d'une part un dégazage du manteau terrestre qui libère ^{40}Ar dans l'atmosphère, d'autre part le fait que c'est un gaz trop lourd pour s'échapper de l'atmosphère vers l'espace.

• En dosant certains isotopes d'un autre gaz rare, le **xénon**, les spécialistes ont acquis la conviction que le dégazage du manteau a été particulièrement important au tout début de l'histoire de la planète (pendant les 150 premiers millions d'années à peu près).

• Un troisième gaz rare, l'**hélium**, au contraire de l'argon, est un gaz très léger qui a tendance à s'échapper facilement de l'atmosphère vers l'espace (son temps de résidence dans l'atmosphère ne dépasse pas un million d'années). En dosant un isotope rare de l'hélium (^3He) dans l'eau de mer au-dessus de la dorsale Pacifique, on a mis en évidence un phénomène intéressant.

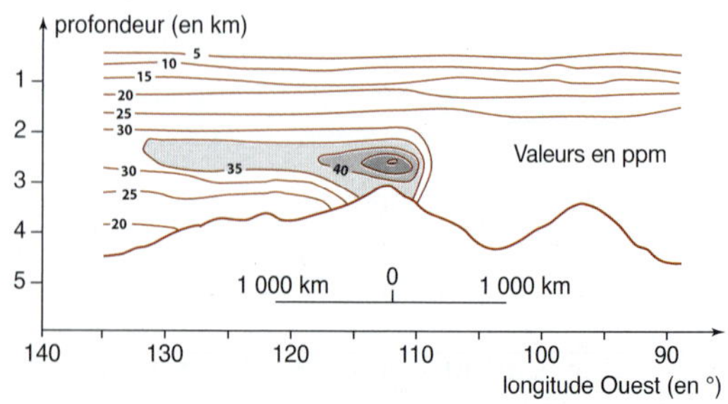

Teneur en hélium de l'eau de mer au-dessus de la dorsale Pacifique
(la teneur en hélium de l'atmosphère est de 5 ppm environ).

Doc. 2 Des informations apportées par les gaz rares atmosphériques.

B La composition de l'atmosphère initiale

• Les gaz volcaniques résultent du dégazage du manteau. Ils sont émis lors de la remontée de magmas vers la surface. Chaque année, les volcans produisent ainsi plusieurs dizaines de millions de tonnes de gaz (de 20 à plus de 100 millions selon les estimations et l'importance de l'activité volcanique).

• La composition des gaz volcaniques varie en fonction du type d'éruption. Cependant, d'une façon générale, les trois composants les plus importants sont respectivement la vapeur d'eau, le dioxyde de carbone et l'anhydride sulfureux. Le *graphique* fournit les proportions des principaux gaz émis par les volcans.

Prélèvement de gaz au niveau d'une fumerolle

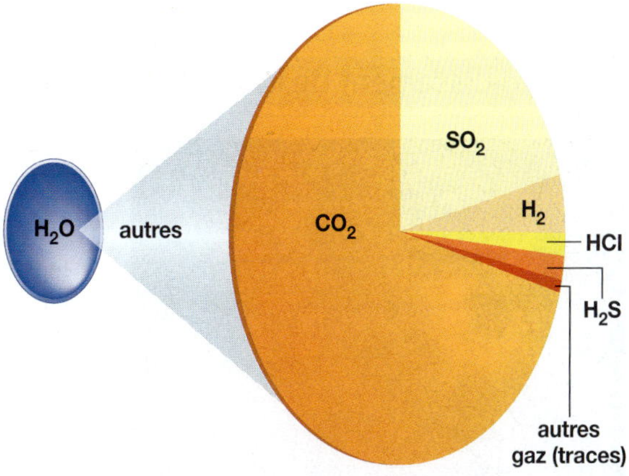

Composition des gaz volcaniques

Doc. 3 L'analyse des gaz volcaniques.

Les **chondrites** sont des météorites qualifiées d'indifférenciées : elles proviennent d'astéroïdes de trop petite taille pour avoir subi une différenciation lors de leur formation. On pense donc qu'elles reflètent la composition originelle de la Terre primitive.
En chauffant fortement des chondrites, on provoque leur dégazage. Le *tableau* présente les résultats obtenus.

Gaz obtenus par chauffage d'une chondrite (en %)

H_2O	80
CO_2	12
N_2	5
Autres gaz (SO_2...)	3
O_2	0

Doc. 4 L'analyse des gaz contenus dans les météorites.

Pistes d'exploitation

PROBLÈME À RÉSOUDRE ► Comment peut-on connaître la composition de l'atmosphère primitive de la Terre ?

Doc. 1 et 2 À l'aide des informations apportées par l'analyse des gaz rares, montrez que l'atmosphère s'est formée rapidement par un dégazage du manteau après la phase d'accrétion.

Doc. 3 et 4 Expliquez en quoi l'analyse des gaz volcaniques et des gaz contenus dans les météorites nous renseigne sur la composition de l'atmosphère primitive. Proposez une composition chimique de l'atmosphère primitive. Justifiez votre réponse.

Lexique, p. 232

La chute de la concentration du CO_2 atmosphérique

On sait que l'atmosphère primitive de la Terre était très riche en CO_2, comme le sont actuellement les atmosphères de Vénus ou de Mars. *Il s'agit de comprendre dans quelles conditions la concentration du CO_2 a pu diminuer de façon très importante, ce gaz étant actuellement rare dans notre atmosphère (moins de 0,04 %).*

A Refroidissement de la Terre et taux de CO_2 atmosphérique

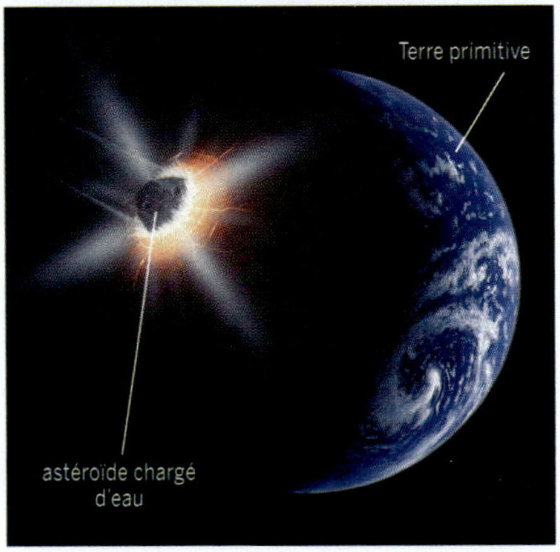

• La Terre s'étant formée par accrétion d'objets célestes, l'eau a nécessairement été apportée par ces objets : les **comètes** (de « grosses boules de neige sale »), les **astéroïdes** et les **météorites**.

• Des mesures de la proportion des isotopes de l'hydrogène, H et D (deutérium), dans des météorites que l'on récolte actuellement sur Terre (*graphe ci-dessous*) confirment cet apport d'eau extraterrestre. Les spécialistes pensent que la formation des océans a été « rapide ». Que la vapeur d'eau ait été libérée directement lors des collisions de météorites ou secondairement par dégazage intense du manteau supérieur, cette vapeur d'eau a pu se condenser en pluies diluviennes lorsque la température de surface est devenue suffisamment faible. Certains arguments suggèrent qu'un ou des océans existaient déjà quelques 150 Ma après la formation de la Terre.

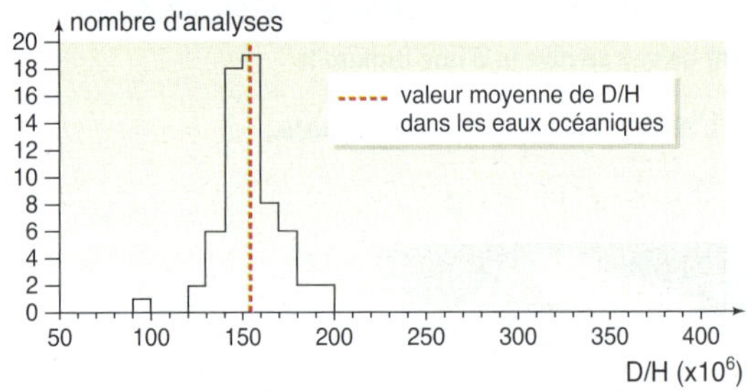

Doc. 1 La formation des premiers océans.

• Le CO_2 est soluble dans l'eau liquide ; cette solubilité dépend notamment de la température de l'eau (*graphique ci-contre*). Dissous dans l'eau, le $CO_{2\ aq}$ (aq : aqueux) est en fait en équilibre avec des ions hydrogénocarbonates HCO_3^- d'une part, des ions carbonates CO_3^{2-} d'autre part. Finalement, dans les conditions habituelles de l'eau de mer, $CO_{2\ aq}$ ne représente que 1 à 2 % du total, HCO_3^- représentant 75 à 95 % (suivant le pH). Enfin, en présence d'ions Ca^{2+}, se forme du carbonate de calcium CO_3Ca peu soluble qui précipite et constitue donc une forme de stockage du CO_2 (*voir document 3*).

• Les géologues pensent que ces propriétés du CO_2 vis-à-vis de l'eau ont été déterminantes pour l'évolution de l'atmosphère. Le dégazage initial du manteau a produit une atmosphère très riche en dioxyde de carbone, mais une partie importante de ce gaz a été piégée dès la mise en place de masses d'eau liquide. Il faut remarquer enfin que si le CO_2 atmosphérique a eu un effet de serre important au début de l'histoire de la Terre, son piégeage a contribué à atténuer cet effet et donc à permettre un abaissement de la température.

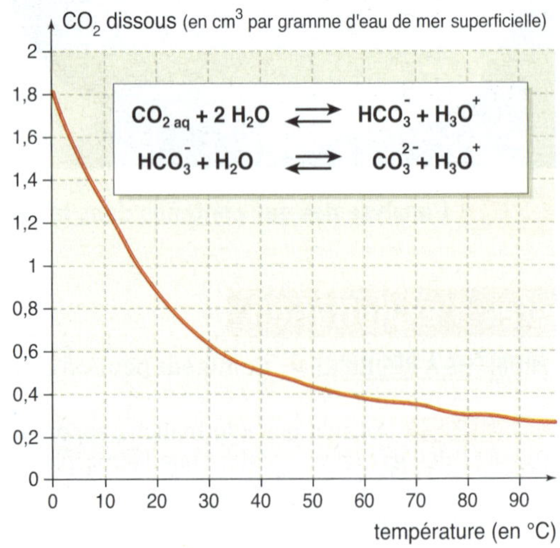

Doc. 2 Un piégeage massif du CO_2 par les océans primitifs.

B Un stockage du CO_2 grâce à des phénomènes géologiques et biologiques

- La roche ci-contre, âgée de 3,5 milliards d'années (Ga), est un conglomérat. Il s'agit d'une roche sédimentaire formée de galets soudés entre eux par un ciment. Les galets (des fragments de laves, de granitoïdes...) ont été roulés et usés par l'eau avant de se déposer et de se cimenter. De telles roches attestent donc de la présence d'eau liquide à cette époque ancienne. En effet, avec le rayonnement solaire de l'époque (estimé à 75 % du rayonnement actuel), si le un taux de CO_2 atmosphérique avait été identique au taux actuel, la température de la Terre aurait dû être de – 20 °C, donc sans eau liquide. Le taux de CO_2 dans l'atmosphère était beaucoup plus élevé qu'aujourd'hui, augmentant d'autant l'effet de serre.
- Par ailleurs, des traces glaciaires, trouvées en Amérique du Nord et en Finlande, ont un âge de 2,5 Ga ou un peu plus. Si, à cette époque, le taux de CO_2 était resté le même que celui d'il y a 3,5 Ga, il aurait fait trop chaud. Il faut donc supposer un effet de serre moins important, et donc un taux de CO_2 dans l'atmosphère plus faible.
- Ces indices montrent que le taux de CO_2 atmosphérique n'a pas cessé de diminuer depuis l'atmosphère primitive : de 100 000 fois la quantité actuelle il y a 4,5 Ga, à environ 5 à 15 fois la quantité actuelle il y a 600 Ma. La formation de roches carbonatées pourrait expliquer le stockage du CO_2 atmosphérique (*voir document 2*). Cependant, les carbonates ne sont fréquents qu'à partir de – 2,2 Ga. De telles roches se sont-elles formées avant ? Ont-elles disparu depuis ? Cela reste en discussion.

Une roche âgée de 3,5 milliards d'années à Baberton (Afrique du Sud)

Quelques chiffres concernant les réservoirs actuels de carbone inorganique

- **atmosphère :** 800 Gt (gigatonnes) de carbone
- **océans :** 38 000 Gt de carbone
- **roches carbonatées :** 70 000 000 Gt de carbone

Doc. 3 Un stockage probable du CO_2 dans des roches carbonatées.

- L'évolution du taux de CO_2 depuis – 600 Ma est bien connue grâce aux indices fournis par les archives sédimentaires. En admettant que la quantité totale de carbone est depuis cette époque à peu près constante, la connaissance de la quantité de roches carbonatées (calcaires) et carbonées (charbon, pétrole) formées à une période donnée permet de déduire la quantité de CO_2 atmosphérique correspondant à la formation de ces roches.
- Par ailleurs, à partir de – 300 Ma, l'étude des feuilles fossiles fournit d'autres indices. On a en effet établi que la quantité de stomates est directement liée à la concentration en CO_2 : plus il y a de stomates, moins la teneur en CO_2 est élevée.

Le *graphique ci-contre* est établi en intégrant ces différents indices. La chute du taux de CO_2, constatée à partir de – 400 Ma, est liée à la colonisation des continents par les végétaux.

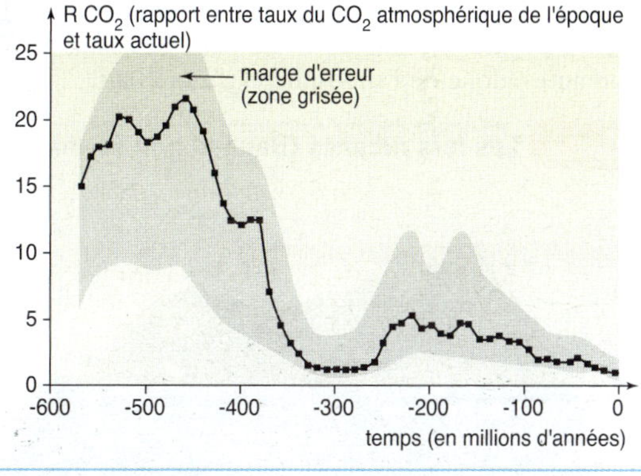

Doc. 4 Une connaissance plus précise de l'évolution du taux de CO_2 à partir de – 600 Ma.

Pistes d'exploitation

PROBLÈME À RÉSOUDRE ► Quelle a été l'évolution du taux de CO_2 atmosphérique au cours des temps géologiques ?

Doc. 1 et 2 Quelle semble être l'origine des océans ? Quelle conséquence a leur installation sur le taux de CO_2 atmosphérique ?

Doc. 3 Quelles informations apportent, d'une part les roches sédimentaires âgées de 3,5 Ga, d'autre part les traces de glaciations datées de – 2,5 Ga ?

Doc. 4 Commentez l'évolution du taux de CO_2 depuis 600 Ma. Quelle relation faites-vous entre développement du règne végétal et chute du taux de CO_2 ?

Lexique, p. 232

L'atmosphère devient oxydante

L'histoire du passage de l'atmosphère initialement réductrice (sans O_2) en atmosphère oxydante (avec O_2) est enregistrée dans les roches. *Ces deux pages présentent les principaux indices sédimentaires qui témoignent de cette transformation.*

A Des informations apportées par des formations sédimentaires anciennes

Les principales réserves de fer au niveau mondial (en Australie, Canada, Afrique…) sont constituées par des roches appelées « fers rubanés », formées par une alternance de couches d'oxydes de fer (rouges) et de couches siliceuses (sombres). Ces formations sont des roches sédimentaires qui se sont déposées en milieu marin par précipitation de substances dissoutes : il a fallu un apport important de fer et de silice par des eaux douces en provenance des continents pour que de telles quantités puissent précipiter.

Or, le fer existe à l'état naturel sous deux formes : le fer ferreux noté Fe^{2+} et le fer ferrique noté Fe^{3+}. Ces deux formes de fer présentent une solubilité dans l'eau différente (*voir document 4*).

Ces fers rubanés se rencontrent dans des formations datées de – 4 Ga à – 2,2 Ga mais pas dans des formations plus récentes. Ils nous fournissent donc des informations sur la teneur en dioxygène du milieu océanique d'une part, des eaux courantes (donc de l'atmosphère) d'autre part.

Fers rubanés à Ishpeming dans le Michigan (États-Unis)

Doc. 1 Les fers rubanés (Banded Iron Formation) : du fer qui a précipité en milieu marin.

Les gisements d'uranium sédimentaire d'Afrique du Sud sont exceptionnels. Très anciens (– 3,4 Ga), ils sont sans équivalents depuis – 2,2 Ga. Ils contiennent des minerais d'uranium (**uraninite**) dont la forme en boule (*photographie*) indique un transport par les eaux courantes et une sédimentation à l'état de particules (**roches sédimentaires détritiques**).

Or, il faut savoir que l'uraninite est soluble dans les eaux oxygénées. Sa présence dans des roches sédimentaires détritiques plus vieilles que – 2,2 Ga, son absence dans les roches plus jeunes que – 2,2 Ga nous apportent des informations sur l'évolution de la composition de l'atmosphère.

Doc. 2 Des informations apportées par certains gisements anciens d'uranium.

B D'autres informations apportées par des formations plus récentes

Un sol qui s'est formé à l'air libre peut être fossilisé dans une formation sédimentaire : on parle alors de paléosol.
Entre – 3,4 et – 2,2 Ga, les paléosols montrent un appauvrissement en fer qui est la conséquence d'un lessivage par les eaux. En revanche, après – 2 Ga, les paléosols sont au contraire riches en hydroxydes ferriques qui ont précipité sur place. Ces sols ont alors une couleur rouge comme les sols tropicaux actuels : on parle de couches rouges ou « red beds ». Les formations sédimentaires continentales sont désormais rouges comme en témoignent les strates de grès qui bordent aujourd'hui la Blyde river en Afrique du Sud (*photographie*). Ces dépôts fluviatiles sont datés autour de – 2,2 Ga.

Doc. 3 Des formations continentales oxydées.

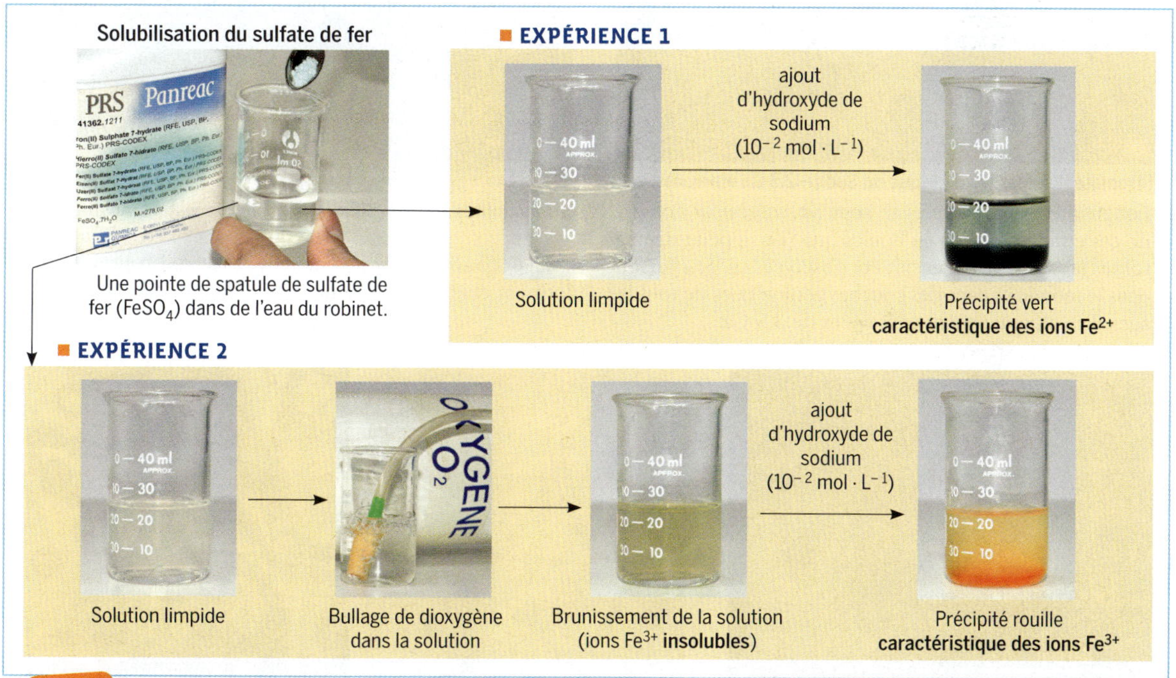

Doc. 4 Des expériences pour comprendre.

Pistes d'exploitation

PROBLÈME À RÉSOUDRE ► Quels indices témoignent d'une atmosphère devenant oxydante ?

Doc. 1 Quelles structures peuvent laisser penser à une sédimentation par précipitation chimique lente et régulière ?

Doc. 2 En quoi la forme des particules d'uraninite témoigne-t-elle d'un transport et d'une sédimentation à l'état de particules ? Comparez avec la photographie du *document 1*. Que montre l'existence de ces anciens gisements sédimentaires d'uranium ? Que montre leur absence après – 2,2 Ga ?

Doc. 1, 3 et 4 Expliquez en quoi la disparition des fers rubanés et l'apparition des red beds indique le passage d'une atmosphère réductrice à une atmosphère oxydante.

Lexique, p. 232

L'évolution de la vie accompagne celle de l'air

Alors que l'atmosphère primitive était dépourvue de dioxygène, des indices géologiques ont montré que ce gaz est apparu dans le milieu océanique puis dans le milieu continental et l'atmosphère. *Nous allons voir que ce sont les êtres vivants qui sont à l'origine de cette atmosphère oxydante.*

A Les stromatolites, premiers producteurs de dioxygène

Stromatolites fossiles d'Afrique du Sud (– 2,5 Ga environ)

Longtemps, les géologues se sont interrogés sur l'origine de ces étranges roches en boules que l'on appelle stromatolites (**a**). Ces structures ont été observées un peu partout dans le monde et dans des couches géologiques de tous les âges. Les plus anciennes sont âgées de 3,5 Ga.

Stromatolites actuels (Shark Bay au nord-ouest de l'Australie)

On a découvert assez récemment des stromatolites qui se forment encore actuellement en milieu marin (**b**).

Stromatolites du nord du Québec (– 2 Ga)

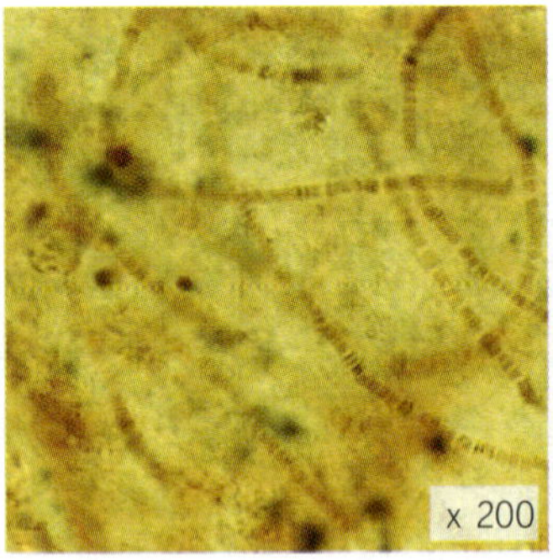

Cyanobactéries fossiles (environ – 400 Ma)

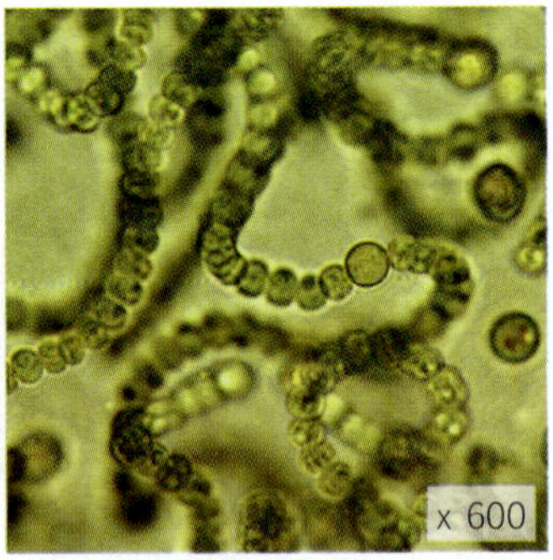

Cyanobactéries actuelles

Les stromatolites s'édifient progressivement par l'accumulation de lits formés de calcaire et de petits débris rocheux entre lesquels s'entremêlent des filaments de colonies bactériennes. Ces bactéries sont des procaryotes photosynthétiques nommés **cyanobactéries** (voir *exercice p. 95*).

Les cyanobactéries :

– **absorbent le CO_2** dissous dans l'eau (l'équilibre chimique ci-après est donc déplacé dans le sens 1 ce qui provoque la précipitation du calcaire autour d'elles)

$$HCO_3^- + Ca^{2+} \underset{2}{\overset{1}{\rightleftharpoons}} CaCO_3\downarrow + CO_2 + H_2O$$

– **dégagent du dioxygène** (c'est cette activité qui est à l'origine de l'apparition de dioxygène dans les océans dès – 3,5 Ga).

Doc. 1 Les traces très anciennes d'une activité photosynthétique génératrice de dioxygène.

B Les conséquences de la production de dioxygène

• À l'époque de la formation des premiers océans, les astrophysiciens estiment que le Soleil produisait beaucoup moins d'énergie qu'aujourd'hui. Sans un puissant effet de serre, la surface de la Terre aurait donc dû être complètement gelée. On pense que cet effet de serre était dû à un taux de CO_2 très important mais aussi à la présence de méthane (CH_4) d'origine biologique qui a pu amplifier l'effet de serre. Cette hypothèse suppose la présence dans l'océan primitif de bactéries capables de produire du méthane. Si des traces de vie sont suspectées dans les plus anciennes roches du globe (*photographie*), il est toutefois bien difficile de les attribuer de manière certaine à de telles bactéries méthanogènes.

• Le dioxygène étant très défavorable à ces microorganismes, l'avènement de l'atmosphère oxydante a dû s'accompagner d'une disparition massive des êtres anaérobies producteurs de CO_2 et de CH_4. Il est vraisemblable que la première grande glaciation (– 2,3 Ga) a ainsi été la conséquence d'une chute des teneurs en CO_2 et en CH_4, et donc de l'effet de serre.

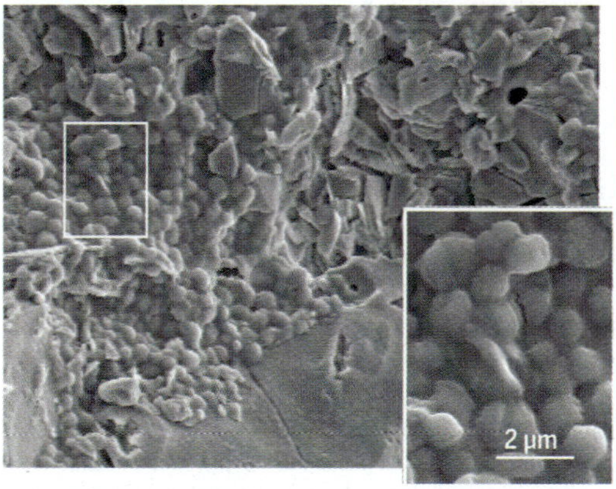

Possibles colonies bactériennes silicifiées dans de la poussière volcanique (Pilbara, en Australie, – 3,45 Ga)

Doc. 2 Une autre activité biologique à l'origine de l'évolution de l'atmosphère.

• Les différents indices géologiques conduisent à imaginer l'évolution de l'atmosphère en trois étapes majeures :
– **de – 4,5 à – 4,3 Ga**, une atmosphère primitive instable, susceptible de perdre des éléments très volatils et évoluant très rapidement ;
– **de – 4,3 à – 2,2 Ga**, une atmosphère stabilisée mais encore réductrice ;
– **de – 2,2 Ga à aujourd'hui**, une atmosphère oxydante.

• Des indices très indirects (rapports isotopiques du soufre) permettent d'envisager la mise en place de la couche d'ozone (O_3) vers – 400 Ma. En protégeant la surface de la planète d'une partie des rayons ultraviolets du Soleil, cette acquisition fondamentale a permis l'épanouissement de la vie hors de l'eau. C'est de cette époque que date véritablement la conquête des continents par les êtres vivants.

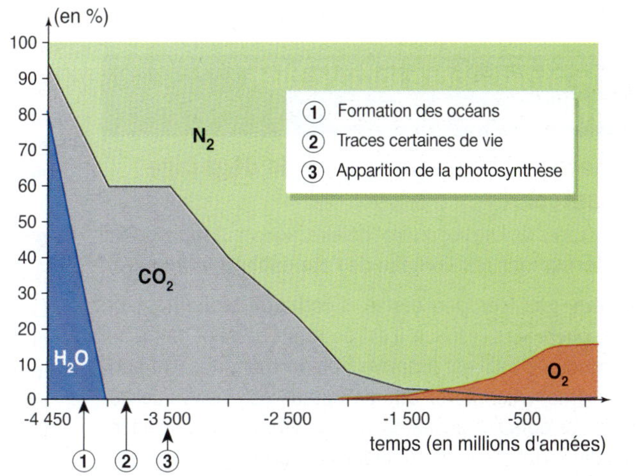

D'après *Ciavatti, 1999*

L'histoire des variations de composition de l'atmosphère terrestre.

Doc. 3 Évolution des principaux gaz atmosphériques au cours des temps géologiques.

Pistes d'exploitation

PROBLÈME À RÉSOUDRE ► Comment l'évolution du vivant a-t-elle pu entraîner une évolution de l'atmosphère ?

Doc. 1 Expliquez la formation des stromatolites.

Doc. 1 et 2 En quoi l'évolution du monde vivant a-t-elle pu contribuer à l'évolution de l'atmosphère ?

Doc. 2 et 3 En quoi l'évolution de l'atmosphère a-t-elle influencé l'évolution du monde vivant ?

Doc. 3 En reprenant les acquis des activités précédentes, donnez les indices qui fondent les trois étapes majeures de l'évolution de l'atmosphère. Comment pouvez-vous expliquer l'abondance actuelle du N_2 dans l'atmosphère terrestre ?

Doc. 3 Expliquez le décalage existant entre l'apparition de la photosynthèse et l'apparition de l'atmosphère oxydante.

Lexique, p. 232

chapitre 1 L'atmosphère primitive et son évolution

Pour comprendre l'origine de notre atmosphère, il faut remonter au début de l'histoire du globe terrestre. La Terre, comme toutes les planètes du système solaire, s'est formée, il y a 4,56 Ga, par accrétion d'objets cosmiques plus ou moins massifs. À la suite de cet intense bombardement météoritique, une planète en fusion s'est peu à peu structurée vers – 4,4 Ga. En se refroidissant peu à peu, **la Terre magmatique s'est différenciée** : les éléments se sont répartis en fonction de leur densité, les plus lourds migrant vers le centre de la Terre, les plus légers vers la périphérie. Des enveloppes concentriques se sont ainsi mises en place : le noyau, le manteau, la croûte, l'hydrosphère et l'atmosphère. L'atmosphère terrestre est ainsi formée des éléments les moins denses que la Terre a pu retenir du fait de sa masse et de sa distance au Soleil.

Quelle était donc l'atmosphère initiale de la Terre ? Comment a-t-elle évolué pour devenir ce qu'elle est aujourd'hui ?

1 Une atmosphère initiale bien différente de l'actuelle

Une atmosphère formée par le dégazage du manteau

Les gaz rares de l'atmosphère (hélium, xénon...) fournissent des informations sur l'origine de l'atmosphère primitive.

L'**hélium**, gaz très peu dense, s'échappe facilement de l'atmosphère vers l'espace. Il est pourtant présent dans l'air, ce qui indique qu'il est renouvelé en permanence. On peut effectivement constater que sa teneur est maximale audessus des dorsales océaniques : l'activité volcanique libère de l'hélium qui provient du dégazage continu du manteau.

Un isotope du **xénon**, ^{129}Xe, apporte une information complémentaire. Les analyses révèlent que ^{129}Xe est plus concentré dans les basaltes issus du manteau actuel que dans l'atmosphère. Or, la totalité de ^{129}Xe a été produite très tôt, dans les 200 premiers millions d'années de l'histoire de la Terre : en effet, ce gaz résulte de la désintégration de l'iode 129, isotope à demi-vie relativement courte (15,7 Ma). On explique l'excès actuel de ^{129}Xe dans le manteau de la façon suivante : le dégazage du manteau a été très intense dans les premières dizaines de millions d'années de l'histoire de la Terre, alors même que la production de ^{129}Xe était maximale. Puis, ce dégazage s'est considérablement ralenti tandis que la production de ^{129}Xe se poursuivait dans le manteau ; ce dernier s'est donc enrichi en ^{129}Xe et, depuis cette époque, le dégazage n'a pas encore équilibré les concentrations de l'atmosphère et du manteau.

Le message des gaz rares est donc le suivant : **l'atmosphère terrestre s'est formée par un dégazage intense et précoce du manteau** (probablement dans les cent premiers millions d'années qui ont suivi l'accrétion terrestre). Ce dégazage s'est poursuivi par la suite mais d'une manière lente et continue.

Une atmosphère initiale dépourvue de dioxygène

Les **gaz volcaniques**, produits par le dégazage du manteau, représentent une première source d'information. Leur composition varie en fonction du type d'éruption mais l'eau prédomine toujours, de même que le CO_2 et le SO_2. En outre, les gaz volcaniques contiennent du N_2, du H_2S, du H_2, du HCl, et du CO.

Par ailleurs, l'étude du dégazage des **météorites** de type chondrite, dont on pense qu'elles sont représentatives de la composition moyenne du système solaire (et donc de la Terre primitive), confirme cette analyse. On peut donc penser que l'atmosphère initiale était riche en eau, en dioxyde de carbone, en diazote, en dioxyde de soufre, mais qu'elle était **dépourvue de dioxygène** (il n'y en a ni dans les chondrites, ni dans les gaz volcaniques).

L'évolution rapide de l'atmosphère primitive au début de son histoire

La température ambiante diminuant après la phase d'accrétion terrestre, on pense qu'une partie de la vapeur d'eau initiale s'est condensée (le reste s'est échappé vers l'espace). Cette eau liquide s'est mêlée à celle apportée par les météorites et les comètes pour former les premiers océans. Le **piégeage du CO_2 atmosphérique** a pu alors débuter, le CO_2 gazeux diffusant dans l'hydrosphère. Le refroidissement de la Terre a accentué le phénomène qui est devenu considérable avec la formation des **roches sédimentaires carbonatées.**

Ainsi, la concentration du CO_2 atmosphérique a diminué : de 100 000 fois la quantité actuelle il y a 4,5 Ga, son taux n'est plus que de 5 à 15 fois la quantité actuelle il y a 600 Ma.

2 Des témoins sédimentaires de l'arrivée de dioxygène dans l'atmosphère

Si l'atmosphère initiale était réductrice (car privée de dioxygène), ce gaz représente 21 % de l'atmosphère actuelle.

Comment dater l'apparition d'une atmosphère oxydante ? Certaines formations sédimentaires permettent de fixer aux environs de −2,2 Ga cet événement.

À partir de − 2,2 Ga, certaines roches sédimentaires ne se déposent plus

Les principales réserves mondiales de fer sont des roches sédimentaires d'origine océanique. Ces gisements de fer, associés à des précipitations siliceuses, sont qualifiés de **« fers rubanés »** et sont datés de − 4 à − 2,2 Ga. Ces énormes quantités de fer et de silice ont été apportées par des eaux douces continentales avant de précipiter en milieu océanique. Or, si le fer est soluble dans les eaux désoxygénées, il précipite en hydroxyde ferrique quand les eaux sont chargées de dioxygène.

L'information apportée par l'existence des fers rubanés est donc double. Ils indiquent qu'avant − 2,2 Ga :
– il n'y a pas de dioxygène dans l'atmosphère (le fer ne pourrait pas être transporté par les eaux douces) ;
– il y a, en revanche, du dioxygène dans les océans (sinon il n'y aurait pas de précipitation). L'absence de fers rubanés après − 2,2 Ga révèle un changement complet : le fer n'est plus transporté dans les océans parce qu'il précipite en milieu continental ; l'atmosphère est donc devenue oxydante.

Les gisements d'uranium sédimentaire d'Afrique du sud (uraninite) confirment ces conclusions. Très anciens (− 3,4 Ga), ils sont sans équivalents plus récents que − 2,2 Ga. Ils contiennent des minerais d'**uranium** dont la forme en boule indique un transport et une sédimentation à l'état de particules insolubles, et ce, en milieu continental. L'uraninite étant soluble dans les eaux oxygénées, ces formations se sont nécessairement formées tant que l'atmosphère demeurait réductrice.

À partir de − 2,2 Ga, des formations sédimentaires nouvelles apparaissent

Avant − 2,2 Ga, les **paléosols** montrent des appauvrissements en fer qui traduisent un entraînement du fer dissous par les eaux. En revanche, après − 2,2 Ga, les paléosols sont riches en hydroxydes ferriques qui leur confèrent une couleur rouge (comme dans les sols tropicaux actuels) ; on parle de **couches rouges** ou « red beds ». Le fer a donc précipité sur place sans être transporté. Les formations sédimentaires continentales comme les dépôts fluviatiles ou lacustres sont également rouges à partir de − 2,2 Ga. L'atmosphère contient donc bien du dioxygène à partir de cette date.

L'ensemble de ces « témoignages sédimentaires » permet donc d'affirmer que, si du dioxygène a été produit sur Terre à partir de − 4 Ga (début de la formation des fers rubanés), ce gaz n'est apparu de façon significative dans l'atmosphère que beaucoup plus tard. Il a d'abord été piégé dans les formations sédimentaires océaniques. Ce n'est qu'à partir de − 2,2 Ga que l'atmosphère devient oxydante (couches rouges montrant que le fer précipite désormais en milieu continental).

3 L'évolution de l'atmosphère est liée à celle de la vie

Un dioxygène d'origine biologique

Des fossiles très anciens, les **stromatolites**, suggèrent que vers − 3,5 Ga, des êtres vivants procaryotes, proches des cyanobactéries actuelles, étaient présents sur la Terre. Ces êtres étaient capables de réaliser la photosynthèse qui, par photo-oxydation de l'eau, dégage du dioxygène. Ces bactéries fossilisées pourraient donc être les premiers producteurs de dioxygène.

Une évolution conjointe de l'atmosphère et de la biosphère

La vie est donc à l'origine d'une modification majeure de l'atmosphère terrestre. En retour, cette transformation a fortement influencé la vie.

Même si on connaît peu de choses sur les bactéries les plus anciennes, on pense que bon nombre d'entre elles étaient des bactéries fermentaires, vivant dans des conditions anaérobies. Le dioxygène étant très défavorable à ces micro-organismes, l'arrivée de dioxygène libre dans leur environnement a dû s'accompagner de leur disparition en masse.

Le dioxygène, toxique pour une majorité de formes vivantes, s'est par la suite avéré très précieux lorsque l'évolution des espèces a conduit à l'apparition de formes capables d'exploiter le dioxygène en pratiquant la respiration : ce métabolisme énergétique a un rendement bien plus élevé que les fermentations.

De la même façon, la formation, dans la haute atmosphère, de la **couche d'ozone** à partir du dioxygène atmosphérique est une acquisition essentielle. En protégeant la surface de la planète d'une partie du rayonnement solaire ultraviolet, elle a permis l'épanouissement de la vie hors de l'eau il y a 360 Ma, environ.

chapitre 1 L'atmosphère primitive et son évolution

À RETENIR

L'atmosphère s'est formée par dégazage du manteau

L'analyse des **gaz rares** indique que l'atmosphère terrestre s'est formée par un **dégazage intense du manteau terrestre** dans les cent premiers millions d'années qui ont suivi la formation de la Terre par accrétion. Ce dégazage s'est poursuivi par la suite mais d'une manière lente et continue.

L'atmosphère primitive était réductrice

L'analyse des **émissions volcaniques**, signatures du dégazage mantellique, mais aussi l'analyse du dégazage des **chondrites** (météorites représentant la composition de la Terre primitive) permettent d'imaginer la composition de l'**atmosphère primitive**. Elle devait être **réductrice (sans dioxygène)**, riche en **dioxyde de carbone**, en **diazote**, en **dioxyde de soufre**, en **eau**.

L'atmosphère est devenue oxydante, il y a 2,2 Ga

Le fer précipite en **hydroxyde ferrique** dans les **eaux oxygénées**. De – 4 à – 2,2 Ga, des formations sédimentaires contenant du fer précipitent en milieu océanique **(fers rubanés)**. Après – 2,2 Ga, les gisements de fer sont continentaux **(paléosols rouges)**. Du dioxygène a donc été produit sur Terre à partir de – 4 Ga. Ce dioxygène a d'abord été piégé dans les océans ; ce n'est qu'à partir de – 2,2 Ga qu'il apparaît dans l'atmosphère.

L'évolution de l'atmosphère et celle de la vie sont liées

Les premiers producteurs de dioxygène sont probablement des procaryotes, proches des **cyanobactéries** actuelles, qui édifiaient des constructions calcaires mamelonnées, les **stromatolites** (les plus anciens sont datés autour de – 3,5 Ga). Ces cyanobactéries libéraient du dioxygène par **photosynthèse**.

La production de dioxygène a, dans un premier temps, causé des extinctions massives chez les bactéries anaérobies mais elle a ensuite permis d'accélérer l'évolution des espèces grâce à l'apparition de la **respiration** et, bien plus tard, a permis la conquête des milieux continentaux par la mise en place de la **couche d'ozone**.

Mots-clés

- Gaz rares
- Dégazage
- Atmosphère primitive réductrice
- Atmosphère oxydante
- Fers rubanés
- Stromatolites
- Cyanobactéries
- Photosynthèse

Capacités et attitudes

- Recenser, extraire et organiser des informations pour comprendre :
  – l'établissement de la composition de l'atmosphère initiale ;
  – les transformations de l'atmosphère réductrice en atmosphère oxydante.
- Utiliser le microscope pour observer des cyanobactéries.
- Manipuler pour comprendre le comportement du fer en milieu oxygéné et non oxygéné.
- Observer des échantillons pour comprendre le mode de formation des stromatolites.

SCHÉMA BILAN — L'ATMOSPHÈRE PRIMITIVE ET SON ÉVOLUTION

ANIMATION

Une atmosphère primitive très différente de l'atmosphère actuelle

- Atmosphère primitive

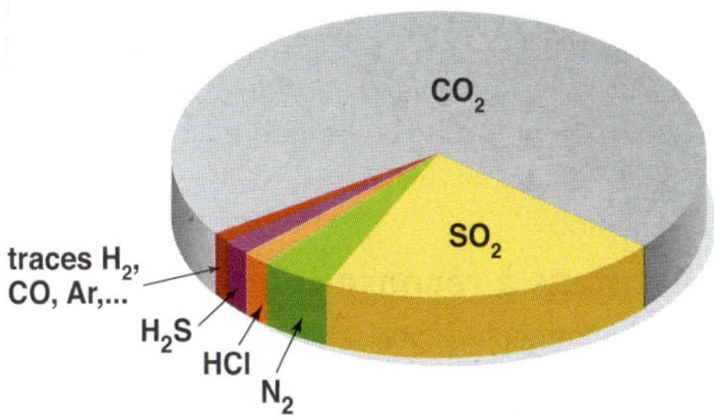

- Atmosphère actuelle

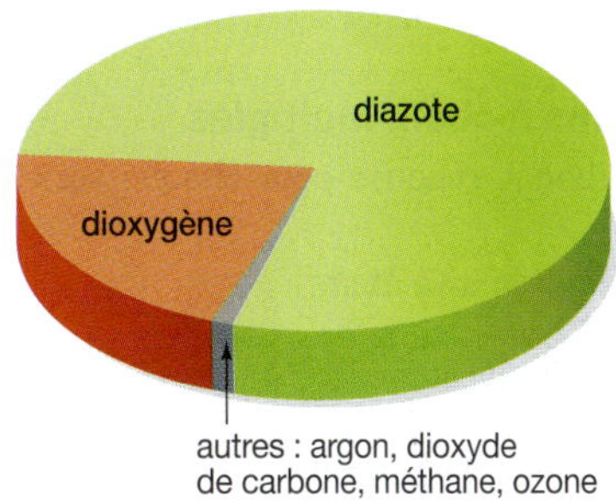

Le passage d'une atmosphère réductrice à une atmosphère oxydante

• Une chute rapide du taux de CO_2 atmosphérique

Un CO_2 en grande partie piégé sous forme de carbonates dans les océans.

$$CO_{2\,aq} + 2\,H_2O \rightleftarrows HCO_3^- + H_3O^+$$

$$HCO_3^- + H_2O \rightleftarrows CO_3^{2-} + H_3O^+$$

Les carbonates précipitent et forment des roches sédimentaires d'où un piégeage à long terme du CO_2.

• Une libération de dioxygène en milieu marin

Des cyanobactéries photosynthétiques (à l'origine des stromatolites) libèrent du dioxygène.

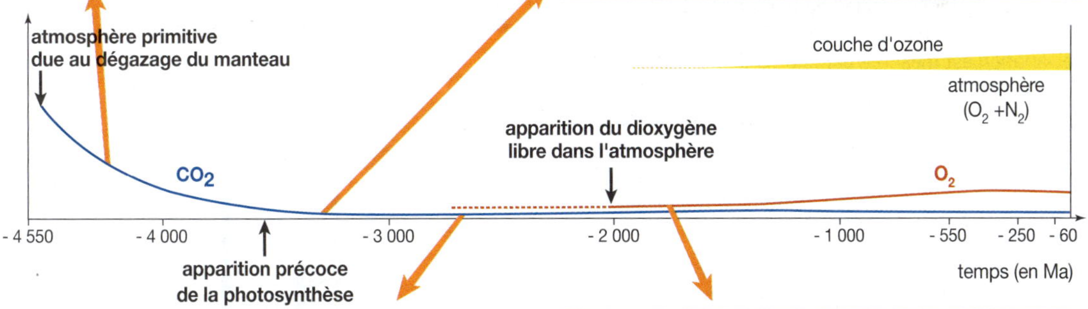

• Un piégeage du dioxygène dans les sédiments

Fers rubanés, témoins de la présence de dioxygène dans l'eau des océans

Tant que l'eau des océans contient du fer ferreux, celui-ci est oxydé en fer ferrique qui forme les couches rouges de « fers rubanés » dans les sédiments.

• Une libération de dioxygène dans l'atmosphère

Paléosols rouges, témoins d'une atmosphère oxydante

Quand il n'y a plus eu de fer ferreux dans les océans, le dioxygène a diffusé dans l'atmosphère : celle-ci, devenue oxydante, a contribué à l'explosion de la vie.

Tester ses connaissances

1 Définissez les mots ou expressions

Stromatolites, chondrites, fers rubanés, paléosols rouges, uraninite.

QCM

2 Questions à choix multiples

Choisissez la bonne réponse pour chaque série d'affirmations.

1. L'atmosphère primitive était :

a. oxydante ;
b. riche en dioxyde ce carbone ;
c. riche en diazote ;
d. dépourvue de dioxyde ce soufre.

2. L'apparition du dioxygène dans l'atmosphère est associée :

a. à l'apparition des paléosols rouges ;
b. à l'apparition des uraninites ;
c. au début de la mise en place des plus grands gisements de fer mondiaux (fers rubanés) ;
d. à une crise biologique majeure.

3. Les stromatolites :

a. sont des formations fossiles âgées de plus de 3 Ga ;
b. sont des constructions biologiques que l'on ne trouve plus actuellement ;
c. ont joué un rôle dans la diminution du CO_2 atmosphérique ;
d. ont provoqué, il y a 3 Ga, l'enrichissement de l'atmosphère en dioxygène.

3 Questions à réponse courte

a. Quand et comment la couche d'ozone terrestre a-t-elle pu se mettre en place ?

b. Quels ont été les freins à l'enrichissement de l'air en dioxygène ?

c. Comment le taux de CO_2 atmosphérique a-t-il pu diminuer au cours du temps ?

d. Comment peut-on connaître la composition de l'atmosphère primitive de la Terre ?

Utiliser ses compétences

4 Un indicateur de l'activité photosynthétique

QCM **Raisonner à partir d'un texte et d'un graphique**

Il existe deux isotopes stables du carbone, ^{12}C (98,9 %) et ^{13}C. La faible proportion de ^{13}C varie légèrement.
Cette variation est mesurée par le $\delta^{13}C$ d'un échantillon :

$$[(^{13}C / ^{12}C)_{\text{échantillon}} / (^{13}C / ^{12}C)_{\text{standard}} - 1] \times 10^3$$

La matière organique produite par les êtres vivants est appauvrie en carbone 13 : en effet, $^{13}CO_2$, un peu plus lourd, est un peu moins bien absorbé (et incorporé) par les végétaux chlorophylliens que $^{12}CO_2$. Ainsi, la matière organique a un $\delta^{13}C$ très négatif.

Dans la formation d'Isua, au Groenland, (datée à – 3,8 Ga environ), le $\delta^{13}C$ moyen des matières organiques est de l'ordre de – 15 pour mille ; actuellement, il est de – 25 pour mille. Le *document ci-contre* présente quelques valeurs actuelles de $\delta^{13}C$ qui peuvent être comparées aux données issues des roches d'Isua.

Document : Quelques valeurs de $\delta^{13}C$

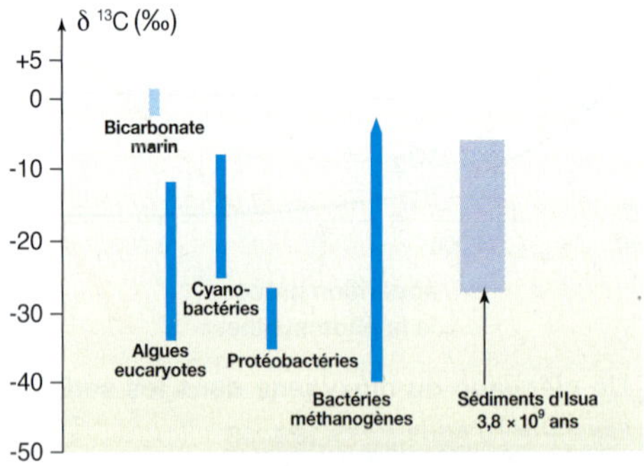

Choisissez la bonne réponse pour chaque série d'affirmations.

1. Les différents $\delta^{13}C$ prouvent :

a. qu'il y avait des êtres vivants eucaryotes il y a 3,8 Ga ;
b. que les cyanobactéries sont à l'origine du dioxygène atmosphérique ;
c. qu'il y avait des êtres vivants il y a 3,8 Ga ;
d. que les plus anciens êtres vivants sont des cyanobactéries.

2. La confrontation du $\delta^{13}C$ déterminé dans les sédiments d'Isua au $\delta^{13}C$ actuel indique que :

a. le $\delta^{13}C$ augmente quand l'activité biologique augmente ;
b. l'activité photosynthétique était plus importante il y a 3,8 Ga qu'aujourd'hui ;
c. l'activité photosynthétique des cyanobactéries est supérieure à celle des algues eucaryotes ;
d. l'apparition du dioxygène, il y a plus de 3,5 Ga, pourrait être d'origine biologique.

5 Un autre exemple de lien entre évolution de l'atmosphère et évolution de la vie

Exercice TYPE BAC

Mettre en relation des informations, raisonner

Nous savons que l'évolution de l'atmosphère terrestre est intimement liée à l'évolution de la vie. Cette interdépendance de l'atmosphère et de la biosphère est manifeste à la période du Carbonifère (– 360 à – 300 Ma). À cette époque, se développent d'immenses forêts tropicales dans lesquelles prolifèrent des fougères arborescentes et des lycophytes géantes. L'immense biomasse produite a été piégée suite à des conditions géologiques particulières : c'est l'origine des grands gisements de charbon (qui ont donné leur nom à cette période géologique).

Question :

À partir de la mise en relation des différents documents et de vos connaissances, montrez comment, au Carbonifère, l'évolution de la vie a influencé l'évolution de l'atmosphère, puis, réciproquement, comment l'évolution de l'atmosphère a influencé l'évolution de la vie.

Document 1 : Des libellules géantes au Carbonifère

Au sein des gisements de charbon, on a trouvé des fossiles « hors normes » : des « libellules » de près de 70 cm de long pour une masse de plus de 150 grammes. Ces insectes, appelés *Meganeura*, sont d'une taille sans équivalent dans la nature actuelle. Cette taille est tellement imposante que longtemps, les biologistes se sont demandés comment ces animaux pouvaient respirer : le système respiratoire trachéen propre aux insectes limite, en effet, les capacités d'oxygénation des organes profonds et impose une petite taille aux insectes. Seul un taux exceptionnel de dioxygène atmosphérique pourrait améliorer les performances de ce système respiratoire.

Document 2 : Piégeage de la matière organique au cours des temps géologiques

On rappelle que le carbone piégé provient de la photosynthèse et que toute matière piégée échappe au recyclage par l'activité respiratoire des décomposeurs et des minéralisateurs.

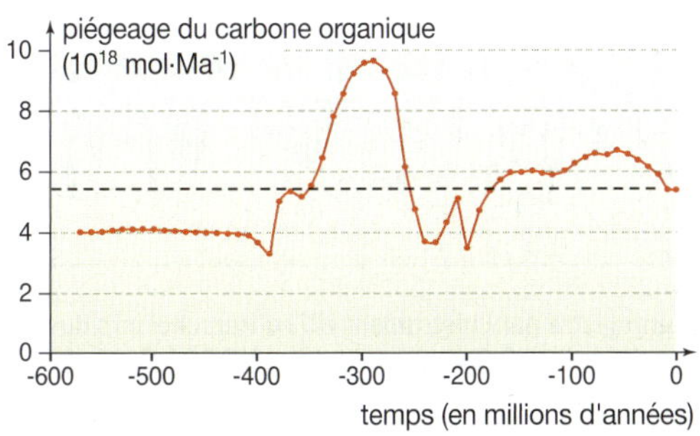

Document 3 : Taux de dioxygène atmosphérique au cours des temps géologiques

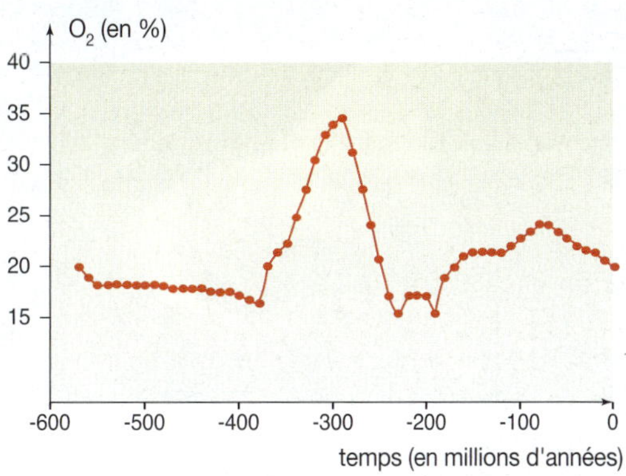

D'après Berner, National Academy of Sciences (États-Unis), 1999

6 Observer l'espace pour connaître l'origine de l'atmosphère terrestre

Questions : **Saisir des informations, raisonner**

1. Quelle(s) hypothèse(s) peut-on avancer quant à l'origine de l'eau sur Terre ?
2. En quoi les données spatiales accréditent-elles l'hypothèse d'une origine cosmique de l'eau sur Terre ?

Document 1 : De l'eau un peu « différente » sur Mars et Vénus

L'origine de l'eau de notre planète bleue est un vrai sujet de discussion ! En regardant les panaches de vapeur émis par les volcans, il semble logique d'imaginer que l'eau de notre atmosphère provient totalement du dégazage précoce de la Terre. Cependant, les scientifiques pensent aujourd'hui que 90 % des éléments volatils (comme l'oxygène et l'hydrogène) ont été perdus par la Terre au tout début de son histoire.
Comment la Terre a-t-elle donc pu former ses immenses réserves d'eau ? Pour répondre à cette question, la science se tourne vers l'espace. En effet, Mars (*image ci-contre*) ou Vénus présentent, elles aussi, de l'eau. Cependant cette eau est très enrichie en deutérium (de symbole D ou ^2H). Le rapport HDO*/H_2O, qui sur Terre est de 0,0156 %, est 5 fois supérieur sur Mars et 120 fois supérieur sur Vénus. L'eau n'est donc pas exactement la même.

* HDO ou H^2HO = eau semi-lourde, dont un des atomes d'hydrogène est du deutérium.

Document 2 : Des informations apportées par les sondes spatiales

Pour inspecter l'espace à la recherche des traces laissées par l'eau, les scientifiques européens ont lancé le télescope spatial Herschel, en 2009. Placé à 1,5 million de km de la Terre, il a récemment livré ses premières observations. Outre le plus grand miroir jamais construit pour l'astronomie spatiale, il comprend des instruments de mesure dédiés à l'étude de la chimie de l'Univers. En effectuant des mesures dans l'infrarouge lointain, il permet de rechercher l'eau sous toutes ses formes (solide, liquide, gaz) et de distinguer l'eau semi-lourde (HDO) de l'eau légère (H_2O). Le 25 octobre 2010, Herschel a permis de déterminer la signature spectrale de la comète Hartley 2, ce qui a conduit au calcul du rapport HDO/H_2O. Ce rapport s'est avéré être de 0,016 %.

La comète de Hartley 2, comme 80 % des comètes, est formée de glace. Cette comète provient de la ceinture de Kuiper (au-delà de Neptune). Des chercheurs pensent que cette ceinture pourrait être le réservoir d'eau de la Terre : l'eau de notre atmosphère, condensée lors des premiers moments de notre histoire pour former les océans, proviendrait d'une pluie d'icebergs cosmiques.

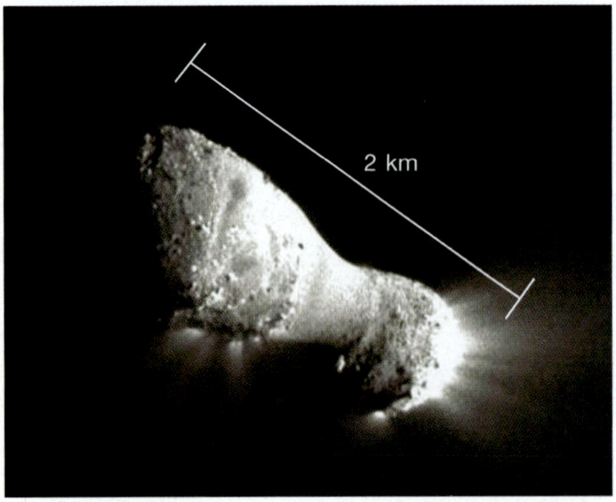

Comète Hartley 2 photographiée à 700 km de distance par la sonde américaine Deep Impact/Epoxi, le 4 novembre 2010.

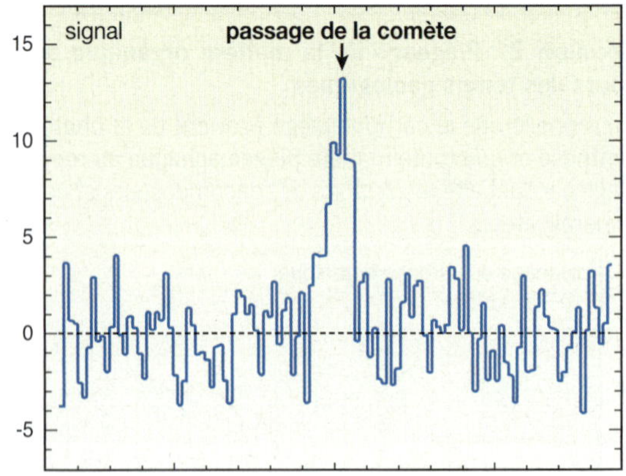

Signal enregistré par l'instrument HIFI d'Herschel lors du passage de Hartley 2 (lorsque le rapport HDO/H_2O est élevé, le signal est inférieur à 5).

Utiliser ses capacités expérimentales

7 Observer des cyanobactéries Réaliser une préparation microscopique

SE PRÉPARER aux épreuves pratiques du BAC

Le nostoc est un genre de cyanobactéries, un exemple actuel du groupe d'êtres vivants à l'origine des premières émissions de dioxygène, il y a 3,5 Ga. Les nostocs forment des masses gélatineuses qui rappellent certaines algues. Les nostocs survivent la plupart du temps à l'état déshydraté, ils se gonflent d'eau après la pluie. Leur grande discrétion dans l'environnement et la rapidité de leur turgescence après réhydratation leur a donné le surnom de « crachats de lune ».

Les nostocs sont en fait des colonies de cellules procaryotes capables de réaliser la photosynthèse. Les nostocs présentent deux types cellulaires : les cellules photosynthétiques (les plus nombreuses) et les hétérocystes, impliqués dans le métabolisme de l'azote (cellules à la paroi plus épaisse et au cytoplasme plus volumineux).

L'objectif est de distinguer ces deux types cellulaires.

Matériel disponible

- Fragment de nostoc déshydraté dans une boîte de Petri ou un verre de montre.
- Lame, lamelles.
- Eau distillée.
- Pinces et épingles.
- Microscope.
- Feuille blanche ou dispositif d'acquisition d'image numérique.

Réalisation d'un protocole

- Réhydratez le nostoc.
- Dilacérez le nostoc dans une goutte d'eau.
- Montez entre lame et lamelle en écrasant doucement.
- Observez la préparation au microscope et choisissez une zone montrant les deux types cellulaires du nostoc.
- Faites la mise au point au grossissement adapté à l'observation nette des cellules.

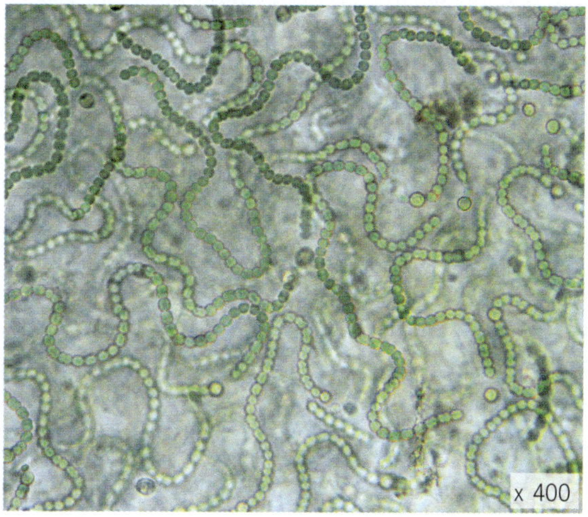

Un exemple d'observation

Nostoc en milieu naturel

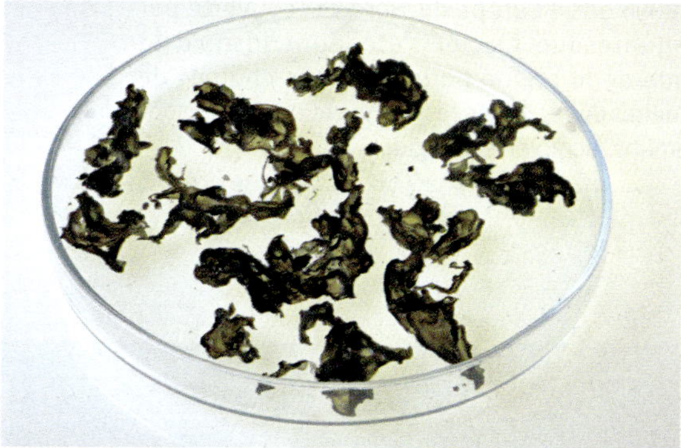

Nostoc déshydraté

Nostoc réhydraté

Communication des résultats

Communiquez les résultats de l'observation à l'aide de l'outil de votre choix : dessin ou photographie. Dans tous les cas, veillez à légender les différents types cellulaires et à donner un titre adapté.

Des DOCUMENTS pour se poser des questions

Des glaciers jusqu'à Paris, il y a 20 000 ans

Lors du dernier maximum glaciaire, entre − 20 000 et − 18 000 ans, l'Europe du Nord est couverte par un gigantesque glacier s'étendant jusqu'à la latitude de la région parisienne. Les chaînes de montagnes (Alpes, Pyrénées, Oural et Carpates...) sont également recouvertes de glace.

Les glaciers : témoins des modifications actuelles du climat

Depuis une trentaine d'années, on enregistre un recul des glaciers dans le monde entier, qu'il s'agisse des glaciers de montagnes ou des calottes glaciaires (Groenland, Antarctique...).

Ce recul semble s'accélérer depuis une quinzaine d' années : ici, le front d'un glacier d'Alaska s'écroule dans l'océan Pacifique, produisant ainsi des icebergs.

Des modifications climatiques visibles à l'échelle humaine

Au sud du Sahara, la zone sahélienne est soumise à une sécheresse dramatique : depuis 1900, le désert a progressé de 250 km vers le sud.

Dans les régions tempérées, on peut enregistrer certaines années des périodes de sécheresse remarquables. Ci-contre, un paysage de Lorraine pendant l'été 2003.

LES PROBLÉMATIQUES DU CHAPITRE

- Comment les forages réalisés dans les glaces polaires permettent-ils de retrouver les modifications de la composition atmosphérique et du climat ?
- Quels autres indices d'une évolution du climat peut-on rechercher ?
- Quelle vision scientifique a-t-on de l'évolution très récente du climat ?

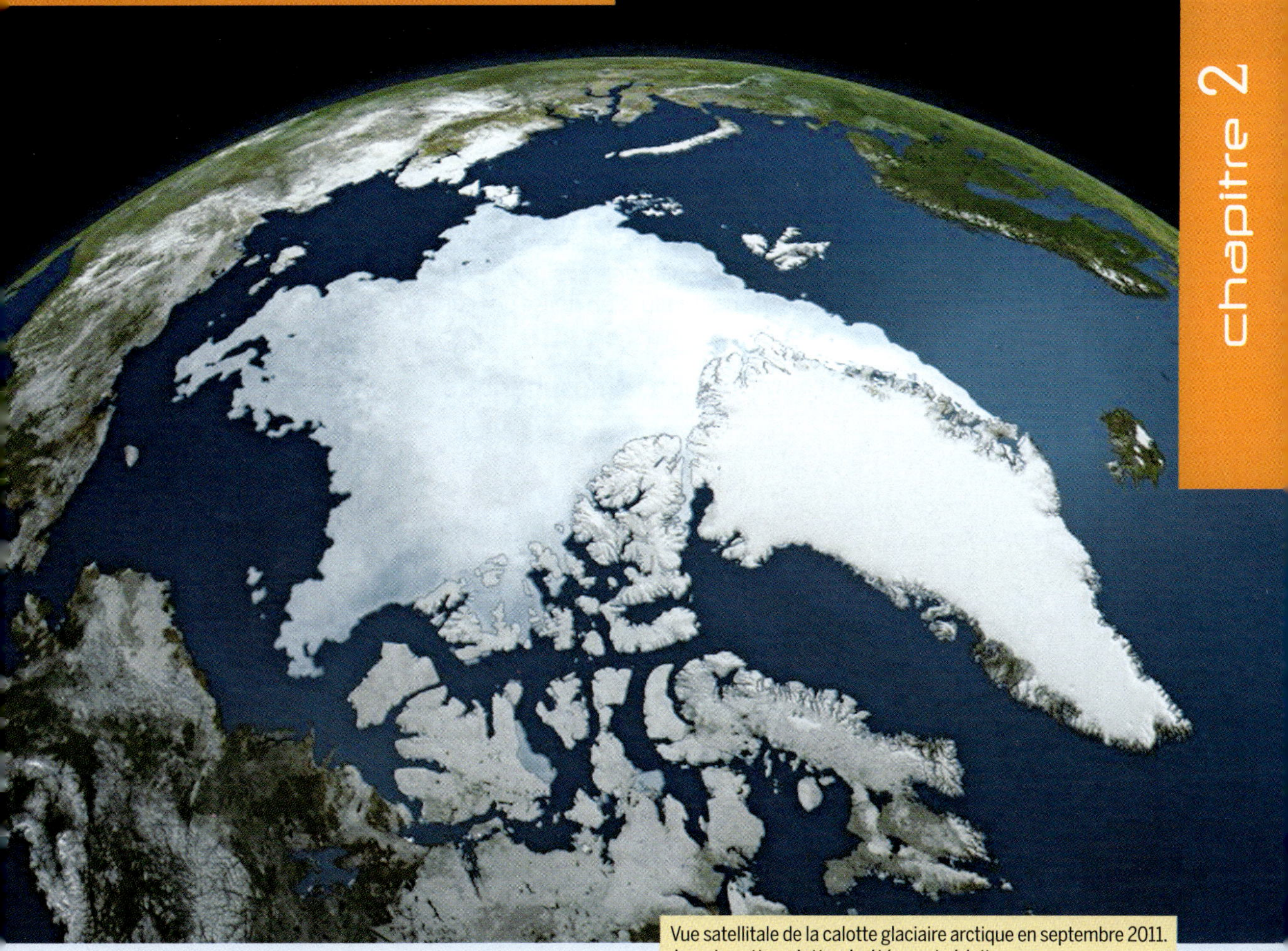

Vue satellitale de la calotte glaciaire arctique en septembre 2011. Jamais cette calotte n'a été aussi réduite.

L'évolution récente de l'atmosphère et du climat

LES ACTIVITÉS DU CHAPITRE

1 L'évolution de la composition atmosphérique 98
2 Les glaces polaires et les paléotempératures 100
3 Les pollens et l'évolution climatique locale 102
4 L'évolution globale du climat 104
5 Les glaces polaires et l'évolution récente du climat 106
6 Des indices fournis par les glaciers continentaux 108

L'évolution de la composition atmosphérique

Les forages des calottes glaciaires permettent d'avoir accès à des glaces très anciennes. *Les bulles d'air emprisonnées dans ces glaces permettent de reconstituer l'évolution des teneurs des gaz atmosphériques depuis 800 000 ans. Pour l'évolution récente de ces teneurs, on utilise des capteurs au sol ou des données satellitales.*

A Les glaces polaires et la composition atmosphérique

Carotte de glace extraite au Dôme C, en Antarctique

Un carottage de 3 200 m de profondeur, réalisé au Dôme C, en Antarctique, a permis d'atteindre des glaces âgées de 800 000 ans.

Les carottes, d'un diamètre d'environ 10 cm, sont découpées dans le sens de la longueur, une moitié étant utilisée pour effectuer des mesures, l'autre étant soigneusement archivée pour d'autres mesures éventuelles dans le futur. Des analyses peuvent être faites soit sur la glace elle-même, soit sur les bulles d'air emprisonnées dans cette glace (*voir document 2*).

Doc. 1 Les carottes de glace, des témoins de l'atmosphère du passé.

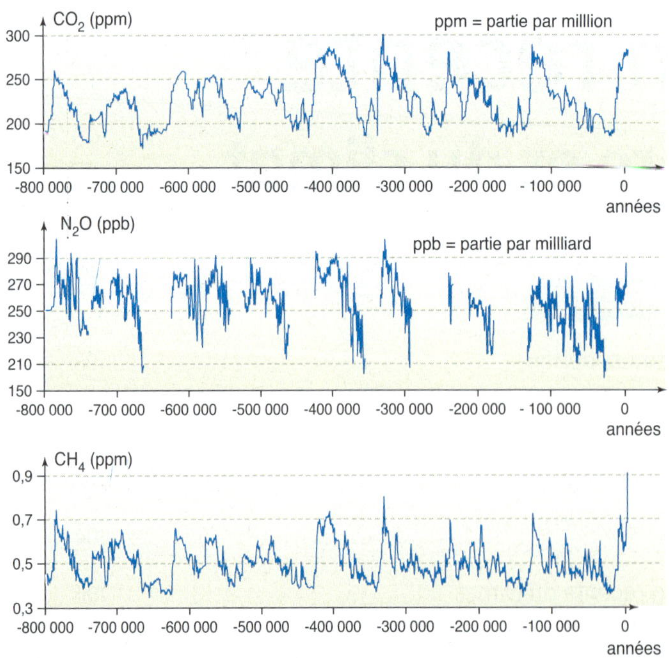

Bulles d'air emprisonnées dans les cristaux de glace (observation au microscope polarisant)

Les bulles d'air piégées dans la glace lors de la transformation de la neige en glace contiennent de l'air de l'époque où s'est formée cette glace. Plus la glace est ancienne, plus ces bulles sont elles-mêmes anciennes. Leur analyse permet de connaître l'évolution de la concentration des gaz atmosphériques.

Le *graphe* représente cette évolution pour trois gaz à effet de serre : le dioxyde de carbone (CO_2), le protoxyde d'azote (N_2O) et le méthane (CH_4) au cours des 800 000 dernières années.

Doc. 2 Les résultats de l'analyse des carottes de glace prélevées en Antarctique.

B L'évolution actuelle de la composition atmosphérique

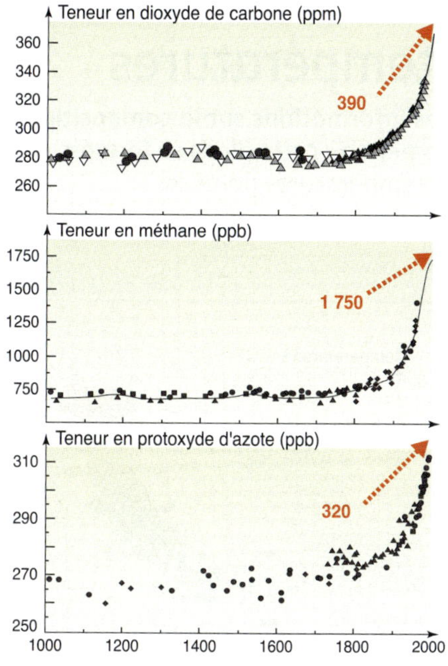

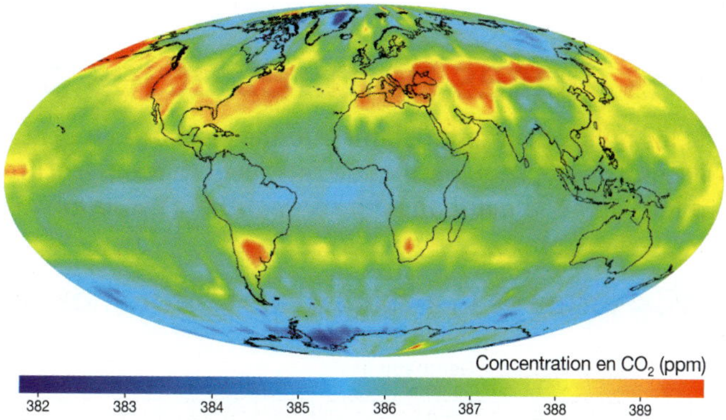

Mesure par satellite de la concentration en CO_2 dans la troposphère moyenne (8 km d'altitude), en juillet 2009

Les forages dans les glaces anciennes permettent de reconstituer l'évolution de la composition atmosphérique depuis –800 000 ans. L'analyse des bulles d'air piégées dans les glaces plus récentes permet de retracer cette évolution au cours du dernier millénaire. Les données des graphiques proviennent de sites à forte accumulation de neige (sites côtiers de l'Antarctique, en particulier).

Pour les dernières décennies, des mesures directes ont été réalisées par satellite (*document ci-dessus*) et par des capteurs disséminés à la surface du globe.

Doc. 3 L'évolution millénaire de la teneur de l'atmosphère en certains gaz.

Les **chlorofluorocarbures** ou **CFC** (dont le tétrachlorure de carbone, CCl_4) sont des molécules de synthèse qui ont été utilisées massivement à partir des années 1950 : leurs propriétés remarquables (ininflammables, facilement compressibles, non solubles) expliquent leur utilisation dans l'industrie du froid comme fluide caloporteur, dans les bombes aérosols comme propulseur, dans les mousses synthétiques et les agents extincteurs.

Les CFC se retrouvent donc tôt ou tard dans l'atmosphère sous toutes les latitudes ; ils atteignent la haute atmosphère en une quinzaine d'années et participent alors de façon importante à la diminution de la concentration en ozone.

L'Union européenne a proposé, en 1989, une interdiction totale de l'utilisation des CFC durant les années 1990, interdiction approuvée par les États-Unis. La *courbe ci-contre* montre l'évolution de la concentration en CCl_4 mesurée soit dans les bulles d'air des glaces, soit par des capteurs pour les périodes les plus récentes.

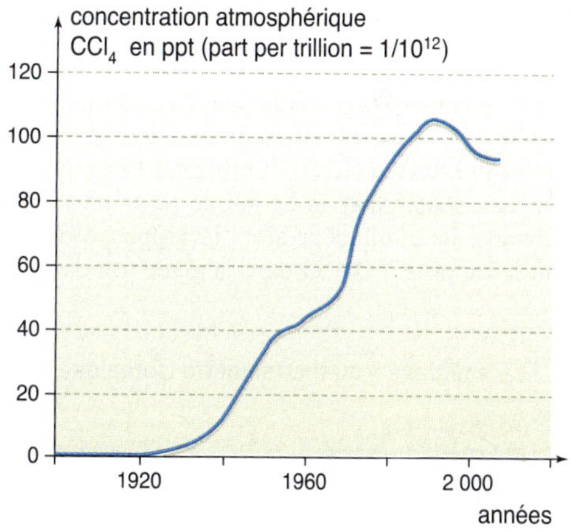

Doc. 4 L'évolution d'une pollution atmosphérique.

Pistes d'exploitation

PROBLÈME À RÉSOUDRE ► **Comment les glaces polaires permettent-elles de connaître l'évolution de la composition atmosphérique à plusieurs échelles de temps ?**

Doc. 1 et 2 Résumez les informations apportées par l'analyse des carottes de glace prélevées en Antarctique.

Doc. 3 En quoi les mesures récentes apportent-elles des informations nouvelles ?

Doc. 4 Proposez une interprétation à l'évolution de la teneur atmosphérique en CCl_4.

Lexique, p. 232

Les glaces polaires et les paléotempératures

Si les bulles d'air emprisonnées dans les glaces fournissent des informations sur la composition de l'atmosphère, l'eau permet de retrouver la température au moment où cette glace se formait. *Nous allons voir comment on peut reconstituer l'évolution des paléotempératures polaires.*

A Le principe de la mesure d'une paléotempérature

- **Utilisation du logiciel « Geomapp »**

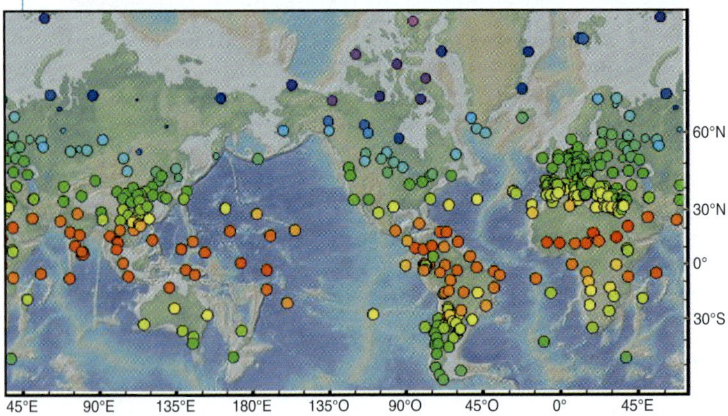

a Localisation des différents sites de mesures. Les couleurs indiquent les températures moyennes mesurées (*voir graphe* b).

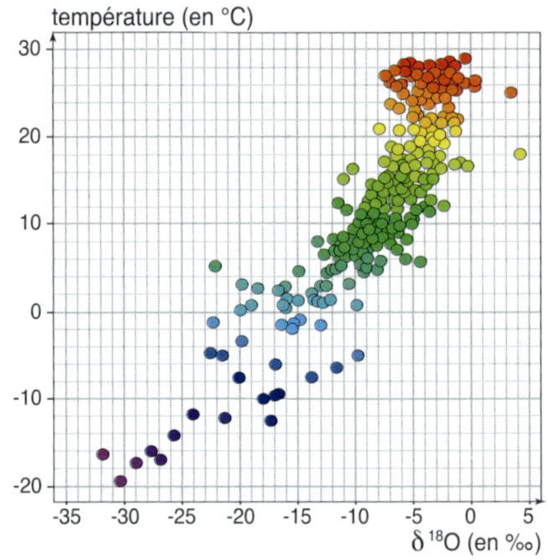

b Relation entre δ 18O et température pour les différents lieux indiqués dans le document a.

• L'élément oxygène existe sous deux formes isotopiques ^{16}O et ^{18}O. L'eau est donc un mélange de molécules de $H_2{}^{16}O$ (99,8 %) et de $H_2{}^{18}O$ (0,2 %). Les physiciens utilisent des **spectromètres de masse** pour mesurer ces proportions. Ils établissent alors le **rapport $\delta^{18}O$** en comparant le rapport $^{18}O/^{16}O$ dans la glace (ou dans l'eau) à un rapport de référence (le rapport $^{18}O/^{16}O$ moyen des océans). En analysant des données provenant de multiples sites (*carte* **a**), ils ont pu établir une corrélation entre la valeur du $\delta^{18}O$ dans la neige (ou l'eau) et la température atmosphérique au moment de la précipitation (*graphe* **b**).

- **Le « calibrage » du thermomètre isotopique au Groenland et en Antarctique**

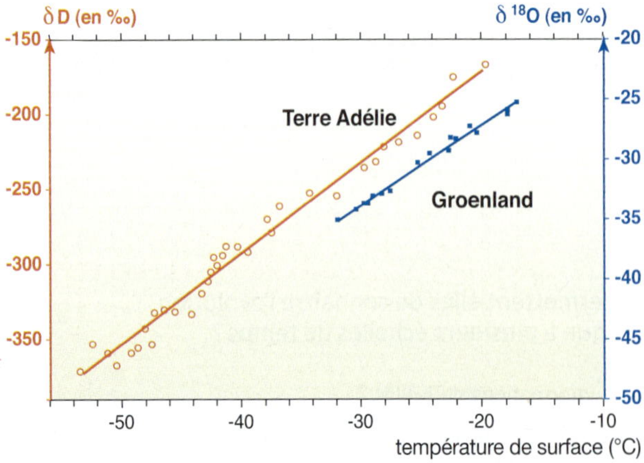

• Outre le $\delta^{18}O$, Les glaciologues utilisent également un autre rapport isotopique pour déterminer les paléotempératures : c'est le δD (rapport entre les isotopes de l'hydrogène ^1H et ^2H ou deutérium). Sur le *graphe*, les points représentent les moyennes annuelles de la température et de la composition isotopique des précipitations (neige) mesurées en différents endroits des régions polaires.

• On peut penser que la corrélation entre $\delta^{18}O$ (ou δD) et température était la même par le passé. Ces rapports isotopiques peuvent donc constituer des « paléothermomètres » pour déterminer les températures du passé (*voir document 3*).

Doc. 1 La recherche d'un « paléothermomètre ».

B Les résultats obtenus

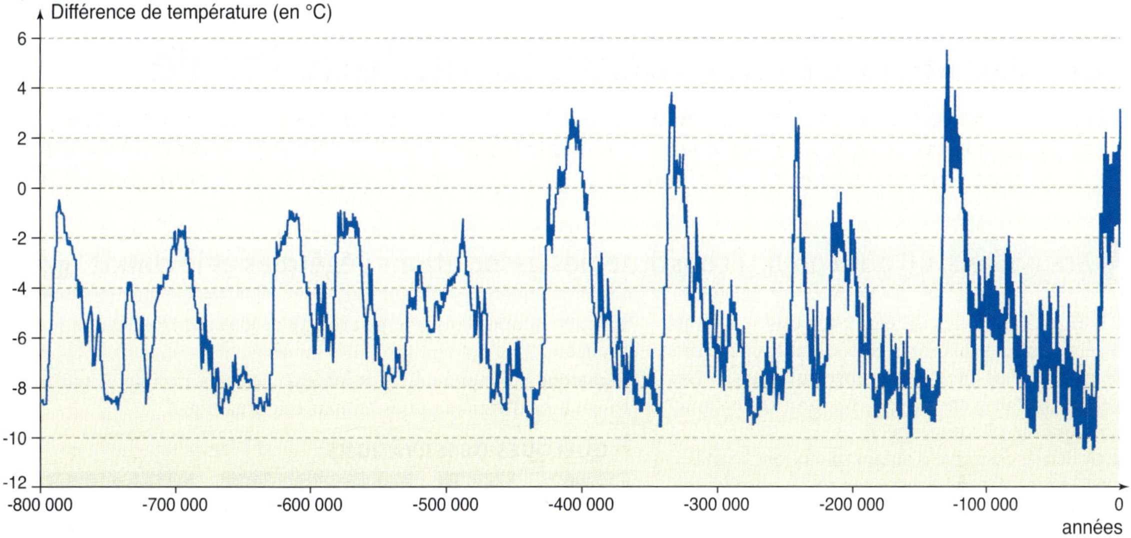

Ci-dessus, reconstitution des températures en Antarctique depuis 800 000 ans à partir des carottes de glace issues du site Dôme C. Le *graphique* représente la différence des températures par rapport à la moyenne des 1 000 dernières années.

Doc. 2 Évolution de la température depuis 800 000 ans (à partir des données du forage Epica, Dôme C).

Les *enregistrements ci-contre* présentent les variations du δ^{18}O et du δD (deutérium) dans les glaces extraites par carottage au niveau de trois forages, deux au Groenland (GRIP et GISP) et un en Antarctique (Vostok).

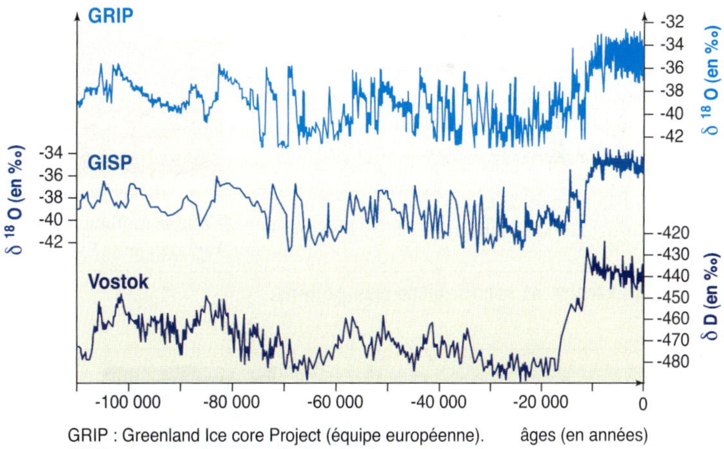

GRIP : Greenland Ice core Project (équipe européenne).
GISP : Greenland Ice Sheet Project (équipe américaine).

Doc. 3 Une comparaison intéressante.

Pistes d'exploitation

PROBLÈME À RÉSOUDRE ► Comment les glaces polaires permettent-elles de connaître l'évolution de la température polaire au cours des 800 000 dernières années ?

Doc. 1 Quelle corrélation établissez-vous entre les variations du δ^{18}O (ou du δD) et celles de la température ?

Doc. 1 et 3 Estimez l'amplitude des variations de température que l'on peut établir à partir des mesures présentées par les *graphiques du document 3.*

Doc. 2 Commentez l'évolution des températures sur le continent Antarctique.

Doc. 3 Montrez l'intérêt de cette comparaison.

Lexique, p. 232

Les pollens et l'évolution climatique locale

Les glaces ne sont pas les seules archives permettant de reconstituer l'évolution climatique locale. Les pollens fossiles sont une autre source d'information. *Nous allons voir comment ces données permettent de reconstituer les peuplements végétaux et donc les conditions climatiques du passé.*

A Les pollens, un outil pour reconstituer les associations végétales et le climat

Animation

À la belle saison, les végétaux terrestres à fleurs disséminent des quantités considérables de grains de **pollen**. Ces éléments reproducteurs mâles comportent une enveloppe très résistante caractéristique de chaque espèce.

Le pollen se conserve d'autant mieux que le milieu dans lequel il tombe est pauvre en dioxygène. C'est le cas des sédiments des lacs et des tourbières qui constituent le meilleur « cimetière » pour les pollens.

PROTOCOLE

- Prélever une pointe de scalpel de sédiments carbonatés fins, pauvres en matière organique, provenant d'un lac.
- Ajouter HCl N/2 pour dissoudre les carbonates pendant 5 à 10 minutes.
- Centrifuger 5 minutes à 4 000 tours par minute.
- Éliminer le surnageant et ajouter de l'eau distillée au culot de centrifugation.
- Centrifuger à nouveau 3 minutes à 4 000 tours par minute.
- Éliminer le surnageant.
- Si le culot est suffisamment clair, l'observer au microscope dans une goutte d'eau glycérinée additionnée de fuchsine.

Remarque : on peut également extraire des pollens à partir de tourbe ou d'argiles riches en matière organique.

QUELQUES OBSERVATIONS

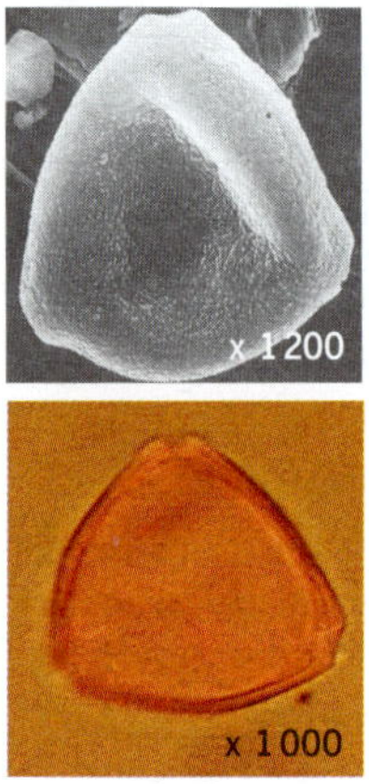

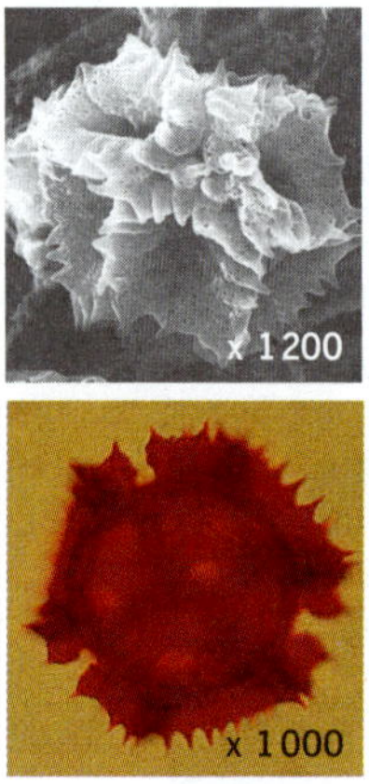

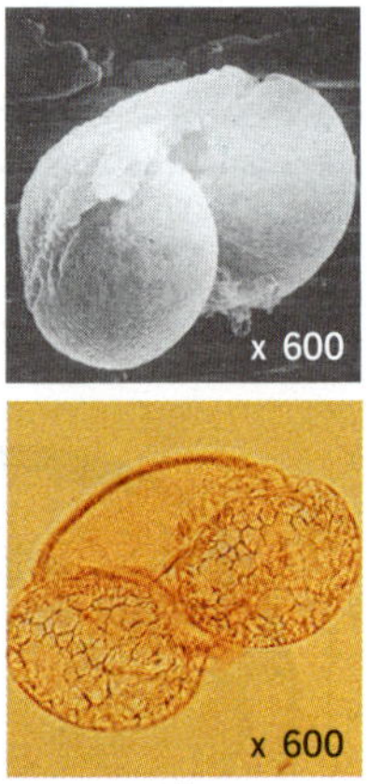

En noir et blanc : observations au MEB.
En couleur : Observations au microscope optique après coloration.

Doc. 1 **Extraire et reconnaître des pollens.**

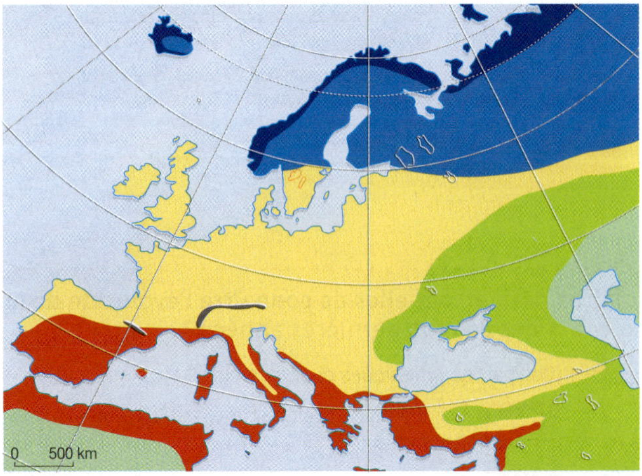

À l'échelle de la planète, les grandes formations végétales naturelles, appelées **biomes**, tendent à se superposer aux grandes zones climatiques. Cette carte montre la répartition des grands biomes en Europe.

- **Toundra** : plantes herbacées et arbrisseaux nains (aulne, bouleau, dryas, rhododendron, cypéracées...).
- **Forêt boréale** : conifères (épicéa, sapin, pin) et arbres à feuilles caduques (bouleau, aulne et saule...).
- Conifères de la **forêt tempérée fraîche** (sapin) et arbres à feuilles caduques de la **forêt tempérée** (chêne, hêtre, noisetier, charme, tilleul, orme, érable, frêne, platane...).
- **Steppes froides et tempérées** : plantes herbacées (armoise, cichoriées, chénopodiacées...).
- **Forêt chaude** : arbres à feuilles caduques (platane) et arbres à feuilles persistantes (chêne vert, chêne liège...).

Doc. 2 **Zones climatiques et grandes formations végétales.**

B Un exemple d'évolution climatique grâce aux analyses polliniques

■ **UTILISATION D'UN LOGICIEL**

Le logiciel « Paléobiome » (Acces-INRP) donne accès à une base de données polliniques concernant différents sites européens permettant une étude suffisamment complète des associations végétales qui se sont succédé depuis environ 20 000 ans. La *carte ci-contre* présente la localisation de ces sites. Le site 1 est en Suisse, au lac d'Amsoldinger (Lat : 46°72' N, Long : 7°57' E, Altitude = 641 m).

Pour un lieu donné, le logiciel permet d'identifier et d'évaluer la quantité de pollens pour un niveau donné dans les sédiments (et donc un âge donné) mais aussi d'établir l'évolution de la végétation au cours du temps.

Pour accéder au logiciel

www.bordas-svtlycee.fr

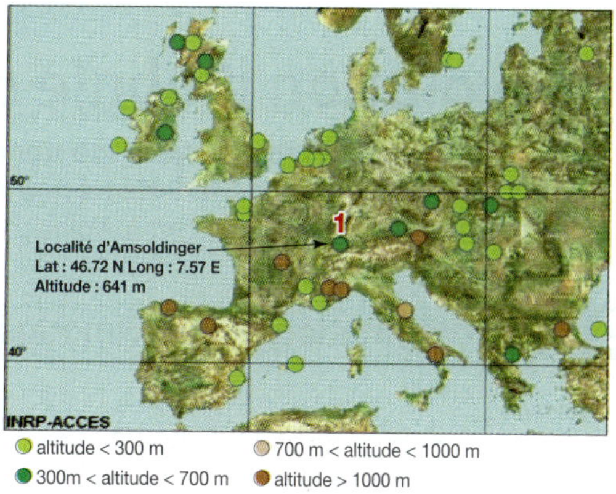

■ **EXEMPLES DE RÉSULTATS**

• **Le spectre pollinique**

L'identification des pollens présents à un niveau donné (donc à une époque précise) dans la colonne sédimentaire et l'évaluation du pourcentage de chaque type de pollen permet d'établir ce que l'on appelle un spectre pollinique.

Le spectre pollinique *ci-contre* a été construit à partir des pollens trouvés au niveau – 16 000 ans BP (*Before Present*) : seuls les pollens représentés à plus de 5 % ont été pris en compte. Le spectre donne donc une image « instantanée » de la végétation à cette époque.

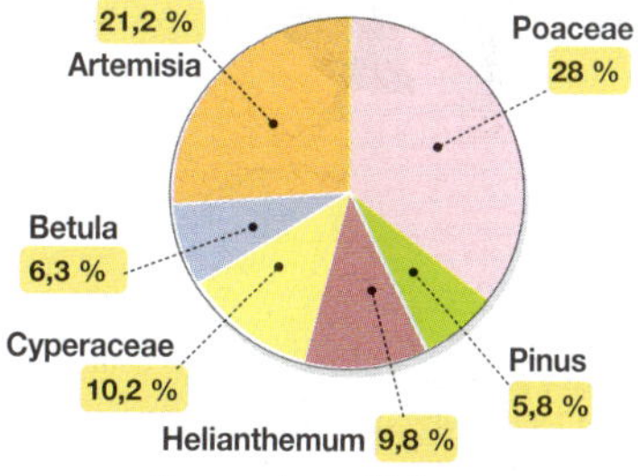

Un spectre pollinique

• **Le diagramme pollinique**

Pour étudier l'évolution de la végétation (et donc du climat) en un site donné (ici le lac d'Amsoldinger), il est nécessaire d'avoir des données (spectres polliniques) pour toute une série d'âges.

Le logiciel permet de sélectionner un certain nombre d'espèces ou de créer des associations végétales significatives (*ci-contre*). On obtient ainsi un diagramme pollinique qui présente les variations au cours du temps de l'importance relative de ces associations.

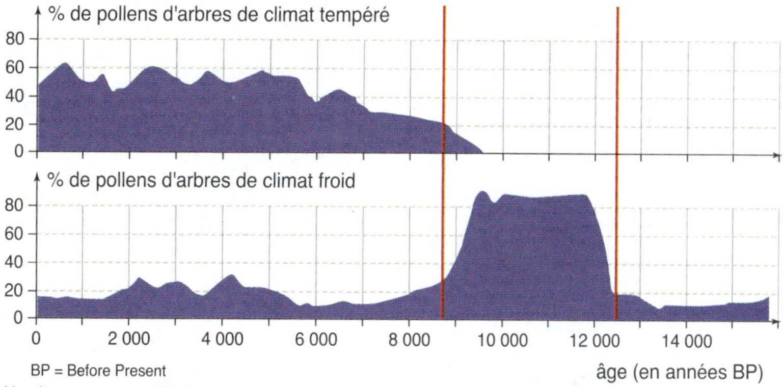

Un diagramme pollinique

Doc. 3 **Une évolution très nette de la végétation et du climat au cours des 16 000 dernières années.**

Pistes d'exploitation

PROBLÈME À RÉSOUDRE ► **Comment les pollens permettent-ils de reconstituer l'évolution du climat dans une région donnée ?**

Doc. 1 Quelles caractéristiques rendent les pollens intéressants pour les études menées ici ?

Doc. 2 Comparez cette carte avec une carte des zones climatiques.

Doc. 3 Reconstituez les grandes tendances de l'évolution du climat dans la région du lac d'Amsoldinger entre – 16 000 et – 800 ans avant aujourd'hui.

Lexique, p. 232

L'évolution globale du climat

Depuis une quinzaine d'années, de nombreuses données ont été acquises grâce aux analyses polliniques et à l'étude de sédiments marins. *Nous allons voir comment ces différentes informations permettent de reconstituer l'évolution du climat mondial depuis environ 20 000 ans.*

A Les reconstitutions paléo-climatiques mondiales à partir des pollens

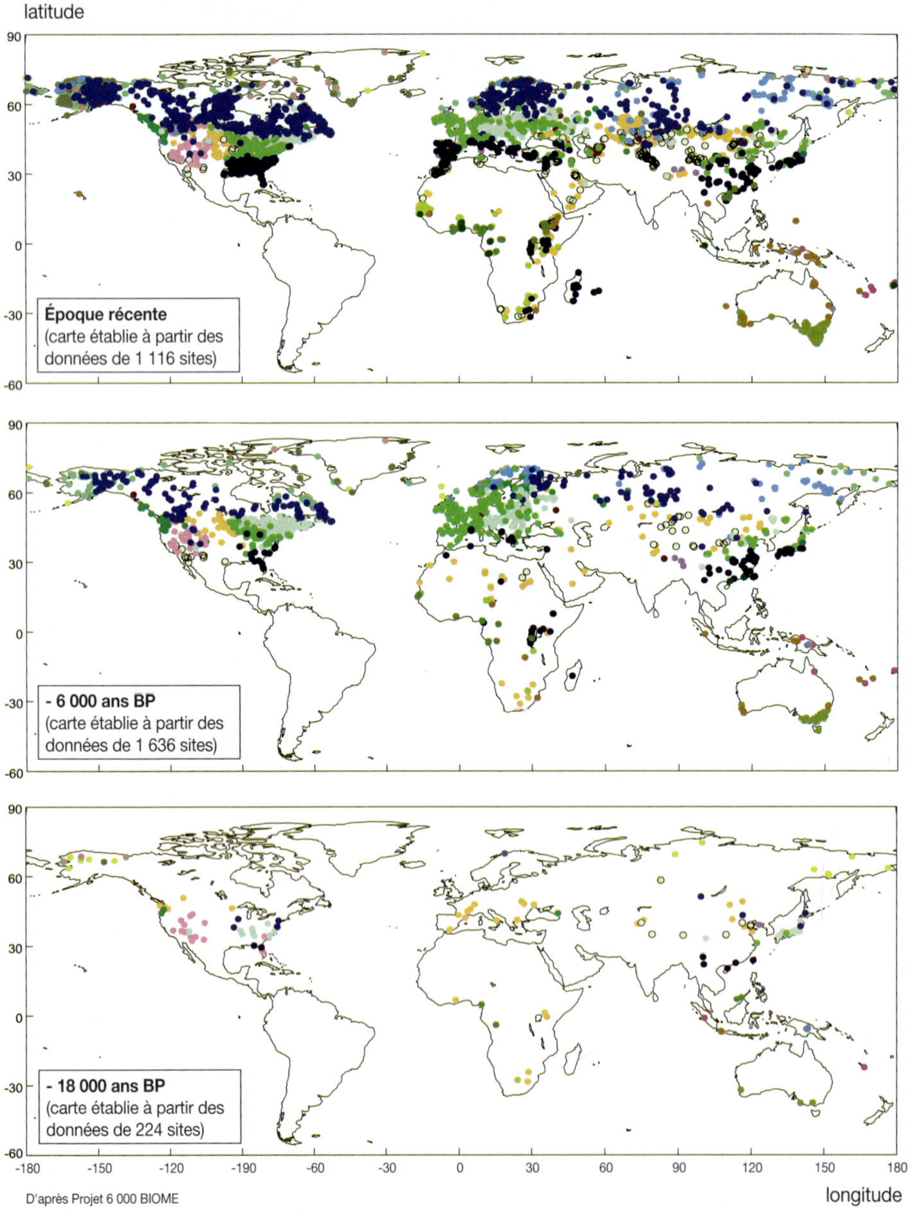

Le projet 6 000 BIOME a consisté à cartographier la distribution de la végétation à l'aide des pollens et des plantes fossiles recueillis sur un grand nombre de sites. Chaque site a été daté.

Les chercheurs ont alors regroupé sur un même planisphère les informations correspondant à une période donnée.

Les *cartes ci-contre* présentent la répartition des grands biomes telle qu'elle a pu être reconstituée pour trois périodes : – 6 000 et – 18 000 ans correspondent à des âges « BP » (*Before Present*), c'est-à-dire par rapport à notre époque.

Doc. 1 La répartition des biomes à différentes périodes.

B Les données obtenues à partir des foraminifères

• **Une cellule entourée d'un test calcaire**

Les foraminifères sont des animaux unicellulaires (protozoaires) très répandus dans les milieux marins. De petite taille (quelques dizaines de microns à quelques millimètres), ils sont logés dans un test (une « coquille ») formé de plusieurs loges et ouvert au niveau d'un foramen (la *photographie* représente un test de globigérine actuelle). Ce test est souvent perforé d'une multitude de pores laissant passer des filaments cytoplasmiques. Très abondants dans les sédiments marins, depuis le début de l'ère primaire, ce sont de très bons indicateurs des caractéristiques de leur environnement.

• **Observation à la loupe binoculaire**

En tamisant une boue océanique, on peut isoler de nombreux tests de foraminifères et les observer à la loupe binoculaire (*photographie*). Un comptage est alors possible (*voir exercice 9 page 221*).

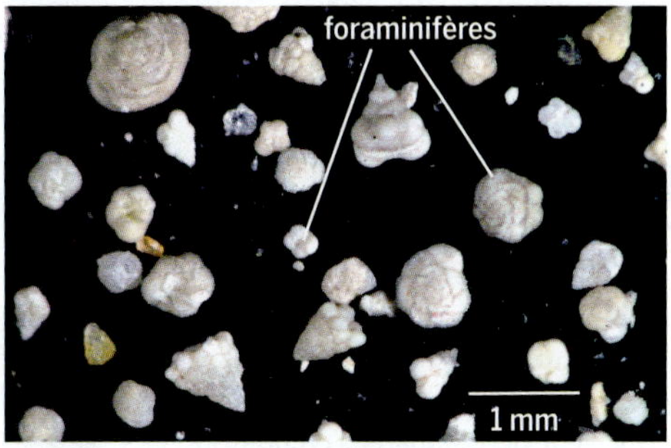

Protocole détaillé
www.bordas-svtlycee.fr

Doc. 2 **Les foraminifères, un groupe de protozoaires marins très diversifié.**

• **Données pour la période actuelle**

Les échantillons de sédiments marins contenant des foraminifères ont été prélevés par carottage en différents points de l'Atlantique Nord. Dans les sédiments superficiels (donc récents), des comptages ont permis d'estimer l'abondance relative de trois espèces (*graphe ci-dessous*).

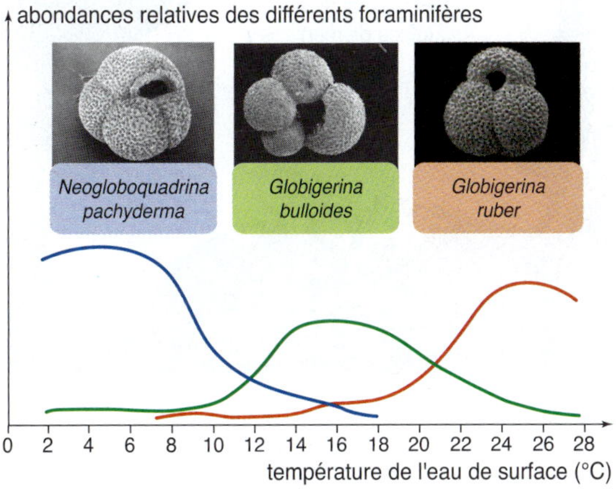

• **Données pour des périodes plus anciennes**

À partir de prélèvements de sédiments plus profonds (plus anciens) effectués dans de nombreux sites océaniques, on peut retracer l'évolution de la température des eaux et en déduire les variations climatiques globales.

Par exemple, le *document ci-dessous* a été obtenu à partir d'échantillons provenant de différents niveaux d'un carottage réalisé par 0° de latitude et 23° de longitude ouest.

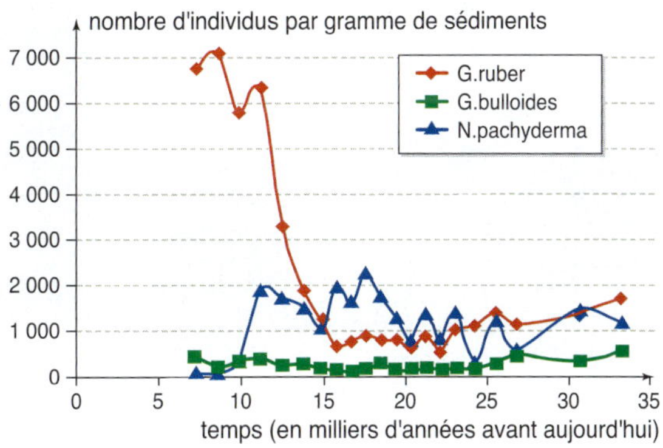

Doc. 3 **Les foraminifères présents dans les sédiments océaniques fournissent des informations sur l'évolution du climat.**

Pistes d'exploitation

PROBLÈME À RÉSOUDRE ► **Comment le climat global s'est-il modifié au cours des 20 000 dernières années ?**

Doc. 1 Comparez les cartes de répartition des biomes pour en déduire les grandes modifications climatiques depuis 18 000 ans.

Doc. 2 et 3 Montrez comment les foraminifères peuvent confirmer un des changements climatiques repérés dans le document 1.

Lexique, p. 232

Les glaces polaires et l'évolution récente du climat

Actuellement, les satellites permettent une surveillance précise des calottes polaires et de la banquise. *Nous allons voir que ces observations montrent une évolution révélatrice de modifications climatiques récentes.*

A Les glaces arctiques

La surveillance par satellite de l'étendue de la banquise (glace de mer) bénéficie maintenant d'un bon « recul » : les données disponibles de 1979 à 2011 permettent de comparer l'étendue de la banquise à une même période, d'année en année. À long terme, des changements dans la banquise arctique sont un indice du changement climatique.

Extension minimale de la banquise au cours de l'année 1979 (septembre)

Extension minimale de la banquise au cours de l'année 2011 (septembre)

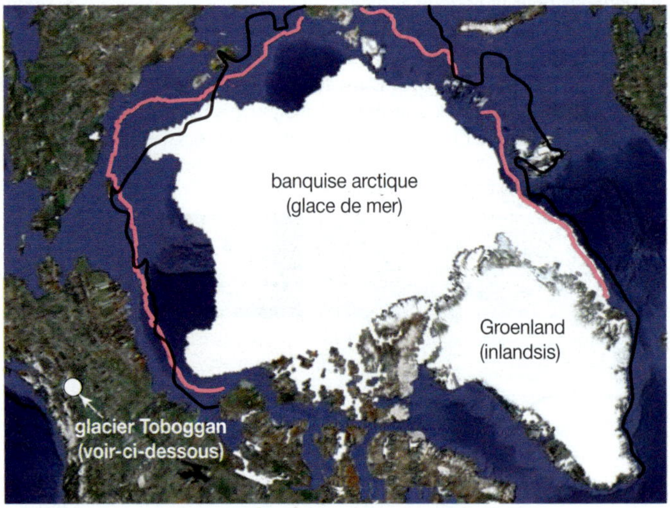

Modifications du glacier Toboggan, en Alaska, (61° nord ; 148° ouest) depuis un siècle

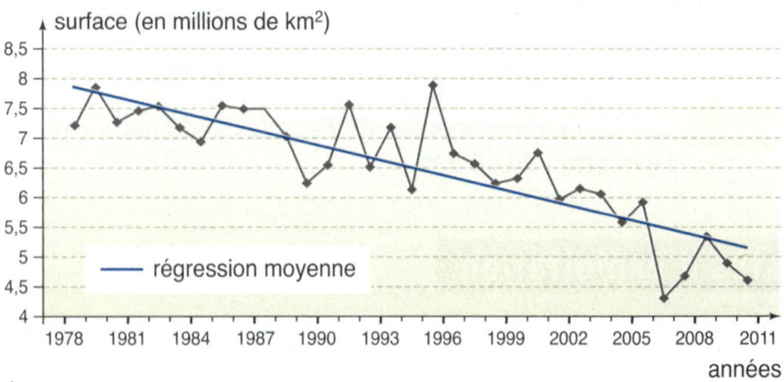

Évolution de l'extension de la banquise arctique au cours des trente dernières années

Doc. 1 L'extension des glaces de la région arctique au cours du XXe siècle.

B Les glaces antarctiques

Le continent Antarctique (en grisé sur l'*image ci-dessous*) est recouvert d'un **inlandsis** et entouré d'une large banquise. L'ensemble est surveillé par satellite.

Ainsi l'évolution de la surface occupée par les glaces (**a** et **b**) mais aussi l'épaisseur de la glace, et donc le volume et la masse de la calotte antarctique, sont évalués (**c**).

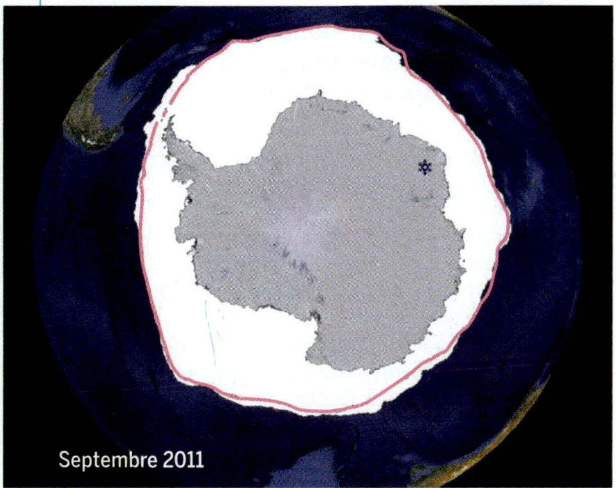

a

Extension des glaces en juin 2011
Extension moyenne entre 1979 et 2000

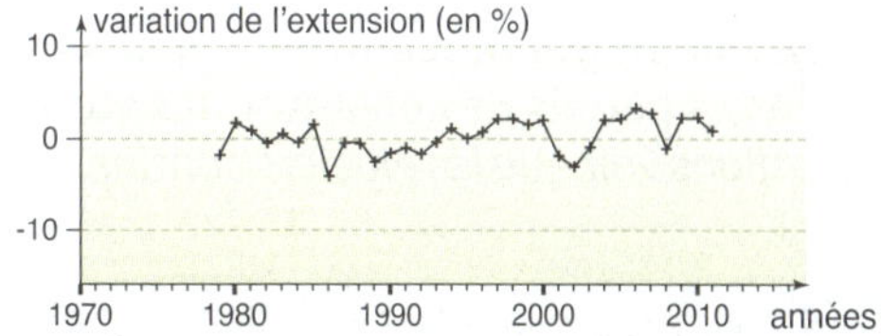

b Variation de l'extension des glaces antarctiques par rapport à la moyenne 1979-2000

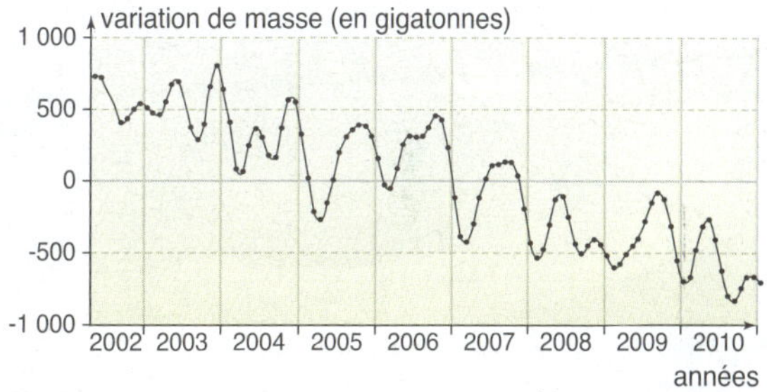

c Variation de masse par rapport à la moyenne 2002-2011

Doc. 2 **L'évolution de la superficie et de la masse des glaces en Antarctique.**

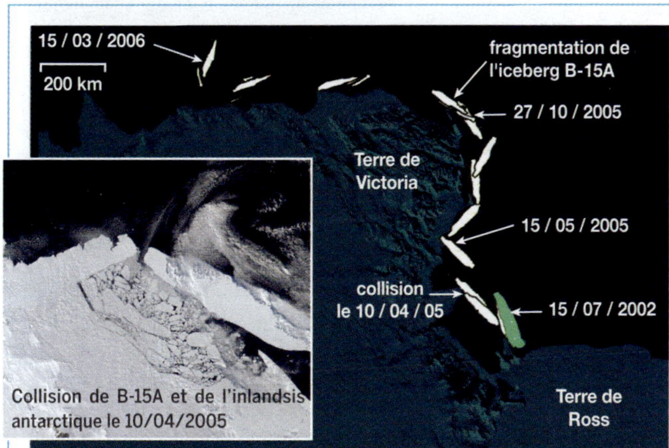

Les *images ci-contre* correspondent au suivi par satellite d'un iceberg, l'iceberg B-15, qui s'est détaché de la Terre de Ross en 2000. Avec une surface de 11 000 km² (soit 25 % de plus que la Corse), c'est le plus gros iceberg jamais observé.

Au cours de sa dérive autour de l'Antarctique, il s'est fragmenté :
– le 10 avril 2005 (*photographie*), le plus gros fragment, l'iceberg B-15A, qui mesurait encore près de 3 000 km², a percuté l'inlandsis antarctique entre la Terre de Ross et la Terre de Victoria ;
– fin 2006, plusieurs fragments, dont un de près de 2 km de long, sont aperçus au large des côtes sud de la Nouvelle Zélande.

Doc. 3 **La banquise entourant l'inlandsis antarctique se fragmente et génère de gigantesques icebergs.**

Pistes d'exploitation

PROBLÈME À RÉSOUDRE ► **Quelles informations apporte l'observation des calottes polaires quant à l'évolution récente du climat ?**

Doc. 1, 2 et 3 Quels arguments permettent de mettre en évidence des modifications très récentes des glaces polaires ?

Doc. 1, 2 et 3 Comparez les modifications dans la région arctique à celles de l'Antarctique.

Lexique, p. 232

Des indices fournis par les glaciers continentaux

Depuis une vingtaine d'années, l'observation des glaces polaires et de la banquise, notamment par satellite, a permis de constater des variations importantes liées à des modifications climatiques.
Nous allons voir que les glaciers continentaux sont, eux aussi, une source d'informations intéressante.

A Des traces évidentes d'épisodes glaciaires passés

Mer de glace à Chamonix

Un glacier est constitué en amont d'une vaste zone où la neige s'accumule, se tasse et se transforme en glace (**A**). Par gravité, la masse de glace s'écoule lentement (quelques centimètres à quelques dizaines de centimètres par jour). Cette **langue glaciaire** (**B**) érode son support (roches striées, vallée glaciaire en forme de U) et transporte les matériaux de toutes tailles arrachés aux parois. À basse altitude, la fonte de la glace limite la progression de la langue ; les matériaux transportés s'entassent, notamment au front du glacier (**C**) en formant une **moraine** frontale.

Si la formation de glace, due aux précipitations de neige, est plus importante que la fonte des glaces, le glacier progresse vers l'aval et s'épaissit, repoussant vers l'aval la moraine frontale. À l'inverse, si la température moyenne s'élève (ou si les précipitations de neige faiblissent), la fonte de la glace est plus importante (ou la formation de glace moins importante) ; dans ce cas, le front du glacier recule vers l'amont. Il abandonne alors les moraines déposées auparavant en période de « crue glaciaire ». La présence d'anciennes moraines est un des indices qui permet de retracer les limites maximales d'extension des glaciers anciens.

Transport et dépôt de blocs de toutes tailles par un glacier

Doc. 1 Les traces laissées par un glacier dans le paysage fournissent des informations sur l'évolution du climat.

Cet énorme bloc, nommé le Gros Caillou par les Lyonnais, a été dégagé lors des travaux d'aménagement du funiculaire reliant la Croix-Rousse au centre de Lyon.
C'est une roche métamorphique datée du Trias et connue dans les Alpes (Tarentaise et Maurienne) mais pas dans la région lyonnaise. Les affleurements les plus proches de Lyon sont situés à plus de 170 km.
Il s'agit donc d'un « **bloc erratique** », transporté par les glaciers alpins, il y a quelque 140 000 ans (glaciation du Riss).
Lors du dernier épisode glaciaire, vers −20 000 ans (glaciation du Würm), les moraines frontales ont à nouveau atteint la région lyonnaise, s'arrêtant à une vingtaine de kilomètres à l'est de Lyon.

Doc. 2 La mise en évidence d'épisodes glaciaires au cours du quaternaire dans l'hémisphère Nord.

B L'évolution récente des glaciers alpins

L'évolution des glaciers est l'un des indicateurs majeurs retenu par le Groupe Intergouvernemental sur l'Évolution du Climat pour apprécier la variabilité et les tendances climatiques au cours du siècle écoulé.

Les variations annuelles de volume des glaciers alpins sont directement liées au climat en haute montagne : précipitations neigeuses d'une part, températures estivales d'autre part.

Doc. 3 **Le recul évident du glacier Pasterze (Autriche) en moins d'un siècle.**

Mise en place, dans la glace, de balises permettant de mesurer les variations d'épaisseur du glacier

Des observations bisannuelles sont réalisées sur un ensemble de glaciers alpins : épaisseur moyenne de la langue glaciaire, longueur, vitesse d'écoulement, etc. Elles ont permis de retracer l'histoire précise des fluctuations de la masse de ces glaciers.

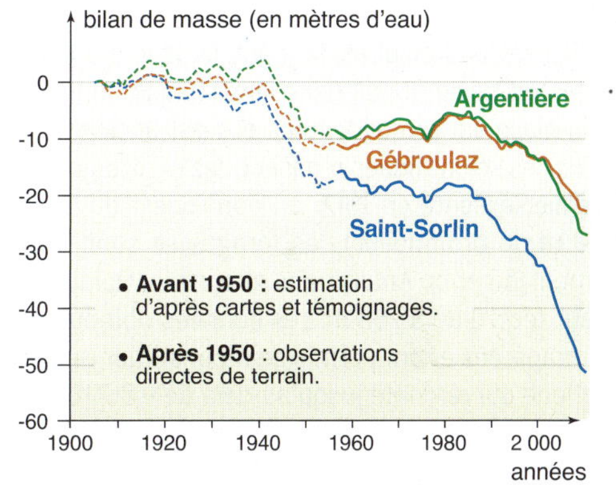

Bilan de masse de quelques glaciers alpins (exprimé en mètres d'eau)

Le bilan de masse d'un glacier est exprimé en mètres d'eau (par rapport à un niveau de référence correspondant à l'année du début des mesures). Ainsi, un bilan de – 10 signifie que le glacier a perdu, depuis cette date de référence, l'équivalent d'une lame d'eau de 10 mètres d'épaisseur, en moyenne, sur l'ensemble de sa surface.

Doc. 4 **La surveillance des glaciers alpins.**

Pistes d'exploitation

PROBLÈME À RÉSOUDRE ► **En quoi l'étude des glaciers continentaux permet-elle de confirmer et de préciser les modifications climatiques établies avec d'autres arguments ?**

Doc. 1 Comment les événements climatiques influent-ils sur l'évolution d'un glacier ?

Doc. 1 et 2 Quels indices permettent de retrouver l'extension d'un glacier ancien ?

Doc. 3 et 4 Commentez les observations concernant l'évolution récente des glaciers alpins présentés ici.

Lexique, p. 232

chapitre 2 L'évolution récente de l'atmosphère et du climat

Les activités humaines semblent bien être à l'origine du réchauffement climatique constaté actuellement. Collecter des données aussi précises que possible sur les changements climatiques passés est nécessaire pour mettre au point des modèles permettant de prévoir l'évolution climatique en cours et d'éclairer ainsi les choix qui devront être faits par les décideurs. Nous allons voir quelles données permettent d'analyser les changements climatiques « récents », c'est-à-dire survenus au cours des dernières centaines de milliers d'années.

1 Les informations apportées par les glaces polaires

Des carottages pour accéder à des glaces anciennes

Dans les régions polaires, la glace se forme à partir des couches de neige qui se déposent chaque année ; donc, plus la glace est profonde, plus elle est ancienne. Pour y accéder, les scientifiques réalisent des carottages : depuis le premier exécuté en 1966 au nord-ouest du Groenland (1390 m de profondeur), les forages se sont multipliés au Groenland et en Antarctique et ont pu atteindre la profondeur record de 3 768 m. Les données obtenues ont pu être comparées et ont permis de reconstituer une histoire climatique qui remonte jusqu'au-delà de – 800 000 ans.

La composition atmosphérique a évolué depuis 800 000 ans

En se tassant progressivement, la neige enferme l'air qu'elle contient ; on estime que, vers 80 mètres de profondeur, les bulles d'air ainsi piégées sont définitivement isolées de l'atmosphère.

L'analyse de ces bulles d'air piégées dans la glace permet de retracer l'évolution de la concentration de **certains gaz** (dioxyde de carbone, méthane, protoxyde d'azote, halocarbures), mais aussi de **particules** (poussières continentales désertiques, marqueurs volcaniques) ou encore de **métaux lourds** (mercure, plomb), sur des périodes allant de quelques dizaines d'années à 800 000 ans.

La concentration des **gaz à effet de serre** (CO_2, méthane et protoxyde d'azote) montre, depuis 800 000 ans, des variations cycliques d'une périodicité d'environ 100 000 ans. À plus petite échelle de temps, on observe depuis 1850 une augmentation très nette de la concentration de ces trois gaz : les valeurs atteintes actuellement sont supérieures aux valeurs les plus élevées connues avant le début de l'ère industrielle. Par exemple, la concentration en méthane, qui n'avait jamais dépassé 800 ppbv (partie par milliard en volume), est de 1800 ppbv aujourd'hui.

Les paléo-températures sont accessibles

L'analyse de la glace polaire permet de mettre en relation ces changements de composition atmosphérique avec l'évolution des températures. Il est en effet possible de retrouver les températures du passé grâce à un **thermomètre isotopique** qui s'appuie sur l'évolution de la concentration des **isotopes de l'oxygène ou de l'hydrogène** dans l'eau (et donc dans la glace). Pour cela, on mesure le $\delta^{18}O$ (basé sur le rapport entre les isotopes de l'oxygène ^{18}O et ^{16}O) ou le δD (en relation avec le rapport entre les isotopes de l'hydrogène ^{1}H et ^{2}H, ou deutérium). Ces rapports permettent d'estimer la température atmosphérique au moment de la formation de la glace. En effet, actuellement, on constate expérimentalement que le $\delta^{18}O$ et le δD de la neige varient avec la température atmosphérique au moment de la précipitation : plus la température est basse, plus le $\delta^{18}O$ et le δD de la neige sont faibles. La courbe traduisant les variations de l'un ou l'autre de ces rapports en fonction de la température est une droite. La mesure du $\delta^{18}O$ ou du δD de la glace permet donc d'estimer la température au moment de la chute de neige correspondante.

Les mesures réalisées aux pôles montrent que les températures ont connu des cycles d'à peu près 100 000 ans pendant lesquels elles ont varié de 8 à 12°C : ce sont les cycles des **périodes glaciaires-interglaciaires**.

Les variations de température à différentes échelles

Les derniers 800 000 ans correspondent à plusieurs cycles climatiques glaciaire/interglaciaire complets d'environ 100 000 ans. À l'intérieur de chacun de ces cycles, d'autres variations existent, d'une **périodicité** de 41 000 ans et 22 000 ans en moyenne.

Durant les derniers 10 000 ans (période de l'Holocène), le climat est resté celui d'une période interglaciaire, proche de celui que nous connaissons actuellement, avec des fluctuations de faible amplitude. Le dernier maximum glaciaire remonte à – 20 000 ans environ.

Enfin, durant le dernier millénaire, on note l'existence d'une phase chaude (« l'optimum médiéval » de l'an 900 à l'an 1300), suivie d'une phase plus froide (le « petit âge glaciaire » entre 1300 et 1850). Depuis, une augmentation rapide de la température moyenne est enregistrée.

2 Les informations apportées par les pollens et les foraminifères

Le pollen (équivalent du gamète mâle chez les végétaux supérieurs) possède une enveloppe extérieure, l'exine, qui résiste à la plupart des dégradations chimiques et biologiques. Cette enveloppe permet au pollen d'être dispersé dans l'environnement sans être abîmé et d'être fossilisé dans les sédiments. L'observation d'un pollen permet d'identifier l'espèce émettrice car la taille, la forme, l'ornementation de l'exine sont différentes d'une espèce (ou d'un groupe d'espèces) à l'autre.

Les biomes du passé peuvent être reconstitués

Les principales associations végétales (forêt tropicale dense, savane, steppe, forêt tempérée ou encore toundra) sont appelées des **biomes**.

Pour retrouver les espèces végétales présentes en un lieu et à une époque donnée, il faut déterminer avec précision les pollens conservés, en ce lieu, dans une couche sédimentaire datant de cette époque (tourbe ou limon par exemple) et faire une étude statistique de la fréquence de chaque type pollinique. On obtient ainsi un **spectre pollinique** qui permet de reconstituer l'association végétale présente à cette époque et indicatrice d'un climat particulier (température-précipitations).

La superposition dans les sédiments de spectres polliniques qui diffèrent au cours du temps permet de construire, pour une région donnée, un **diagramme pollinique** : celui-ci traduit donc l'évolution, en ce lieu, des biomes au cours du temps. Associés à des méthodes de datation, les pollens permettent de retrouver les grandes variations climatiques récentes : sortie de la dernière période glaciaire, optimum climatique de l'Holocène, petit âge glaciaire.

Les foraminifères permettent de retracer l'évolution globale du climat

Les **foraminifères** sont des organismes unicellulaires (protozoaires) aquatiques qui fabriquent une sorte de « coquille » calcaire appelée test. Après leur mort, ces tests tombent au fond de l'océan et s'accumulent dans les sédiments. Deux méthodes différentes permettent d'obtenir des informations sur les paléo-températures de l'eau de mer :
– en mesurant le $\delta^{18}O$ des carbonates des foraminifères (plus le $\delta^{18}O$ est faible, plus la paléotempérature de l'eau est élevée, à l'inverse de ce qui a été constaté dans les glaces) ;
– en faisant une **étude statistique des espèces** de foraminifères présents dans les sédiments (en effet, certaines espèces ont des **exigences climatiques** précises et leur présence fournit des informations sur la température de l'eau de mer).

La multiplication des sondages réalisés dans les sédiments océaniques a permis d'obtenir, sur plus de 800 000 ans, une image des paléoclimats mondiaux, qui confirme les données obtenues par ailleurs.

3 Les modifications climatiques récentes

Les forages dans les glaces polaires, associés aux études sur les pollens et les carbonates ne donnent que peu d'indications sur les variations très récentes du climat. Des informations plus précises peuvent être tirées de l'étude de l'extension et du volume des glaces polaires d'une part, des glaciers continentaux d'autre part.

Une évolution différente dans l'Arctique et dans l'Antarctique

Les glaces polaires sont constituées d'une part par la banquise (étendue saisonnière de glace de quelques mètres d'épaisseur au maximum qui flotte sur la mer), d'autre part par la **calotte polaire**, ou **inlandsis**, qui est un glacier de très grande étendue reposant sur un substratum rocheux et pouvant atteindre plusieurs kilomètres d'épaisseur.

Des observations par **satellite** montrent que, depuis 1978, la banquise arctique perd environ 2,7 % de sa superficie par décennie ; elle a perdu, par ailleurs, près de 40 % de son épaisseur.

En Antarctique, en revanche, les mesures par satellite ne montrent pas actuellement de diminution de surface.

Les glaciers continentaux sont des archives des modifications récentes du climat

L'équilibre d'un glacier continental (la conservation de son volume de glace) repose sur plusieurs paramètres climatiques. En effet, un glacier est stable lorsqu'il y a équilibre entre les apports réalisés en amont dans la **zone d'accumulation** (alimentée par des précipitations neigeuses) et les pertes situées en aval au niveau du **front du glacier**, où la fonte glaciaire alimente un torrent sous-glaciaire. Ainsi, non seulement les températures, mais aussi les précipitations, interviennent dans l'avancée ou le recul d'un glacier. À quelques exceptions près, la plupart des glaciers montagnards étudiés sont en phase de recul. Le recul des glaciers continentaux est observé de façon quasi généralisée depuis trois à quatre décennies, avec une nette augmentation au cours des 20 dernières années.

chapitre 2 L'évolution récente de l'atmosphère et du climat

À RETENIR

Les glaces polaires, des archives climatiques

Les **bulles d'air** emprisonnées dans la glace permettent de reconstituer l'évolution de cette composition de l'atmosphère depuis 800 000 ans. On retrouve notamment des fluctuations remarquables de la concentration des **gaz à effet de serre**.

Le **rapport isotopique** $\delta^{18}O$ (ou δD) dans la glace permet de retrouver la paléo-température de l'atmosphère au moment de la formation de cette glace. Plus ce rapport est faible, plus la température atmosphérique était basse au moment de la chute de neige à l'origine de cette glace. L'utilisation de cette méthode permet de reconstituer les variations de température depuis 800 000 ans.

L'évolution de la composition atmosphérique en gaz à effet de serre est corrélée à celle des paléo-températures : elle montre une succession de **périodes glaciaires et interglaciaires** de grande amplitude thermique mais aussi des variations à plus petite échelle. Actuellement, nous sommes dans une période interglaciaire ayant présenté quelques fluctuations (optimum médiéval, petit âge glaciaire). Les données actuelles montrent une augmentation importante et rapide de la température depuis la fin du XIXe siècle.

Les pollens et les foraminifères, d'autres outils d'analyse

L'étude statistique des pollens fossilisés dans des sédiments permet de construire des **diagrammes polliniques** montrant l'évolution des associations végétales au cours du temps. La multiplication de ces analyses dans différents lieux géographiquement éloignés permet de reconstituer l'extension dans l'espace et dans le temps des différents **biomes**.

Les **foraminifères** contenus dans les boues des sédiments océaniques sont des microfossiles qui permettent de confirmer l'aspect global des changements climatiques. La température des eaux océaniques peut être déduite soit de la mesure du $\delta^{18}O$ de leur test, soit de l'observation d'espèces de foraminifères manifestant des exigences climatiques précises.

L'extension des glaces, un marqueur des modifications récentes

La surveillance par satellite des zones polaires permet de constater que les glaces arctiques, **banquise et calotte**, ont un volume moyen qui a nettement diminué au cours des 20 dernières années avec un maximum de recul en 2007. Les glaces antarctiques semblent réagir différemment, mais on y observe le vêlage d'énormes icebergs.

Les glaciers continentaux constituent des archives climatiques sur quelques siècles. La plupart des glaciers de montagne sont en phase de recul depuis 30 à 40 ans, ce qui est cohérent avec le réchauffement climatique moyen.

Mots-clés

- Gaz à effet de serre
- Thermomètre isotopique
- Période glaciaire et interglaciaire
- Biome
- Spectre, diagramme polliniques
- Foraminifères
- Banquise
- Inlandsis

Capacités et attitudes

- Recenser et extraire des informations pour identifier les variations de la concentration des gaz à effet de serre ou (et) des paléo-températures.
- Analyser des modifications à différentes échelles de temps (de la centaine de milliers d'années à la dizaine d'années).
- Exploiter un diagramme pollinique en choisissant les associations végétales représentatives d'un biome.
- Corréler des informations extraites de lieux différents ou obtenues à partir de différentes méthodes (glace, pollens, foraminifères).
- Faire preuve d'esprit critique.

SCHÉMA BILAN **L'ÉVOLUTION RÉCENTE DE L'ATMOSPHÈRE ET DU CLIMAT**

Animation

Des indices climatiques précieux

L'étude des glaces anciennes et actuelles

- **Les informations apportées par les glaces anciennes**

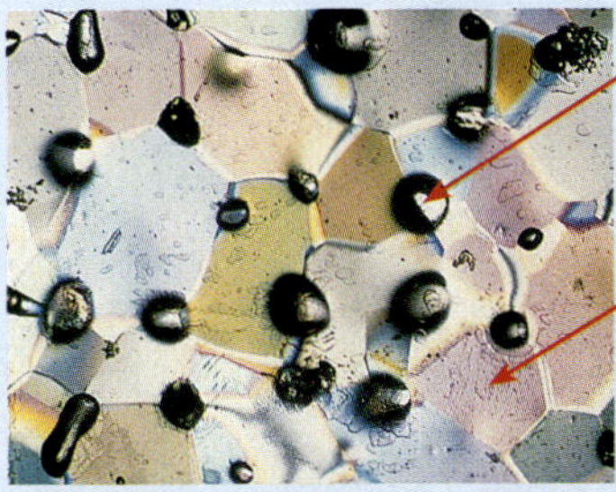

- **Le suivi de l'évolution récente des glaciers et de la banquise**

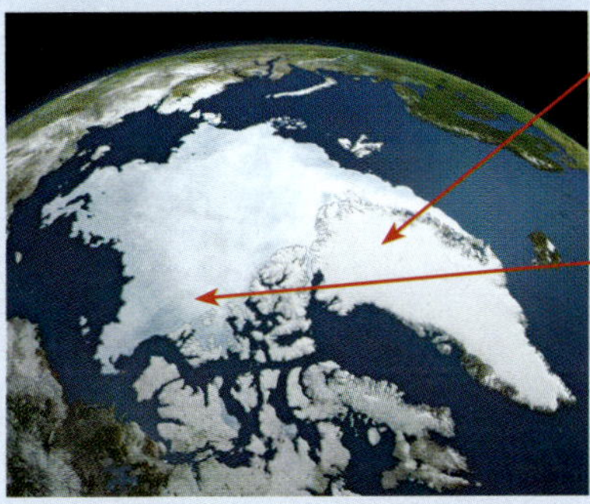

Les microfossiles végétaux et animaux

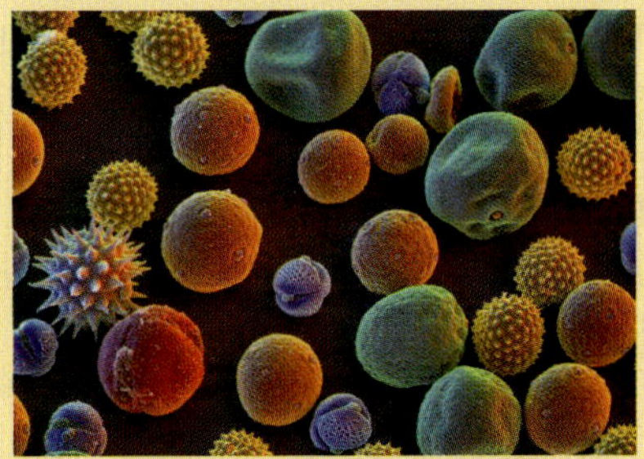

L'analyse des **pollens fossiles** permet de reconstituer des **environnements végétaux, indicateurs des climats du passé.**

L'étude des **foraminifères** permet de repérer des variations de la **température océanique**.

Des variations climatiques à différentes échelles de temps

- **Des variations de température révélées par les glaces antarctiques**

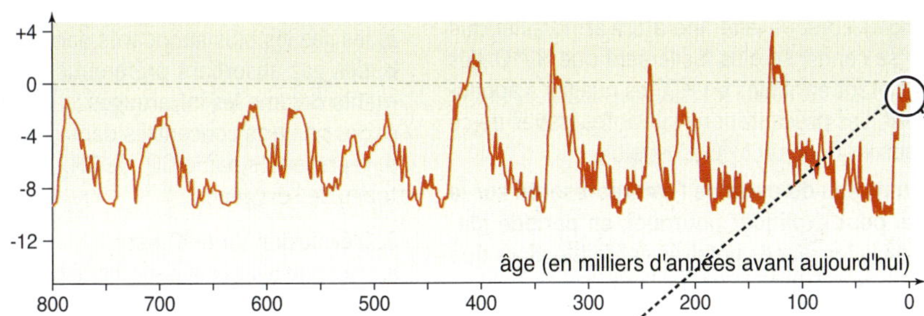

- **Une évolution récente des températures moyennes**

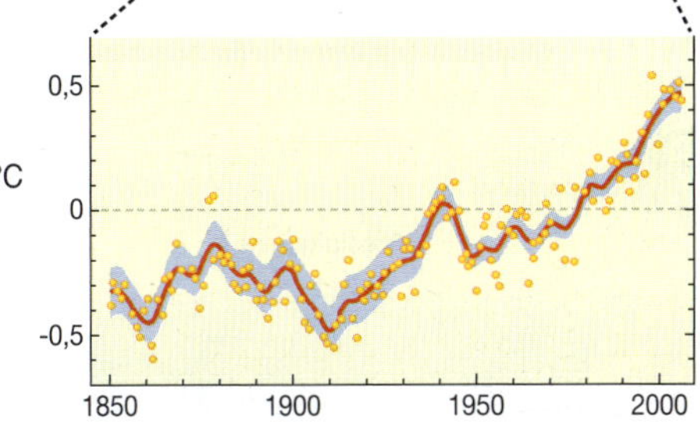

Tester ses connaissances

1 Définissez les mots ou expressions

Polluants atmosphériques, thermomètre isotopique, pollen, biome, spectre pollinique, diagramme pollinique, foraminifères, calottes polaires, moraines.

2 Vrai ou faux ?

Repérez les affirmations exactes et corrigez celles qui sont inexactes.

a. L'air des bulles, piégé dans les glaces polaires, permet de mesurer une paléotempérature.
b. Un diagramme pollinique permet de connaître l'évolution de la végétation en un lieu donné.
c. Un spectre pollinique correspond à la fréquence des différents types de pollens en un lieu donné et à une période donnée.
d. Les foraminifères sont des espèces qui vivent exclusivement dans les mers chaudes.
e. Les glaces mondiales sont partout en diminution.

3 Argumentez une affirmation

a. Les carottes de glaces polaires apportent des indices sur l'évolution climatique à différentes échelles de temps.
b. L'étude des pollens et des foraminifères permet de faire des corrélations à distance avec les indices apportés par la glaciologie et de confirmer l'existence de changements climatiques globaux.

4 Commentez un schéma

Le *schéma* représente l'évolution du $\delta^{18}O$ dans les précipitations entre les latitudes 0° et 90° à une période donnée ($\delta^{18}O$ exprime la variation du rapport de concentration $^{18}O/^{16}O$ par rapport à un témoin). Lorsque la température atmosphérique diminue, $H_2{}^{18}O$ se condense plus facilement que $H_2{}^{16}O$. Les précipitations s'étant enrichies en ^{18}O, les nuages s'appauvrissent d'autant. Les précipitations suivantes issues de ce même nuage auront donc un $\delta^{18}O$ plus faible.

Recherchez, au niveau du cycle de l'eau représenté sur le schéma, ce qui peut expliquer pourquoi, en période glaciaire, le $\delta^{18}O$ dans les glaces polaires est faible alors que c'est le contraire en période interglaciaire.

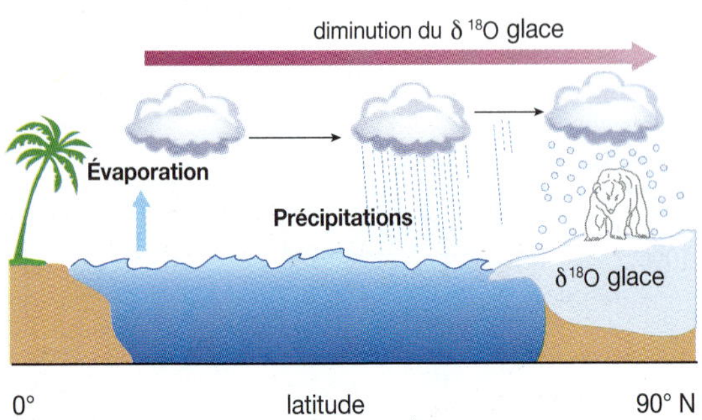

5 Questions à choix multiples QCM

Le *document ci-dessous* représente l'évolution de différents paramètres au cours du temps.

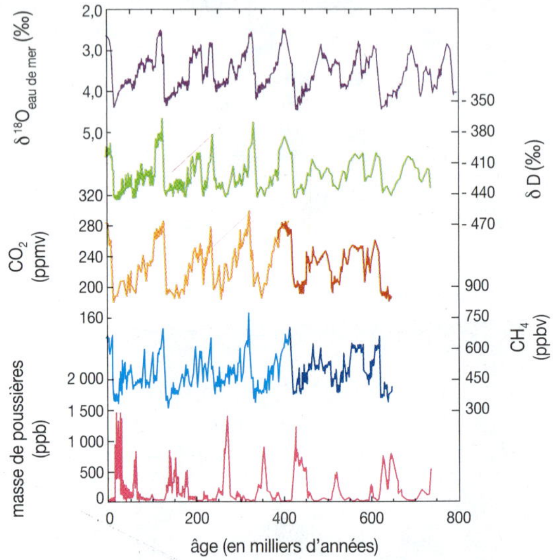

Choisissez la bonne réponse pour chaque série d'affirmations.

1. La glace (eau solide) des carottes de glace permet de :
a. mesurer la concentration des gaz à effet de serre ;
b. de mesurer directement les paléo-températures ;
c. de mesurer des concentrations isotopiques ;
d. de mettre en évidence des variations mondiales du climat.

2. Les gaz à effet de serre sont :
a. les gaz les plus abondants dans l'atmosphère terrestre ;
b. des gaz absorbant préférentiellement certains rayonnements comme les infrarouges ;
c. des gaz très concentrés dans l'atmosphère ;
d. représentés par le CO_2, le CH_4, la vapeur d'eau et les isotopes de l'oxygène.

3. L'évolution du $\delta^{18}O$ est :
a. cyclique avec une périodicité d'environ 100 000 ans ;
b. présente la même variation d'amplitude que le rapport delta D (δD) ;
c. uniquement mesurée sur l'eau de mer ;
d. est en corrélation avec l'évolution des concentrations de gaz à effet de serre et la masse des poussières.

4. Le *graphique ci-dessus* montre :
a. l'effet des émissions anthropiques ;
b. pour chaque cycle, une croissance brutale des gaz à effet de serre suivie d'une décroissance lente ;
c. pour chaque cycle, une croissance lente des gaz à effet de serre suivie d'une décroissance brutale ;
d. des mesures effectuées à partir de – 800 000 ans.

Utiliser ses compétences

6 Le mercure atmosphérique suivi grâce aux glaces polaires — Exploiter des documents, raisonner

Les glaces polaires permettent de suivre l'évolution de la concentration atmosphérique en mercure (Hg) qui est un polluant extrêmement toxique pour la santé humaine et les écosystèmes.

Question :

À partir des documents proposés que vous mettrez en relation, identifiez et expliquez les modifications de la concentration en mercure atmosphérique depuis 1940.

Document 1 : Résultats d'analyse dans une carotte glaciaire prélevée à Summit, au Groenland (2005-2006)

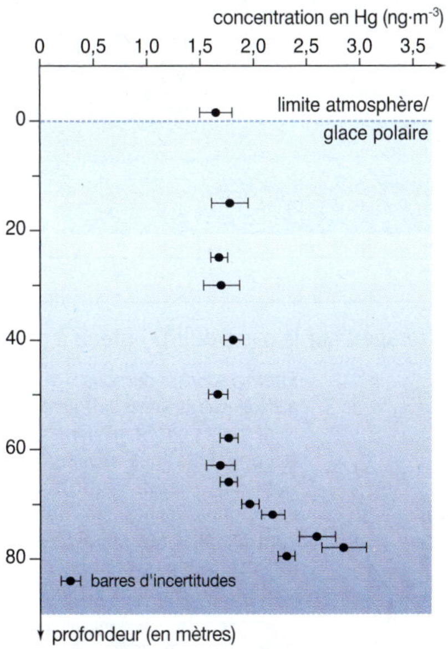

Document 2 : Concentration moyenne en mercure, en ng·m^{-3}, mesurée à Summit

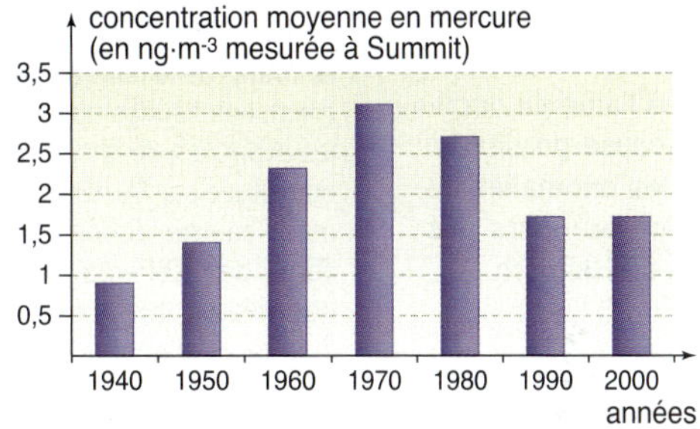

Document 3 : L'origine du mercure atmosphérique

Le mercure atmosphérique peut avoir une origine naturelle : il est notamment libéré par les éruptions volcaniques. Il peut aussi avoir une origine anthropique en relation avec certaines industries (exploitation de l'or, par exemple), avec la combustion du charbon dans les centrales à charbon ou encore avec l'incinération des déchets ménagers. Depuis les années 1970, de nombreux pays ont interdit l'emploi de piles et de thermomètres médicaux au mercure et mis en place des unités de tris sélectifs de déchets non incinérables pouvant contenir du mercure.

7 Les changements climatiques récents enregistrés par la faune et la flore — Raisonner avec rigueur

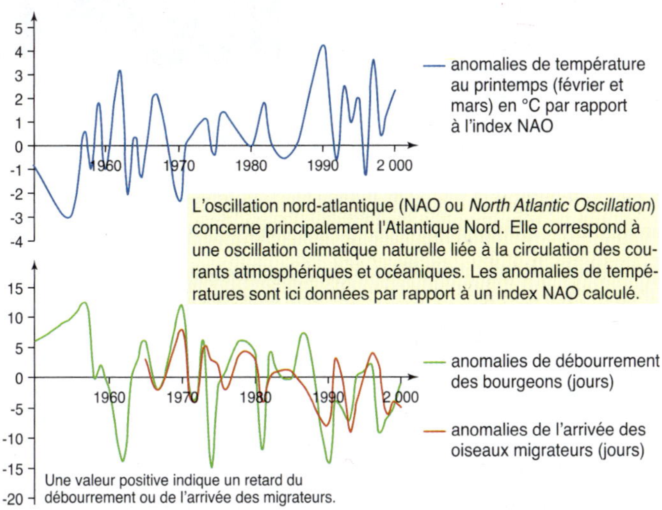

L'oscillation nord-atlantique (NAO ou *North Atlantic Oscillation*) concerne principalement l'Atlantique Nord. Elle correspond à une oscillation climatique naturelle liée à la circulation des courants atmosphériques et océaniques. Les anomalies de températures sont ici données par rapport à un index NAO calculé.

Les études sur le climat intègrent différents paramètres physico-chimiques (température, composition de l'atmosphère, etc.), mais elles prennent aussi en compte d'autres variables qui sont en relation avec la vie des organismes dans les écosystèmes (influence de la lumière et de la température sur la reproduction, le comportement des animaux et des plantes, la disponibilité alimentaire, etc.).

Différentes mesures et constats sont répertoriés dans les *graphiques ci-contre*.

Questions :

1. Identifiez les principales anomalies de température depuis 1950 et leur évolution.

2. Mettez en relation les deux graphiques afin de déterminer si les modifications observées ont une influence sur le fonctionnement des organismes.

8 De brusques événements climatiques Exploiter des documents, raisonner

Exercice TYPE BAC

En 1988, le sédimentologue allemand Heinrich met en évidence, dans des carottes sédimentaires prélevées dans l'Atlantique Nord, des niveaux très curieux appelés désormais « événements de Heinrich ». On souhaite, à l'aide des documents, préciser les caractéristiques associées à ces niveaux.

Questions :

1. Montrez, à partir des documents 2 et 3, que les événements de Heinrich sont associés à des modifications climatiques.
2. Proposez à l'aide du document 1 une cause possible à l'existence des anomalies de sédimentation au cours des événements de Heinrich.

Document 1 : Position des forages indiqués dans les documents 2 et 3, extension maximale des inlandsis lors de la dernière glaciation (en bleu clair) et limites de la banquise (ligne bleu gras). Les flèches noires indiquent les avancées de la calotte Laurentide située sur l'Amérique du Nord : cette calotte déborde en mer et libère des icebergs dont le trajet possible est indiqué par une longue flèche blanche.

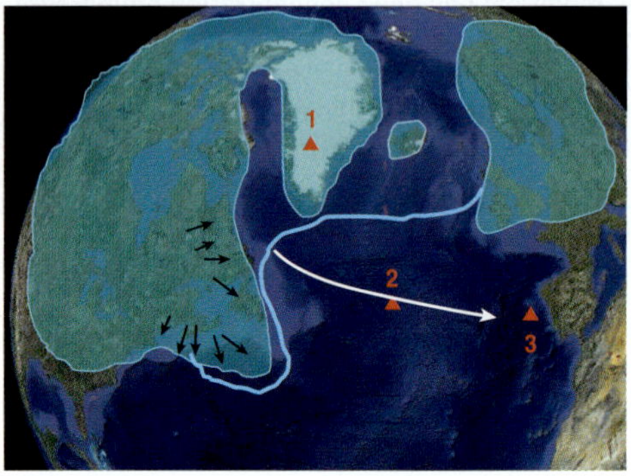

Document 2 : Données obtenues à partir de la carotte Grip (Groenland), forage 1 sur la carte et IRD obtenu à partir du forage 2 (océan Atlantique central).

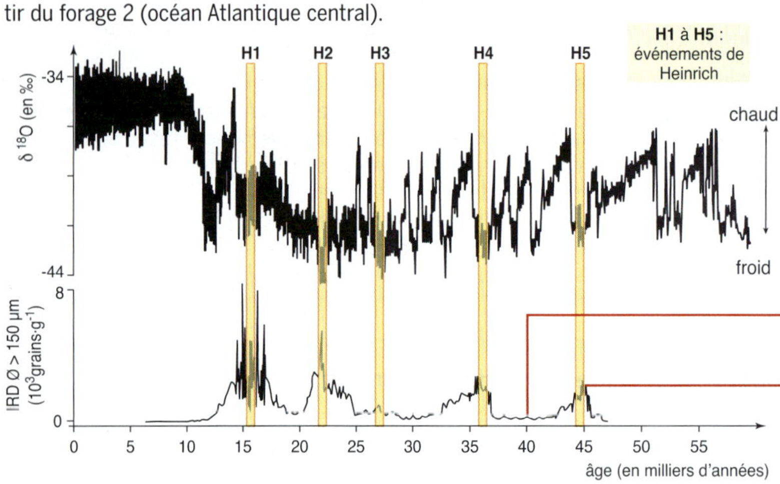

Photographie ci-dessous :
a. Sédiments typiques de l'Atlantique Nord (riches en foraminifères).
b. Sédiments des niveaux de Heinrich (débris détritiques de roches riches en quartz dont les analyses chimiques et sédimentologiques prouvent qu'ils sont typiques du nord du Canada).

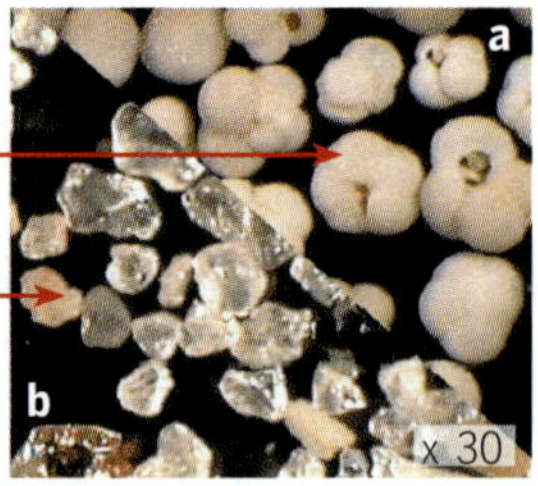

Document 3 : Données obtenues à partir du forage 3

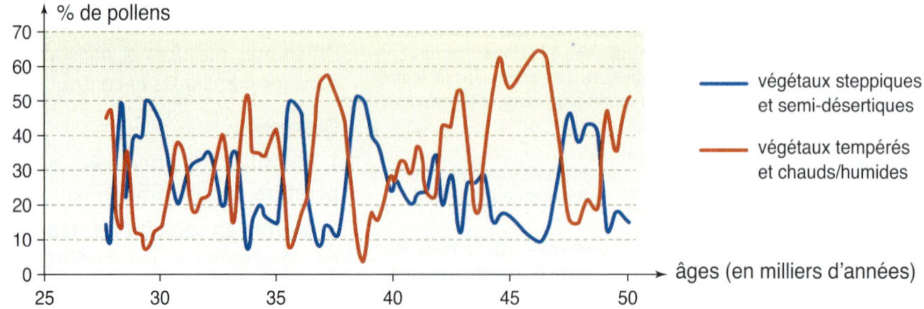

Utiliser ses capacités expérimentales

9 L'utilisation des foraminifères pour identifier et corréler des événements climatiques

Mettre en œuvre un protocole, communiquer des résultats

SE PRÉPARER aux épreuves pratiques du BAC

■ Problème à résoudre

L'utilisation des foraminifères obtenus à partir de carottes de sédiments marins prélevés par forage s'est avérée cruciale pour reconstituer les paléoclimats. On cherche à déterminer si la proportion de foraminifères dans les résidus de tamisage de boues océaniques peut être un indicateur du climat et donc être utilisée pour apporter des précisions sur les climats anciens.

■ Conception et mise en œuvre d'un protocole expérimental

- Concevez et exposez les étapes d'une démarche permettant de répondre au problème posé.
- Réalisez le tamisage des sédiments en suivant la procédure indiquée.
- Observez le résultat à la loupe binoculaire.
- Réalisez une identification d'un foraminifère.
- Utilisez les fonctionnalités du logiciel Mesurim pour déterminer le pourcentage de foraminifères par rapport à la fraction totale.

■ Communication et exploitation des résultats

- Présentez la photographie traitée avec le logiciel.
- Présentez sous une forme judicieuse une comparaison des sédiments polaires et subtropicaux.
- Utilisez ces résultats pour répondre à l'objectif de l'étude.

■ Analyse critique des résultats

Discutez de la fiabilité de l'étude réalisée.

■ Matériel disponible

- Sédiment océanique (forage du Marion Dufresne).
- Balance.
- Tamis de 0,125 mm.
- Pinceau.
- Verre de montre.
- Plaque chauffante.
- Loupe binoculaire munie d'une caméra.
- Logiciel Mesurim.
- Planche de détermination des espèces.
- Photographie numérique d'un sédiment polaire.

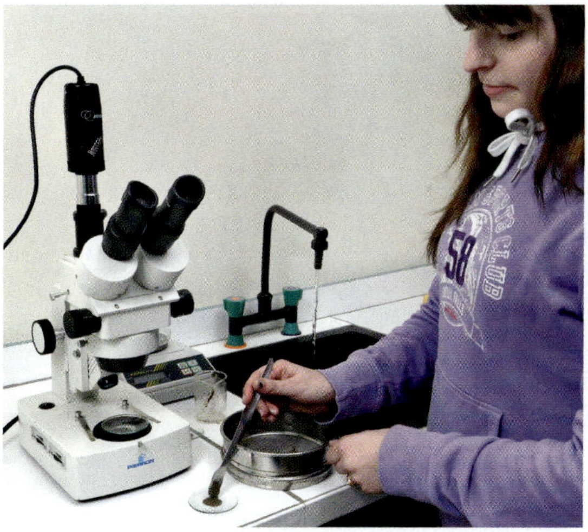

Origine des sédiments et protocole détaillé
www.bordas-svtlycee.fr

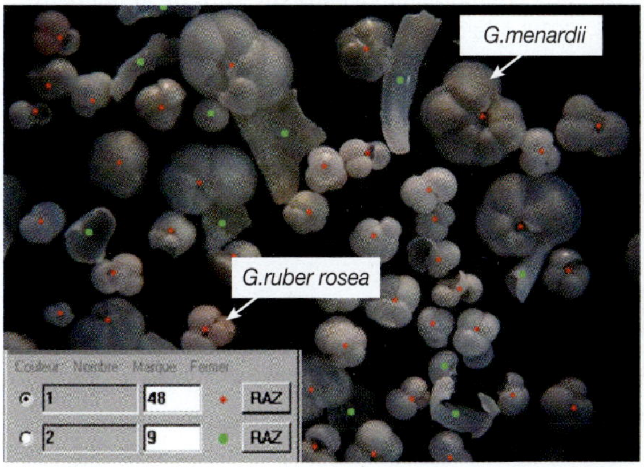

Échantillon de sédiment sub-tropical, prélevé près de la ride du Cap Vert à 18° de latitude Nord et 21° de longitude Ouest

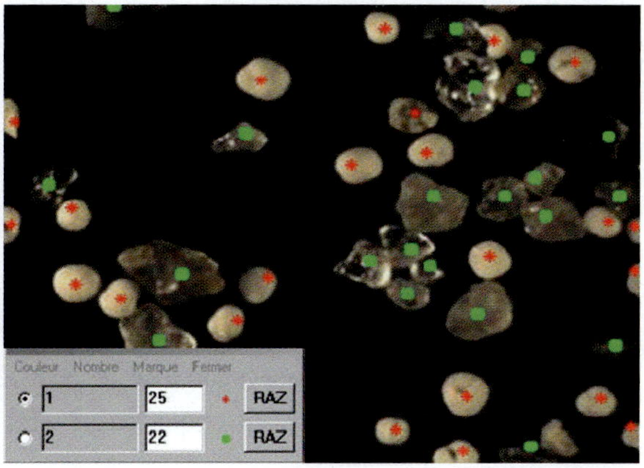

Échantillon de sédiment polaire, prélevé à 66° de latitude Nord dans l'océan Atlantique

Des DOCUMENTS pour se poser des questions

Du climat d'hier à celui de demain

Le climat actuel, très différent de celui des périodes glaciaires, est caractérisé par un réchauffement rapide. Les scientifiques tentent de prévoir ce que sera cette évolution dans les décennies à venir.

Activités humaines et modifications climatiques

L'impact des activités humaines sur les concentrations atmosphériques des gaz à effet de serre s'est accentué depuis 150 ans. La révolution industrielle s'est accompagnée de la libération en quantités toujours croissantes de dioxyde de carbone mais aussi de nombreux polluants atmosphériques. C'est désormais un des facteurs de l'évolution climatique globale.

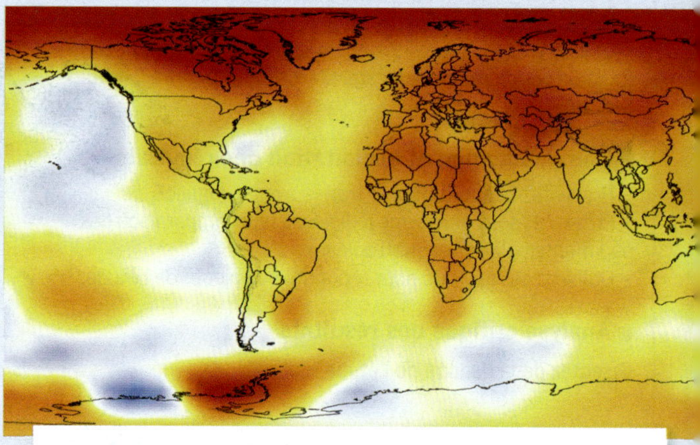

Des températures moyennes « anormales »

Cette carte compare la moyenne sur 5 ans de la température (2006 - 2010) à la température moyenne des régions considérées sur tout le XXe siècle. Les couleurs indiquent les anomalies constatées : plus la couleur est « chaude », plus la température de la zone est élevée par rapport à la moyenne sur le XXe siècle.

LES PROBLÉMATIQUES DU CHAPITRE

- Peut-on estimer l'importance des activités humaines dans l'évolution actuelle du climat ?
- Quels facteurs, autres que les activités humaines, interviennent dans l'évolution climatique ?
- Peut-on modéliser le climat d'aujourd'hui et de demain ?

La fonte estivale de plus en plus importante des glaces arctiques révèle un réchauffement climatique.

De l'évolution récente
du climat au climat de demain

LES ACTIVITÉS DU CHAPITRE

1 Les gaz à effet de serre et le climat 120
2 Le climat : une intervention de nombreux facteurs 122
3 Le climat de demain : une modélisation délicate 124
4 Les incertitudes de l'évolution du climat 126

Les gaz à effet de serre et le climat

À l'évolution « naturelle » des concentrations en gaz à effet de serre s'ajoute, pour la période récente, l'influence des activités humaines. *En prenant l'exemple du dioxyde de carbone, nous allons voir en quoi ces activités peuvent modifier les concentrations atmosphériques des gaz à effet de serre.*

A Les activités humaines et le réchauffement climatique

Même si les **gaz à effet de serre** sont en faible proportion dans l'atmosphère terrestre, leur impact sur le climat est important. Les activités humaines parviennent à modifier sensiblement ces concentrations, en particulier celles du CO_2, par l'utilisation des combustibles fossiles.

Classement	Année	Anomalie de température*
1	2010	+ 0,62 °C
2	2005	+ 0,62 °C
3	1998	+ 0,60 °C
4	2003	+ 0,58 °C
5	2002	+ 0,58 °C
6	2009	+ 0,56 °C
7	2006	+ 0,56 °C
8	2007	+ 0,55 °C
9	2004	+ 0,54 °C
10	2011	+ 0,52 °C

* Écart entre les mesures effectuées pour l'ensemble des terres (température de l'air) et des océans (température de l'eau) et la moyenne du XXe siècle, soit 13,9 °C. En France, 2011 a été l'année la plus chaude depuis plus d'un siècle.

Classement des 10 années les plus chaudes depuis 1850

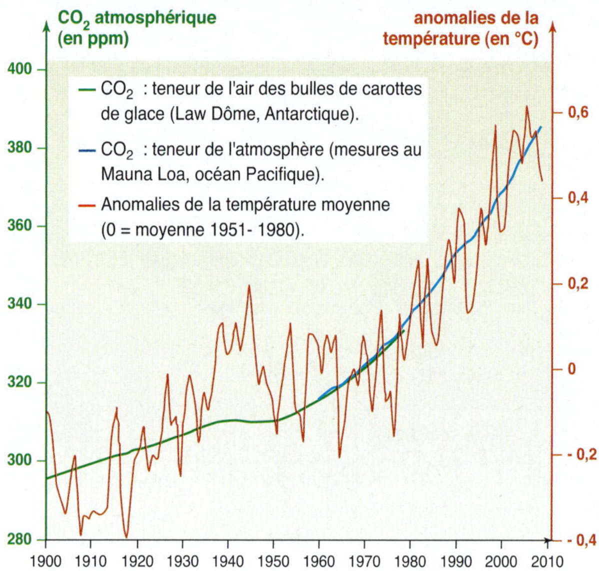

Évolution de la teneur de l'atmosphère en CO_2 et de la température moyenne à la surface du globe depuis le début du XXe siècle

Doc. 1 Une corrélation entre température et concentration du CO_2 dans l'atmosphère.

Le *graphique ci-contre* illustre un bilan des principaux flux de CO_2 liés aux activités de l'Homme. Il concerne donc :
– les « sources », c'est-à-dire les activités humaines qui contribuent à enrichir l'atmosphère en CO_2 ;
– les « puits », c'est-à-dire les réservoirs qui absorbent le carbone de l'air contribuant ainsi à faire baisser la quantité de CO_2 atmosphérique.

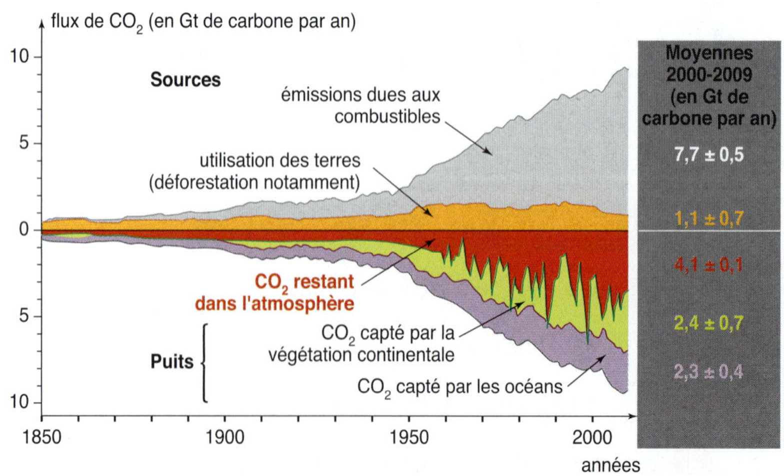

Doc. 2 L'évolution des « sources » et des « puits » de carbone depuis 1850.

B Les échanges de carbone entre atmosphère et hydrosphère

Ce planisphère a été établi à partir de données issues du projet de recherche américain GLODAP (*Global Ocean Data Analysis Project*). Les chercheurs se sont efforcés, à l'aide de techniques complexes, de différencier, dans l'océan, le carbone dissous issu des activités humaines du carbone naturellement présent.

Remarque : ce type de données n'est pas disponible ici pour certaines régions (mer Méditerranée, océan Arctique, mer des Caraïbes, Malaisie).

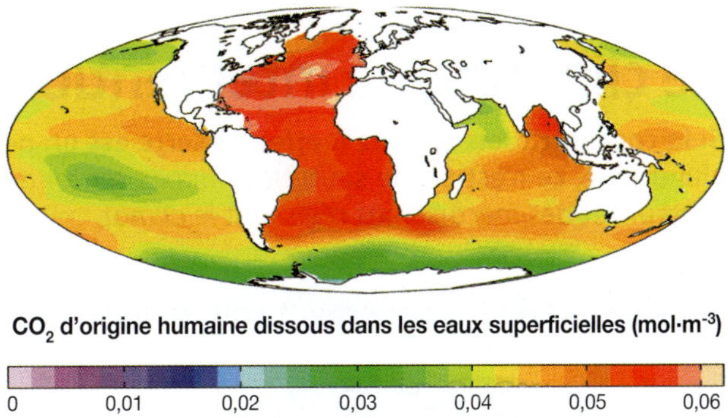

Doc. 3 **CO_2 d'origine humaine dissous dans les eaux océaniques superficielles.**

Cette expérience a pour objectif de déterminer l'influence de la température sur la capacité de l'eau à absorber le CO_2 présent dans l'air.

■ PROTOCOLE

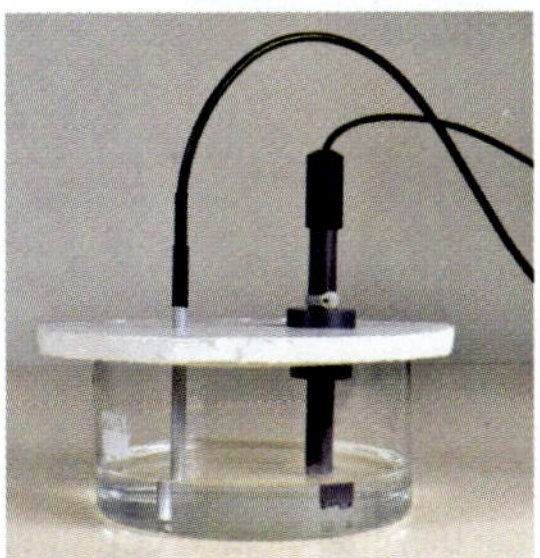

On verse dans un petit cristallisoir 150 mL d'eau puis on bouche le récipient après avoir disposé dans l'eau une sonde de mesure du CO_2 et une sonde de température (reliées à un dispositif d'enregistrement).
On enregistre en continu la température de l'eau et la concentration de CO_2 dans cette eau.

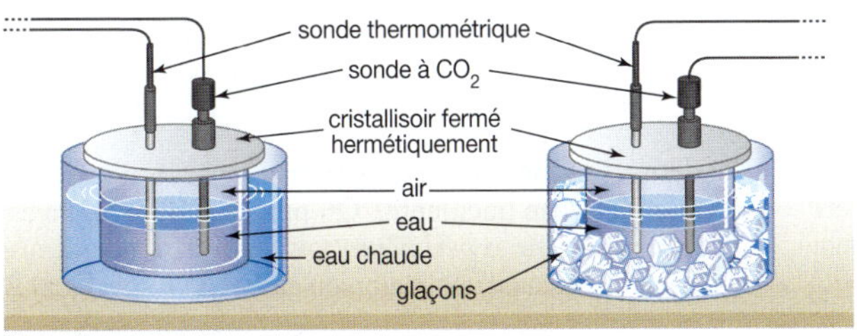

Aux temps t_1, t_3 et t_5, on plonge le cristallisoir dans un plus grand cristallisoir rempli d'eau chaude.

Aux temps t_2, t_4 et t_6, on plonge le cristallisoir dans un plus grand cristallisoir rempli de glaçons.

■ RÉSULTATS

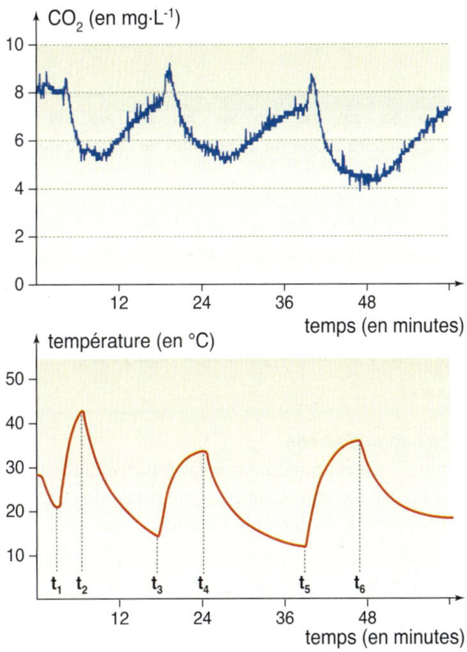

Doc. 4 **Une simulation des échanges de CO_2 entre atmosphère et hydrosphère.**

Pistes d'exploitation

PROBLÈME À RÉSOUDRE ► **Comment les activités humaines participent-elles à la modification des flux de carbone et à l'évolution climatique ?**

Doc. 1 Quelle relation peut-on établir ici ?

Doc. 2 Montrez que ce document permet d'estimer l'impact des activités humaines sur le CO_2 atmosphérique.

Doc. 3 Commentez ce planisphère.

Doc. 4 Résumez l'influence de la température sur les échanges de CO_2 entre atmosphère et hydrosphère.

Lexique, p. 232

Le climat : une intervention de nombreux facteurs

Si la concentration des gaz à effet de serre est un paramètre important conditionnant l'évolution climatique, ce n'est pas le seul. *Nous allons tenter de montrer quelques aspects de la diversité des facteurs et des mécanismes régissant le climat.*

A Le devenir du rayonnement solaire incident

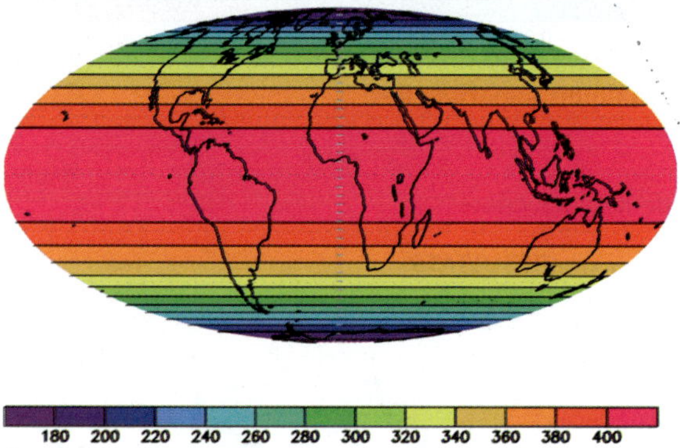

Énergie solaire incidente au sommet de l'atmosphère (en W·m^{-2})

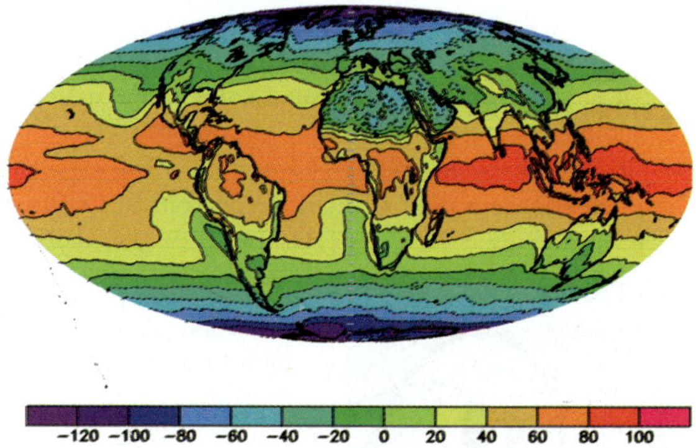

Moyenne annuelle du bilan radiatif de la Terre (en W·m^{-2})

Des mesures satellitales ont permis d'établir le *planisphère ci-dessus*. Si l'énergie solaire incidente moyenne représente 342 W · m^{-2}, elle est plus élevée dans la région équatoriale (de 400 à 430 W · m^{-2}) que dans les régions polaires (< 150 W · m^{-2}).

Il est possible de calculer le **bilan radiatif** de la Terre, c'est-à-dire la différence entre l'énergie solaire absorbée et la chaleur rayonnée dans l'espace. Certains facteurs peuvent limiter la fuite de chaleur vers l'espace et tendent donc à réchauffer la Terre ; pour d'autres, c'est le contraire.

Doc. 1 Des planisphères à analyser.

- **La notion d'albédo**

L'énergie du rayonnement solaire parvenant sur la planète n'est pas totalement absorbée. Une partie de ce rayonnement incident est réfléchie vers l'espace.

On définit l'**albédo** comme le rapport entre l'énergie réfléchie et l'énergie reçue (incidente). On peut le définir au niveau d'une surface (*voir expérimentation ci-après*). On peut aussi le définir au niveau d'une région du globe (*voir document 3*).

- **Une mesure expérimentale de l'albédo**

Les mesures peuvent être réalisées à l'aide d'un luxmètre ou, comme ici, avec un radiomètre.

Matériau utilisé	Albédo (en %)
Feuille blanche mate	90
Feuille noire mate	10
Sable de Fontainebleau	65
Herbe	25

- **L'albédo est un facteur clé du climat**

La température moyenne à la surface de la Terre est de 15 °C	
Si la Terre était recouverte...	...sa température de surface serait :
...d'un océan	32 °C
...de forêts	24 °C
...de déserts	13 °C
...de glace	− 52 °C

Doc. 2 L'albédo, un acteur important du climat.

B Le climat : le résultat de multiples interactions

Grâce à des millions de mesures satellitales, il a été possible d'établir une carte des variations régionales de l'albédo moyen annuel.
Combiné avec l'insolation, l'albédo détermine le rayonnement solaire effectivement absorbé et, par suite, les conditions climatiques locales.

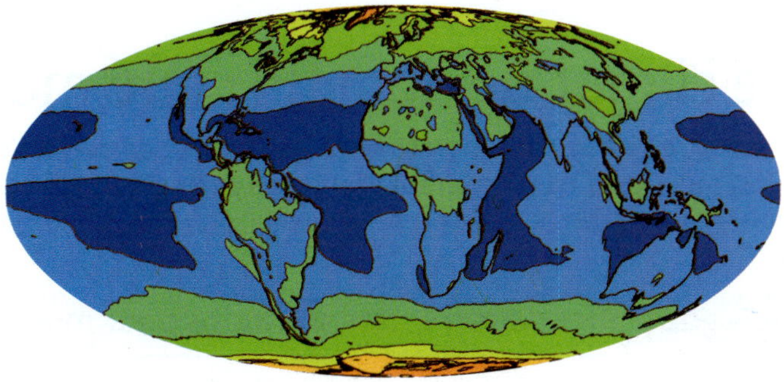

Doc. 3 Variations de l'albédo à l'échelle de la planète.

Chaque année, l'activité volcanique mondiale se traduit par l'émission de plusieurs dizaines de gigatonnes de CO_2.
En outre, des quantités énormes de gaz, d'aérosols, de poussières..., sont injectées dans la haute atmosphère où elles peuvent séjourner des mois, voire des années. En revanche, les produits expulsés en altitude réfléchissent le rayonnement solaire et réduisent l'énergie reçue par la surface terrestre.
Finalement, le bilan radiatif global enregistre les importances relatives des différents facteurs susceptibles de réaliser un forçage radiatif, positif ou négatif.

Doc. 4 Des effets antagonistes sur le forçage radiatif.

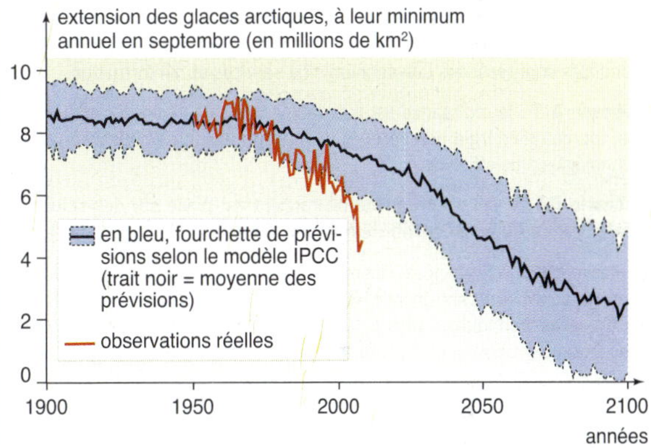

Au cours des dernières décennies, la banquise arctique (mesurée en septembre), a diminué en moyenne de 1,5 million de km² par décennie (ce qui représente presque trois fois la surface de la France métropolitaine). Or, la banquise a un albédo très supérieur à l'océan et absorbe donc beaucoup moins l'énergie solaire que l'eau libre. Plus la banquise se réduit, plus l'océan Arctique se réchauffe rapidement, ce qui accélère la fonte du reste de la banquise. Ce mécanisme « d'auto-emballement » est qualifié de **rétroaction positive**. Les spécialistes estiment qu'un point de non-retour sera probablement atteint dans la décennie à venir.

Doc. 5 Un emballement possible par rétroaction positive.

Pistes d'exploitation

PROBLÈME À RÉSOUDRE ► Quels facteurs et mécanismes peuvent déterminer une évolution du climat ?

Doc. 1 et 2 Formulez des hypothèses pour expliquer que la cartographie du bilan radiatif ne se présente pas sous forme de bandes parallèles à l'équateur.

Doc. 2 et 3 Établissez une relation entre l'albédo des différentes régions du globe et les mesures faites en classe.

Doc. 4 En 1991, l'éruption du Pinatubo aux Philippines a été suivie d'une baisse de la température moyenne du globe d'environ 0,3 °C ; proposez une interprétation.

Doc. 5 Pourquoi la calotte glaciaire arctique risque-t-elle de disparaître à plus ou moins long terme ?

Lexique, p. 232

Le climat de demain : une modélisation délicate

L'évolution de la concentration de gaz à effet de serre, l'estimation des flux entre les réservoirs ainsi que l'étude des différents forçages permettent de construire des modélisations climatiques pour l'avenir. *Nous allons tenter de comprendre comment prévoir le climat de demain.*

A Les gaz à effet de serre : des scénarios pour modéliser

On appelle « scénario socio-économique » un ensemble d'hypothèses cohérentes concernant l'évolution démographique, économique ou sociologique de la planète. Différents scénarios envisagés par le GIEC (Groupe d'experts Intergouvernemental sur l'Evolution du Climat) permettent d'estimer les émissions futures de gaz à effet de serre, dans le monde, selon le type de développement envisagé et leur influence sur le climat.

Scénarios du GIEC	T_{2100}*
Scénario B1 : le moins polluant, il décrit un monde où la population culmine au milieu du siècle et décline ensuite, où l'accent est mis sur des solutions mondiales orientées vers une économie de services et d'information.	+ 1,8 °C
Scénario A1T : la croissance est très rapide, mais l'économie s'appuie sur des sources d'énergie non fossiles et intègre rapidement des nouvelles technologies plus efficaces.	+ 2,4 °C
Scénario B2 : il décrit un monde où l'accent est placé sur des solutions locales, pour assurer une durabilité économique, sociale et environnementale.	+ 2,4 °C
Scénario A1B : la croissance économique très rapide s'appuie sur des sources d'énergie équilibrées entre énergies fossiles et autres (nucléaire, renouvelables). De nouvelles technologies plus efficaces sont introduites rapidement. C'est le scénario qui « colle » le plus aux prévisions actuelles.	+ 2,8 °C
Scénario A2 : il décrit un monde très hétérogène où le développement économique est faible avec de lents progrès technologiques.	+ 3,4 °C
Scénario A1F1 : le plus polluant, il décrit un monde à croissance très rapide qui recourt fortement aux énergies fossiles (charbon, gaz, pétrole).	+ 4 °C

* T_{2100} : augmentation prévisible de la température à l'horizon 2100.

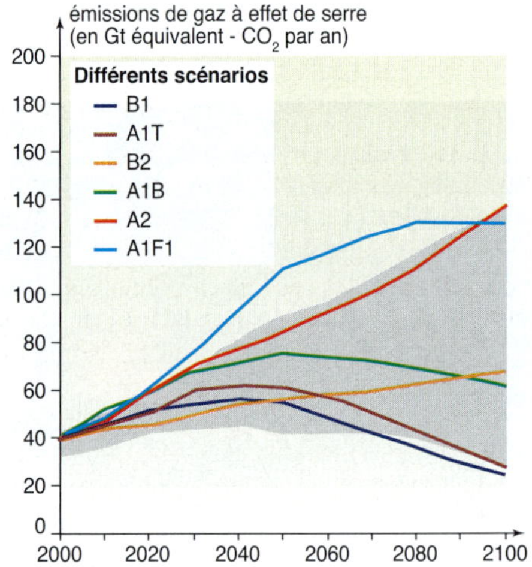

Émissions mondiales de gaz à effet de serre selon les différents scénarios envisagés par le GIEC. La zone grise représente la dernière « fourchette » envisagée en 2007.

Doc. 1 Différents scénarios pour l'évolution des émissions de gaz à effet de serre.

Les scénarios d'émissions de gaz à effet de serre doivent être couplés d'une part à la durée de séjour approximative de ces gaz dans l'atmosphère (*tableau ci-dessous*), d'autre part à leur pouvoir de réchauffement. En effet, sur une période de 100 ans, un kilogramme de méthane à un impact sur l'effet de serre 25 fois supérieur à un kilogramme de CO_2.

Gaz à effet de serre	Durée de séjour dans l'atmosphère
CO_2	100 ans
Méthane	12 ans
Protoxyde d'azote (N_2O)	120 ans
CFC et HCFC	12 à 130 ans
tétrafluorométhane	50 000 ans
hexafluorure de soufre	3 200 ans

Doc. 2 Durée de séjour dans l'atmosphère des gaz à effet de serre et « pouvoir réchauffant ».

La modélisation de l'évolution climatique par les experts du GIEC conduit à redouter la répétition d'événements climatiques extrêmes (tempêtes, inondations...).

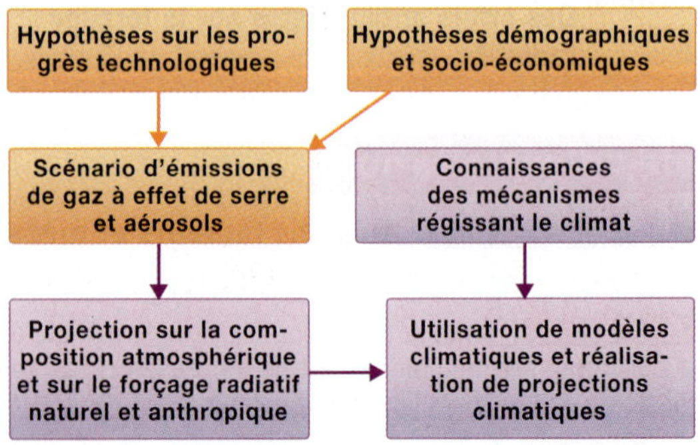

Doc. 3 Des paramètres, pris en compte par les experts du GIEC, pour modéliser le climat.

B Le climat de demain

Le logiciel « Simclimat » permet de modéliser de façon simple le climat de demain. Différents paramètres peuvent être choisis selon la durée de la simulation (échelle de la décennie, du siècle ou du millénaire) : la valeur des sources de CO_2 (dont les émissions anthropiques de CO_2), en Gt/an, la valeur des puits de CO_2 (dont le stockage biologique), en Mt/an, la possibilité de faire intervenir et de régler certaines rétroactions comme l'albédo, la solubilité du CO_2 océanique, les flux de CO_2 absorbés par la végétation et l'influence de la concentration d'eau dans l'atmosphère.

Les *simulations ci-dessous* ont été obtenues en choisissant une durée de 100 ans et en fixant comme invariables les paramètres modifiant l'énergie solaire incidente. Des courbes complémentaires peuvent être obtenues sur la variation de l'albédo et sur la position en latitude des calottes polaires.

Courbes	Conditions fixées
Rouge	• **Scénario B1** : réduction des émissions anthropiques de CO_2 de 8 à 6 Gt/an.
Verte	• **Scénario B2** : augmentation des émissions anthropiques de CO_2 de 8 à 14 Gt/an.
Bleu foncé	• **Scénario A2** : augmentation des émissions anthropiques de CO_2 de 8 à 30 Gt/an.
Marron clair	• **Scénario B2** avec augmentation de 10 % des flux de CO_2 épongés par la végétation.
Bleu clair	• **Scénario B2** avec augmentation de 10 % des flux de CO_2 épongés par la végétation et augmentation de 10 % des flux de CO_2 épongés par l'océan.

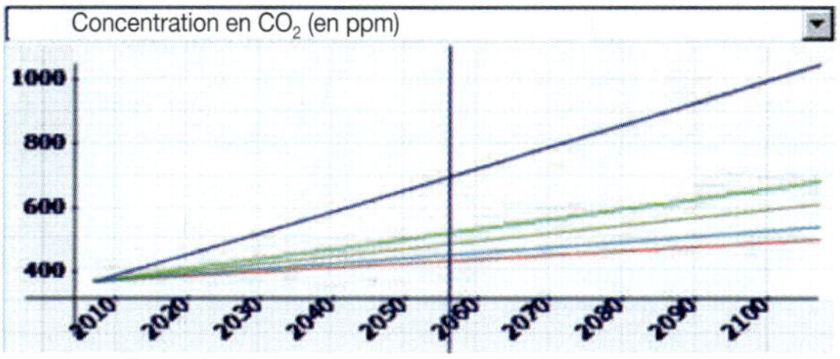

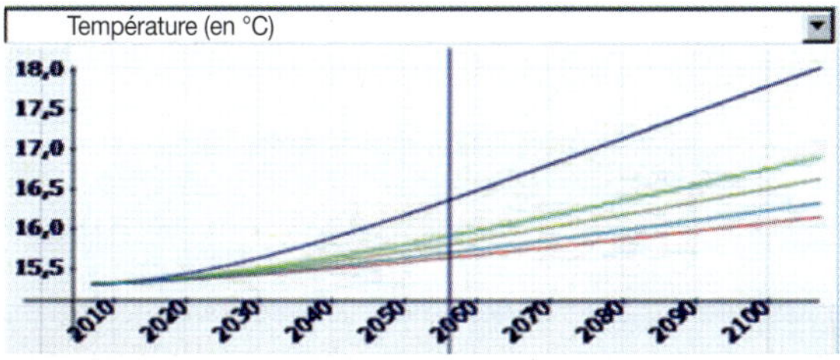

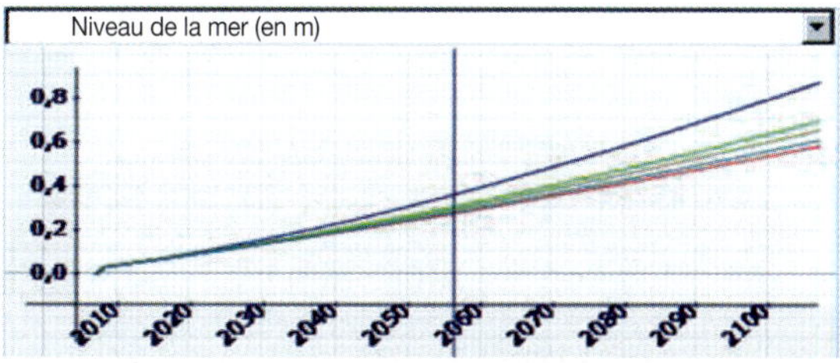

Doc. 4 Une modélisation simple du climat de demain.

Pour utiliser le logiciel
www.bordas-svtlycee.fr

Pistes d'exploitation

PROBLÈME À RÉSOUDRE ► Comment modéliser le climat de demain ?

Doc. 1 et 2 Montrez pourquoi une politique de réduction des gaz à effet de serre ne peut avoir un effet immédiat.

Doc. 3 Identifiez les contraintes et les enjeux de l'établissement de modèles climatiques.

Doc. 4 Exploitez les simulations pour décrire l'évolution de la température et du niveau des mers selon les scénarios envisagés et montrez en quoi la connaissance des rétroactions exercées par la végétation et les océans est essentielle.

Lexique, p. 232

Les incertitudes de l'évolution du climat

Si des modélisations globales sont réalisables, les prévisions climatiques (températures et précipitations) concernant des zones plus ciblées sont délicates à établir. *Il est donc nécessaire d'affiner les prévisions en s'intéressant aux inconnues du climat.*

A Une évolution prévisible d'ici la fin du siècle

Les risques associés au changement climatique sont désormais reconnus comme réels par la communauté scientifique. L'effort porte désormais sur une estimation plus fine des changements climatiques futurs, mais également sur une évaluation critique des incertitudes associées à ces prévisions.

Les *cartes ci-dessous* correspondent à des prévisions qui s'appuient sur le développement de modèles tridimensionnels de la physique de l'atmosphère, des océans et des surfaces continentales auxquels s'ajoutent les composantes du cycle du carbone, de la chimie atmosphérique et des aérosols.

Les deux cartes obtenues correspondent au scénario A1B des experts du GIEC (courbe verte du document 1 page 124), c'est-à-dire un scénario « moyen » (*voir texte ci-dessous*).

Le scénario A1B du GIEC suppose un monde avec une forte croissance économique, un pic de la population mondiale au milieu du XXIe siècle, et l'introduction et la diffusion rapide de technologies efficaces, avec équilibre entre sources d'énergies fossiles et énergies alternatives.

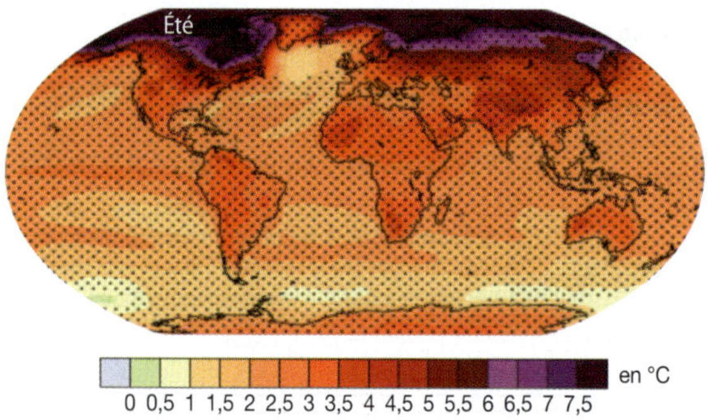

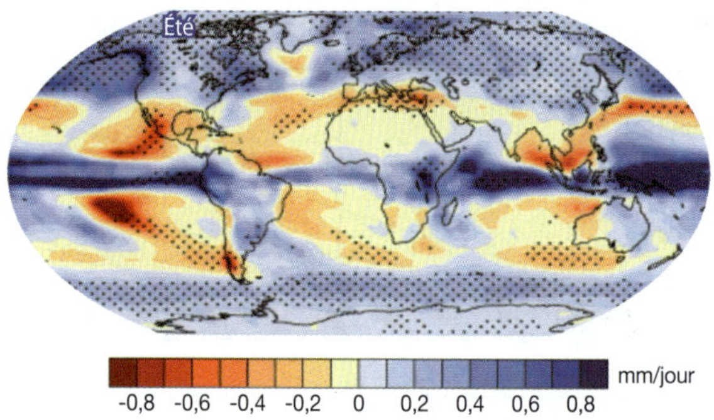

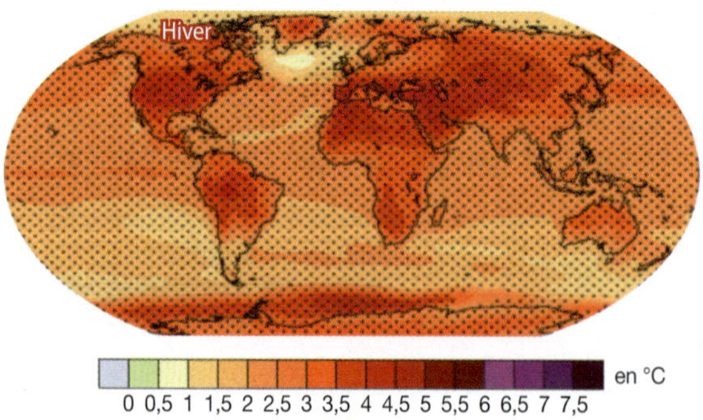

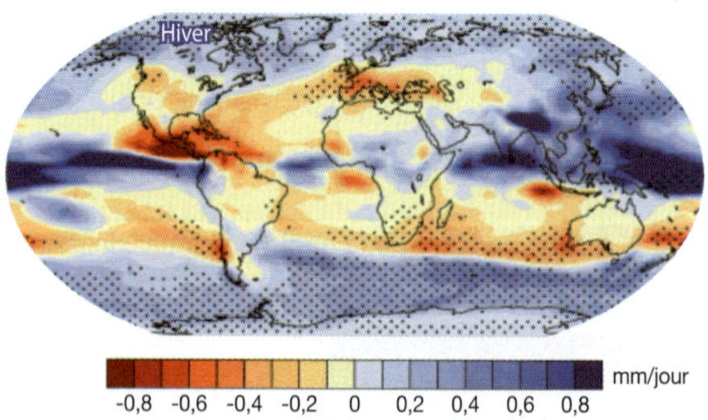

Simulation des anomalies de températures (en °C) estimées sur la période 2080-2099 comparées à la période 2000-2009 pour le scénario A1B du GIEC

Simulation des anomalies de précipitations (en mm/jour) estimées sur la période 2080-2099 comparées à la période 1980-1999 pour le scénario A1B du GIEC

Remarque : sur les quatre planisphères, les zones en pointillés sont celles pour lesquelles il y a accord entre les différents modèles de prévision de l'évolution du climat.

Doc. 1 Une prévision du climat dans 70 à 80 ans.

B Des réservoirs au comportement difficile à estimer

Selon des scénarios « moyens », l'accumulation de CO_2 et d'autres gaz à effet de serre pourrait induire un réchauffement global de 2 à 4 °C d'ici la fin du siècle et modifier le régime des précipitations. Ces changements risquent de perturber les écosystèmes forestiers qui représentent 26 % de la surface des continents et près de la moitié de l'ensemble des couvertures végétales terrestres. Quelles modifications sont prévisibles ?

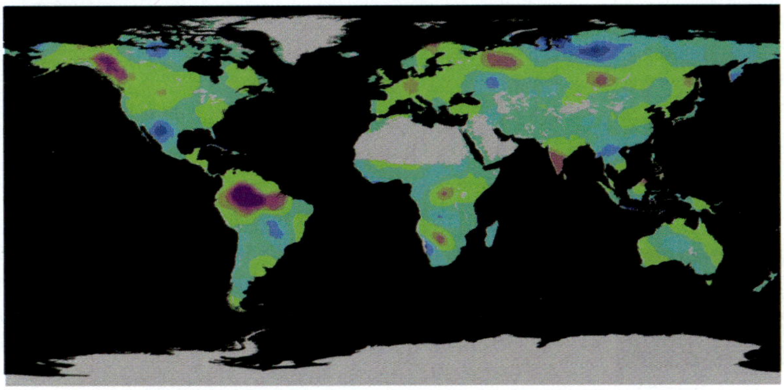

Cette carte obtenue à partir de données satellitales montre l'évolution de la productivité primaire nette (ou PPN) de la végétation sur une vingtaine d'années. La PPN représente la différence entre le CO_2 absorbé par les plantes lors de la photosynthèse et le CO_2 rejeté par la respiration.

On estime que la hausse globale de la PPN a été de 6 % sur la période considérée. Cette hausse peut être attribuée pour 13 % aux modifications des précipitations, pour 31 % à l'évolution des températures et pour 49 % à la hausse du taux de CO_2 atmosphérique.

Doc. 2 La concentration en CO_2 et la photosynthèse.

Actuellement, les hivers nord-américains sont plus rigoureux que les hivers de la façade océanique de l'Europe occidentale. La circulation des courants atmosphériques pour une grande part, mais aussi des courants océaniques expliquent cette caractéristique climatique. Ainsi, les eaux froides du courant du Labrador longent la côte est-américaine alors que les côtes européennes sont baignées par le courant chaud du Gulf Stream.

Le réchauffement climatique actuel risque-t-il de modifier le régime des courants marins ?

Ce scénario n'est pas irréaliste car des archives sédimentaires semblent montrer que de tels phénomènes sont déjà intervenus dans le passé climatique de notre planète. Si le Gulf Stream voyait son débit diminuer de manière significative, alors le réchauffement attendu des côtes européennes pourrait être atténué.

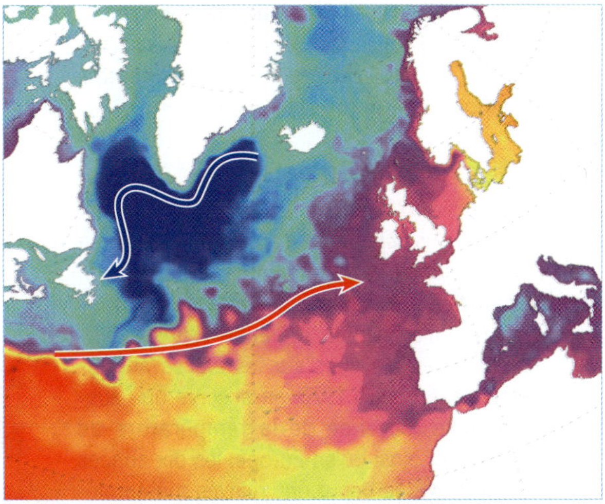

En bleu : courant du Labrador, courant froid qui transporte les eaux de l'océan Arctique vers la côte est de l'Amérique du Nord.
En rouge : Gulf Stream, courant chaud qui transporte les eaux du golfe du Mexique vers la façade ouest de l'Europe.

Doc. 3 Les courants marins et le climat.

Pistes d'exploitation

PROBLÈME À RÉSOUDRE ► Quelles sont les incertitudes concernant la modélisation de l'évolution climatique ?

Doc. 1 Indiquez les changements climatiques (températures et/ou précipitations) majeurs repérables sur la simulation correspondant au scénario A1B.

Doc. 2 et 3 Expliquez en quoi et dans quel sens les deux paramètres évoqués peuvent modifier les modèles climatiques envisagés.

Lexique, p. 232

chapitre 3 De l'évolution récente du climat au climat de demain

La connaissance des mécanismes à l'origine des climats permet de comprendre les causes des évolutions climatiques passées et actuelles. Il est alors possible d'élaborer des modèles climatiques qui conduisent à proposer des prévisions pour le climat de demain. Une telle prévision est cruciale étant donnée l'importance des enjeux économiques et sociétaux.

1 Les gaz à effet de serre : paramètre essentiel pour comprendre l'évolution climatique

On appelle **gaz à effet de serre** tout gaz atmosphérique ayant la propriété d'intercepter les rayonnements infrarouges émis par la surface terrestre et donc de les empêcher de repartir vers l'espace. Aux gaz présents « naturellement » dans l'atmosphère (vapeur d'eau, dioxyde de carbone, méthane, protoxyde d'azote, ozone) s'ajoutent des gaz introduits « artificiellement » par les activités humaines : il s'agit en particulier des halocarbures, molécules carbonées contenant un gaz halogène (fluor ou chlore) comme les CFC par exemple.

L'effet de l'industrialisation sur la concentration en gaz à effet de serre

Depuis la fin du XIXe siècle, la concentration des gaz à effet de serre augmente, et cette augmentation s'accélère depuis les années 1970. En effet, les teneurs actuelles en CO_2, CH_4 et N_2O n'ont jamais été aussi fortes depuis 800 000 ans (mesures réalisées sur les glaces antarctiques). Parallèlement, depuis 1970, on observe une augmentation mondiale moyenne de la température de + 0,5 °C environ. C'est ainsi qu'en Europe, les dix années les plus chaudes depuis le début des relevés météorologiques sont postérieures à 1998.

Cette simultanéité entre industrialisation croissante, augmentation de la concentration des gaz à effet de serre et réchauffement climatique plaide en faveur d'une **origine** essentiellement **anthropique** pour expliquer cette augmentation de la température.

Les puits, les sources et l'évolution de la concentration en CO_2

La concentration atmosphérique en CO_2 est soumise à des influences multiples. Elle est un bon exemple de la complexité des phénomènes en cause. Outre les sources naturelles de CO_2 (volcanisme, respiration et fermentations biologiques...), les **sources anthropiques de CO_2** (déforestation, utilisation massive des combustibles fossiles) ont tendance à augmenter sa concentration atmosphérique. Les **« puits » de CO_2** (capté par les végétaux photosynthétiques, partiellement dissous dans les océans) ont un effet inverse.

Jusqu'à une époque récente, ces flux de carbone entrant ou sortant de l'atmosphère étaient globalement équilibrés. Aujourd'hui, ils sont perturbés par les activités humaines : les sources de carbone atmosphérique représentent environ 8,8 Gt/an alors que les puits ne représentent que 4,7 Gt/an, ce qui a pour conséquence un **apport net de 4,1 Gt** de carbone par an dans l'atmosphère.

Les échanges de carbone entre réservoirs : l'exemple de l'atmosphère et de l'hydrosphère

L'évolution de la concentration atmosphérique en CO_2 dépend des capacités d'échanges entre atmosphère et hydrosphère. Une partie du CO_2 émis par les activités humaines est captée par les océans où il est dissous. Mais la solubilité du CO_2 dans l'eau diminue lorsque la température augmente. Le réchauffement climatique actuel peut donc réduire de façon significative l'efficacité de ce puits de CO_2, ce qui aurait pour effet d'accentuer l'augmentation de température. Il s'agit d'un exemple de **rétroaction positive**. Il est donc important de mieux mesurer les capacités de réaction de l'océan à une augmentation de CO_2 atmosphérique pour pouvoir prévoir l'évolution du système.

2 Le climat, résultat d'une multitude d'interactions

Le climat, c'est-à-dire les conditions moyennes de température, précipitations... régnant sur une zone géographique, est soumis à de nombreux paramètres et non pas au seul effet de serre.

L'énergie incidente reçue au sommet de l'atmosphère

Il faut distinguer **l'énergie solaire incidente** reçue au sommet de l'atmosphère de celle reçue au niveau du sol.

La première dépend directement des **paramètres orbitaux** de la Terre qui présentent des changements lents (à l'échelle de la dizaine de milliers d'années). Ces changements sont dus aux interactions de la Terre avec les autres planètes du système solaire. Il faut aussi tenir compte des **variations**

cycliques de l'activité solaire : périodes de forte activité (repérables par le nombre de taches à la surface du Soleil) suivies de périodes de moindre activité.

L'albédo, un paramètre important du climat

L'albédo est le **rapport** entre l'énergie solaire réfléchie par une surface et l'énergie solaire incidente. Par définition, l'albédo est une valeur comprise entre 0 et 1 (on peut également l'exprimer en pourcentage).

Plus l'albédo est élevé, plus le rayonnement solaire est réfléchi et moins il réchauffe le sol et l'atmosphère. Actuellement, 30 % environ de l'énergie solaire arrivant sur toute la surface de la Terre est réfléchie vers l'espace. L'albédo moyen de la Terre est donc de 30 %.

Une modification de l'albédo peut être à l'origine d'une rétroaction sur le climat régional. Ainsi, un réchauffement provoque une fonte des glaces polaires (qui ont un fort albédo) ; cette fonte découvre une surface plus sombre (la mer ou le sol) à l'albédo moins élevé. L'énergie solaire réfléchie étant moindre, le sol ou l'eau se réchauffent, ce qui accélère d'autant la fonte glaciaire et diminue encore l'albédo.

Le bilan radiatif du globe

En moyenne annuelle, le bilan radiatif du globe est nul : la Terre reçoit autant d'énergie du Soleil (+340 $W{\cdot}m^{-2}$) qu'elle n'en réémet vers l'espace (−340 $W{\cdot}m^{-2}$). Sa température moyenne est donc à peu près constante. Tout facteur susceptible de modifier le rapport entre l'énergie reçue et l'énergie réémise peut potentiellement modifier le climat. Les scientifiques utilisent le concept de **forçage radiatif** pour définir la propension d'un de ces facteurs à garder sur Terre l'énergie provenant du Soleil (**forçage positif**) ou, au contraire, à la renvoyer dans l'espace (**forçage négatif**).

C'est ainsi que l'augmentation de l'activité solaire, de la concentration de gaz à effet de serre ou la diminution de l'albédo (assombrissement du sol par déforestation par exemple), sont responsables d'un forçage positif. À l'inverse, la présence d'aérosols dans l'atmosphère (qui réfléchissent le rayonnement solaire) est responsable d'un forçage négatif. La somme des forçages positifs et négatifs permet d'estimer le **bilan radiatif** du globe et, par suite, d'envisager l'évolution climatique.

3 Le climat de demain : une modélisation délicate

Si le risque associé au changement climatique en cours est désormais reconnu, de nombreuses incertitudes demeurent. Une des difficultés est de bien distinguer ce qui appartient à la **météorologie** (variations locales et transitoires de la température, des précipitations, de la pression, de la nébulosité) de ce qui relève du **climat** (valeurs moyennes sur des années, voire des décennies, et sur des zones géographiques importantes).

Des scénarios qui dépendent des émissions de gaz à effet de serre

Le **GIEC** (Groupe d'experts Intergouvernemental sur l'Évolution du Climat) a établi différents « scénarios socio-économiques » constituant un ensemble d'hypothèses cohérentes concernant l'évolution démographique, économique ou sociologique de la planète. En fonction de ces scénarios, une estimation de l'évolution des gaz à effet de serre et des aérosols atmosphériques est établie.

La construction de modèles climatiques

Construire un **modèle climatique numérique** consiste à faire une simulation informatique, la plus fidèle possible, du comportement du climat. Pour cela, on réalise un **maillage** de la planète : on découpe sa surface en mailles de quelques dizaines de km^2. On fixe alors les conditions de départ (valeurs des différents paramètres climatiques) et on donne les règles qui dictent l'évolution des différents paramètres en fonction des différents scénarios du GIEC.

Tous les modèles climatiques (il en existe actuellement une quinzaine dans le monde) aboutissent à des conclusions comparables, même si les valeurs chiffrées diffèrent légèrement : la température moyenne augmentera de 2 à 4 °C entre 2010 et 2100.

Les incertitudes des modèles

De nombreuses incertitudes existent encore, ce qui oblige à faire preuve d'esprit critique face à ces modèles. On connaît encore mal le rôle des **nuages**, des **aérosols** ou les capacités de l'océan et de la biosphère végétale à amortir l'augmentation de la concentration atmosphérique des gaz à effet de serre.

Par ailleurs, on sait que la **circulation océanique profonde** mérite d'être mieux connue car elle est essentielle : cette vaste cellule de convection entraîne des eaux froides en profondeur et alimente le retour d'eaux plus chaudes en surface. Elle permet ainsi le transport de chaleur de l'équateur vers les pôles. Elle joue également un rôle dans le cycle du carbone : en plongeant, les eaux marines entraînent une grande quantité de dioxyde de carbone dissous puisé dans l'atmosphère. Celui-ci est en partie restitué à l'atmosphère lorsque les eaux profondes refont surface.

chapitre 3 De l'évolution récente du climat au climat de demain

À RETENIR

Les gaz à effet de serre, paramètre essentiel pour comprendre l'évolution climatique

L'augmentation sans précédent des **gaz à effet de serre** (CO_2, CH_4, N_2O, O_3 mais aussi halocarbures) observée depuis la fin du XIXe siècle est d'**origine anthropique**. Elle est corrélée à une nette augmentation de la température mondiale entre 1970 et 2000.

L'évolution de la concentration en carbone atmosphérique dépend de l'équilibre entre les **sources** de carbone (notamment l'utilisation des combustibles fossiles et la déforestation) et les **puits** de CO_2 (le piégeage par les océans et les végétaux photosynthétiques).

La concentration en dioxyde de carbone est soumise à des rétroactions. L'augmentation de la température pourrait amplifier la hausse de la concentration atmosphérique en CO_2 et, par suite, celle de la température : c'est une **rétroaction positive**.

Le climat résulte d'une multitude d'interactions

L'énergie solaire incidente reçue au sommet de l'atmosphère dépend des **paramètres orbitaux** de la Terre et de l'**activité solaire** qui varient cycliquement.

L'**albédo** correspond au rapport entre énergie réfléchie et énergie reçue. L'énergie solaire est réfléchie au niveau des systèmes nuageux et au niveau du sol. Une variation de l'albédo peut être à l'origine de rétroaction positive sur la température de surface.

Certains paramètres exercent un **forçage positif** : ils tendent à augmenter la température globale. D'autres exercent, au contraire, un **forçage négatif**. Le bilan des forçages naturels et anthropiques permet de réaliser un **bilan radiatif** du globe déterminant pour expliquer le climat actuel et prévoir le climat de demain.

Le climat de demain : une modélisation délicate

Prenant en compte l'évolution démographique, sociale et économique, le **GIEC** a proposé différents scénarios d'émissions de gaz à effet de serre et d'aérosols ; on en déduit autant d'évolutions des concentrations atmosphériques de ces substances.

Prévoir le climat de demain nécessite d'établir des **modèles numériques** calculant les températures et les précipitations pour des surfaces de quelques dizaines de km^2. Tous les modèles prévoient une augmentation de 2 à 4° C d'ici à 2100.

Les prévisions climatiques doivent être exploitées avec prudence car de nombreuses inconnues persistent comme le comportement des **aérosols** ou encore les caractéristiques de la **circulation océanique profonde**.

Mots-clés

- Gaz à effet de serre
- Effet anthropique
- Rétroaction positive
- Énergie solaire incidente
- Albédo
- Bilan radiatif
- Forçage positif, négatif
- Modèle numérique

Capacités et attitudes

- Recenser, extraire des informations pertinentes concernant les sources et les puits de carbone pour calculer un bilan carbone.
- Modéliser les échanges entre le carbone atmosphérique et le carbone océanique en fonction de la température.
- Construire et mettre en œuvre un protocole pour établir une relation entre variations de l'albédo et de la température.
- Comprendre les paramètres pris en compte par une modélisation de l'évolution du climat.
- Faire preuve d'esprit critique.

SCHÉMA BILAN — DE L'ÉVOLUTION RÉCENTE DU CLIMAT AU CLIMAT DE DEMAIN

ANIMATION

Mieux connaître les paramètres régissant le climat...

Une estimation **des forçages radiatifs** naturels et de ceux liés aux activités humaines (un forçage radiatif positif tend à garder sur Terre l'énergie reçue du Soleil, un forçage négatif renvoie cette énergie dans l'espace).

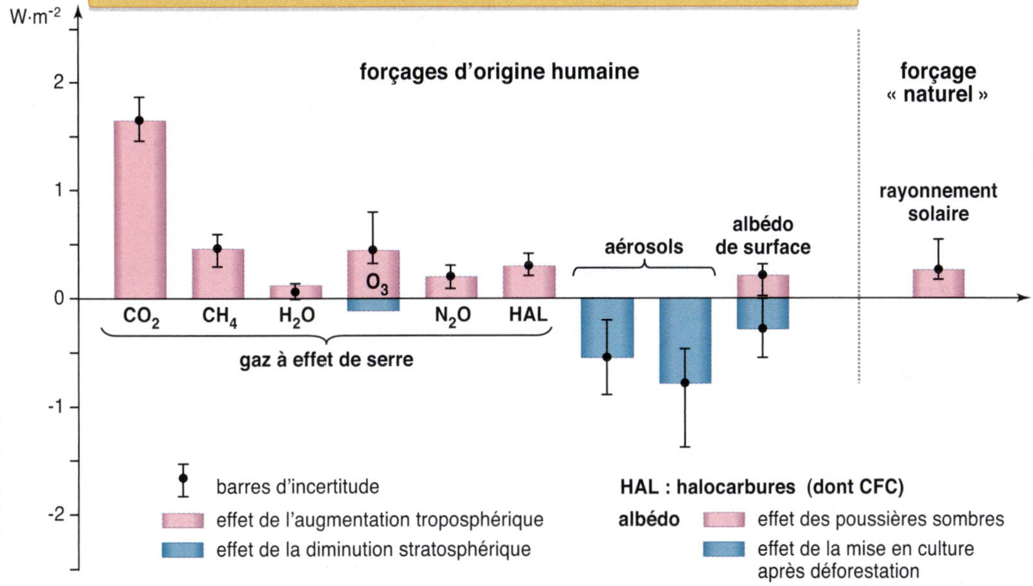

Une meilleure connaissance des **échanges entre atmosphère, biosphère, hydrosphère.**

...pour construire des modèles prédictifs...

...en fonction des différents scénarios d'évolution des émissions anthropiques

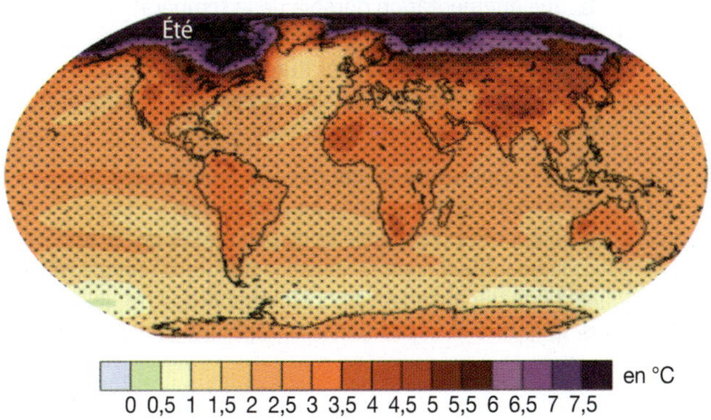

Prévisions d'augmentation de la température pour les mois d'été à l'horizon 2080-2099 (suivant le scénario A1B du GIEC)

...et pour mieux anticiper les incidences...

...sur l'élevage et l'agriculture

...sur la ressource en eau

...sur la montée du niveau marin

...sur la biodiversité

Exercices

Tester ses connaissances

1 Définissez les mots ou expressions

Puits et sources de CO_2, albédo, forçage radiatif, rétroaction positive ou négative.

2 Vrai ou faux ?

Repérez les affirmations exactes et corrigez celles qui sont inexactes.

a. Les gaz atmosphériques à effet de serre exercent un forçage radiatif positif.

b. Le CO_2 est le seul gaz à effet de serre.

c. La photosynthèse interagit avec les paramètres du climat.

d. Les combustions des ressources carbonées fossiles sont les seules sources de CO_2.

3 Argumentez une affirmation

a. Les connaissances scientifiques des mécanismes régissant le climat mais aussi les perspectives d'évolution démographique et socio-économique permettent d'établir des modèles d'évolution climatique.

b. L'augmentation du CO_2 atmosphérique peut entraîner plusieurs rétroactions positives.

4 Complétez un schéma

Complétez le *schéma ci-dessous* en indiquant dans les cercles des signes + (augmentation) ou – (diminution).

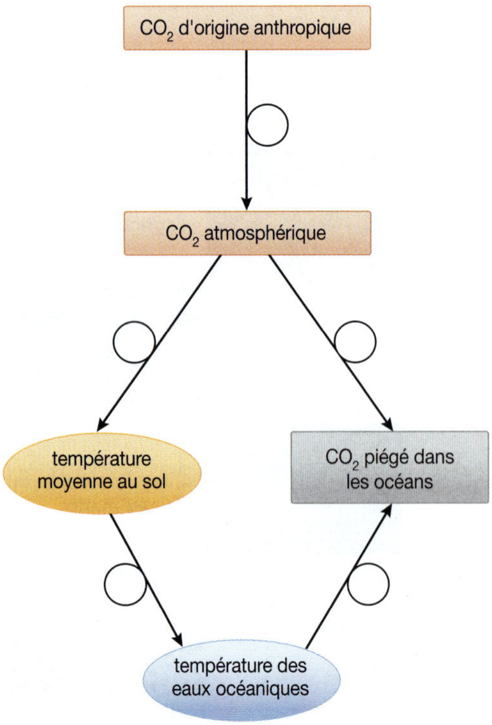

5 Questions à choix multiples QCM

Le *graphe ci-dessous* représente l'évolution du nombre mensuel moyen de taches solaires depuis janvier 2000 (courbe orange), la courbe bleue est une courbe lissée et la courbe rouge est une prédiction admise par une majorité de spécialistes.

On précise que plus le nombre de taches solaires augmente, plus l'intensité du rayonnement solaire est importante.

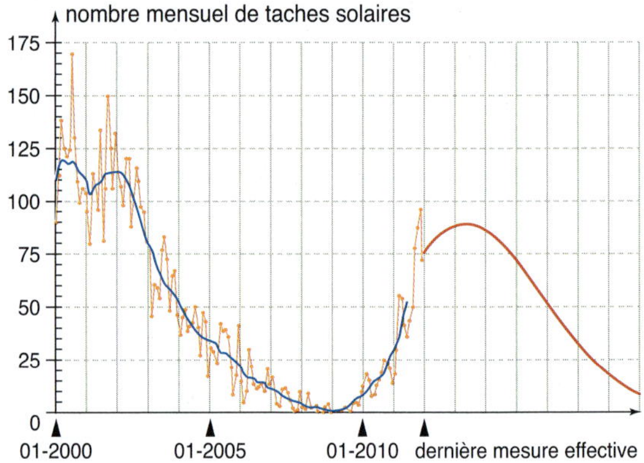

Choisissez la bonne réponse pour chaque série d'affirmations.

1. Les variations climatiques récentes sont dues :

a. uniquement aux effets anthropiques ;

b. uniquement aux variations de l'intensité solaire ;

c. aux effets anthropiques cumulés aux effets naturels ;

d. uniquement aux émissions de gaz à effet de serre.

2. Les prévisions concernant le climat de demain envisagent :

a. une augmentation nulle de la température globale au cours des cent ans à venir ;

b. une augmentation durable de la température globale de 1 à 5 °C sur une durée d'un siècle ;

c. une baisse de la température à partir de 2015 ;

d. une augmentation durable et géographiquement homogène de la température moyenne.

3. La température au sol dépend uniquement de :

a. la quantité d'énergie solaire incidente ;

b. la quantité d'aérosols et de gaz à effet de serre ;

c. la quantité d'énergie solaire incidente, d'énergie réfléchie et d'énergie absorbée par l'atmosphère ;

d. la nature et la position géographique du lieu.

Utiliser ses compétences

6 Les océans, acteurs de l'évolution climatique

Exploiter des documents, raisonner

Exercice TYPE BAC

Les réseaux de mesure maintenus par les scientifiques depuis bientôt 50 ans leur ont permis d'évaluer qu'environ un sixième des émissions anthropiques de CO_2 serait soustraite de l'atmosphère par les océans.

Questions :

1. À partir du document 1, identifiez et caractérisez les échanges se réalisant entre l'atmosphère et les océans.

2. À l'aide des informations tirées de l'ensemble des documents, complétées par vos connaissances, montrez que la capacité d'absorption du carbone par l'océan peut varier sous l'effet du réchauffement climatique.

Document 1 : Les océans, sources et puits de CO_2

Le sens du flux de carbone entre atmosphère et océan dépend des pressions partielles du CO_2 (pCO_2) dans ces deux milieux : si (pCO_2) atmosphérique est supérieure à (pCO_2) océanique, le flux est négatif (l'océan piège du CO_2). Il est positif dans le cas inverse.
Ces flux dépendent des conditions atmosphériques et océaniques, en particulier de la température de l'océan et de la vitesse des vents.

Localisation mondiale (bande de latitude de même surface)	Valeur moyenne du flux en 10^9 t de carbone par an
Au-delà de 50° latitude nord	– 0,29
14° nord à 50° nord	– 0,69
14° nord à 14° sud	+ 0,69
14° sud à 50° sud	– 1,03
50° sud à 62° sud	– 0,05
Au-delà de 62° de latitude sud	+ 0,01

Document 2 : Évolution de la température moyenne des océans

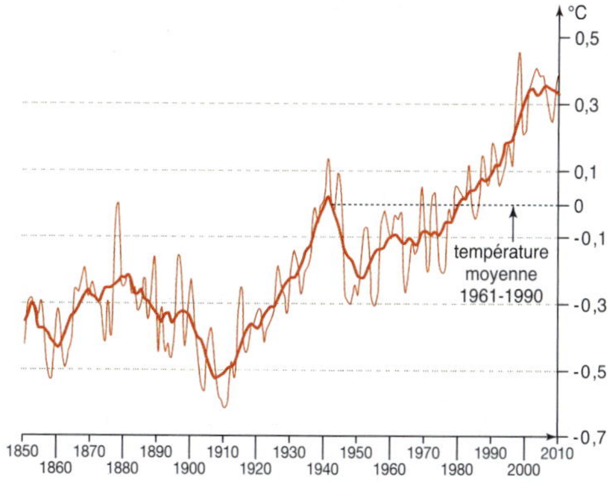

a. Anomalie de température moyenne des océans mesurée en °C (par rapport à la moyenne 1961-1990)

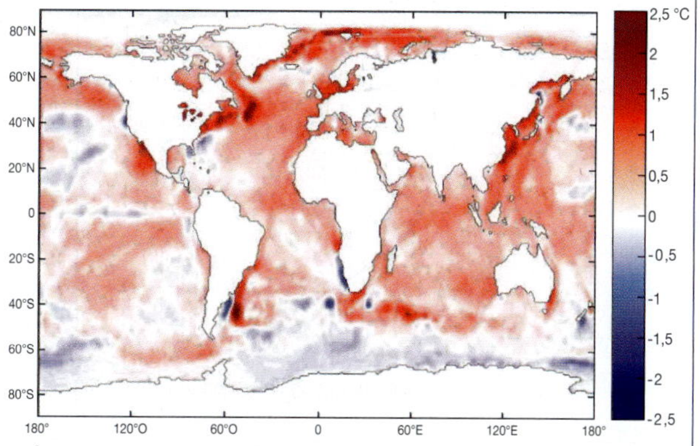

b. Évolution des températures océaniques de surface calculée à partir des mesures mensuelles depuis 1950 pour chaque station de mesures

Document 3 : Vitesse des vents dans la zone 50°-70°S

Des mesures régulières ont permis de mesurer la vitesse des vents dans la zone entre 50° et 70° de latitude sud depuis les années 1950.
Expérimentalement, on a montré qu'une augmentation de la vitesse des vents à l'interface eau-air augmentait les échanges dans le sens de l'eau vers l'air.

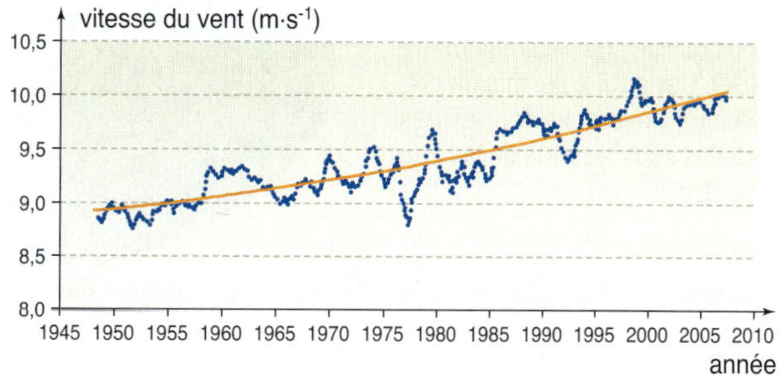

7 Les aérosols, une composante importante du climat

Exploiter des documents, raisonner

Exercice TYPE BAC

L'atmosphère contient de toutes petites particules solides ou liquides en suspension, appelées aérosols. Leur taille varie de quelques nanomètres à presque 100 micromètres soit l'épaisseur d'un cheveu. En moyenne globale, plusieurs millions de tonnes d'aérosols sont émis chaque jour par de multiples sources à la fois naturelles (cendres volcaniques, poussières désertiques, embruns marins) et humaines (fumées d'industrie, gaz d'échappement, poussières...).

Question :

Par une mise en relation des informations extraites des documents, retrouvez les origines des aérosols et leur intervention dans la dynamique climatique.

Document 1 : Éruptions volcaniques et refroidissement

Benjamin Franklin fut le premier à mettre en lumière l'effet direct des aérosols sur le climat. En 1783, alors que l'Islande venait de connaître une forte éruption volcanique, le physicien américain nota l'apparition d'un « brouillard sec » sur la France et émit l'hypothèse que ce brouillard pouvait être la cause de l'hiver glacial que connut l'Europe cette année-là. À cause de cette éruption volcanique, il supposa alors qu'une quantité moins importante d'énergie solaire parvenait au sol. De même, après l'éruption du Mont Pinatubo aux Philippines, en 1991, les observations ont montré que la température moyenne de notre planète avait baissé de 0,5 °C.

Document 2 : Aérosols et caractéristiques des nuages

Des mesures par satellite permettent de suivre les caractéristiques optiques de l'atmosphère. Ainsi, on peut mesurer avec des radiomètres embarqués la densité optique, grandeur proportionnelle à l'opacité des nuages. Il est aussi possible d'évaluer la concentration en aérosols ainsi que le diamètre des gouttelettes d'eau dans les nuages. Un ensemble de relevés a permis d'établir la *graphique ci-dessous.*

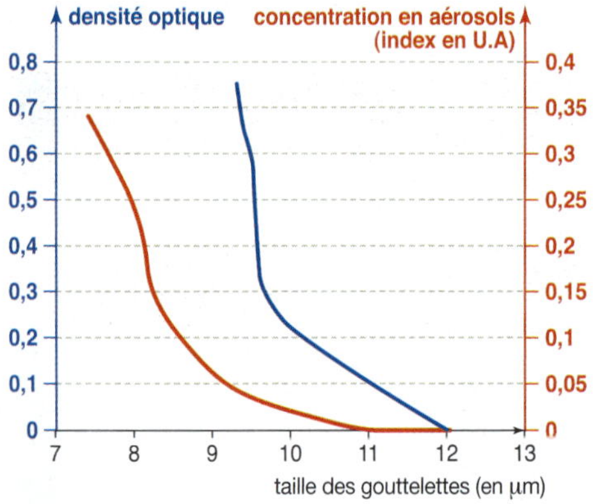

Document 3 : Un des effets des aérosols

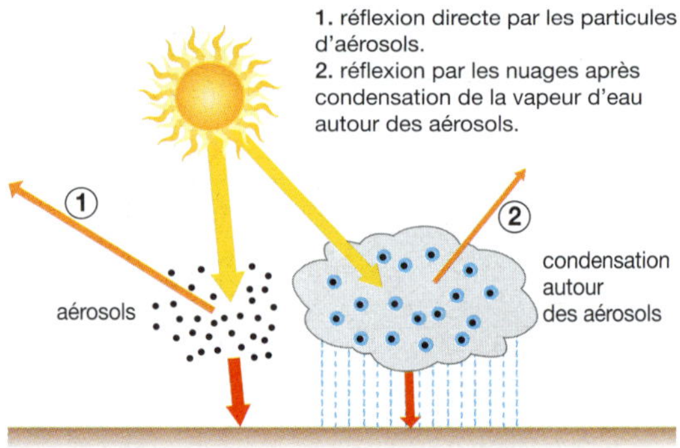

Document 4 : Cartographie de la taille des gouttes dans les nuages, mesurée par le radiomètre Polder

Le projet Parasol est un suivi satellitaire des caractéristiques de la lumière réfléchie par les surfaces terrestres et par l'atmosphère, réalisé grâce au radiomètre Polder. Cet outil a permis de collecter un ensemble de mesures traduites sous la forme de la *carte ci-contre.*

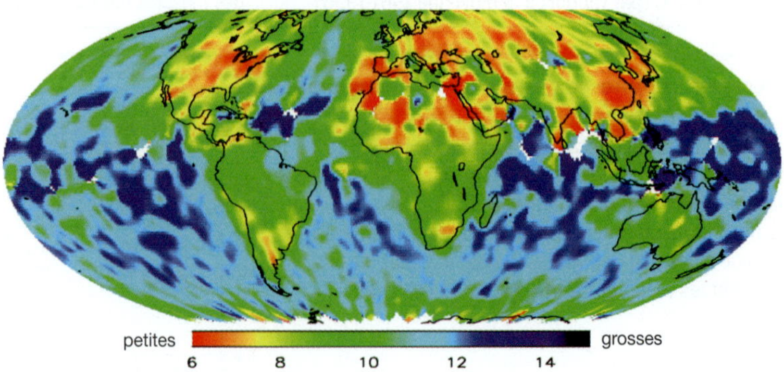

Taille des gouttes dans les nuages

Utiliser ses capacités expérimentales

8 Comprendre une rétroaction positive

Concevoir et réaliser un protocole, communiquer, raisonner

SE PRÉPARER aux épreuves pratiques du BAC

■ Problème à résoudre

L'albédo est le rapport entre l'énergie réfléchie par une surface et l'énergie reçue (incidente). C'est un paramètre important pris en compte pour comprendre les variations passées du climat et anticiper les modifications futures. On souhaite comprendre pourquoi la fonte des glaces polaires peut entraîner une accélération des variations climatiques par rétroaction positive.

■ Conception et réalisation d'un protocole expérimental

- Réalisez diverses mesures d'albédo grâce au radiomètre en suivant les indications de la fiche technique. Justifiez le choix des feuilles de couleur utilisées.
- Concevez le montage permettant de réaliser une mesure de l'énergie absorbée par les deux sables. Indiquez les précautions à prendre dans le protocole.
- Paramétrez le logiciel ExAO et réalisez un enregistrement.
- Utilisez le logiciel « Simclimat » afin de réaliser une simulation sur les effets climatiques des modifications de l'albédo.

■ Exploitation et communication des résultats

- Établissez un protocole expérimental permettant de répondre au problème posé.
- Réalisez l'expérience.
- Vous pouvez réaliser des photographies.

■ Présentation et exploitation des résultats

- Présentez, par exemple sous forme d'un tableau, les résultats de mesures de l'albédo en fonction des différentes surfaces choisies.
- Faites apparaître à l'écran la simulation réalisée à partir du logiciel « Simclimat » et imprimez-le.
- À l'aide du dispositif d'ExAO, obtenez un graphique traduisant l'énergie absorbée par les deux sables et imprimez-le.
- Répondez au problème posé en mettant en relation les trois résultats obtenus.

■ Matériel disponible

- Un poste informatique avec le logiciel « Simclimat » (ou autre).
- Un radiomètre avec une fiche technique et des surfaces de couleur différente (feuilles de couleur noire mate, blanche, brune, verte...).
- Deux cuvettes à dissection remplies de sable noir ou de sable très clair (type sable de Fontainebleau).
- Une chaîne d'acquisition ExAO avec deux sondes et capteurs thermométriques.
- Deux sources de lumière non froide identiques.

Les deux bacs contiennent une épaisseur de sable de 4 cm ; les sondes thermométriques sont placées au fond du bac.

■ Exemples de résultats

Simulation réalisée avec le logiciel « Simclimat »

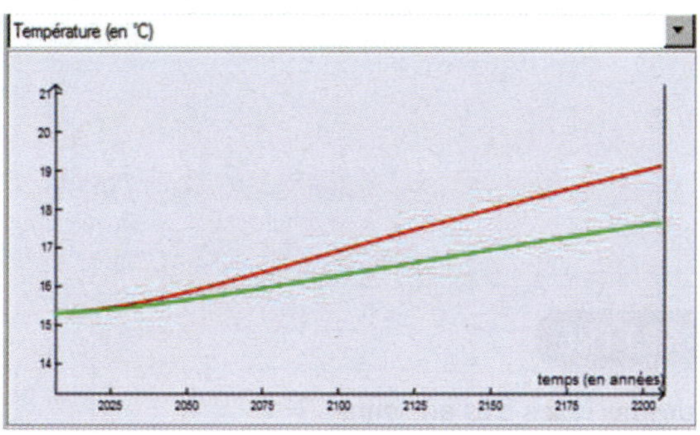

Courbes obtenues avec le *dispositif expérimental photographié ci-dessus*

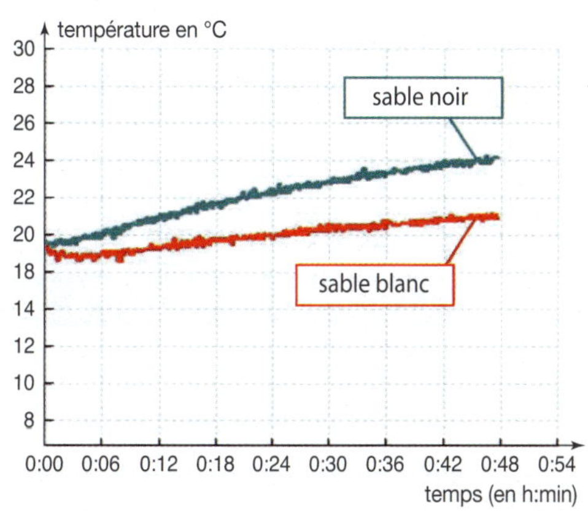

Des DOCUMENTS pour se poser des questions

Craie au MEB

Coccolithophoridé du plancton actuel

Le Crétacé, période de la craie

Cette période est en effet remarquable par l'abondance des dépôts de craie (en latin, *creta*). Cette roche est essentiellement formée par l'accumulation de « coquilles » d'algues microscopiques, les coccolithophoridés (*photographies*). Y a-t-il une relation entre cette abondance de dépôts calcaires et le climat de l'époque ?

Le Crétacé, une période géologique particulièrement chaude

Les fossiles animaux et végétaux datant de cette époque permettent de reconstituer, à l'endroit où ils vivaient, des paysages typiques de climats beaucoup plus chauds qu'aujourd'hui (*photographie page de droite*). Cette conclusion est confirmée par de nombreux autres arguments.

Des changements climatiques aux causes incertaines

Au cours des temps géologiques, le climat terrestre a subi des variations très importantes. On sait par exemple que pendant la majeure partie du Crétacé, il n'y avait pas de calottes glaciaires. Que sait-on des causes de ces variations climatiques ?

LES PROBLÉMATIQUES DU CHAPITRE

- Comment peut-on reconstituer le climat des périodes très anciennes ?
- Quel était par exemple le climat de la Terre à l'époque des dinosaures ?
- Quels facteurs peuvent faire changer le climat sur des millions d'années ?

À la fin du Crétacé, ce dinosaure herbivore, un Styracosaure, vivait en Amérique du Nord. Cette reconstitution montre la luxuriance de la végétation à cette époque.

Le Crétacé : une période particulièrement chaude

LES ACTIVITÉS DU CHAPITRE

1 Des indices sédimentologiques 138

2 Des indices paléontologiques 140

3 Une production abondante de roches carbonatées 142

4 Une intense activité magmatique 144

Des indices sédimentologiques

Reconstituer les conditions climatiques qui régnaient à une période reculée comme le Crétacé ne peut se faire qu'en s'appuyant sur des indices parfois imprécis. *Il s'agit ici de comprendre comment l'analyse de certaines roches sédimentaires et de leurs gisements donne une première indication aux scientifiques.*

A Une première image du Crétacé (vers – 100 Ma)

L'étude des fossiles a permis de reconstituer les caractéristiques principales du monde au Crétacé, période qui s'étend de – 135 à – 65 Ma.

La faune, comme durant les périodes du Mésozoïque qui précèdent le Crétacé, est toujours dominée par les dinosaures. Ils sont très diversifiés et ont conquis tous les milieux.
La flore est maintenant dominée par les plantes à fleurs qui ont supplanté les fougères, groupe végétal prépondérant auparavant. De nombreux indices témoignent de la luxuriance de la végétation à cette époque, en particulier la présence de gisements de charbon (*voir document 5*) dans des régions où le climat actuel ne permettrait pas la formation de tels gisements.

Par ailleurs, il a été possible d'établir que les caractéristiques atmosphériques et donc climatiques étaient également différentes des actuelles (*tableau ci-contre*).

	Crétacé	Actuel
Taux d'O_2	30 % (en volume)	21 %
Taux de CO_2	1700 ppm	390 ppm
Température moyenne	18 °C (ou plus)	15 °C

Gaz atmosphériques et température moyenne du globe au Crétacé

Doc. 1 Le monde au Crétacé, un monde bien différent du nôtre.

Les géologues ont établi que les masses continentales n'occupaient pas les mêmes places qu'aujourd'hui : l'océan Atlantique commence juste à s'ouvrir, l'Inde est encore très au sud, les continents américains Nord et Sud sont séparés, etc. (*planisphère ci-contre*). Sur ce planisphère ont été localisés des affleurements de trois types de roches datées de la période qui nous intéresse ici, c'est-à-dire le Crétacé.
Ces roches sédimentaires ont été choisies en fonction de leur intérêt en tant qu'indices climatologiques.

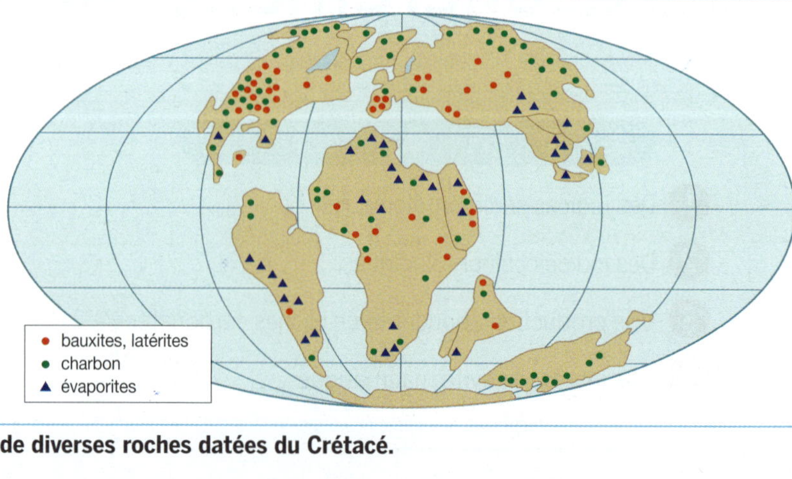

Doc. 2 Localisation et nature de diverses roches datées du Crétacé.

B Des roches révélatrices du climat

La bauxite est un minerai d'aluminium très exploité dans différentes régions du sud de la France. Ces gisements se sont formés au Crétacé moyen, il y a environ 100 Ma. C'est sous un climat tropical, avec alternance de saisons sèches et de saisons très humides, que se forment des **sols rouges** très riches en aluminium à l'origine des bauxites. Sous l'effet d'une altération intense, les minéraux sont hydrolysés ; les éléments solubles (Na, Ca, K ou Mg) sont entraînés par les eaux de ruissellement. Les éléments Al et Fe restent sur place et s'accumulent. Leur oxydation conduit à la formation des bauxites.

Carrière de bauxite près de Bédarieux (Hérault)

Doc. 3 La bauxite.

Plaine saline du Chott el-Jérid dans le Sud tunisien

Dans les lagunes peu profondes alimentées de temps à autre par la mer, l'évaporation intense augmente la concentration des ions dissous dans l'eau. Quand la saturation est atteinte, les sels précipitent en formant des roches appelées **évaporites**. Le gypse ($CaSO_4$) précipite en premier, suivi du sel gemme (NaCl) et des sels de potassium (sylvinite). Actuellement, ce mécanisme est observable en Israël, sur les rivages de la mer Morte, ou dans le Sud tunisien.

Doc. 4 Les évaporites.

Couches de charbon du Crétacé (Colorado, États-Unis)

Si de nombreux gisements de charbon datent du Carbonifère (de – 340 à – 300 Ma), le Crétacé a également été une période favorable à la production de roches carbonées (charbons, pétroles). Le charbon est un bon indicateur climatique car sa formation nécessite une très importante biomasse végétale. C'est le cas sous des climats tropicaux : l'humidité, le fort ensoleillement annuel, sont très propices à la photosynthèse et au développement végétal.
Il faut ensuite que soient réunies les conditions favorables à un enfouissement de cette biomasse et à sa carbonification.

Doc. 5 Les charbons.

Pistes d'exploitation

PROBLÈME À RÉSOUDRE ► Comment reconstituer le climat au Crétacé (– 135 Ma à – 65 Ma) ?

Doc. 1 et 2 Listez les principales différences évoquées ici entre le Crétacé et la période actuelle. Décrivez la répartition en latitude des roches sédimentaires datées du Crétacé.

Doc. 1 à 5 Déterminez le climat global de la Terre au Crétacé. Expliquez pourquoi la conclusion nécessite de faire appel à l'ensemble des documents et non seulement à l'étude d'une roche dans une région donnée.

Lexique, p. 232

Des indices paléontologiques

L'étude des roches sédimentaires datées du Crétacé indique qu'à cette époque la Terre semble être globalement chaude. *Les fossiles permettent de préciser ces conclusions et d'envisager une explication à la survenue de cet épisode très chaud de l'histoire de la planète.*

A Des fossiles significatifs

L'arbre à pain (*photographie*) est originaire d'Océanie. Il a été introduit aux Antilles à la fin du XVIIIe siècle. Il est très abondant sous les tropiques où ses fruits sont consommés pour leur forte teneur en sucre. Cet arbre atypique existe depuis bien longtemps puisqu'on trouve des formes fossiles dans des roches sédimentaires du Crétacé. La surprise est que certains fossiles ont été retrouvés en Alaska !
De la même manière, dans les terrains du Crétacé du Groenland, des fossiles de palmiers ont été découverts.
Enfin, on a la preuve de la présence de forêts sous les plus hautes latitudes, alors, qu'aujourd'hui, la végétation de ces régions est représentée par la toundra.

Doc. 1 Des informations apportées par la paléoflore.

Le Crétacé est une période faste pour le développement des dinosaures même s'ils disparaissent à la fin de cette période du fait d'événements bio-géologiques majeurs. Des fossiles de dinosaures ont été retrouvés à presque toutes les latitudes, même les plus australes, puisque l'on a mis à jour des fossiles de dinosaures à 75° de latitude sud.
Les crocodiliens sont aussi présents en abondance dans les roches sédimentaires du Crétacé. On a, par exemple, mis à jour une forme géante, *Deinosuchus* (« crocodile terrible »), qui fréquentait, à cette époque, certains lacs du nord de l'Amérique. La *photographie ci-contre* permet de comparer la taille de son crâne à celle d'un crocodilien actuel. Des fossiles de crocodiles ont également été retrouvés au sud de l'Inde (qui était alors beaucoup plus au sud qu'aujourd'hui) ainsi qu'en Sibérie.
Enfin, la limite nord de répartition des récifs coralliens se situe aujourd'hui vers 30°N ; elle était de 60°N au Crétacé.

Doc. 2 Des informations apportées par la paléofaune.

B Des indices tirés de l'étude des feuilles fossiles

Le *Ginkgo biloba* est une espèce d'arbre qui a peu varié depuis 200 Ma, ses feuilles ont conservé les mêmes caractéristiques (*photographie* **a**). Sur les feuilles fossiles les mieux conservées, on peut retrouver les stomates comparables à ceux visibles au microscope sur les feuilles actuelles (*photographie* **b**).

Les stomates sont des orifices présents dans l'épiderme des feuilles qui permettent les échanges gazeux entre la plante et le milieu.

a Feuilles de Ginkgo biloba (actuel et fossile)

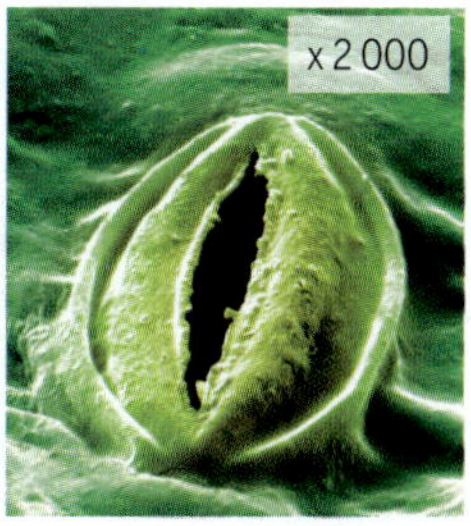

b Un stomate observé au MEB

■ UTILISATION DE L'INDICE STOMATIQUE

On définit l'**indice stomatique** d'une feuille comme le pourcentage de stomates dénombré sur la face inférieure des feuilles par rapport au nombre total de cellules épidermiques (*voir le protocole ci-contre*). Il existe une relation entre cet indice stomatique et le taux de CO_2 atmosphérique comme l'indique le *graphique ci-dessous*.

■ PROTOCOLE

– Recouvrir avec deux couches successives de pansement liquide (ou d'un vernis de protection) une surface d'environ 1 cm² de la face inférieure d'une feuille fraîche de *Ginkgo biloba*.
– Laisser sécher quelques secondes seulement.
– Décoller doucement le film obtenu.
– Poser le film à plat sur une lame.
– Observer sans eau, ni lamelle.
– Photographier puis déterminer l'indice stomatique.

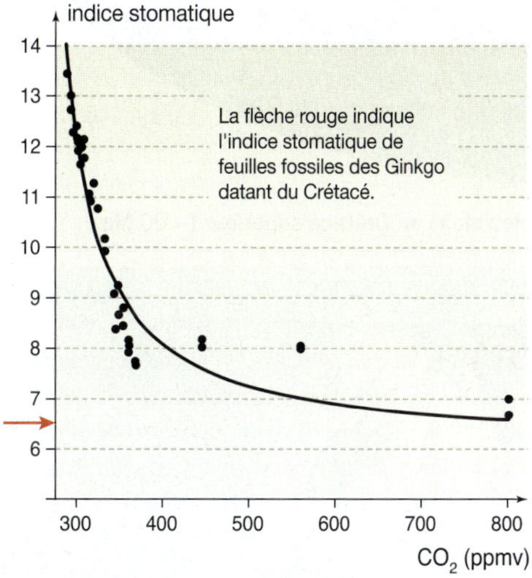

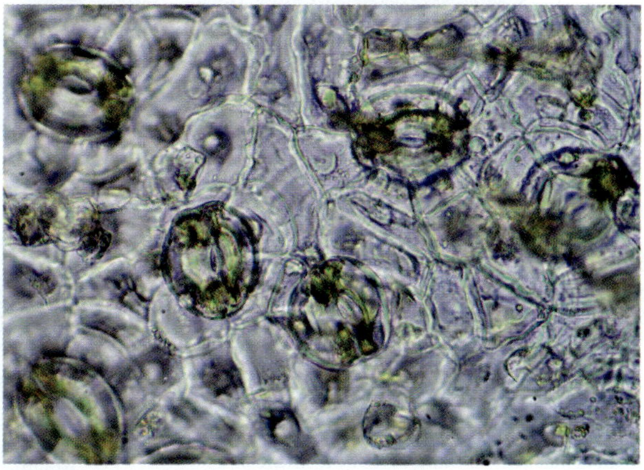

Empreinte de feuille de *Ginkgo biloba* actuel

Doc. 3 **Retrouver le taux de CO_2 à partir de l'observation de l'épiderme des feuilles fossiles.**

Pistes d'exploitation

PROBLÈME À RÉSOUDRE ► **Comment les données paléontologiques permettent-elles de préciser le climat du Crétacé ?**

Doc. 1 et 2 Indiquez en quoi les données paléontologiques (végétales et animales) confirment les conclusions climatiques déduites de l'étude des roches sédimentaires.

Doc. 3 Déterminez l'indice stomatique d'une ou deux feuilles de *Ginkgo biloba* actuel. Déterminez la concentration en CO_2 moyenne du Crétacé et comparez cette concentration avec la concentration actuelle en CO_2 (que vous aurez déterminée grâce à votre mesure d'indice stomatique).

Doc. 1 à 3 Formulez une hypothèse pour expliquer le climat du Crétacé.

Lexique, p. 232

Une production abondante de roches carbonatées

Le nom Crétacé vient du latin *creta*, craie, en référence aux dépôts carbonatés datant de cette époque et retrouvés en abondance en Europe. *Ces deux pages présentent l'étendue de la « mer de la craie » et les caractéristiques de cette sédimentation du Crétacé.*

A L'extension d'immenses plates-formes carbonatées

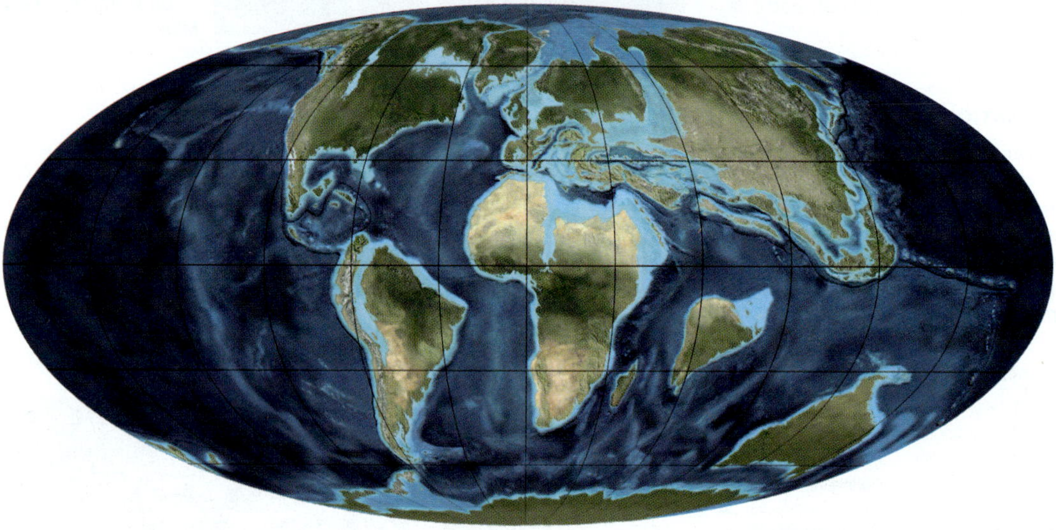

Extension mondiale des plates-formes continentales (en bleu clair) au Crétacé supérieur (– 90 Ma).

Tout au long du Crétacé, la mer envahit les plates-formes continentales. C'est la plus grande **transgression** marine des temps géologiques. À son maximum, on estime que le niveau des océans était 200 à 300 mètres plus haut qu'actuellement. En Europe occidentale, par exemple, ne subsistent que quelques îles (Massif central, Massif armoricain, Cornouailles…). Le même phénomène affecte toutes les autres marges continentales.

Dans ces mers dites **épicontinentales** se déposent des sédiments et notamment d'énormes épaisseurs de craie (*photographie*). La craie est constituée pour une grande part de l'accumulation d'innombrables particules calcaires produites par des algues unicellulaires : les coccolithophoridés (*voir p. 136*). Au Crétacé, leur diversité et leur abondance étaient très grandes. Pendant plusieurs dizaines de millions d'années, ces algues planctoniques vont pulluler et leurs tests se déposer au fond des mers épicontinentales.

Les quantités de roches carbonatées formées sur l'ensemble des plateaux continentaux mondiaux sont véritablement considérables.

Les célèbres falaises du pays de Caux (ci-dessus, la falaise d'Étretat), ainsi que les falaises de Douvres de l'autre côté de la Manche, témoignent, aujourd'hui, de l'énorme accumulation de craie au Crétacé.

Doc. 1 Au Crétacé, la mer avance sur les continents.

B Les conditions de la formation des carbonates

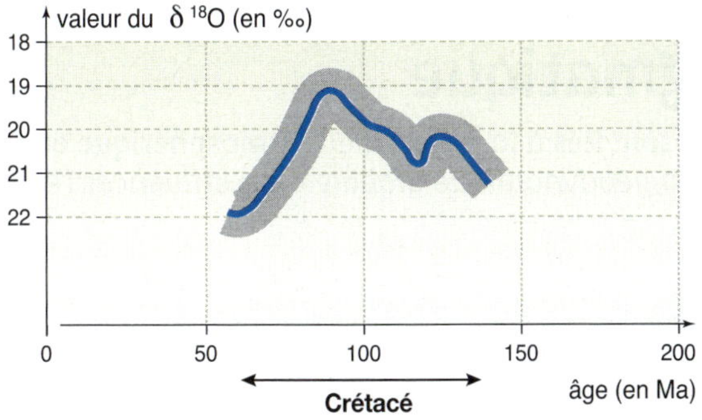

À partir de mesures effectuées sur des carbonates de calcium, il a été possible de déterminer les variations du $\delta^{18}O$ au cours du Crétacé.

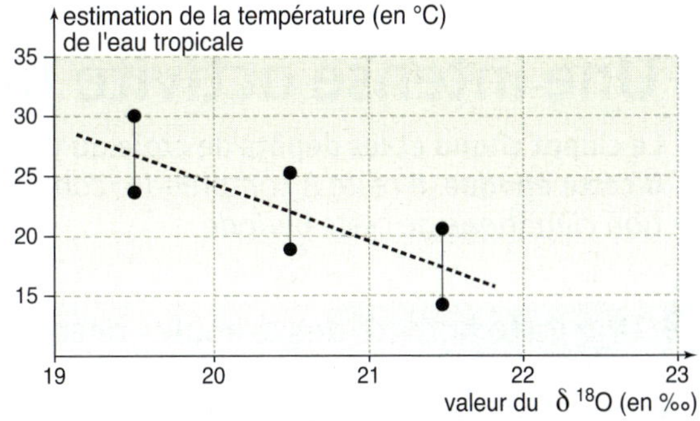

On connaît, par ailleurs, la relation entre les variations de $\delta^{18}O$ marin et la température de l'eau (*graphe ci-dessus*).

Doc. 2 Des océans à la température bien différente des océans d'aujourd'hui.

Des manipulations simples à réaliser permettent d'établir le lien entre le CO_2 et la formation de dépôts carbonatés.

PROTOCOLE

Les trois manipulations présentées ci-dessous sont réalisées successivement.

1. Souffler plusieurs fois dans un tube à essais contenant de l'eau de chaux, $Ca(OH)_2$: en présence du CO_2 de l'air expiré, il se forme un précipité de carbonate de calcium, $CaCO_3$ insoluble.

2. Dans ce même tube, continuer à souffler (plusieurs minutes si nécessaire). Le CO_2 contenu dans l'air expiré va alors réagir avec le $CaCO_3$. Il se forme des ions hydrogénocarbonates HCO_3^- et Ca^{2+}, tous deux solubles.

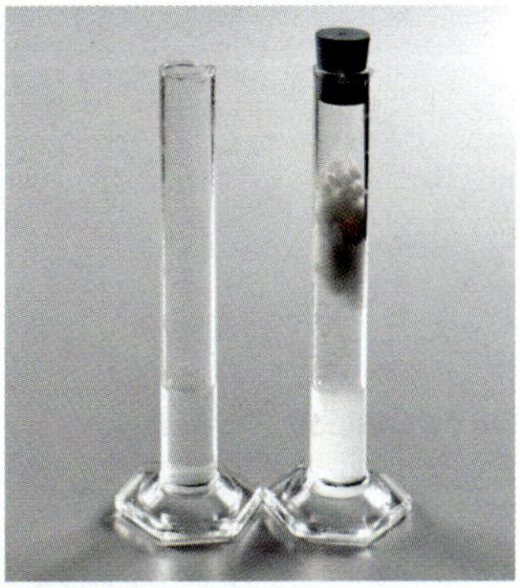

3. Placer dans le tube un tampon de coton soutenant des pastilles de potasse, puis boucher le tube. La potasse est un absorbeur de CO_2. Le résultat de cette absorption est à nouveau la précipitation de $CaCO_3$.

Doc. 3 Comprendre le lien entre précipitation des carbonates et le CO_2.

Pistes d'exploitation

PROBLÈME À RÉSOUDRE ► Quelle a pu être l'influence des conditions climatiques sur la formation de la craie ?

Doc. 1 Décrivez l'extension de la « mer de la craie ».

Doc. 2 Quelle était, approximativement, la température des mers au Crétacé ?

Doc. 3 Écrivez les réactions chimiques (donnez les équations équilibrées) qui se sont déroulées dans l'expérience présentée.

Doc. 3 Expliquez comment se traduit la dissolution et la précipitation des carbonates en termes de libération ou de piégeage de CO_2.

Lexique, p. 232

Une intense activité magmatique

Le climat chaud et les dépôts de craie au Crétacé sont liés à la forte teneur atmosphérique en CO_2 à cette époque. *Il reste à comprendre comment la géodynamique globale a pu influencer l'évolution climatique de cette période.*

A Une forte activité des dorsales océaniques

Jurassique supérieur (-152 Ma)

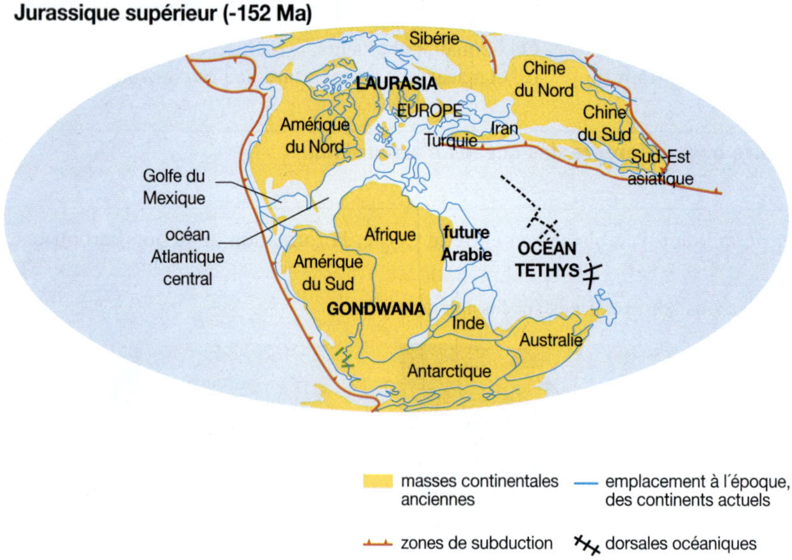

Le Crétacé est une période de bouleversements de la géographie planétaire. La Pangée, masse continentale « monobloc » constituée à la fin du Paléozoïque (–250 Ma) est déjà fragmentée avant le début du Crétacé (*planisphère ci-contre*). Elle va continuer à se morceler au cours du Crétacé du fait de l'extension des domaines océaniques (*planisphère ci-dessous*).

Fin du Crétacé (-95 Ma)

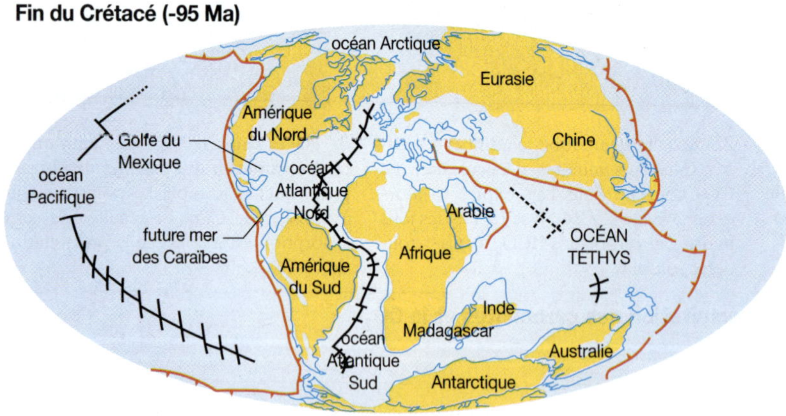

L'ouverture de l'océan Atlantique amorcée dans sa partie nord au Jurassique se poursuit et s'étend au sud. Dans le même temps, la fermeture de la Téthys s'accompagne d'une migration vers le nord du sous-continent indien.

Le Crétacé est donc une période de très forte activité des dorsales océaniques. La production magmatique est énorme : plusieurs millions de km^3 de roches magmatiques se mettent en place chaque million d'années.

Cet afflux considérable de magma à l'aplomb des dorsales a une conséquence : le volume de ces dernières augmente considérablement (on parle d'intumescence thermique). Cette augmentation de volume diminue d'autant le volume libre disponible pour l'eau de mer dans les bassins océaniques.

En outre, tout indique qu'à cette époque il n'existe pas de calottes glaciaires dans les régions polaires.
Ces deux phénomènes (intumescence des dorsales et absence de grandes masses glacées) concourent au même résultat constaté précédemment : les océans débordent sur les marges continentales.

Doc. 1 Le morcellement de la Pangée se poursuit au Crétacé et l'Atlantique continue son expansion.

B Une production exceptionnelle de magmas

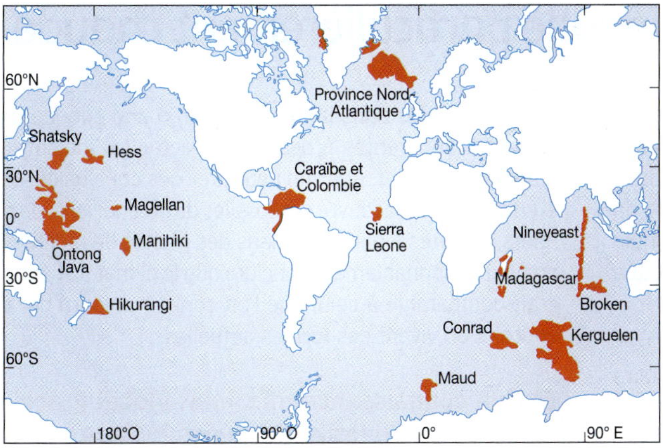

Principales Provinces Volcaniques Géantes (LIP en anglais)

Au début des années 1970, grâce à des prospections sismiques, on découvre dans le Pacifique Ouest au niveau des îles Salomon (Ontong Java), une large portion de croûte océanique épaisse de plus de 30 km (contre 6 à 7 km par ailleurs). Le parallèle est vite établi avec les **trapps** continentaux, vastes étendues de laves empilées formant des falaises en escalier (comme en Sibérie ou en Inde, par exemple). Beaucoup de ces énormes épanchements volcaniques, nommés Provinces Volcaniques Géantes (LIP en anglais), ont été datés du Crétacé (*voir tableau*).
Pour expliquer ces phénomènes volcaniques intenses mais brefs à l'échelle des temps géologiques (environ un million d'années par LIP), on imagine le fonctionnement d'énormes points chauds dont la mise en place serait consécutive au morcellement de la Pangée.

Plateaux océaniques	Âge (Ma)	Surface (10^6 km²)	Épaisseur (km)	Volume de lave rejeté (en 10^6 km³)
Hikurangi	100	0,7	10-15	2,7
Manihiki	123	0,8	20	8,8
Ontong Java	120	1,9	30	44,4
Hess	99	0,8	15	9,1
Caraïbe	88	1,1	20	4,4
Kerguelen	110	1,0	22	6,0
Central Kerguelen/ Broken	86	1,0	20	9,1
Sierra Leone	73	0,9	10	2,5
Maud	73	0,2	10	1,2

Estimation des volumes de lave rejetés au niveau des Provinces Volcaniques Géantes

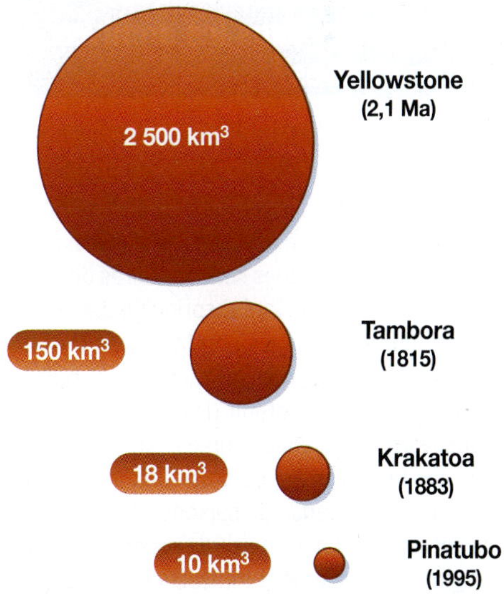

Une comparaison intéressante : les volumes de téphras rejetés lors d'éruptions volcaniques aériennes majeures

Doc. 2 Des provinces volcaniques sous-marines très étendues au Crétacé.

Pistes d'exploitation

PROBLÈME À RÉSOUDRE ► Comment peut-on mettre en relation la géodynamique globale de la Terre avec son évolution climatique au Crétacé ?

Doc. 1 Compte tenu du contexte géodynamique de la Terre au Crétacé, comment pouvez-vous expliquer la transgression marine généralisée observée à cette époque ?

Doc. 2 Sachant que l'ensemble des dorsales produit aujourd'hui 20 km³ de roches magmatiques par an, et qu'un gros volcan comme le Pinatubo produit en moyenne 100 km³ de roches volcaniques par siècle, déterminez l'importance de la production magmatique par les LIP au Crétacé.

Doc. 1 et 2 D'après vos connaissances sur le volcanisme, quel a pu être l'impact de la géodynamique globale du Crétacé sur la composition atmosphérique ? Quel a pu être l'effet du volcanisme sur l'évolution climatique ?

Lexique, p. 232

chapitre 4 Le Crétacé : une période particulièrement chaude

Nous avons vu comment l'analyse des glaces polaires et des archives polliniques permettait de retrouver les variations climatiques au cours d'un passé récent (quelques centaines de milliers d'années). Il est en fait possible de remonter beaucoup plus loin dans le temps, par exemple jusqu'à la période du Crétacé (– 135 à – 65 Ma), à l'époque des dinosaures.

Comment peut-on reconstituer le climat des périodes très anciennes ? Quels sont les facteurs susceptibles de faire changer le climat sur de très longues périodes de temps ?

1 Des conditions climatiques enregistrées dans les archives sédimentaires

Des roches sédimentaires indicatrices du climat

Plus on remonte dans le temps et plus les données accessibles deviennent imprécises. Les archives disponibles sont essentiellement des roches sédimentaires dont la formation est liée au climat. En partant du principe d'actualisme, c'est-à-dire en postulant que les conditions de formation d'une roche donnée sont restées les mêmes au cours des temps géologiques, on peut obtenir des informations d'ordre climatique. Voici quelques exemples. Les roches d'altération, comme les **latérites** ou les **bauxites**, indiquent un climat tropical avec alternance de saisons sèches et humides, en milieu continental. La présence de **roches coralliennes** dans une région est également indicatrice d'un climat tropical, mais en milieu marin. Le **charbon** témoigne de conditions équatoriales humides propices à l'installation d'une forêt très exubérante. Les roches d'évaporation ou **évaporites** (gypse, sel gemme, potasse...) révèlent, au contraire, un climat très aride.

La recherche de telles roches indicatrices de conditions climatiques et datées d'une époque donnée (le Crétacé, par exemple) permet ainsi d'avoir une idée générale du climat régnant à cette époque.

Des fossiles indicateurs climatiques

La paléoflore et la paléofaune peuvent, elles aussi, apporter des informations. Le principe d'actualisme peut toutefois paraître plus délicat à appliquer : si les exigences climatiques des végétaux ou des animaux actuels sont faciles à constater, comment être sûr que celles de fossiles proches étaient les mêmes ? C'est en constatant que des fossiles variés, présents dans la même région à une époque donnée, sont apparentés à des formes actuelles indicatrices d'un même climat, que l'on peut tirer des conclusions. Par exemple, si l'on découvre des fossiles de crocodiliens, de palmiers, d'arbres à pain, etc., dans des roches de même âge, on peut raisonnablement conclure que le climat de l'époque était comparable à celui que l'on connaît aujourd'hui aux endroits où vivent ces formes actuelles.

Une connaissance du climat global grâce à la répartition latitudinale des indices

À partir du magnétisme rémanent enregistré par certaines roches comme les basaltes, il est possible de retrouver à quelle latitude se trouvait une telle roche au moment de sa mise en place. Grâce à ces données paléomagnétiques, les scientifiques peuvent donc, pour un continent donné, reconstituer sa position à différentes époques. Lorsqu'on dispose de fossiles et de roches datant d'une même époque, il est possible de préciser sous quelles latitudes ils se sont déposés.

De telles études montrent qu'au Crétacé, les roches ou les fossiles indicateurs de climat chaud se retrouvent à de hautes latitudes, aussi bien dans l'hémisphère Nord que dans l'hémisphère Sud. Des charbons, par exemple, ont été formés à plus de 60° de latitude (*rappel* : les cercles polaires ont une latitude de l'ordre de 66°). Des bauxites se sont déposées à la latitude actuelle de la France ou du Canada. Des crocodiles, des arbres à pain ont été retrouvés au Groenland qui était, à l'époque, dans une position géographique proche de l'actuelle. Aucune trace de glaciers n'a en outre été retrouvée au Crétacé. Il n'y avait donc probablement aucune calotte glaciaire sur la Terre. Le climat du Crétacé était donc globalement beaucoup plus chaud que le climat actuel.

2 Des conditions climatiques liées au taux de CO_2 atmosphérique

Un taux de CO_2 atmosphérique important au Crétacé

Si les bulles d'air emprisonnées dans les glaces des pôles fournissent des informations directes sur la teneur de l'atmosphère en CO_2 jusqu'à – 800 000 ans environ, il faut, pour des périodes plus anciennes, faire appel à des méthodes indirectes. Par exemple, pour la période du Crétacé, une méthode consiste à dénombrer les stomates sur des feuilles fossiles. Les stomates sont des orifices présents dans l'épiderme des feuilles. Ils permettent les échanges gazeux entre la plante et le milieu. Expérimentalement, des chercheurs ont montré que plus le taux de CO_2 atmosphérique est important et moins il y a de stomates dans l'épiderme des feuilles (l'**indice stomatique**, c'est-à-dire le pourcentage de stomates dénombré sur la face inférieure des feuilles par rapport au nombre total de cellules épidermiques, est faible). En considérant des espèces ayant peu varié depuis le Crétacé, comme par exemple le *Ginkgo biloba*, il est possible de comparer l'indice stomatique de feuilles fossiles datant du Crétacé à celui de feuilles actuelles. Cette comparaison montre que le taux de CO_2 du Crétacé était cinq fois supérieur au taux actuel.

Une température déduite des carbonates marins

De nombreux organismes marins, les foraminifères par exemple, fabriquent un squelette externe, sorte de « coquille », formé de carbonate de calcium ($CaCO_3$). Lors de la synthèse de cette coquille, ils incorporent dans le carbonate de calcium ^{16}O et ^{18}O dans les mêmes proportions que celles existant dans l'eau de mer environnante. À partir de mesures effectuées sur des carbonates de calcium, on a déterminé les variations du $\delta^{18}O$ au cours du Crétacé. Ce paramètre est un indicateur thermométrique : plus la température de l'eau est élevée, plus le $\delta^{18}O$ marin diminue. Or, sa valeur décroit (– 3 ‰) durant tout le Crétacé inférieur et une bonne partie du Crétacé supérieur. La température océanique a donc augmenté durant toute cette période (– 135 à – 80 Ma). Les spécialistes pensent que les eaux tropicales ont présenté un réchauffement de 7 à 8 °C. La fin du Crétacé est néanmoins marquée par un refroidissement climatique.

Une effet de serre qui entretient un climat globalement chaud

On attribue aux fortes teneurs en CO_2 atmosphérique, le réchauffement global du climat au Crétacé. C'est un afflux important de CO_2 dans l'atmosphère qui, en accentuant l'effet de serre, est à l'origine de ce réchauffement climatique. Le phénomène a d'ailleurs été amplifié par un mécanisme qui régit les échanges gazeux entre océan et atmosphère : plus la température océanique est élevée, moins le CO_2 est soluble dans l'eau. Ainsi, à partir du Crétacé inférieur, plus la température s'est élevée et plus le CO_2 dissous dans les océans a diffusé dans l'atmosphère, augmentant ainsi l'effet de serre. Cet effet amplificateur a probablement joué un grand rôle dans le réchauffement climatique constaté à cette période. Il reste néanmoins à comprendre l'origine de l'apport exceptionnel de CO_2 dans l'atmosphère au Crétacé inférieur. Comment le réchauffement climatique a-t-il été initié ?

3 Des conditions climatiques déterminées par un contexte géodynamique

Une intense activité des dorsales océaniques

Le Crétacé inférieur est caractérisé par une activité tectonique remarquable. C'est l'époque où l'océan Atlantique commence à s'ouvrir (d'abord dans sa partie nord, ensuite dans sa partie sud). Il en est de même pour l'océan Indien : la dorsale dite de Carlsberg se met en place, permettant à l'Inde de débuter sa progression vers le nord.

Le Crétacé est donc une période marquée par une intense activité des dorsales océaniques. La production magmatique est énorme : ce sont plusieurs millions de km^3 de roches qui vont se mettre en place à chaque million d'années. En conséquence, d'immenses quantités de CO_2 vont se dégager puis diffuser de l'eau des océans vers l'atmosphère.

Une intense activité de certains points chauds

Le Crétacé, notamment le Crétacé inférieur, est aussi marqué par une extraordinaire **activité des points chauds**. Cela se traduit par la mise en place d'énormes épanchements volcaniques nommés « provinces volcaniques géantes » (LIP en anglais). La plus importante se trouve dans le Pacifique Ouest au niveau des îles Salomon (Ontong Java). Il s'agit d'une large portion de croûte océanique (large comme un tiers de l'Australie !) épaisse de plus de 30 km (contre 6 à 7 km normalement). Cette activité est exceptionnelle : la matière émise à cette occasion correspond à celle de l'ensemble des dorsales pendant trois millions d'années ! La quantité de CO_2 émise par ces points chauds durant le Crétacé a donc été elle aussi considérable.

C'est donc le contexte géodynamique (l'importante activité magmatique des dorsales et les gigantesques éruptions au niveau de certains points chauds), qui explique, par une production accrue de CO_2 et un effet de serre augmenté, le climat globalement très chaud du Crétacé.

chapitre 4 Le Crétacé : une période particulièrement chaude

À RETENIR

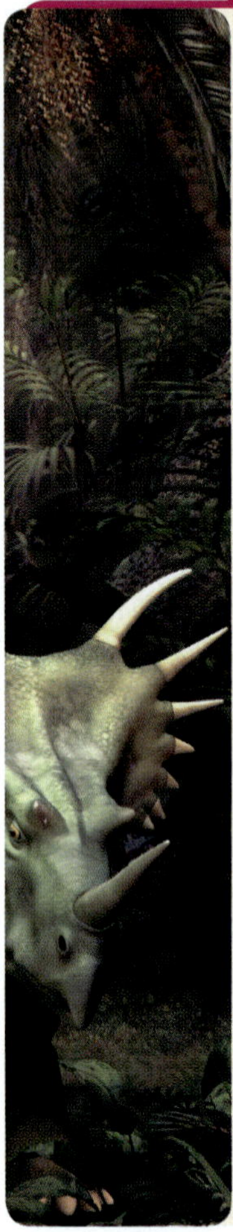

Différents indices permettent de reconstituer le climat du Crétacé (de – 135 – 65 Ma), climat très différent du climat actuel de la Terre.

Les roches sédimentaires révèlent les conditions climatiques passées

On reconstitue les climats des époques très anciennes en étudiant la répartition latitudinale de certaines roches sédimentaires qui se forment dans des conditions climatiques précises (**charbons, évaporites, bauxites**). On applique ainsi le **principe d'actualisme** : on postule que les conditions de formation d'une roche donnée sont restées les mêmes au cours des temps géologiques. L'étude des fossiles confirme les données sédimentologiques.

Le climat du Crétacé était globalement beaucoup plus chaud qu'aujourd'hui

Au Crétacé, les **roches indicatrices de climat chaud** se retrouvent à de **hautes latitudes** aussi bien dans l'hémisphère Nord que dans l'hémisphère Sud. Des crocodiles, des arbres à pain, par exemple, ont été retrouvés au Groenland dont on démontre par ailleurs que sa position sur le globe a peu changé depuis cette époque. Le **climat du Crétacé** était donc globalement beaucoup plus chaud que le climat actuel.

Le taux de CO_2 atmosphérique élevé explique le climat chaud du Crétacé

L'analyse de l'**indice stomatique** des feuilles fossiles indique que le taux de CO_2 atmosphérique du Crétacé était **cinq fois supérieur** au taux actuel. L'effet de serre de la planète était donc bien plus élevé, ce qui explique son climat **globalement plus chaud**. Les mesures de $\delta^{18}O$ dans les carbonates révèlent une température des eaux tropicales de 7 à 8 °C plus élevée qu'aujourd'hui.

Le contexte géodynamique explique les conditions climatiques

La présence accrue de CO_2 dans l'atmosphère est liée au contexte géodynamique du Crétacé. L'intense activité magmatique des **dorsales** et des **points chauds** s'accompagne d'une forte libération de CO_2.

Tous ces phénomènes ont produit une énorme quantité de CO_2 qui a diffusé de l'eau des océans vers l'atmosphère et **réchauffé le climat en augmentant l'effet de serre.**

Mots-clés

- Indicateurs climatiques
- Effet de serre
- CO_2
- Carbonates
- Indice stomatique
- Transgression
- Provinces volcaniques géantes

Capacités et attitudes

- Recenser, extraire et organiser des informations pour comprendre :
  – comment reconstituer un climat très ancien ;
  – l'origine des variations climatiques sur de grandes périodes de temps.
- Observer des échantillons pour comprendre en quoi une roche peut être indicatrice du climat.
- Utiliser le microscope pour déterminer un indice stomatique.
- Manipuler et exploiter des informations, pour rechercher l'origine de l'augmentation du taux de CO_2 au Crétacé.

LE CRÉTACÉ, UNE PÉRIODE PARTICULIÈREMENT CHAUDE

Animation

Un climat globalement chaud enregistré dans les roches sédimentaires du Crétacé

	Crétacé	Actuel
Taux d'O_2	30 % (en volume)	21 %
Taux de CO_2	1700 ppm	390 ppm
Température moyenne	18 °C (ou plus)	15 °C

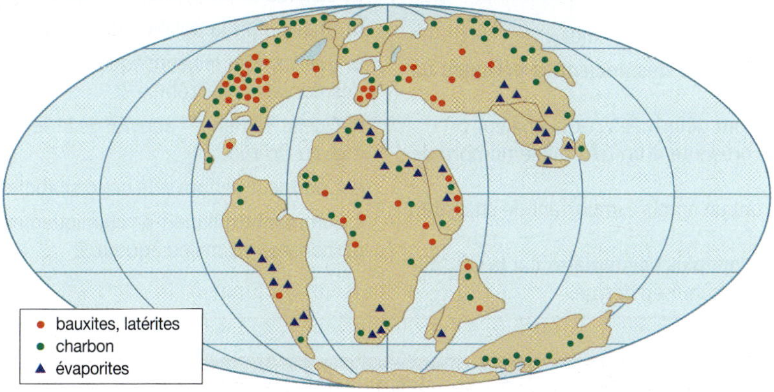

Une activité géologique qui produit du CO_2 et réchauffe le climat par effet de serre

Une activité intense des dorsales océaniques (ouverture de l'Atlantique) + Une production exceptionnelle de magmas par les points chauds → Très grande libération de CO_2 dans l'eau des océans

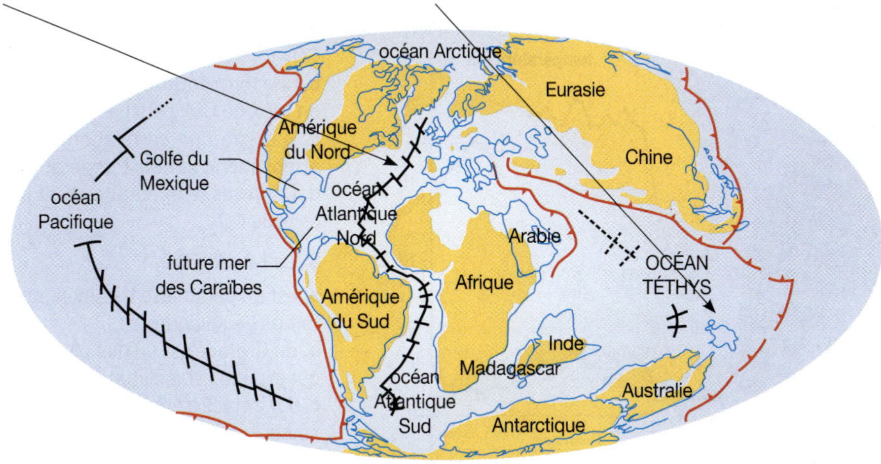

Diffusion accrue du CO_2 de l'eau des océans vers l'atmosphère → Enrichissement de l'atmosphère en CO_2 → Accroissement de l'effet de serre et réchauffement du climat

Tester ses connaissances

1 Définissez les mots ou expressions

Bauxite, évaporites, charbon, Crétacé, transgression marine, coccolithophoridés, indice stomatique.

2 Questions à choix multiples QCM

Choisissez la bonne réponse pour chaque série d'affirmations.

1. Au Crétacé :
a. il y avait des palmiers dans la zone arctique ;
b. il y avait des calottes glaciaires sur la Terre ;
c. l'océan Atlantique n'existait pas ;
d. le Groenland était en position tropicale.

2. On peut retrouver la trace des anciennes périodes de climat chaud car :
a. les feuilles fossiles sont déformées par la chaleur ;
b. les feuilles fossiles présentent un très faible nombre de stomates ;
c. les feuilles fossiles ont un nombre important de stomates dans leur épiderme ;
d. les feuilles fossiles n'ont plus de stomates car le CO_2 diffuse directement à travers leur épiderme.

3. Les roches sédimentaires nous informent sur les climats passés :
a. les bauxites indiquent un climat chaud mais sec ;
b. les évaporites indiquent un climat aride ;
c. les bauxites révèlent un ancien climat tempéré ;
d. les charbons témoignent de conditions climatiques froides.

3 Questions à réponse courte

a. Comment peut-on reconstituer des climats vieux de plus de 100 Ma ?

b. Quelle était la position des continents au Crétacé ?

c. Quelles sont les conséquences de la variation de volume des dorsales au Crétacé ?

d. Quelle influence l'activité de la Terre a-t-elle eu sur le climat au Crétacé ?

e. Comment se forme la craie si abondante au Crétacé ?

f. Comment explique-t-on chimiquement la précipitation des carbonates en milieu aqueux ?

Utiliser ses compétences

4 Une modélisation de l'évolution de la température et du taux de CO_2 QCM

Raisonner à partir d'un texte et d'un graphique

On se propose d'étudier le modèle de Berner. Ce chercheur a compilé un grand nombre de données (fossiles, indices stomatiques, roches sédimentaires, etc.) pour modéliser l'évolution de la température et du taux de CO_2 atmosphérique au cours des temps géologiques.

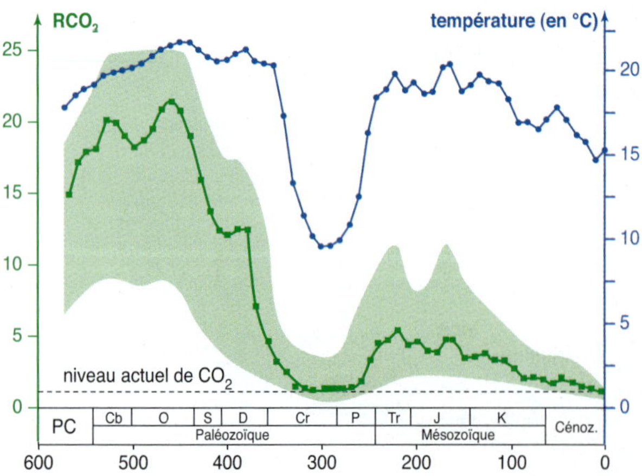

PC : Précambrien
Cb : Cambrien
O : Ordovicien
S : Silurien
D : Dévonien
Cr : Carbonifère
P : Permien
Tr : Trias
J : Jurassique
K : Crétacé

$$RCO_2 = \frac{\text{masse de } CO_2 \text{ atm. au temps t}}{\text{masse de } CO_2 \text{ actuel (300 ppm)}}$$

Questions à choix multiples

Choisissez la bonne réponse pour chaque série d'affirmations.

1. D'après le modèle de Berner, on peut dire que :
a. la température est proportionnelle au taux de CO_2 ;
b. une température inférieure à l'actuelle est liée à un taux de CO_2 plus bas qu'aujourd'hui ;
c. il existe une corrélation entre le taux de CO_2 atmosphérique et la température ;
d. les fortes températures sont liées aux plus forts taux de CO_2.

2. Le taux de CO_2 :
a. est un paramètre très bien mesuré au cours des temps géologiques ;
b. du Crétacé est un des plus forts de l'histoire, ce qui explique son climat ;
c. du Crétacé a été associé à une période plus froide au cours du paléozoïque ;
d. diminue régulièrement au cours des temps géologiques.

5 Des changements climatiques à l'époque de la Pangée

Exercice TYPE BAC

Mettre en relation des informations, raisonner

Le climat n'a pas toujours été ce qu'il est aujourd'hui. Au cours des temps géologiques, de longues périodes froides et de longues périodes de réchauffement se sont succédé. L'étude du Crétacé nous a montré que les variations climatiques à l'échelle des temps géologiques étaient liées à l'activité interne de la Terre, à la tectonique des plaques. Une période de l'histoire de notre planète est particulièrement marquante : celle de la constitution de la Pangée qu'avait imaginée Alfred Wegener au début du XXe siècle et qui l'avait conduit à développer sa théorie de la « dérive des continents ». À partir de ce que l'on connaît du climat de ces époques (Permien et Trias, – 300 à – 200 Ma), on peut se demander quel impact a pu avoir l'activité interne du globe alors que tous les continents étaient soudés en un même bloc.

Question :

À partir de la mise en relation des différents documents et de vos connaissances, caractérisez le climat à l'époque du Permien et à l'époque du Trias, puis proposez une hypothèse explicative aux changements observés.

Document 1 : Les roches indicatrices du climat datées du Permien (– 295 à – 250 Ma). Taux de CO_2 deux fois plus important qu'aujourd'hui.

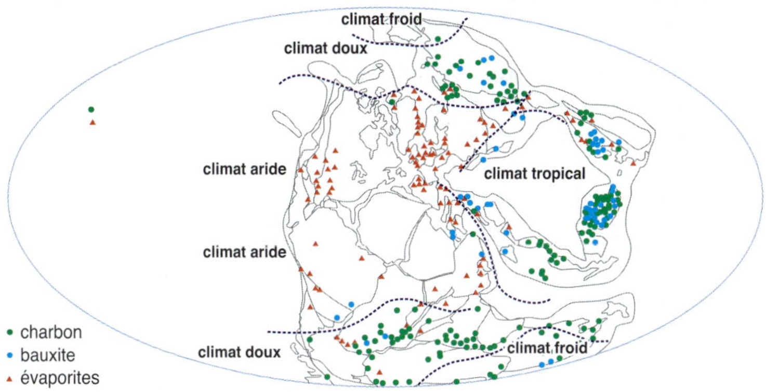

Document 2 : Les roches indicatrices du climat datées du Trias (– 250 à – 200 Ma). Taux de CO_2 cinq fois plus important qu'aujourd'hui.

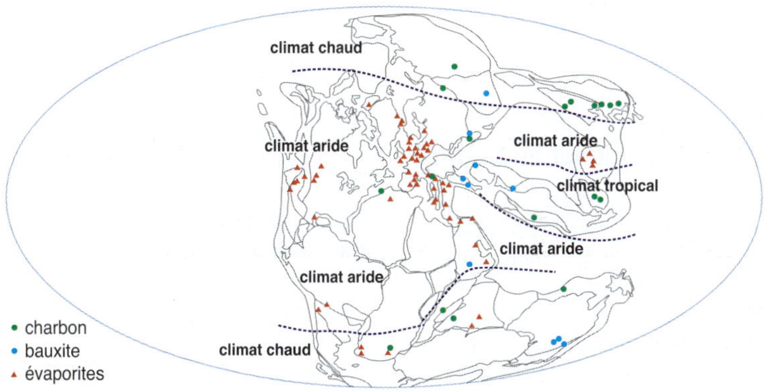

Document 3 : Des traces d'activités volcaniques au Permien et au Trias

A : Trapps d'Emei shan
B : Volcanisme explosif du Sud-Primorie
C : Trapps de Sibérie

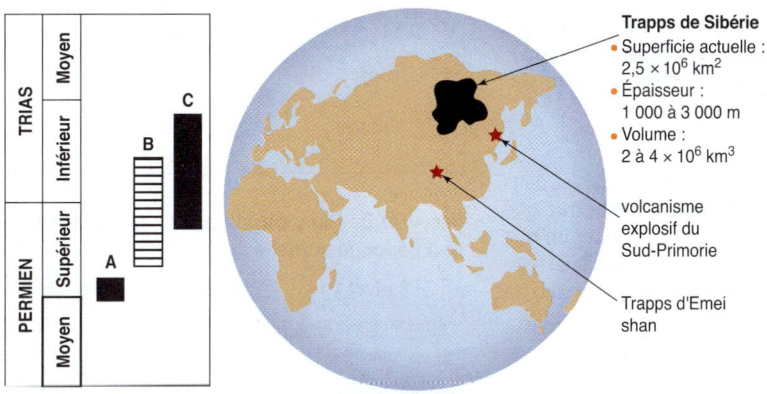

D'après Lethiers, Évolution de la biosphère et événements géologiques.

6 L'évolution du climat depuis le Crétacé

Document 1 : $\delta^{18}O$ dans les carbonates

L'analyse des isotopes stables de l'oxygène dans de multiples tests carbonatés fossiles a permis d'établir les variations du $\delta^{18}O$ marin depuis la fin du Crétacé (*graphique ci-dessous*). En bleu, le document présente le domaine de températures permettant la présence de calottes glaciaires au niveau des pôles. On rappelle qu'une diminution du $\delta^{18}O$ dans les carbonates correspond à un réchauffement climatique.

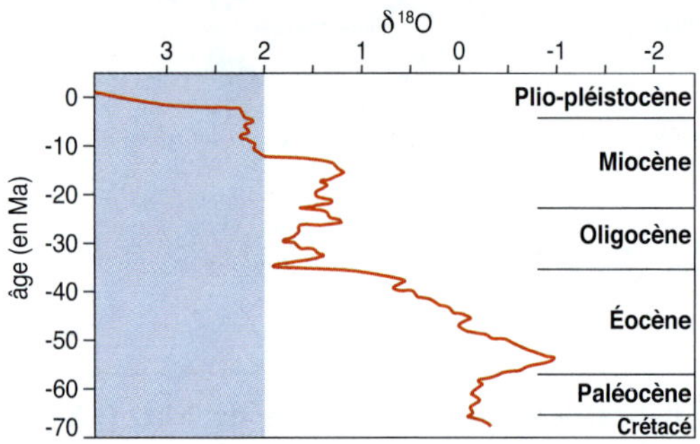

Saisir des informations, raisonner

Document 2 : Activité des dorsales océaniques

Étage	Volume de laves émises par les dorsales (millions de km^3)
Plio-pléistocène	2,3 x 10^7
Miocène	2,5 x 10^7
Oligocène	1,3 x 10^7
Éocène	2 x 10^7
Paléocène	3 x 10^7
Crétacé	7 x 10^7

Questions :

1. Comment le climat de la Terre a-t-il évolué depuis le Crétacé ?
2. Proposez une hypothèse pouvant expliquer les changements climatiques observés.
3. À grande échelle de temps, comment pouvez-vous qualifier la période actuelle par rapport aux périodes passées ?

7 Albédo et climat au Crétacé

Saisir des informations, raisonner

A partir de données très indirectes (fossiles, roches indicatrices de conditions climatiques), des chercheurs américains (Barron et Washington en 1985) ont proposé un modèle climatique pour le Crétacé. Ils proposent, pour chaque latitude, une température moyenne de surface. Dans le *document 1*, ce modèle est confronté aux températures actuelles.

On se propose de comprendre les écarts observés en confrontant ces observations à différentes caractéristiques de la surface de notre planète (*document 2*).

Question :

À partir des informations saisies dans ces deux documents, montrez que l'albédo terrestre a pu jouer un rôle dans l'établissement d'un climat, globalement et durablement chaud au Crétacé.

Document 1 : Températures en fonction de la latitude, au Crétacé et à l'époque actuelle

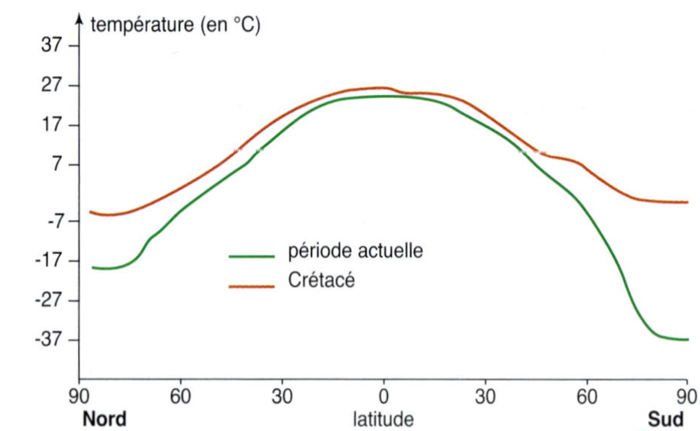

Document 2 : Caractéristiques de la surface terrestre au Crétacé et à l'époque actuelle

Surface	Crétacé	Période actuelle	Albédo
Terres émergées	18 %	29 %	15 à 50 %
Terres immergées	82 %	71 %	5 à 10 %
Glaces	0	20 x 10^6 km^2	> 90 %

8 Une période au climat très différent : le Carbonifère

Mettre en relation des informations, raisonner

En Afrique de l'Ouest, mais aussi en Australie, en Inde, ou au Brésil, on a repéré des tillites (des roches formées suite à l'action érosive des glaciers) datées du Carbonifère (– 360 à – 300 Ma). Ces roches témoignent de conditions climatiques différentes d'aujourd'hui dans ces pays.

En Europe, en revanche, le Carbonifère est caractérisé par ses gisements de charbon qui témoignent de conditions climatiques plus clémentes.

À cette période succède le Permien (– 300 à – 250 Ma) qui est une époque caractérisée par un climat chaud.

Question :

À l'aide des documents et de vos connaissances, discutez de l'influence de la tectonique des plaques sur le climat de la planète du Carbonifère au Permien.

Document 1 : Position des continents au Carbonifère supérieur (– 300 Ma)

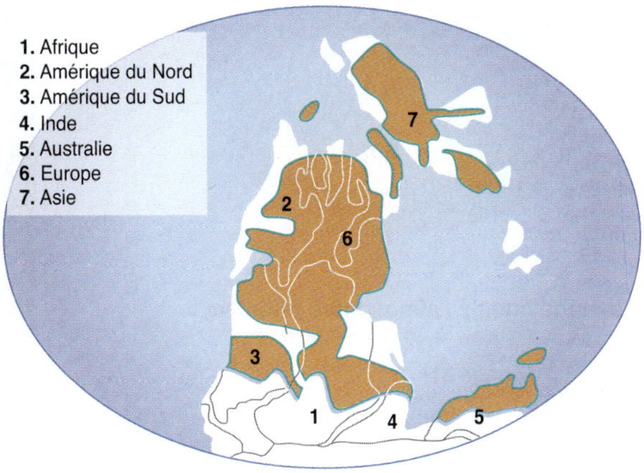

Document 2 : Variation du taux de CO_2 au Carbonifère et au Permien et piégeage de la matière organique

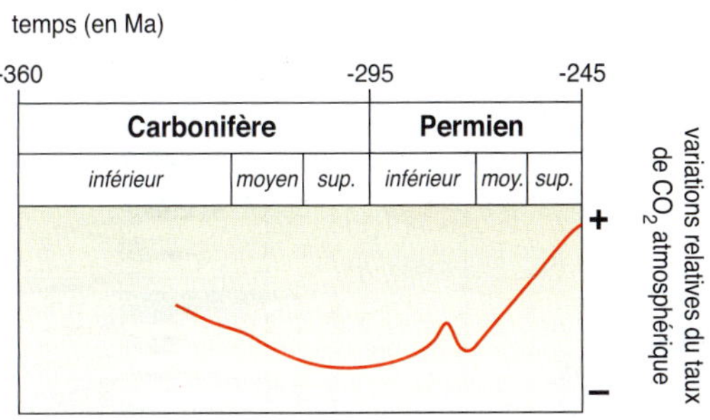

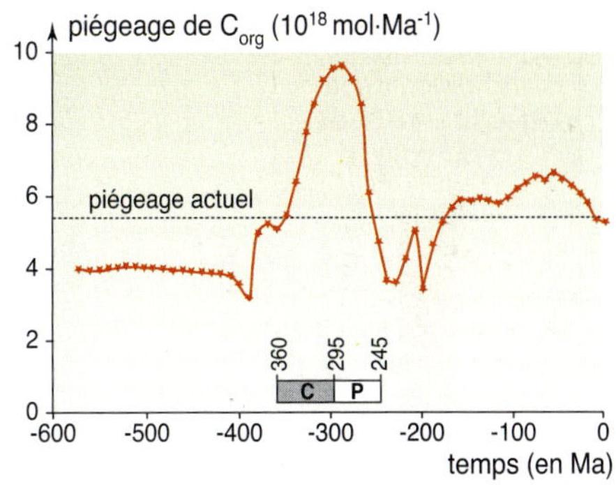

Document 3 : Activité tectonique

Il y a 320 Ma, dans tout ce qui deviendra l'Europe, une immense chaîne de montagnes se met en place. Cette chaîne, dite hercynienne, sera démantelée par l'érosion en 50 Ma. Cette orogenèse aurait pu jouer un grand rôle dans l'évolution climatique de la période car on sait que l'altération des roches est un facteur important de consommation du CO_2 atmosphérique.

La fin du Carbonifère est marquée par une fracturation des continents aplanis par l'érosion accompagnée d'une phase importante de volcanisme.

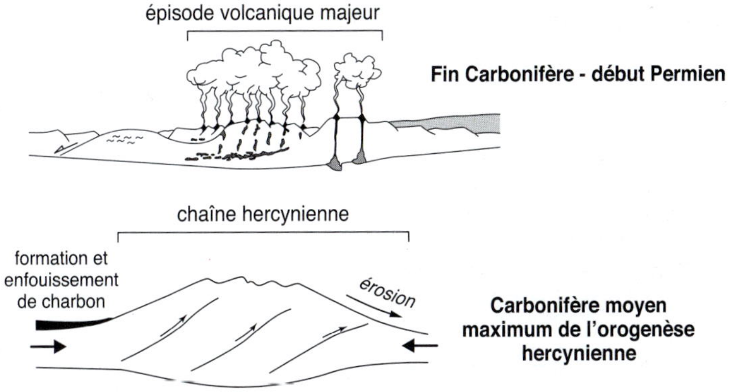

Atmosphère, hydrosphère, climats : du passé à l'avenir

Une atmosphère primitive réductrice

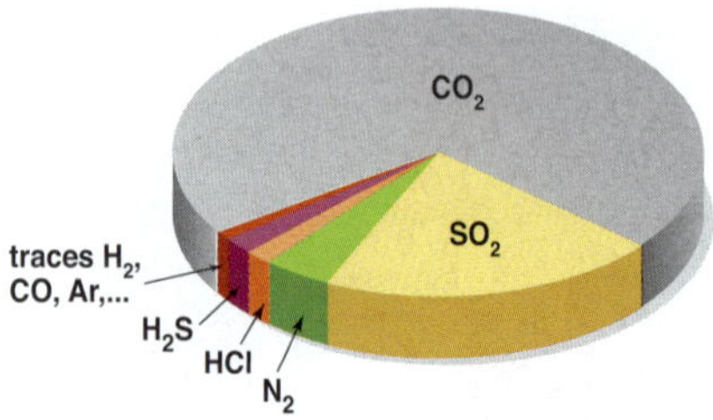

Composition de l'atmosphère primitive

(page 81)

Des témoignages sédimentaires des périodes anciennes

Fers rubanés, paléosols rouges, strates carbonatées... (pages 84-85)

Influence de la géosphère et de la biosphère

DES CHANGEMENTS CLIMATIQUES

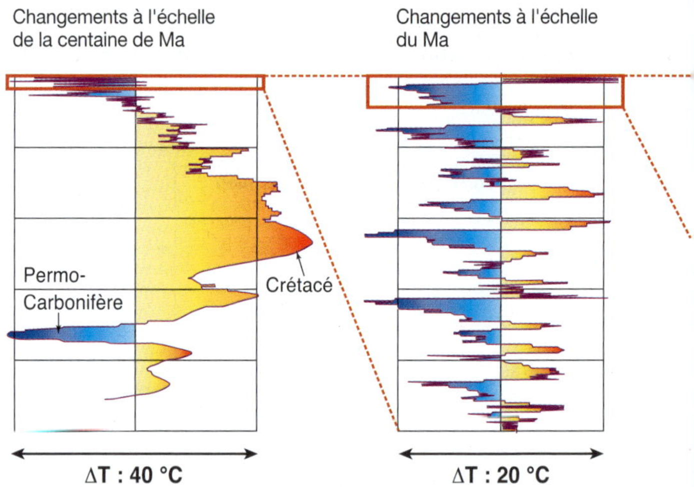

Une atmosphère actuelle oxydante

Composition de l'atmosphère actuelle

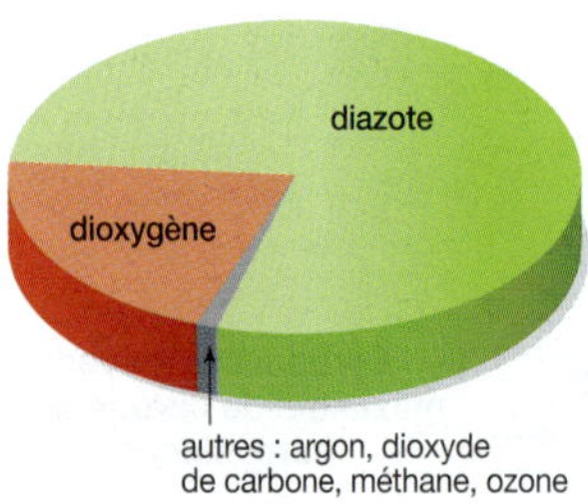

(page 74)

Une influence principalement géodynamique

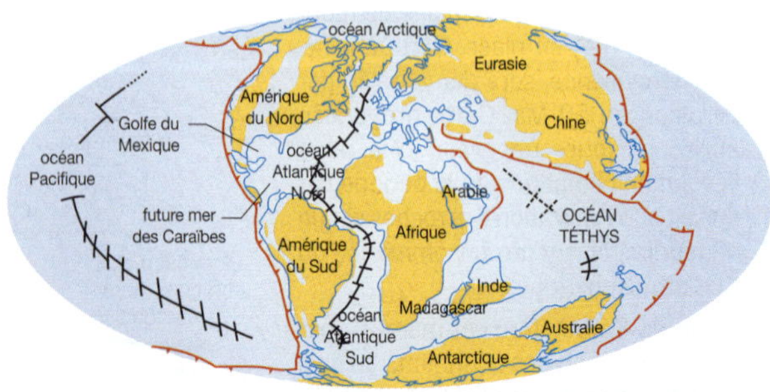

Émission de CO_2 par le volcanisme des dorsales et des points chauds (pages 144-145)

Des témoins indirects des climats passés

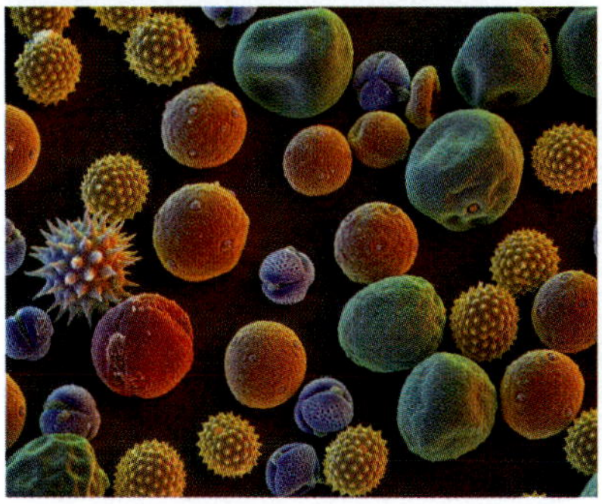

Le $\delta^{18}O$, les pollens (pages 100 à 103)

Des modèles climatiques pour envisager le futur

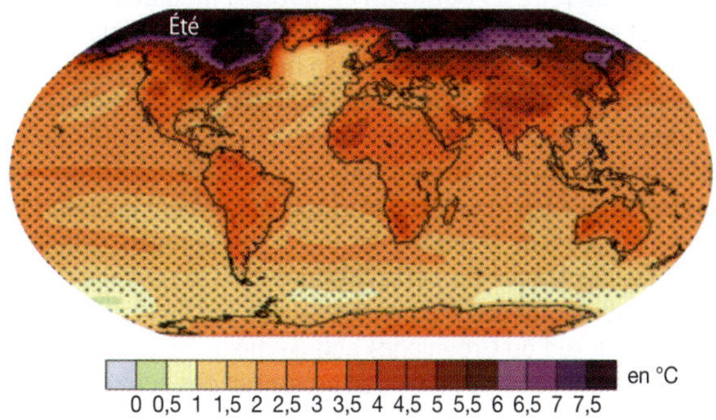

Réchauffement selon le scénario A1B du GIEC (page 126)

À DIFFÉRENTES ÉCHELLES DE TEMPS

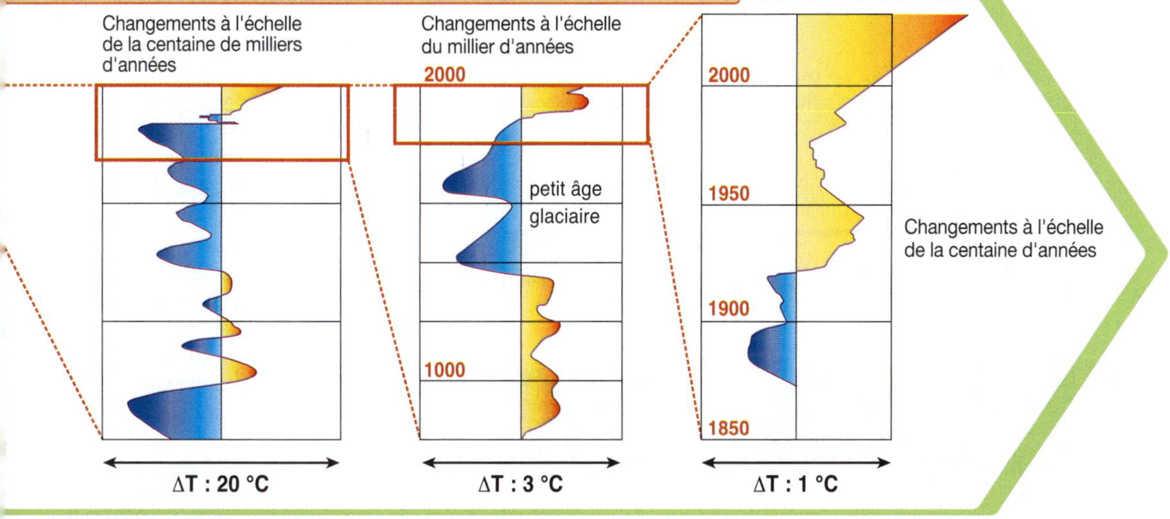

Une influence astronomique et un forçage radiatif

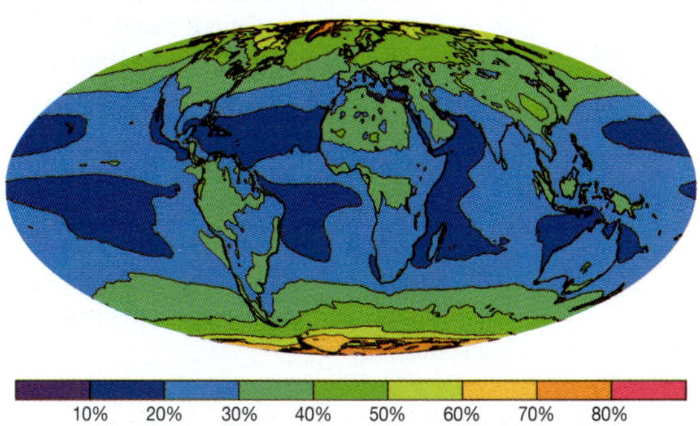

L'albédo de la planète joue un grand rôle (pages 122-123)

Des inconnues et une modélisation délicate

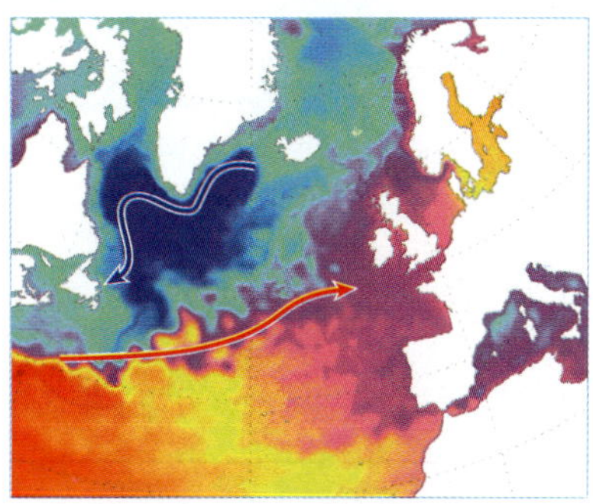

Que va devenir le Gulf Stream ? (page 127)

... aller plus loin

Sur les traces des descendants d'Érik Le Rouge

• Du Xe au XIVe siècle, le climat des régions de l'Atlantique nord est anormalement chaud : c'est l'**optimum climatique médiéval** des climatologues. Peu avant l'an 1000, une poignée de Vikings venus d'Islande, dont Érik Le Rouge, débarquent à la pointe sud d'un territoire qu'ils baptisent Groenland (« terre verte » en danois). Des colonies pratiquant agriculture et élevage se développent rapidement ; elles compteront jusqu'à 3 000 individus répartis sur 500 fermes environ. À partir de l'an 1300, les **conditions climatiques se dégradent**. Le territoire est alors progressivement abandonné. Seuls, les peuples chasseurs de l'Arctique, les Inuits, ont survécu jusqu'à nos jours. On retrouve des **traces de cette histoire** dans le paysage mais aussi dans les **sédiments lacustres**. Plusieurs missions ont eu lieu dans la zone du lac Igaliku (pointe sud du Groenland) afin de mieux reconstituer les étapes de cette colonisation puis de l'abandon progressif des activités agropastorales.

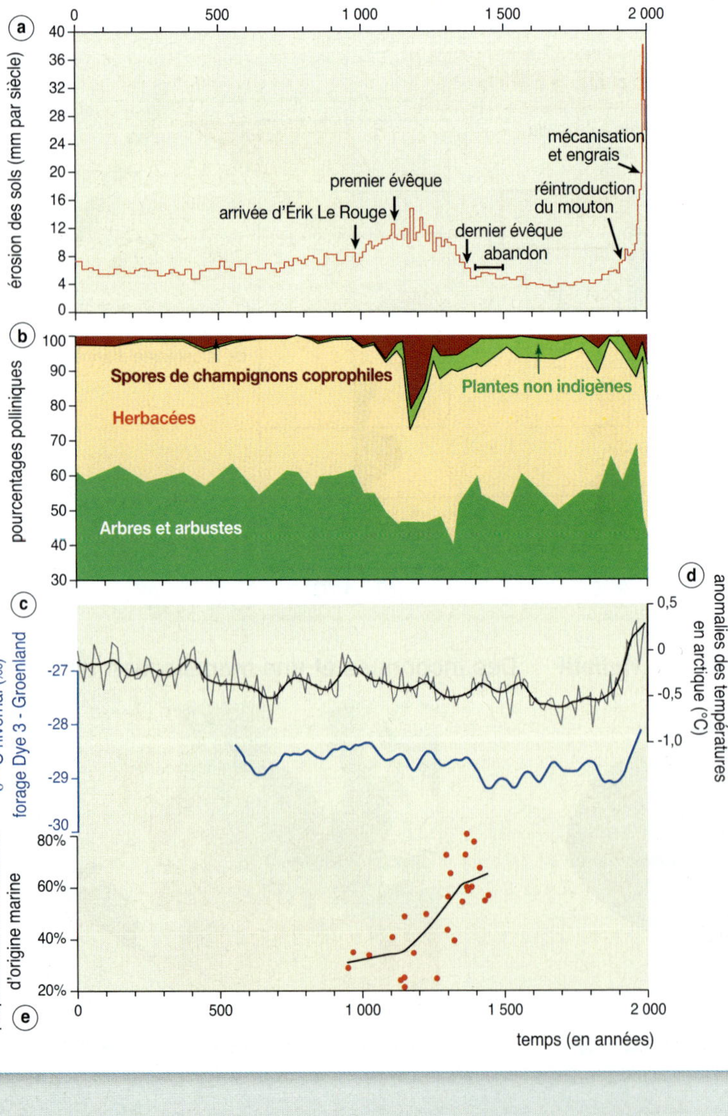

• L'occupation progressive à partir de 986, devint maximale vers 1200, ce qui est avéré par l'intensité de l'**érosion des sols (a)** provoquée par les défrichements, la mise en place de prairies à foin, le développement des pâturages (augmentation des spores de champignons coprophiles, c'est-à-dire se développant dans les excréments) et l'introduction de plantes non indigènes (**b : diagramme pollinique**).

• À partir de 1200, les conditions climatiques commencent à se dégrader : dès 1300, les Vikings se tournent vers une alimentation d'origine marine (poissons, phoques...), pour pallier les difficultés de l'élevage (**e**).

• L'abandon du Groenland a lieu entre 1400 et 1500 alors que le climat connaît un **brusque refroidissement** (**c** et **d**). Le Groenland restera pratiquement inoccupé (hormis les populations Inuits) durant quatre siècles avant un retour de l'agriculture au début du XXe siècle.

Depuis les années 1980, cette agriculture connaît un essor remarquable, favorisé par le réchauffement climatique. L'utilisation intensive de machines agricoles et d'engrais se traduit par une érosion sans précédent (**a**).

Un forage controversé

- Le 5 février 2012, les chercheurs russes sont parvenus à atteindre le célèbre **lac Vostok**, enfoui sous quatre kilomètres de glace dans l'**Antarctique**. Le forage a débuté dans les années 1970 mais l'existence du **lac sous-glaciaire** ne sera découverte qu'en 1996. Grand comme la Corse, d'un volume égal à 30 fois le lac Léman, c'est une des plus grosses réserves d'eau douce de la planète. L'eau qu'il contient serait âgée de 500 000 à 1 million d'années.

- Suite à une demande de la communauté internationale qui craignait une éventuelle pollution des eaux du lac, le forage a été suspendu en 1998, alors qu'il ne restait que 130 mètres à parcourir avant d'atteindre les eaux du lac. La station sera remise en état et les forages reprendront en 2006.

- Un des buts poursuivis par l'équipe est de **rechercher la présence éventuelle de formes de vie inconnues** qui auraient été préservées dans les eaux du lac mais la communauté scientifique est très sceptique. D'après Jean-Robert Petit, directeur de recherche au laboratoire de glaciologie de Grenoble :

« *La présence de vie dans le lac est peu probable car cette eau présente* a priori *un taux d'oxygène 20 à 30 fois supérieur à celui de l'eau normale. Or l'eau oxygénée est connue pour être un bon désinfectant... C'est donc un environnement certainement très hostile à la vie* ».

Les chercheurs russes qui ont atteint le lac souterrain Vostok posent près de la station antarctique du même nom

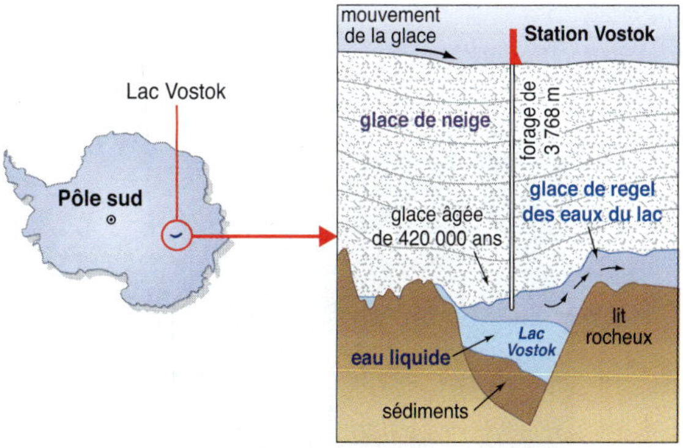

Le puits de carbone du Mato Grosso

- L'État brésilien du Mato Grosso a été ces dernières années soumis à une **déforestation** massive afin de libérer des terres pour l'agriculture (culture du soja essentiellement). La déforestation détruit la biodiversité, conduit à l'érosion accrue des sols et peut contribuer au changement climatique.

- Pourtant, depuis 1998, un vaste projet associant des entreprises, les collectivités territoriales et des universités, a pris naissance. De 1999 à 2003, une propriété de 10 000 hectares (La Fazenda São Nicolau) a été achetée et 2 000 hectares environ ont été intégralement **replantés** avec deux millions de pousses d'espèces régionales. La population locale, ainsi que les écoles, sont été associées à ce projet.

Tour de mesure des flux de carbone

Objectifs de ce projet :
– **constituer un laboratoire** permettant de vérifier et de mesurer la relation supposée entre reboisement et fixation du carbone atmosphérique ;
– **représenter une référence en matière de méthodes de suivi**, d'une part du **cycle du carbone** sur des projets de plantations forestières, d'autre part de la **biodiversité**.

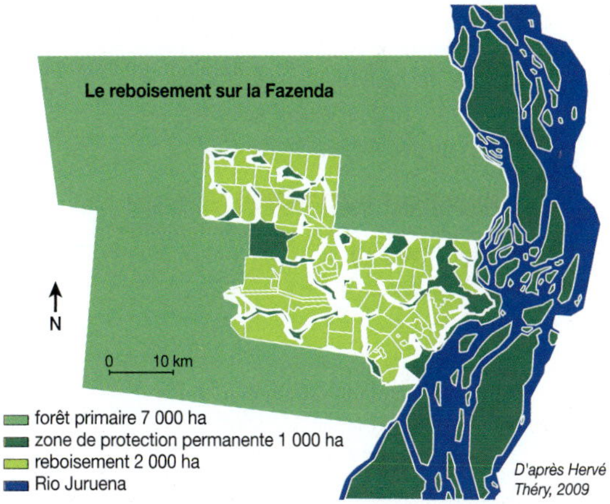

Comprendre l'évolution du climat sur de longues périodes de temps.

Climatologue

Participer à une recherche multidisciplinaire sur le climat.

Sédimentologue, glaciologue, océanographe, palynologue...

Doctorat (Bac + 8), études post-doctorales.
Études longues et sélectives.

Étudier pour comprendre

Recueillir des données

Mettre au point de nouvelles méthodes, des outils de mesures et d'analyse.

Ingénieur de recherche

Recrutement dans diverses disciplines à Bac + 5.
Emplois dans les grands établissements scientifiques, les établissements sous tutelle.

Réaliser des mesures, exploiter des résultats, assister les chercheurs.

Technicien

Divers BTS et DUT (Bac + 2 ou 3).
Des débouchés dans les laboratoires scientifiques.

Mettre en œuvre les méthodes de l'analyse numérique. Adapter et exploiter des logiciels.

Ingénieur numéricien

Master (Bac + 5).
Des débouchés.

Travailler dans le numérique

Informer les populations, les décideurs, les collectivités locales

Collecter et analyser des données, faire des prévisions.

Météorologue

Concours après le bac ou une classe préparatoire aux grandes écoles.

Formation (2 ou 3 ans) dispensée par l'ENM (École Nationale de la Météorologie), basée à Toulouse.

Le concours n'est pas ouvert tous les ans.

Chercher des solutions au réchauffement climatique, créer, évaluer, proposer des solutions innovantes.

Ingénieur en recherche et développement

Bac + 5. Master, école d'ingénieurs.

Travail dans des centres de recherches mais aussi des entreprises ou des bureaux d'étude.

Développer des technologies nouvelles

Travailler dans le « génie climatique »

Maîtriser des techniques, exploiter de nouveaux matériaux, isoler, climatiser, économiser l'énergie.

Économe de flux

Climaticien

Différents niveaux de recrutement (techniciens à ingénieurs : Bac + 2 à Bac + 5).

Des métiers variés, aussi bien dans des organismes publics que privés.

Des perspectives d'emplois dans les métiers « verts » de la maison écologique.

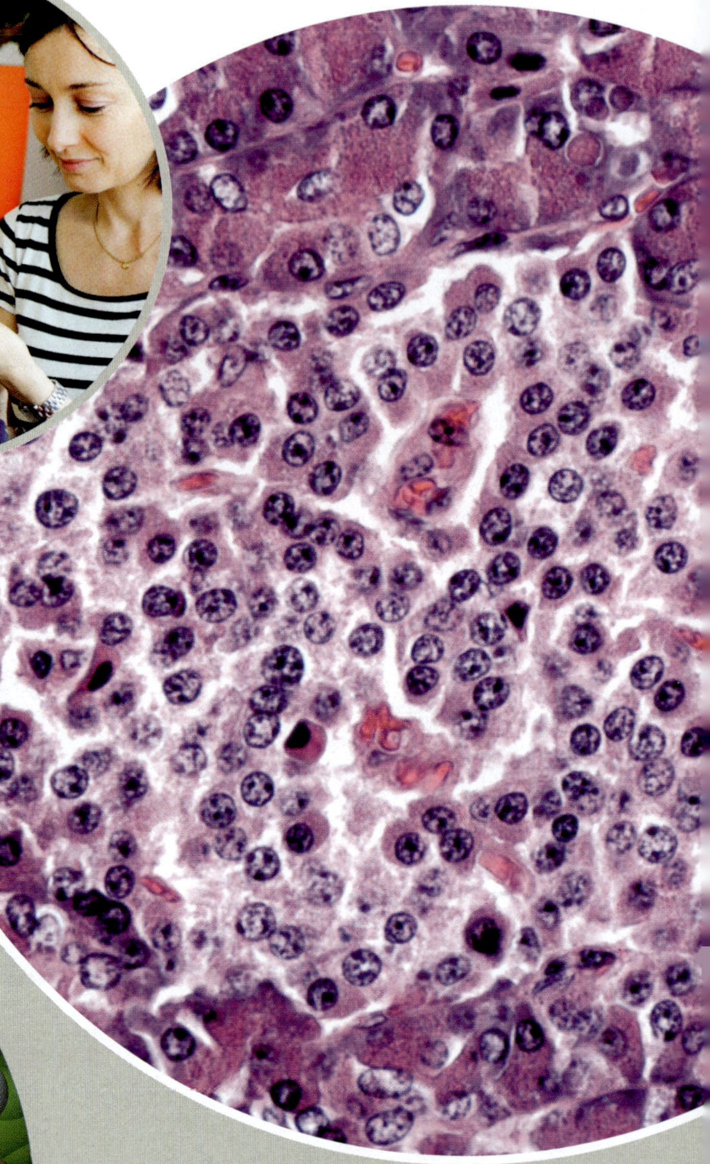
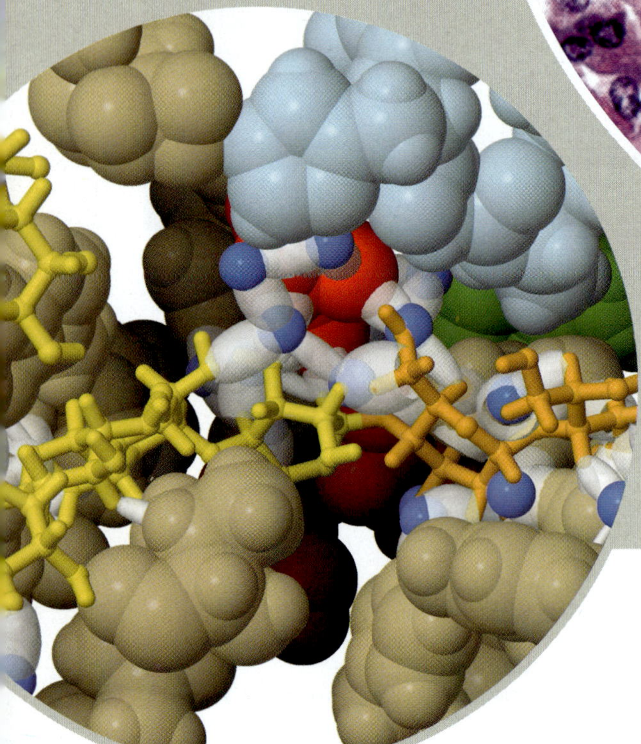

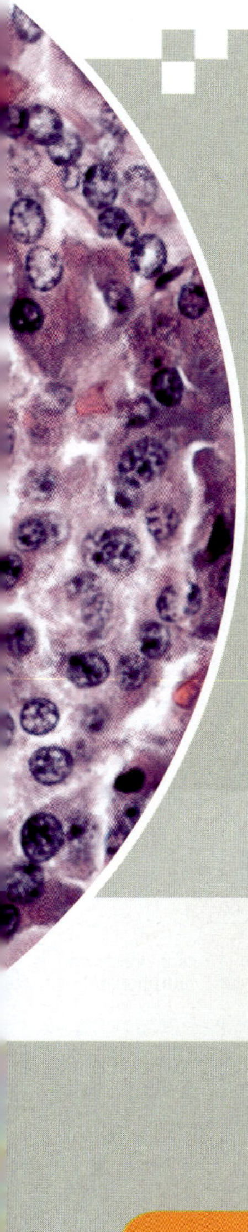

Partie 3

Glycémie et diabète

Chapitre 1	La catalyse enzymatique	164
Chapitre 2	La régulation de la glycémie	182
Chapitre 3	Les diabètes	202

La digestion des aliments, un mécanisme chimique

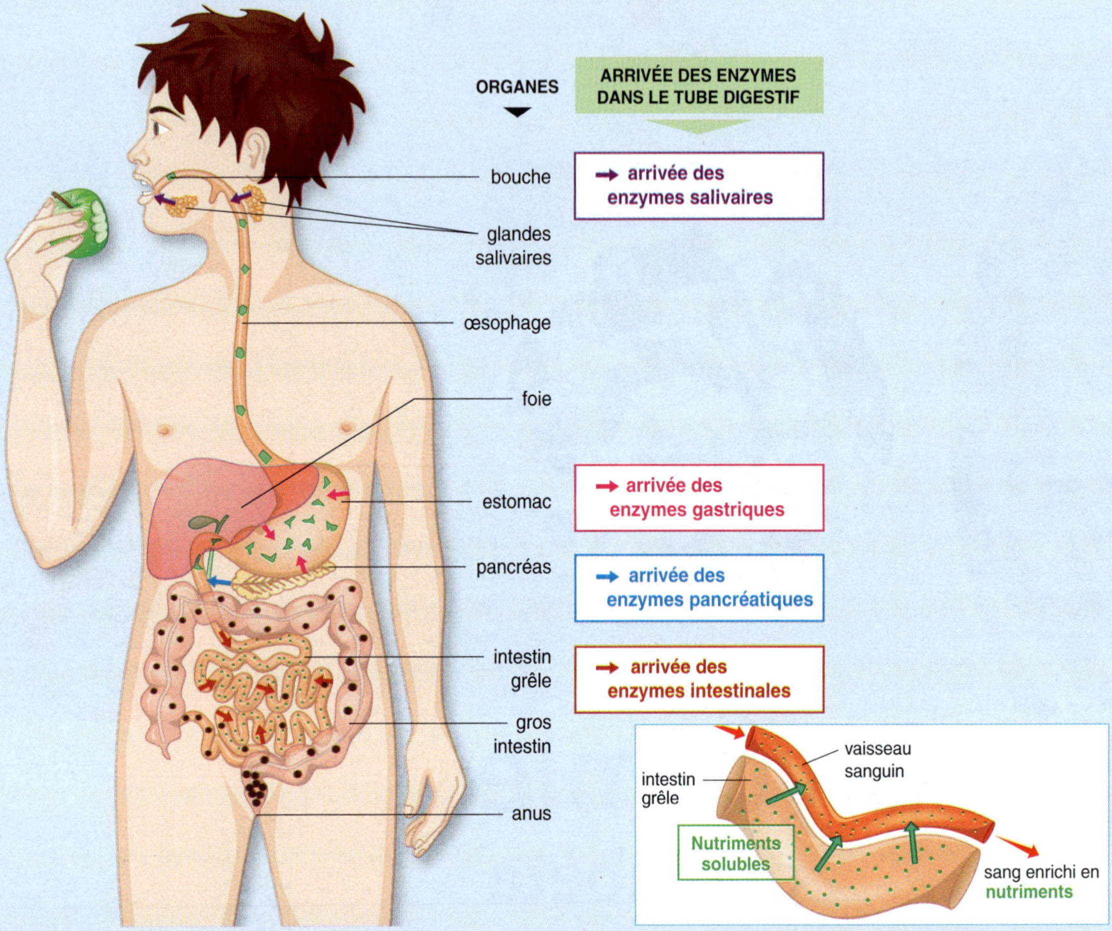

- Au cours de leur trajet dans le **tube digestif**, les aliments sont transformés en **nutriments solubles**.
Les nutriments pourront alors traverser la paroi de l'intestin grêle et passer dans le **sang**.

- Cette transformation des aliments est favorisée par des actions mécaniques, mais résulte essentiellement de **transformations chimiques** sous l'action des sucs digestifs.

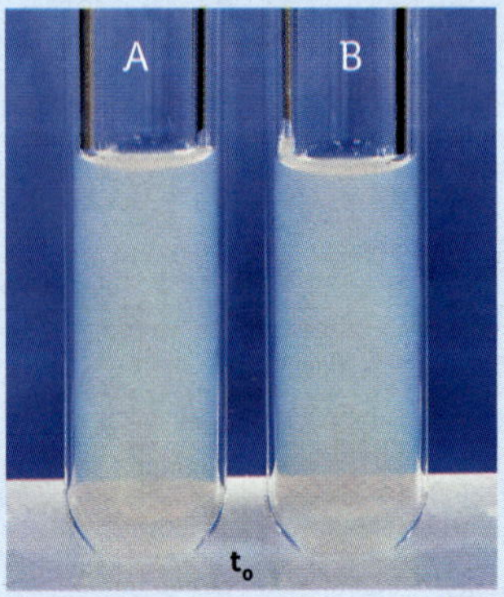

A. eau + fines particules de blanc d'œuf

B. eau + fines particules de blanc d'œuf + suc gastrique

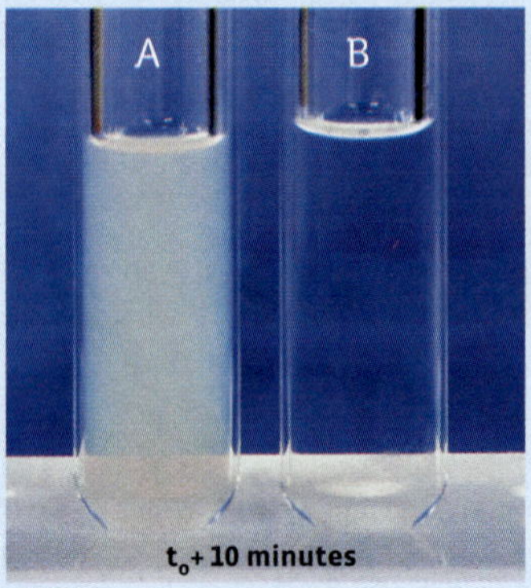

(température : 37 °C, milieu acide)

- Les sucs digestifs contiennent des **enzymes** qui permettent la transformation des molécules alimentaires en nutriments solubles.
La digestion des aliments est un exemple de transformation biochimique.

Le fonctionnement d'un système de régulation

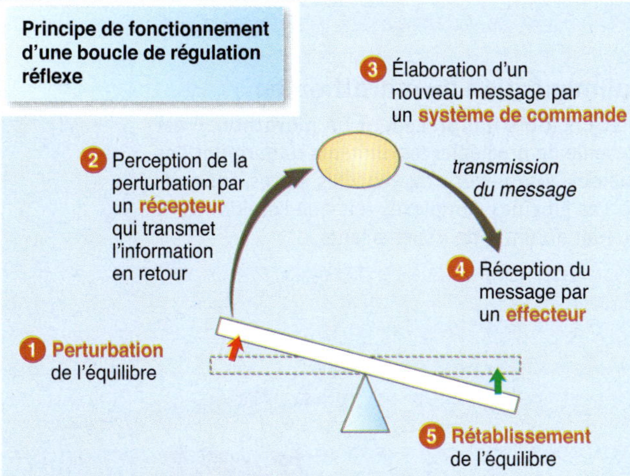

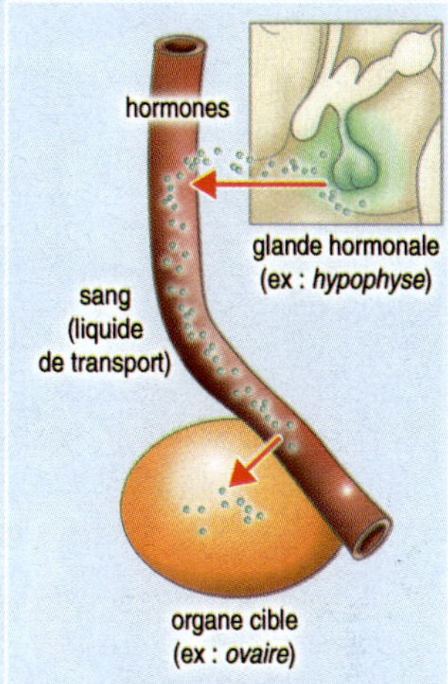

- La régulation d'un paramètre biologique (pression artérielle, concentration des hormones sexuelles) repose sur un fonctionnement en **boucle** : toute variation du paramètre réglé est susceptible d'agir « **en retour** » sur un **système de commande**.

- Dans l'organisme, la transmission d'une information peut se faire par voie nerveuse mais aussi par **voie hormonale**. Une hormone est une substance fabriquée par une glande hormonale, libérée dans le sang, et qui agit sur le fonctionnement d'un ou de plusieurs organes.

Des maladies plurifactorielles

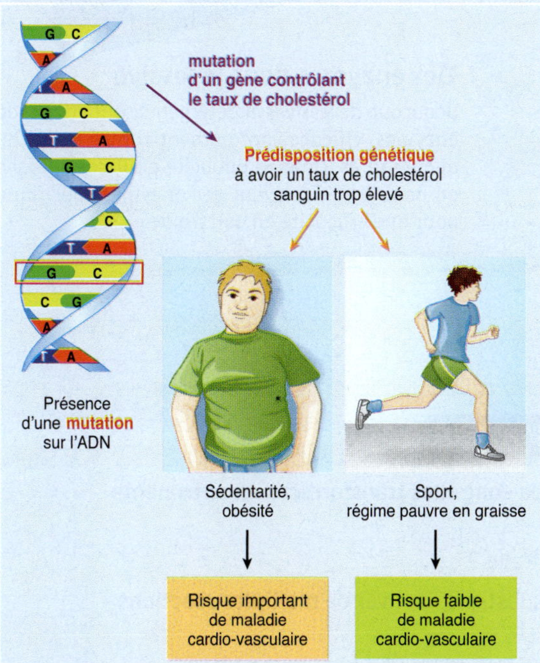

- Pour de nombreuses **maladies génétiques**, la possession d'un allèle particulier ne suffit pas pour déclencher la maladie, mais donne seulement une **prédisposition**.

- Le **mode de vie** de la personne joue un très grand rôle, soit protecteur, soit au contraire aggravant pour cette maladie.

- Globalement, on peut calculer un **risque** de développer la maladie qui est fonction du génome et du mode de vie de la personne.

- **Des études épidémiologiques permettent de tester l'influence de tel ou tel facteur.**

Pour des raisons éthiques, on ne peut pas tester expérimentalement sur l'Homme si tel ou tel produit est ou non nocif. On a alors recours à des études épidémiologiques. Des groupes de patients sont constitués en fonction du facteur à tester, par exemple un groupe soumis à un facteur et un autre protégé. Puis, les groupes sont suivis en comptabilisant le nombre de malades qui apparaissent pour chacun d'eux. Des analyses statistiques indiquent ensuite s'il y a un lien entre le facteur testé et le développement de la maladie.

Des DOCUMENTS pour se poser des questions

L'alimentation du marathonien

Les trois jours qui précèdent un marathon, il est conseillé de privilégier les aliments renfermant des glucides complexes : riz, lentilles, pâtes, taboulé, etc. Les glucides complexes tels que l'amidon sont souvent qualifiés de « sucres lents ».

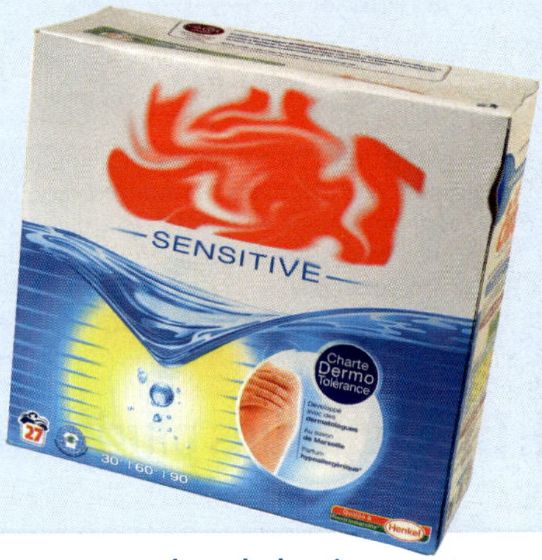

Des enzymes dans la lessive

Beaucoup de lessives et détergents contiennent des enzymes, efficaces notamment contre les taches alimentaires. Dans la publicité pour cette lessive, on peut lire : « contient des enzymes spécifiques pour une efficacité en eau froide »..

Une action ciblée

Dans l'organisme, aucune réaction biochimique ne peut s'accomplir sans être catalysée par une enzyme spécifique.

LES PROBLÉMATIQUES DU CHAPITRE

- Comment les macromolécules alimentaires sont-elles transformées en nutriments solubles ?
- Qu'est-ce qu'une enzyme et comment agit-elle ?
- Une enzyme peut-elle agir sur différents substrats ; activer de multiples réactions chimiques ?
- Dans quelles conditions de pH et de température agissent les enzymes ?

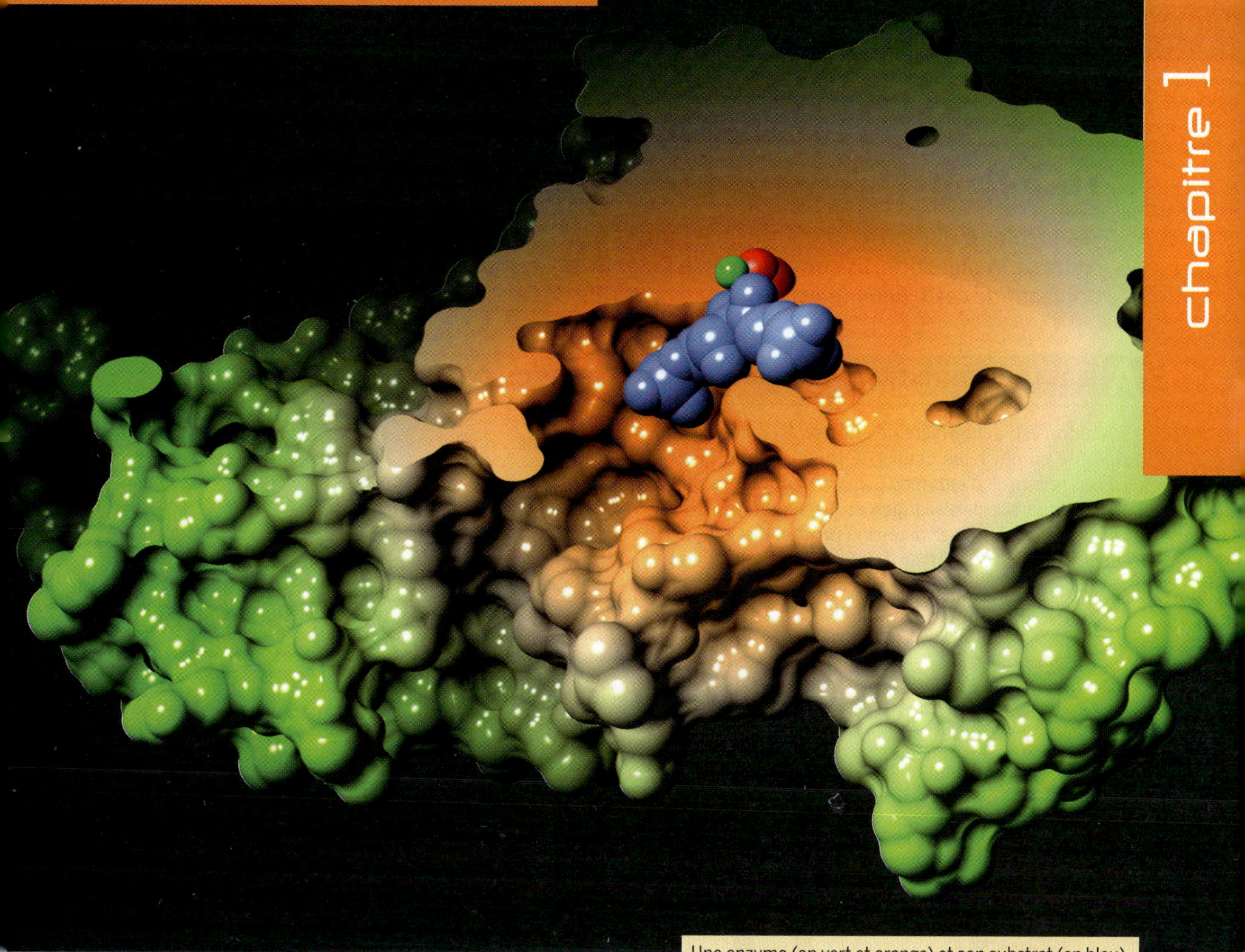
Une enzyme (en vert et orange) et son substrat (en bleu).

chapitre 1

La catalyse enzymatique

LES ACTIVITÉS DU CHAPITRE

1 Une transformation catalysée par des enzymes 166
2 Les enzymes : une fonction liée à leur structure 168
3 La double spécificité des enzymes 170
4 Activité enzymatique et conditions du milieu 172

Une transformation catalysée par des enzymes

Les féculents de notre alimentation contiennent des glucides complexes (« sucres lents ») : au cours de la digestion, ils sont progressivement transformés chimiquement en nutriments solubles.
L'objectif de cette activité est de découvrir le rôle des enzymes dans cette transformation.

A Les transformations des glucides complexes au cours de la digestion

L'amidon est un **polymère** de glucose. Sa digestion se déroule en plusieurs étapes, le long du tube digestif, en présence d'**enzymes** (*en vert*) contenues dans la salive, le **suc pancréatique** et les sécrétions de la paroi intestinale. Cette digestion produit des glucides intermédiaires contenant de moins en moins d'unités (n) et aboutit au glucose, glucide simple absorbable par la muqueuse intestinale.

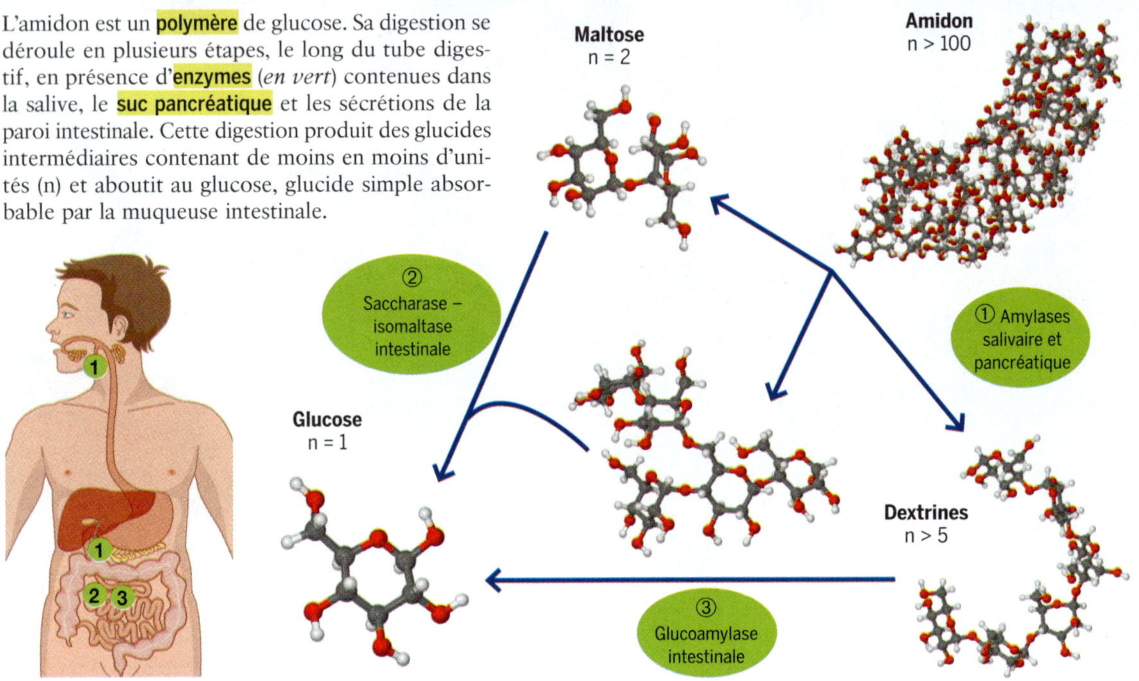

Doc. 1 **Une dégradation progressive par des enzymes le long du tube digestif.**

Les glucides complexes sont formés par un assemblage de glucides simples reliés entre eux par une liaison covalente. L'**hydrolyse** d'un glucide complexe est une réaction chimique au cours de laquelle cette liaison covalente est rompue en présence d'une molécule d'eau.

Pour réaliser l'hydrolyse d'un glucide complexe, il ne suffit pas de le mettre en présence d'eau. Sa réalisation en dehors de l'organisme exige des conditions drastiques bien différentes de celles qui règnent dans l'organisme : milieu acide, température élevée.

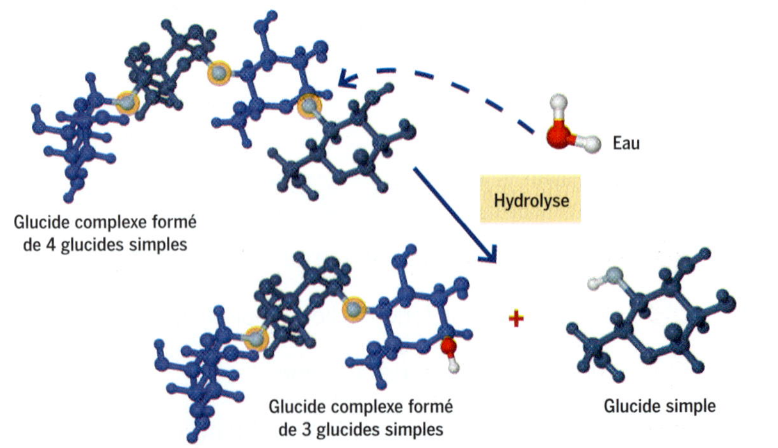

Doc. 2 **La digestion de l'amidon est une succession de réactions d'hydrolyse.**

B Le rôle clé des enzymes dans la digestion

PROTOCOLE EXPÉRIMENTAL

On cherche à déterminer si l'hydrolyse de l'amidon est facilitée par l'**amylase**, enzyme présente dans la salive et le suc pancréatique.

Trois tubes sont préparés et des prélèvements sont réalisés toutes les 3 minutes. Un test à l'eau iodée est immédiatement effectué sur les prélèvements.

Contenu des tubes :

1. 10 mL d'empois d'amidon + 3 mL HCl, T = 100 °C.
2. 10 mL d'empois d'amidon + 3 mL d'amylase, T = 35 °C.
3. 10 mL d'empois d'amidon + 3 mL d'eau, T = 35 °C.

RÉSULTATS

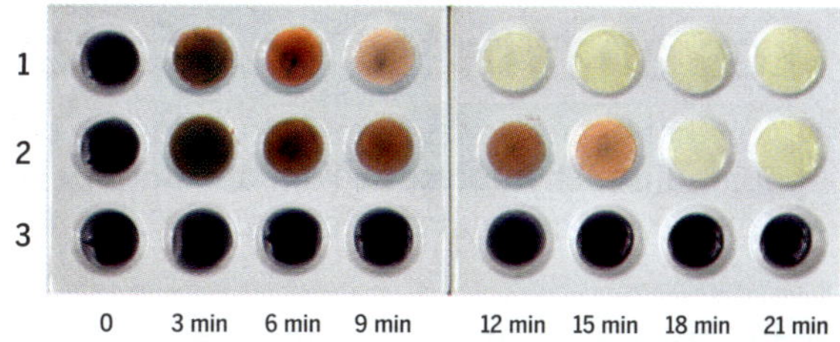

Doc. 3 **Comparaison de l'activité de l'amylase et d'une hydrolyse chimique.**

De l'empois d'amidon peu concentré, auquel on ajoute une faible quantité d'eau iodée, prend une coloration bleue transparente.

La digestion de l'amidon préalablement coloré s'accompagne d'un éclaircissement du mélange, directement lié à l'hydrolyse progressive de l'amidon.

Un **colorimètre** relié à un dispositif d'ExAO permet de mesurer l'intensité de la coloration du contenu du tube : il est ainsi possible de suivre, en temps réel, la réaction enzymatique.

PROTOCOLE EXPÉRIMENTAL

– Préparer une solution d'amylase (1 comprimé de « maxilase », broyé, dissout dans 50 mL d'eau).
– Préparer de l'empois d'amidon à 1 g·L^{-1}, coloré par de l'eau iodée (une goutte pour 50 mL, de façon à obtenir une solution transparente, couleur bleu marine).
– Dans une cuve pour colorimètre, verser 10 gouttes de solution enzymatique.
– Remplir la cuve jusqu'au trait de mesure avec la solution d'empois d'amidon colorée.
– Démarrer immédiatement l'enregistrement.

Remarque : l'intensité de la coloration est mesurée en unité arbitraire appelée **absorbance**. Elle correspond à la quantité de lumière absorbée par le mélange coloré. Elle est ici proportionnelle à la concentration de l'amidon.

RÉSULTATS

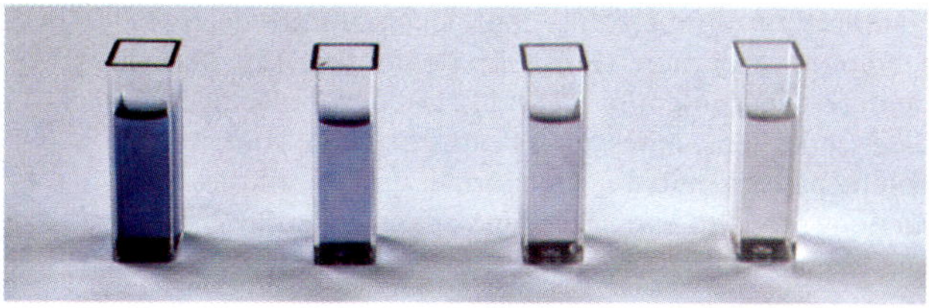

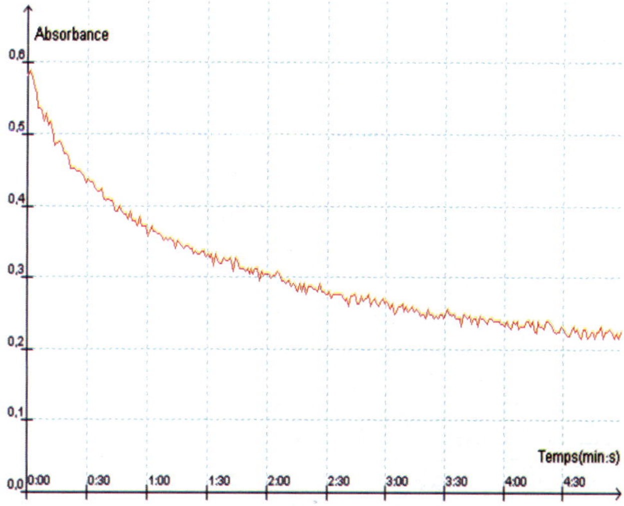

Doc. 4 **Le suivi plus précis de la réaction enzymatique au cours du temps.**

Protocole détaillé
www.bordas-svtlycee.fr

Pistes d'exploitation

PROBLÈME À RÉSOUDRE ► **Quel est le rôle des enzymes dans la digestion des glucides complexes ?**

Doc. 1 et 2 En quoi consiste la digestion de l'amidon ? Pourquoi l'amidon est-il qualifié de sucre « lent » ?

Doc. 2 et 3 Montrez que l'action des enzymes présente un intérêt biologique. Justifiez le terme de catalyseur utilisé pour qualifier une enzyme.

Doc. 4 En combien de temps la quantité d'amidon a-t-elle été divisée par 2 ? Comment varie la vitesse de la réaction enzymatique ? Situez sur le graphique la période correspondant à la vitesse maximale.

Lexique, p. 232

Les enzymes : une fonction liée à leur structure

L'amylase est une enzyme présente dans la salive et dans le suc pancréatique : elle est nécessaire pour réaliser l'hydrolyse de l'amidon dans des conditions compatibles avec la vie. *L'étude proposée ici a pour but de trouver quelles propriétés de l'amylase lui permettent d'agir sur l'amidon.*

A La formation d'un complexe moléculaire entre l'amylase et l'amidon

Vidéo

À l'aide d'un logiciel de visualisation moléculaire, il est possible d'étudier le modèle de l'amylase pancréatique en présence de son **substrat**.

EXPLORATION D'UN MODÈLE MOLÉCULAIRE

L'application de différents traitements (mode de représentation, coloration, réalisation de coupes, etc.) permet de déterminer le nombre et la nature des molécules étudiées et des sous-unités qui les constituent, de comprendre comment est maintenue leur forme, quelles sont les interactions spatiales entre l'enzyme et son substrat.
Des exemples de traitements sont présentés ici.

- **Mise en évidence des constituants et de leurs formes**
- Affichage en sphères.
- Coloration par chaîne.
- Coloration des molécules d'eau en bleu et des glucides en orange.

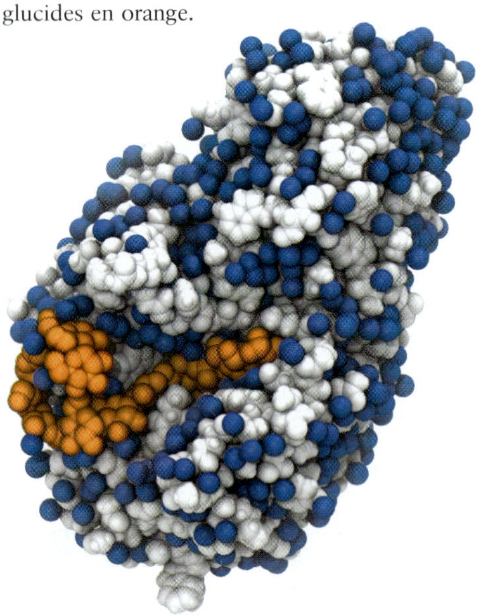

- **Mise en évidence de la structure de l'enzyme**
- Affichage en rubans.
- Coloration par acides aminés.
- Affichage des liaisons hydrogène.

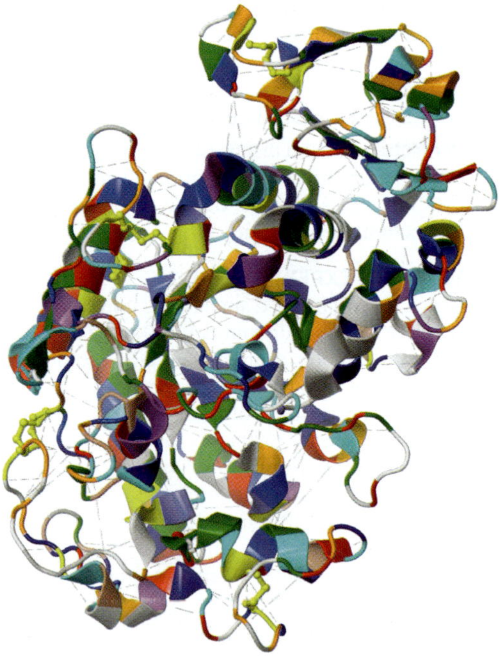

- **Visualisation de l'association entre l'enzyme et son substrat**
- Affichage en sphères.
- Colorations différentes pour l'enzyme, l'amidon et l'eau.
- Coupe du modèle.

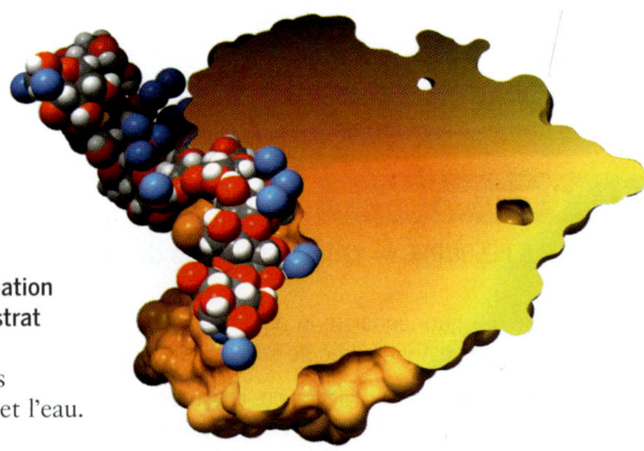

Doc. 1 L'amylase possède une structure adaptée à son substrat.

B Le rôle essentiel du site actif

• En mesurant la vitesse à laquelle une amylase mutée hydrolyse l'amidon, on peut déterminer l'importance d'un acide aminé pour l'**activité catalytique**.

Site de mutation	Vitesse enzymatique*
Aucun (témoin)	1
Asp 197	1/1200000
Thr 52	1
Asp 300	1/4900

* vitesse exprimée en unité arbitraire par rapport à celle de l'enzyme non mutée.

• Une autre approche consiste à comparer l'amylase de différentes espèces : l'image *ci-contre* utilise une coloration des acides aminés de l'amylase en fonction de leur degré de conservation au cours de l'évolution. Les acides aminés les plus conservés sont ceux qui sont retrouvés au même emplacement chez des espèces différentes (insectes, plantes, bactéries).

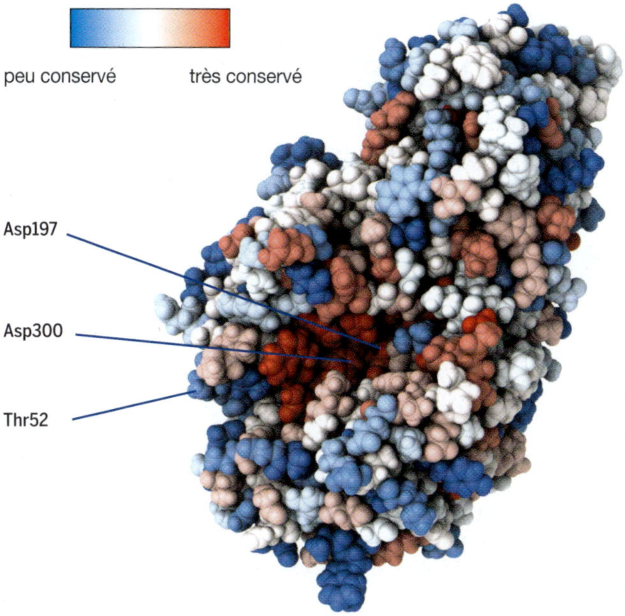

Doc. 2 L'importance de certains acides aminés dans la fonction de l'amylase.

Certains acides aminés de l'amylase ont un rôle essentiel : ils délimitent un **site actif** au niveau duquel le substrat peut se fixer sur l'enzyme et où l'action catalytique peut s'effectuer.
L'image *ci-contre* présente les contacts établis entre le substrat (*en jaune et orange*), l'eau et les acides aminés de l'amylase.
Les acides aminés du site actif ont différentes propriétés chimiques qui leur permettent d'assurer plusieurs fonctions :
– la reconnaissance et le positionnement du substrat (*en marron*);
– le guidage des molécules d'eau dans le site actif (*en vert*);
– la réaction chimique d'hydrolyse des liaisons entre les unités de glucose (*en rouge*) ;
– la libération des produits de la réaction (*en bleu*).

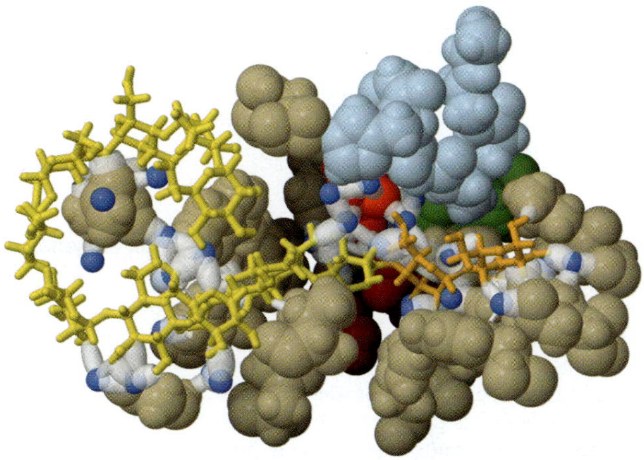

Doc. 3 Des acides aminés au rôle bien précis.

Pour télécharger les modèles moléculaires
www.bordas-svtlycee.fr

Pistes d'exploitation

PROBLÈME À RÉSOUDRE ► **Comment une enzyme assure-t-elle sa fonction catalytique ?**

Doc. 1 Quelle est la nature chimique de l'amylase ? Réalisez des images et légendez-les pour montrer les relations entre cette enzyme et son substrat.

Doc. 2 et 3 Établissez le lien entre le degré de conservation et la position des acides aminés. Pourquoi certains acides aminés apparaissent-ils plus « conservés » que d'autres ? Proposez une explication.

Lexique, p. 232

La double spécificité des enzymes

L'amylase peut catalyser l'hydrolyse de molécules d'amidon. Mais des milliers d'autres réactions chimiques se produisent également dans l'organisme. *On cherche à déterminer si une même enzyme peut être impliquée dans différentes réactions chimiques et agir sur divers substrats.*

A La spécificité de substrat

La pepsine est une enzyme produite par l'estomac. Comme l'amylase, elle intervient dans l'hydrolyse de macromolécules alimentaires en nutriments solubles.

L'expérience suivante a pour objectif de déterminer si amylase et pepsine peuvent catalyser l'hydrolyse des mêmes substrats.

PROTOCOLE EXPÉRIMENTAL

On dispose des produits suivants : précipité d'ovalbumine (protéine de blanc d'œuf), empois d'amidon, amylase, pepsine, acide dilué.

– Préparer six tubes en réalisant les mélanges indiqués dans le *tableau ci-contre* (4 mL de substrat + 20 gouttes de solution enzymatique ou d'eau).

– Placer les tubes au bain-marie à 35 °C pendant 20 minutes environ.

– À la fin de l'expérience, ajouter une goutte d'eau iodée aux tubes 4, 5 et 6.

Remarque : la pepsine n'agissant qu'en milieu acide, ajouter quelques gouttes d'acide dilué aux tubes 1 et 4 pour abaisser le pH.

Tube	Contenu
1	Ovalbumine + pepsine
2	Ovalbumine + amylase
3	Ovalbumine + eau
4	Amidon + pepsine
5	Amidon + amylase
6	Amidon + eau

RÉSULTATS OBTENUS

Doc. 1 **Une comparaison de l'activité de deux enzymes digestives sur deux substrats.**

En 1894, après avoir démontré que deux réactions impliquant deux glucides qui ne diffèrent que par la position de quelques atomes ne sont pas catalysées par la même enzyme, Emil Fischer (savant allemand, prix Nobel de chimie en 1902) écrivait :

« *L'action des enzymes limitée à quelques glucides pourrait s'expliquer en supposant que c'est uniquement dans le cas d'une structure géométrique similaire que les molécules* [enzyme et substrat] *peuvent s'approcher suffisamment près l'une de l'autre pour initier une réaction chimique. Pour emprunter une métaphore, je dirais que enzyme et glucoside doivent s'ajuster l'un à l'autre* ***comme une clé à une serrure*** *de façon à produire une transformation chimique entre eux.* »

Doc. 2 **Une interprétation historique.**

Une coupe à travers l'assemblage formé par la molécule de pepsine (*en bleu*) et un analogue du substrat protéique (*en vert*) permet de visualiser le site actif de l'enzyme. Les acides aminés qui catalysent l'hydrolyse du substrat (*en rouge*) sont les mêmes que dans l'amylase.

Vidéo

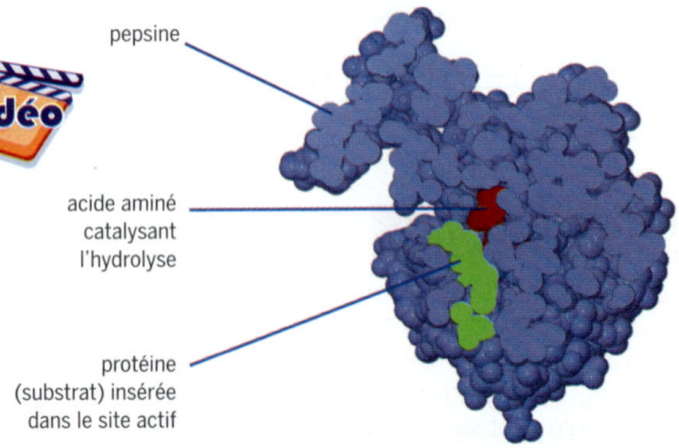

Doc. 3 **Une mise en évidence du modèle « clé-serrure ».**

B La spécificité d'action

La digestion des glucides complexes produit du glucose qui peut être absorbé par les cellules de l'organisme. Dans les cellules, le glucose est phosphorylé en glucose-6-phosphate. Cette molécule peut avoir des destinées bien différentes :
– servir de source d'énergie (voie de la **glycolyse**, *voir page 38*) ;
– être mise en réserve sous la forme de **glycogène** (*voir page 186*) ;
– participer à la formation d'autres molécules (par exemple le désoxyribose dans l'ADN) ;
– redonner du glucose qui sera exporté.

Quatre enzymes différentes (*en vert sur le schéma ci-contre*) utilisent le glucose-6-phosphate comme substrat et sont impliquées dans la première étape de chacune de ces quatre voies.

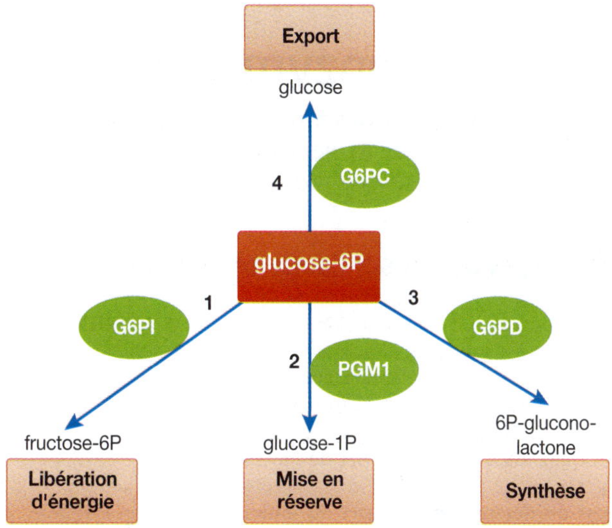

Doc. 4 **Exemple du devenir du glucose dans les cellules.**

On cherche à comprendre comment des enzymes utilisant le même substrat peuvent catalyser des réactions chimiques différentes.
On se propose donc de comparer les sites actifs de deux enzymes, la G6PD et la G6PI, qui catalysent des réactions impliquant le même substrat (le glucose-6-phosphate).

PROTOCOLE D'EXPLORATION
– Charger les modèles de la G6PD et de la G6PI.
– Sélectionner le glucose-6-phosphate (G6P) et l'afficher en sphères.
– Restreindre l'affichage aux acides aminés localisés autour du G6P.
– Colorer les acides aminés par type d'acide aminé ou par forme.

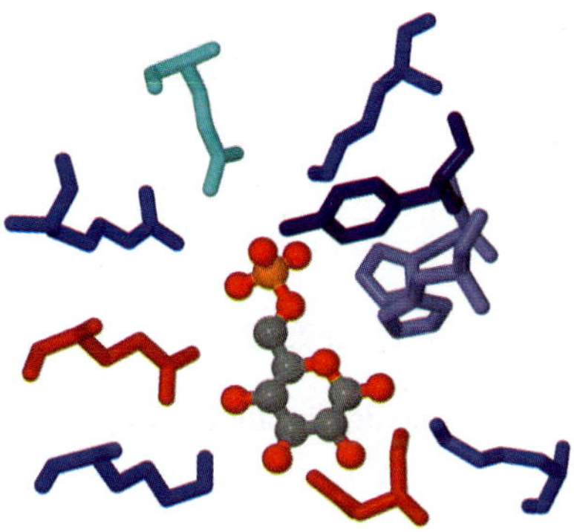
Glucose 6-phosphate et site actif de la G6PD

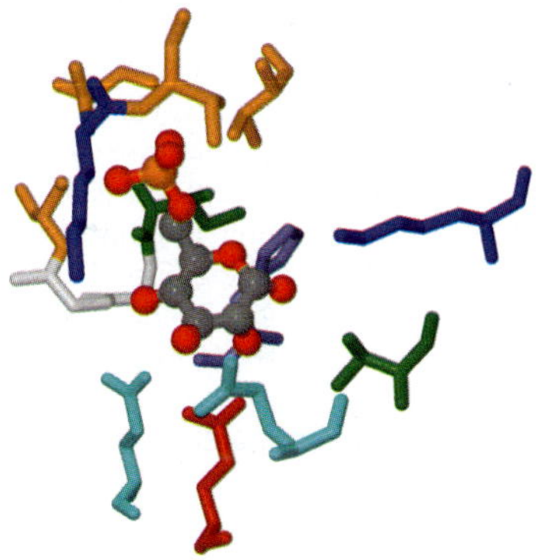
Glucose 6-phosphate et site actif de la G6PI

Doc. 5 **La comparaison du site actif de deux enzymes utilisant un même substrat.**

Pour télécharger les modèles moléculaires
www.bordas-svtlycee.fr

Pistes d'exploitation

PROBLÈME À RÉSOUDRE ► **En quoi consiste la spécificité enzymatique et comment peut-on expliquer cette propriété ?**

Doc. 1 Justifiez le protocole expérimental proposé. Analysez les résultats de cette expérience, que peut-on en déduire ?

Doc. 1 à 3 Comment le modèle « clé-serrure » peut-il expliquer la spécificité de substrat de l'amylase et de la pepsine ?

Doc. 4 Quel est le point commun entre ces quatre enzymes ? Quelle est la différence ?

Doc. 4 et 5 Pour chaque enzyme, comparez la composition des deux sites actifs en acides aminés. Comment expliquer la spécificité d'action de ces enzymes ?

Lexique, p. 232

Activité enzymatique et conditions du milieu

Les enzymes sont des protéines qui agissent dans des conditions, température et pH notamment, compatibles avec la vie. *Dans quelle mesure les conditions du milieu peuvent-elles affecter la façon dont l'enzyme réalise son activité ?*

A L'effet du pH sur l'activité enzymatique

Le pH du milieu dans lequel les enzymes agissent est variable : alors que le pH de la salive varie normalement entre 6,5 et 7,5, celui du contenu de l'estomac est de 2 à 3,5 (du fait de l'acidité du suc gastrique). Au contraire, le pH de l'intestin grêle est de 8. L'objectif de cette étude est de déterminer si le pH du milieu a une influence sur l'activité enzymatique.

PROTOCOLE EXPÉRIMENTAL

– Préparer une série de tubes contenant de l'empois d'amidon (1g·L^{-1}) et modifier le pH en ajoutant un peu d'acide chlorhydrique dilué ou de soude diluée.
– Vérifier le pH à l'aide d'une bandelette ou d'un pH-mètre. Il est souhaitable de rester dans une gamme comprise entre 4 et 9.
– Placer l'empois d'amidon dans la cuve à colorimètre, ajouter 10 gouttes de solution d'amylase et une goutte d'eau iodée.
– Suivre la réaction pendant 5 minutes avec un colorimètre (*voir page 167*).

RÉSULTATS OBTENUS

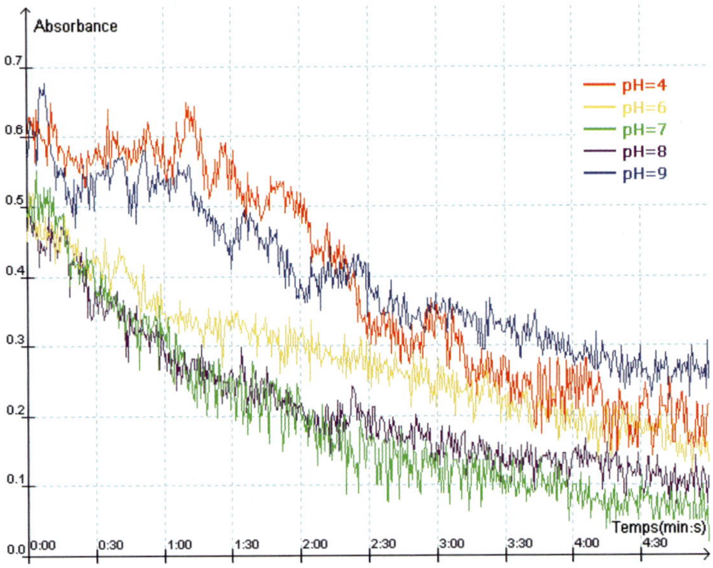

Doc. 1 Une mise en évidence expérimentale de l'influence du pH sur l'activité enzymatique.

• En solution, certains des acides aminés d'une protéine portent des charges positives ou négatives. Des liaisons à distance entre acides aminés de charge opposée peuvent donc s'établir. Or, certains de ces acides aminés sont directement impliqués dans le site actif (*en jaune sur cette image*) : ils interviennent dans la liaison au substrat et dans la catalyse chimique. D'autres participent au maintien de la structure de la protéine (*en rouge et bleu sur cette image*). Enfin, il faut savoir que cette structure est en grande partie déterminée par des **liaisons hydrogène** qu'établissent les acides aminés entre eux à l'intérieur de la protéine.

• Ces différentes liaisons entre acides aminés sont sensibles aux conditions de pH. Si le pH est faible, le milieu de réaction contient de nombreux ions H_3O^+ ; les charges négatives sont alors neutralisées. En milieu basique, ce sont les charges positives qui sont neutralisées. Par ailleurs, les ions H_3O^+ ou les ions OH^- peuvent « briser » les liaisons hydrogène.

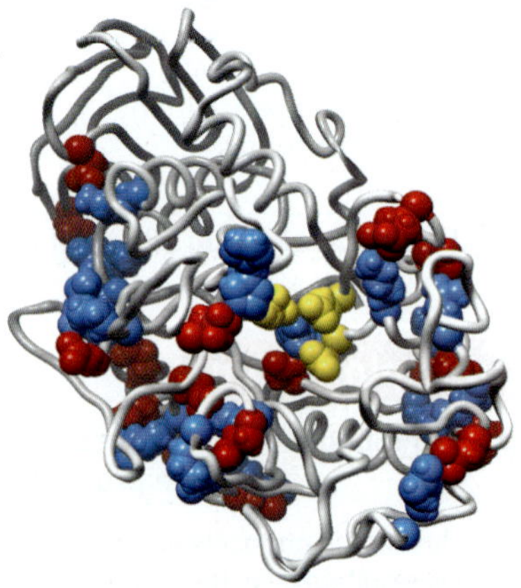

Localisation des acides aminés chargés dans l'amylase (*rouge* : positifs, *bleu* : négatifs, *jaune* : positifs et impliqués dans la catalyse).

Doc. 2 L'effet des changements de pH sur les acides aminés.

B L'effet de la température sur l'activité enzymatique

PROTOCOLE EXPÉRIMENTAL

– Préparer quatre tubes à essai contenant une même quantité d'empois d'amidon et quatre tubes contenant une même quantité d'une solution d'amylase.

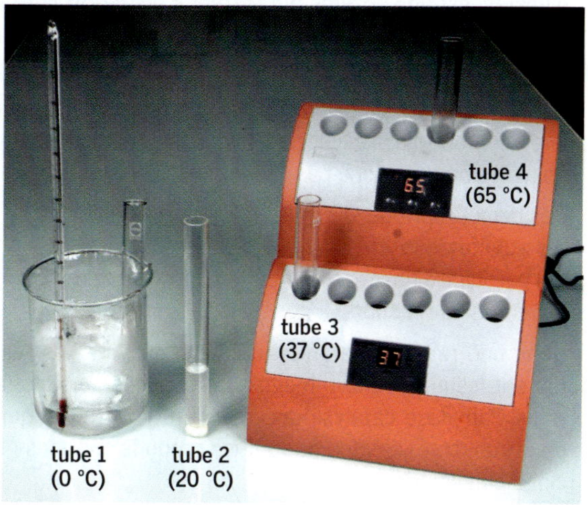

– Placer deux tubes (amidon et amylase) dans de la glace fondante, laisser les deux autres tubes à la température ambiante. Placer deux tubes au bain-marie à 37 °C et les deux derniers au bain-marie à 65 °C. Attendre quelques minutes pour que chaque tube s'équilibre en température.
– Au temps t = 0, verser la solution d'amylase dans le tube contenant de l'amidon à la même température.
– Toutes les trois minutes, prélever quelques gouttes de chaque mélange et faire un test à l'eau iodée.

RÉSULTATS OBTENUS

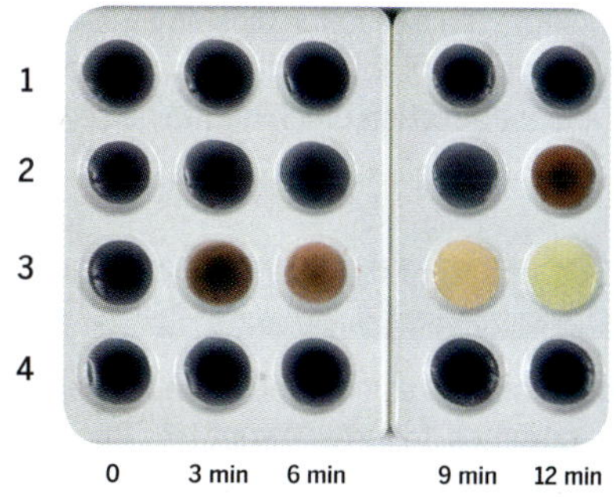

Doc. 3 **Une étude expérimentale.**

• La température détermine l'agitation des molécules dans un milieu. Pour qu'une réaction enzymatique se produise, il faut qu'il y ait une rencontre entre le substrat et l'enzyme. La probabilité d'une rencontre est d'autant plus grande que les déplacements des molécules sont rapides. D'autre part, la collision entre enzyme et substrat libère une énergie mécanique nécessaire pour débuter la réaction chimique.

• Au-delà d'une certaine température, les acides aminés constituant une protéine forment de nouvelles associations, y compris avec les autres protéines du milieu. Dans ce cas, les protéines, auparavant solubles, forment des complexes insolubles. Ces déformations de la structure sont irréversibles.

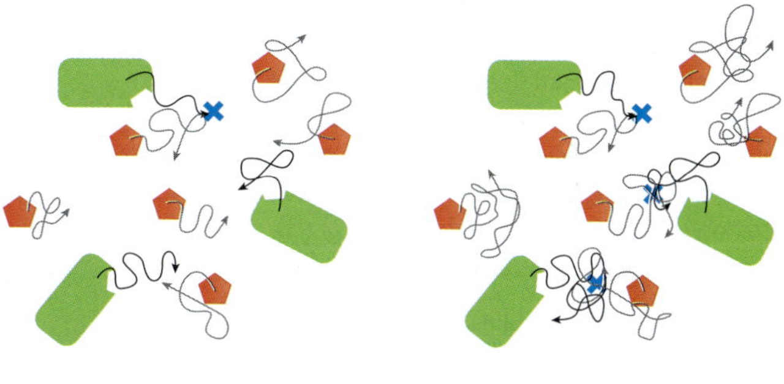

Modélisation de la trajectoire de molécules d'enzymes (*en vert*) et de substrats (*en rouge*) à deux températures différentes, pendant une même durée. Les croix correspondent à des collisions avec formation d'un complexe enzyme-substrat.

Doc. 4 **L'effet de la température sur les réactifs chimiques en solution et la structure des protéines.**

Pistes d'exploitation

PROBLÈME À RÉSOUDRE ► **Quelle est l'influence des conditions de pH et de température sur l'activité enzymatique ?**

Doc. 1 Quel est le pH optimal pour l'activité de l'amylase ?

Doc. 1 et 2 Comment expliquer la modification de l'activité de l'amylase en dehors des conditions optimales de pH ?

Doc. 3 Analysez les résultats de cette expérience. Concevez un protocole expérimental permettant de déterminer si l'inactivation constatée à 0 °C et à 65 °C est réversible ou définitive.

Doc. 3 et 4 Proposez une interprétation de l'expérience.

Lexique, p. 232

chapitre 1 La catalyse enzymatique

La **glycémie**, c'est-à-dire la concentration en glucose sanguin, est un paramètre important du milieu intérieur : la régulation de la glycémie et son dysfonctionnement sont l'objet des chapitres 2 et 3 de cette partie. La quantité de glucose sanguin est directement dépendante de l'apport de glucose par la **digestion des aliments**. Cette digestion, étudiée en classe de 5e, est un exemple de transformation chimique. Comme toute réaction biochimique, elle fait intervenir des **enzymes**, véritables catalyseurs biologiques sans lesquelles aucune réaction biochimique ne serait possible.

1 La digestion des glucides complexes

Les **glucides complexes** contenus dans les aliments (riz, pain, pâtes, pommes de terre…) sont très importants pour le métabolisme humain : 50 % des apports énergétiques proviennent des glucides, en majorité de type complexe, tels que l'**amidon**.

L'amidon est une macromolécule, c'est-à-dire une molécule de grande dimension formée par l'enchaînement de **glucides simples**, en l'occurrence du **glucose** : d'un point de vue chimique, l'amidon est un **polymère** du glucose. Or, l'amidon est une molécule trop grosse pour pouvoir être absorbée, c'est-à-dire traverser les cellules de la paroi intestinale pour atteindre le sang. Au cours de la digestion, l'amidon doit donc être transformé en glucose, nutriment soluble qui traverse sans problème la muqueuse intestinale.

D'un point de vue chimique, cette transformation est une **hydrolyse** : cette réaction chimique fait intervenir des molécules d'eau afin de briser les liaisons qui unissent les glucides simples entre eux. L'amidon est ainsi converti progressivement en glucides plus courts, appelés dextrines, et finalement en glucose, qui pourra être absorbé.

Au cours de la digestion, l'hydrolyse des macromolécules alimentaires nécessite l'intervention d'**enzymes** produites par différentes glandes (glandes salivaires, pancréas) ou par les cellules intestinales.

2 Les enzymes sont des catalyseurs biologiques

In vitro, l'hydrolyse chimique de l'amidon peut se produire assez rapidement en milieu acide (pH=1) et à une température de 100 °C. À une température de 37 °C, la réaction est beaucoup trop lente pour être compatible avec les contraintes de la vie. L'**amylase**, produite par les sucs digestifs, est une enzyme qui permet d'**accélérer** la réaction et de la rendre possible dans les conditions biologiques.

Après leur intervention au cours de la réaction, les enzymes conservent leurs propriétés et peuvent continuer à accélérer de nouvelles réactions d'hydrolyse de l'amidon. Les enzymes ne sont donc pas consommées par la réaction.

Ces deux propriétés définissent un **catalyseur** :
– il augmente la vitesse d'une réaction ;
– il participe à une réaction tout en retrouvant son état initial en fin de réaction.

Dans une réaction catalysée par une enzyme, les réactifs sur lesquels l'enzyme agit sont qualifiés de substrat. Ainsi, l'amylase catalyse une réaction d'hydrolyse qui a pour **substrat** l'amidon et dont les produits sont des glucides plus courts.

3 La formation d'un complexe enzyme-substrat

Le déroulement d'une réaction enzymatique

Au cours de la réaction, les enzymes forment une association étroite avec leur substrat pour constituer un **complexe enzyme-substrat**. Ce complexe est transitoire : il se dissocie une fois la réaction réalisée en libérant l'enzyme et les produits de la réaction.

Enzyme + Substrat = Complexe Enzyme-Substrat
= Enzyme + Produit

Le rôle central du site actif

Une enzyme est une **protéine**, donc une molécule dont la forme et les propriétés dépendent de l'enchaînement des acides aminés qui la constituent. La visualisation tridimensionnelle de toute enzyme montre que les repliements de la chaîne d'acides aminés aménagent un domaine spécialisé dans la liaison au substrat : c'est le **site actif**.

Dans le site actif, le substrat est positionné de façon à ce que les acides aminés responsables de la catalyse de la réaction chimique soient dans un agencement optimal pour réagir avec le substrat. Dans l'exemple de l'amylase, la structure tridimensionnelle de cette protéine rassemble les acides aminés qui réalisent l'hydrolyse à proximité de la liaison à briser, en présence de molécules d'eau.

Signalons que l'hydrolyse, en milieu acide à ébullition, favorise également la rencontre entre des molécules acides et les liaisons à briser. Il est remarquable que les propriétés de l'amylase permettent de réunir les conditions indispensables à la réaction en diminuant l'apport énergétique fourni par la température et en réduisant la concentration en molécules acides dans le milieu.

Le site actif est le résultat d'une sélection au cours de l'évolution

L'importance des acides aminés du site actif est confirmée par leur grand **degré de conservation** au cours de l'évolution : des enzymes homologues, prises chez différentes espèces, présentent les mêmes acides aminés dans leur site actif. En effet, on peut supposer que des mutations touchant les acides aminés impliqués dans la constitution du site actif ou dans la catalyse enzymatique seront défavorables à l'activité enzymatique et par conséquent à l'organisme qui les possède. De telles mutations ne sont alors pas conservées par la **sélection naturelle.**

La structure de l'enzyme détermine ses spécificités

L'amylase est une enzyme qui hydrolyse l'amidon. Elle ne peut pas agir sur d'autres substrats tels que des protéines par exemple. Elle ne peut pas non plus catalyser une autre réaction qu'une hydrolyse.

D'une façon plus générale, toute enzyme présente une **spécificité d'action et une spécificité de substrat** : une enzyme catalyse un seul type de réaction sur un seul type de substrat.

Cette double spécificité peut s'expliquer par la structure du site actif de l'enzyme :
– La forme du site actif présente une **complémentarité** avec celle du substrat. Le modèle utilisé classiquement pour la décrire est celui de la complémentarité entre la forme d'une **clé** et celle de la **serrure** correspondante. Ainsi, une enzyme ne peut former un complexe enzyme-substrat qu'avec une molécule qui possède une forme (mais aussi des propriétés chimiques telles que les charges électrostatiques) complémentaire de celle de son site actif.
– La composition des acides aminés constituant le site actif détermine les propriétés chimiques de l'enzyme. La réaction catalysée par une enzyme est une conséquence de la présence de ces acides aminés à proximité du substrat.

La comparaison des sites actifs de différentes enzymes montre effectivement que les enzymes qui n'agissent pas sur les mêmes substrats ont des sites actifs de formes différentes, ce qui explique la spécificité de substrat. D'autre part, des enzymes qui agissent sur le même substrat mais qui catalysent des réactions différentes n'ont pas les mêmes acides aminés en contact avec le substrat, ce qui explique la spécificité d'action.

4 La cinétique des réactions enzymatiques

La vitesse à laquelle les réactions enzymatiques se produisent dépend de nombreux facteurs :
– toutes les conditions du milieu qui tendent à favoriser la rencontre entre les enzymes et leur substrat, et donc la formation de complexes enzyme-substrat, ont pour effet une augmentation de la vitesse de la catalyse enzymatique ;
– au contraire, les conditions du milieu qui perturbent l'organisation du site actif, ou celles qui diminuent les probabilités de formation d'un complexe enzyme-substrat, ont pour conséquence une réduction de la vitesse de la catalyse.

L'influence du pH

Une enzyme est active dans une gamme de pH étroite, autour d'un optimum. En dehors de ces conditions, la variation de pH modifie les charges ioniques portées par les acides aminés constitutifs de l'enzyme. Si les acides aminés du site actif sont modifiés, la catalyse enzymatique peut être bloquée. De façon plus générale, les interactions qui lient les acides aminés et déterminent la structure de l'enzyme sont modifiées par les ions OH^- ou H_3O^+ du milieu, ce qui déforme l'enzyme et conduit à une dénaturation du site actif.

L'influence de la température

Une augmentation de la température entraîne un accroissement de l'agitation des molécules en solution et donc des probabilités de rencontre entre l'enzyme et son substrat. Cependant, au delà d'une valeur de température optimale, l'agitation moléculaire propre à l'enzyme déstabilise sa structure, réduisant la vitesse enzymatique. Si la température dépasse une valeur critique, des **modifications irréversibles** se produisent.

L'influence d'autres facteurs

De nombreux autres facteurs peuvent favoriser ou entraver la formation de complexes enzyme-substrat. On peut citer la **concentration en enzyme ou en substrat** dans le milieu de réaction : plus ces concentrations sont élevées, plus la probabilité qu'un complexe-enzyme substrat se forme rapidement est importante. Comme la concentration en substrat diminue au cours de la réaction, le temps a également une influence.

Un dernier exemple est celui de la présence de molécules mimant la forme du substrat et susceptibles de former des complexes inactifs avec les enzymes. Ces **inhibiteurs** rentrent en compétition avec les substrats pour la formation de complexes, ce qui entraîne une réduction de la vitesse de catalyse enzymatique.

chapitre 1 La catalyse enzymatique

À RETENIR

La digestion des glucides complexes

Au cours de la digestion, les **glucides complexes** sont progressivement transformés en **glucides simples** qui pourront être absorbés par la muqueuse intestinale. D'un point de vue chimique, la transformation de l'amidon en glucides plus courts et finalement en glucose est une **hydrolyse**.

Cette transformation implique l'intervention d'**enzymes**, contenues dans les sucs digestifs. Par exemple, l'amylase, produite par les glandes salivaires et le pancréas, est une enzyme intervenant dans l'hydrolyse de l'amidon en glucides plus courts.

Les enzymes sont des catalyseurs biologiques

Les enzymes sont des **protéines** : ce sont des molécules biologiques dont la production résulte d'une expression de l'information génétique.

Dans des conditions compatibles avec la vie, les enzymes sont indispensables pour accélérer les réactions biochimiques. Comme tout **catalyseur**, une enzyme n'intervient pas dans les produits de la réaction et retrouve son état initial en fin de réaction.

La formation d'un complexe enzyme-substrat

La catalyse enzymatique nécessite la formation d'un **complexe** transitoire entre l'enzyme et son substrat. À la fin de la réaction, l'enzyme libère le produit ou les produits de la réaction et retrouve son état initial.

Les enzymes sont des protéines dont la forme ménage un **site actif** permettant, par complémentarité spatiale, la fixation temporaire du substrat et la réalisation de la réaction catalysée. Ce mode d'action explique qu'une enzyme soit **doublement spécifique** : une enzyme ne peut catalyser qu'un seul type de réaction sur un seul type de substrat.

L'influence des conditions du milieu

Tout facteur susceptible d'affecter la formation des complexes enzyme-substrat modifie la vitesse de la catalyse enzymatique. Il existe donc des **conditions optimales** (de pH et de température, par exemple) pour lesquelles l'activité d'une enzyme est maximale.

Les concentrations en substrat et en enzyme sont également des facteurs qui conditionnent la vitesse à laquelle se produit la catalyse enzymatique.

Mots-clés

- Amidon
- Amylase
- Enzyme
- Catalyseur
- Site actif
- Complexe enzyme-substrat
- Spécificité de substrat
- Spécificité d'action

Capacités et attitudes

- Concevoir et mettre en œuvre un protocole expérimental pour montrer la nécessité d'une enzyme.
- Concevoir et mettre en œuvre un protocole expérimental pour montrer la double spécificité d'une enzyme.
- Utiliser un logiciel de visualisation moléculaire pour étudier le site actif d'une enzyme.
- Concevoir et mettre en œuvre un protocole expérimental pour montrer l'influence de facteurs du milieu sur l'activité enzymatique.

SCHÉMA BILAN — LA CATALYSE ENZYMATIQUE

ANIMATION

Les enzymes catalysent les réactions biologiques

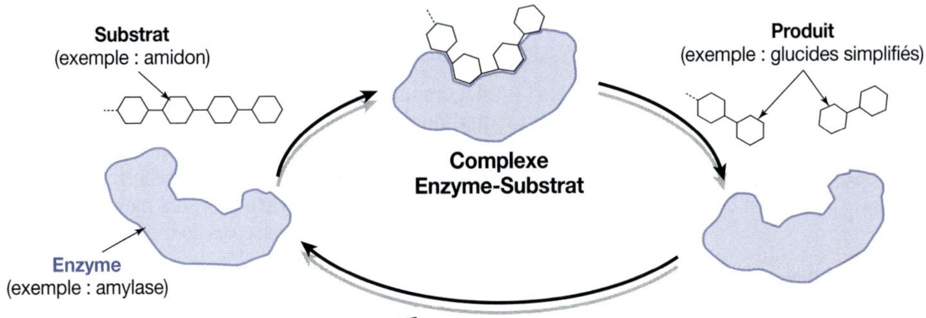

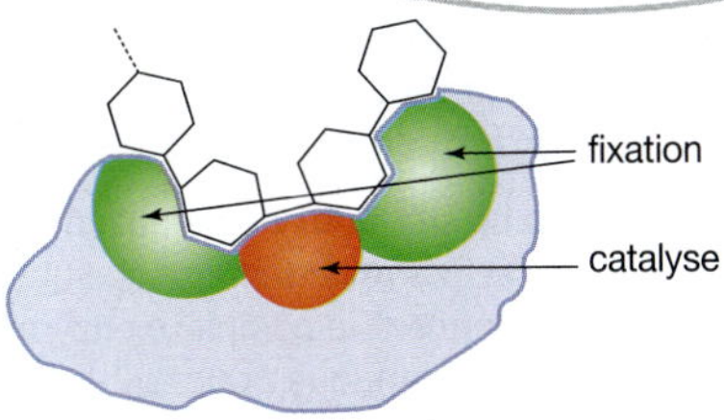

- Les enzymes sont des protéines.
- Certains acides aminés sont directement impliqués dans la fixation du substrat et la catalyse.

La double spécificité des enzymes

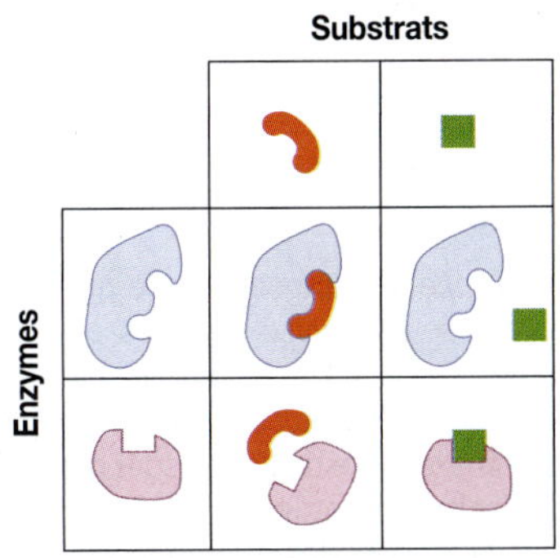

Spécificité de substrat : une enzyme ne reconnaît qu'un seul substrat.

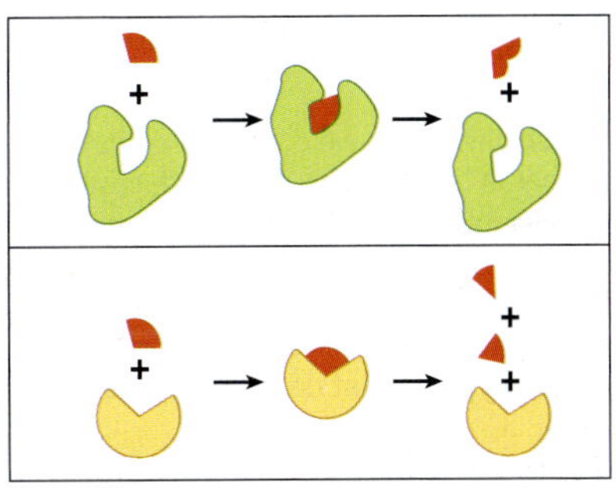

Spécificité d'action : une enzyme ne peut catalyser qu'un seul type de réaction.

L'influence des conditions de l'environnement de réaction

Conditions optimales : nombreux complexes enzyme-substrat formés.

Variations de pH, de température : enzymes modifiées, peu de complexes enzyme-substrat formés.

Exercices

Tester ses connaissances

1 Questions à choix multiples QCM

Choisissez la bonne réponse pour chaque série d'affirmations.

1. L'amidon est :
a. une enzyme ;
b. une variété de glucose ;
c. un glucide complexe ;
d. une protéine.

2. Dans une réaction chimique, un catalyseur :
a. est indispensable au déroulement de la réaction ;
b. n'est pas consommé au cours la réaction ;
c. est toujours une enzyme ;
d. est un des réactifs de la réaction.

3. Dans une réaction enzymatique, les substances qui résultent de la catalyse :
a. sont appelées produits ;
b. sont les substrats ;
c. forment un complexe enzyme-substrat ;
d. constituent l'enzyme.

4. Lorsque la température diminue et que la vitesse enzymatique diminue :
a. les enzymes se dénaturent et le site actif est déformé ;
b. la réaction enzymatique est irréversiblement bloquée ;
c. les acides aminés du site actif sont modifiés ;
d. les collisions entre molécules sont plus rares.

5. La spécificité d'action signifie qu'une enzyme :
a. peut agir sur plusieurs substrats ;
b. ne peut agir que sur un seul substrat ;
c. catalyse une réaction chimique spécifique ;
d. agit comme un catalyseur biologique.

6. Le site actif d'une enzyme :
a. est complémentaire du substrat ;
b. contient le complexe enzyme-substrat ;
c. est identique pour toutes les enzymes ;
d. est l'emplacement sur le substrat où agit une enzyme.

Utiliser ses compétences

2 L'intolérance au lactose QCM

Comprendre un texte scientifique

Le lactose est un glucide trouvé dans le lait. Chez le nourrisson, il est hydrolysé par la lactase et fournit du glucose et du galactose absorbables par l'intestin. Dans la plupart des populations humaines comme chez tous les autres mammifères, cette capacité disparaît avec le sevrage, alors que la capacité à digérer d'autres glucides émerge. Le lactose ingéré est alors fermenté par des bactéries intestinales qui produisent des gaz responsables de douleurs et de diarrhées.
La capacité à digérer le lactose toute la vie n'existe que chez les populations humaines issus des peuples d'éleveurs qui ont domestiqué les vaches, brebis ou chèvres.

Choisissez la bonne réponse parmi cette série d'affirmations.

L'intolérance au lactose montre que :
a. la lactase hydrolyse d'autres glucides après le sevrage ;
b. le lactose ne peut être métabolisé que par la lactase ;
c. les bactéries intestinales ne sont pas capables d'utiliser le lactose avant le sevrage ;
d. chez la plupart des mammifères, la lactase n'est produite qu'au début de la vie.

3 L'influence de la température

Comprendre un graphique

Le graphique ci-contre présente la variation de la vitesse de la réaction enzymatique catalysée par l'amylase salivaire humaine en fonction de la température du milieu.

Choisissez la bonne réponse parmi cette série d'affirmations.

La température optimale d'activité de cette enzyme est :
a. 37 °C car c'est une enzyme humaine ;
b. 65 °C car il n'y a plus d'activité au-delà ;
c. 20 °C car l'augmentation est alors maximale ;
d. 43° C car la vitesse est alors maximale.

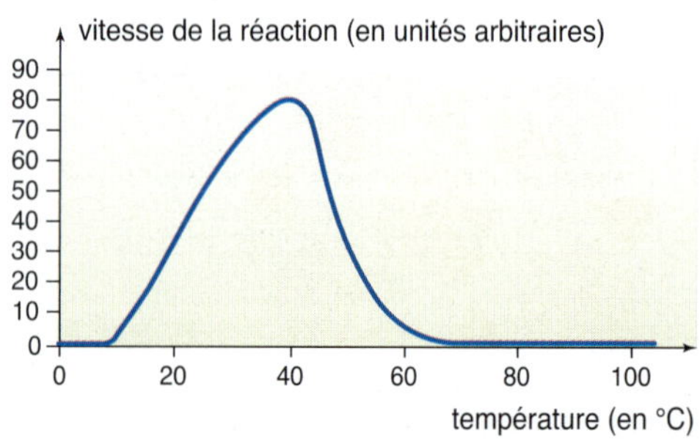

4 Comprendre le mode d'action d'un médicament

Pratiquer un raisonnement scientifique

Exercice TYPE BAC

L'acarbose est un médicament utilisé pour réduire l'apport de glucose dans le sang suite à un repas. Les *documents ci-dessous* présentent quelques caractéristiques de cette substance et son influence sur l'activité de l'amylase.

Question :
À partir des informations déduites de l'étude de ces documents et en utilisant vos connaissances, expliquez le mode d'action de l'acarbose.

Document 1 : Modèles moléculaires de l'amidon et de l'acarbose

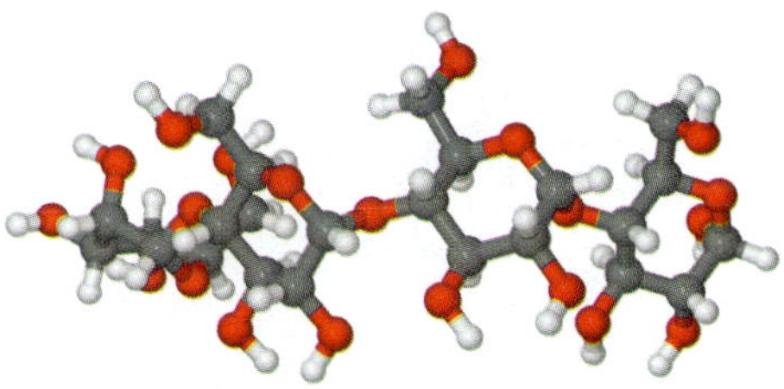

Amidon (fragment)

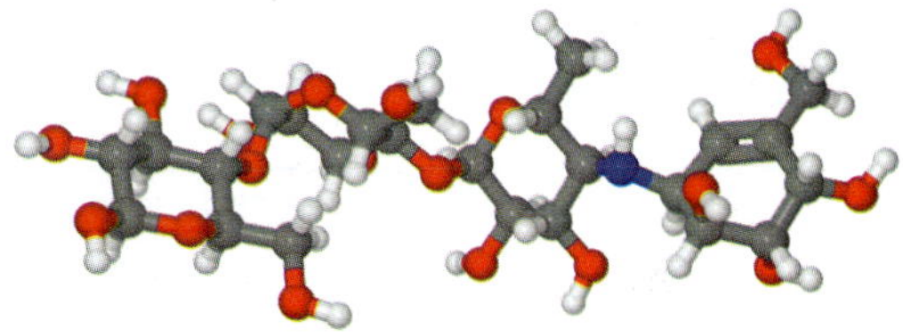

Acarbose

Document 2 : Mesure de l'activité d'hydrolyse de l'amidon par l'amylase en fonction de la concentration en acarbose

Le *graphique ci-contre* montre l'activité de l'amylase en présence d'acarbose dans le milieu.

Le pourcentage d'activité est déterminé en mesurant la quantité de produits formée au bout de 30 minutes, à 37 °C. La mesure obtenue en l'absence d'acarbose est utilisée comme référence (100 % d'activité).

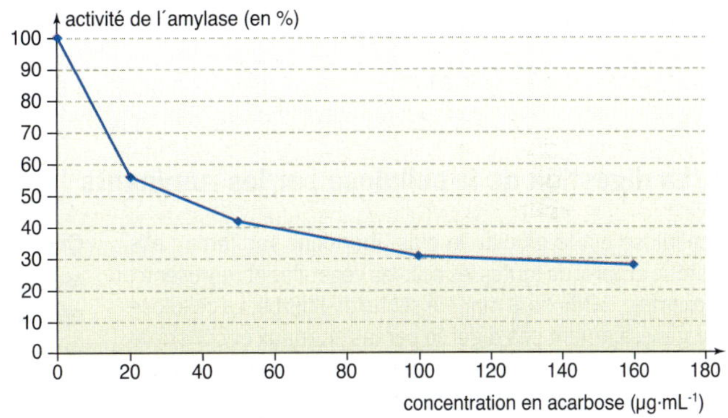

Document 3 : Modèles moléculaires de l'amylase en présence d'amidon ou en présence d'acarbose

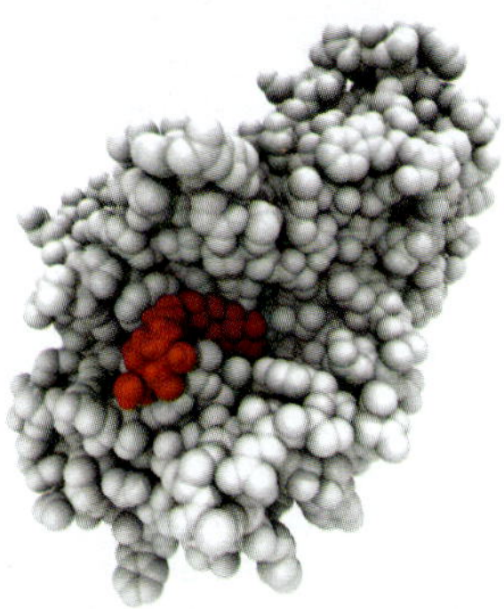

Amylase (blanc) et amidon (rouge)

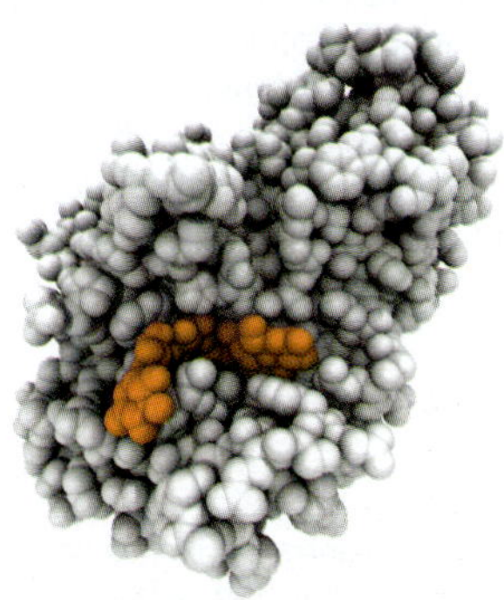

Amylase (blanc) et acarbose (orange)

5 Expliquer les bases biologiques d'une biotechnologie
Extraire des informations, raisonner

L'amidon est exploité de façon industrielle pour produire des sirops de glucose dans l'agroalimentaire ou de l'éthanol pour les carburants. Ces transformations se déroulent dans des réacteurs.

La première étape est une gélatinisation des grains d'amidon de céréales qui nécessite des températures comprises entre 90 et 105 °C. Cette étape est suivie de l'hydrolyse de l'amidon en glucides simples.

L'hydrolyse chimique en milieu acide a été remplacée depuis les années 1970 par une catalyse utilisant des amylases provenant de bactéries thermophiles (trouvées dans des environnements à haute température).

	Organisme d'origine	
	Homme	*Bacillus licheniformis*
Température optimale	37° C	93 °C
Nombre total d'acides aminés	496	481
Nombres d'acides aminés formant des liaisons ioniques	39	55

Comparaison de l'amylase humaine et de l'amylase bactérienne

Questions :

1. **Expliquez l'intérêt de l'utilisation d'enzymes provenant de bactéries thermophiles.**
2. **Proposez une explication à la résistance de l'enzyme utilisée aux températures auxquelles elle est exposée dans les réacteurs.**

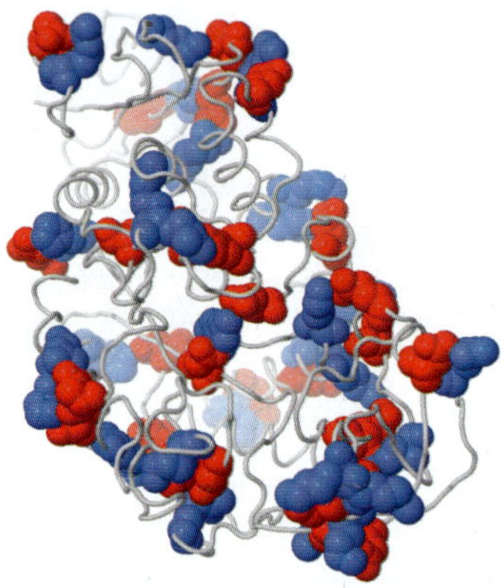

Mise en évidence des liaisons ioniques dans la structure de l'amylase de *Bacillus licheniformis*

6 La digestion de la cellulose par les ruminants
Exploiter des informations

La cellulose est le glucide le plus abondant sur Terre : elle constitue la paroi de toutes les cellules végétales et représente, par exemple, 30 % de la matière sèche de l'herbe. La cellulose n'est généralement pas digérée par les animaux et constitue les fibres alimentaires qui sont rejetées dans les excréments. Chez les mammifères herbivores (ruminants notamment), la cellulose représente la majeure partie de l'apport énergétique.

La cellulose est un glucide complexe : sa formule chimique est identique à celle de l'amidon (polymère de glucose), mais elle constitue des fibres alors que l'amidon forme des hélices regroupées en granules. La quasi-totalité des animaux ne produit pas de cellulase (enzyme pouvant dégrader la cellulose). En revanche, il existe des bactéries, des champignons et des protozoaires (animaux unicellulaires) qui possèdent des gènes codant pour des cellulases.

Quelques données sur la panse des ruminants

- Volume : 200 L
- Température : 40 °C.
- pH : entre 5,5 et 7,3, maintenu entre ces limites par l'apport de 100 à 200 L de salive par jour chez un bovin (salive dépourvue d'amylase et de cellulase).

Question :

Montrez que la panse des ruminants réunit les conditions optimales à la digestion de la cellulose.

La panse d'un ruminant

Le liquide de la panse contient :
- 10^9 à 10^{10} bactéries par mL (soit 1 kg de bactéries pour une vache) ;
- 10^4 à 10^6 protozoaires par mL ;
- 10^4 champignons (moisissures) par mL.

Environ 25 % de la flore bactérienne produit de la cellulase. La quasi-totalité de ces bactéries sont anaérobies.

Utiliser ses capacités expérimentales

7 Identifier une réaction enzymatique

Pratiquer une démarche d'investigation

SE PRÉPARER aux épreuves pratiques du BAC

■ Problème à résoudre

On s'interroge à propos d'une curieuse observation : après avoir broyé un morceau de navet, un carré de papier-filtre de 5 mm de côté est placé dans ce liquide. Le papier-filtre est ensuite transféré dans un tube à essai rempli de 5 mL d'une solution d'eau oxygénée (H_2O_2). Au bout de quelques secondes, des bulles d'oxygène s'accumulent entre les fibres du papier et lorsque leur quantité est suffisante, le papier remonte à la surface de la solution (*photographie ci-contre*).
On cherche alors à savoir si ce phénomène a les caractéristiques d'une réaction enzymatique.

■ Conception et mise en œuvre d'un protocole expérimental

En choisissant parmi le matériel proposé, concevez puis réalisez un protocole pour déterminer si le phénomène observé résulte d'une réaction enzymatique.

Remarque : le test d'une seule des caractéristiques des réactions enzymatiques (au choix) est considéré comme suffisant.

Exposez votre raisonnement et répondez au problème posé.

■ Matériel disponible

- Chronomètre.
- Portoir, tubes à essai.
- Navet, pilon, mortier, papier-filtre.
- Solution d'eau oxygénée.
- Papier pH, solutions acides, solutions basiques.
- Bain-marie.

8 Rechercher la présence d'une enzyme

SE PRÉPARER aux épreuves pratiques du BAC

Pratiquer une démarche d'investigation, utiliser un dispositif d'ExAO

■ Problème à résoudre

Le suc pancréatique contient de l'amylase. On cherche à savoir si des enzymes capables d'hydrolyser les protéines (protéases) sont également présentes dans un extrait pancréatique.

■ Conception et mise en œuvre d'un protocole expérimental

En utilisant le matériel proposé, concevez puis mettez en œuvre un protocole afin de répondre au problème posé.

■ Matériel disponible

- Colorimètre ou turbidimètre relié à une chaîne d'acquisition ExAO.
- Solution d'amylase.
- Solution de pancréatine (extrait pancréatique).
- Solution d'ovalbumine coagulée en suspension.

■ Communication et exploitation des résultats

Imprimez ou exportez le graphique des mesures réalisées et exploitez-le pour répondre au problème posé.

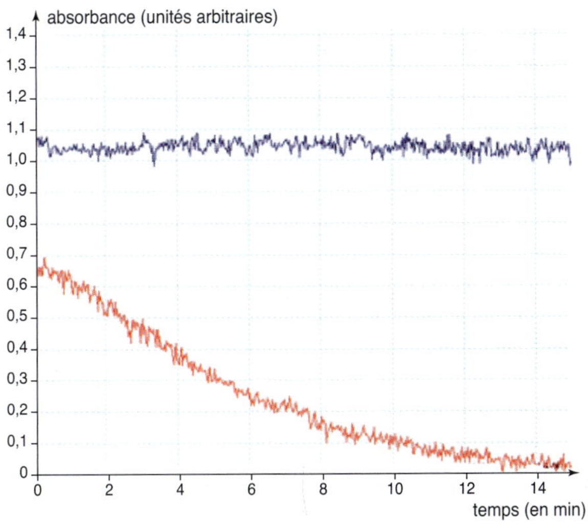

Absorbance d'une solution d'albumine au cours du temps, en présence d'amylase (en bleu) et d'une protéase de l'estomac, la pepsine (en rouge).

Des DOCUMENTS pour se poser des questions

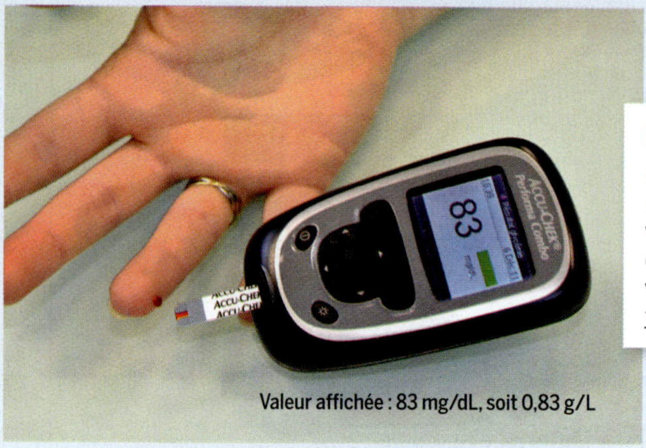

Valeur affichée : 83 mg/dL, soit 0,83 g/L

La glycémie

Le taux sanguin de glucose (**glycémie**) est normalement voisin de 1 g · L^{-1}. Il est souvent mesuré par les médecins pour aider au diagnostic de certaines maladies. La valeur de ce paramètre est un indicateur fondamental de l'état de notre organisme.

De nombreux facteurs influencent la glycémie

Après la digestion, le glucose contenu dans nos aliments se retrouve dans le sang et augmente la glycémie. En revanche, la consommation permanente de glucose par nos organes pour en tirer de l'énergie a tendance à faire baisser la glycémie.

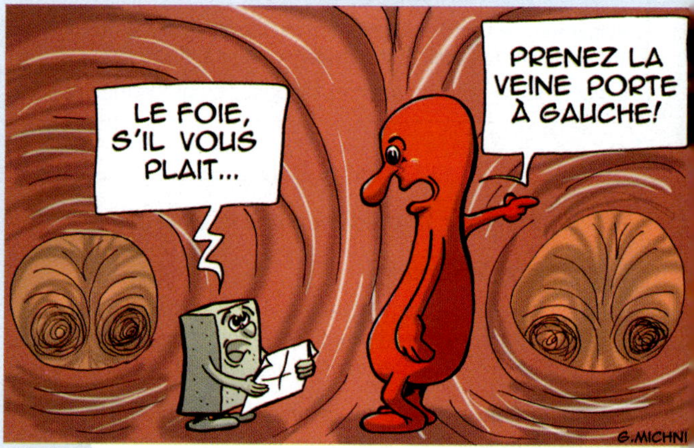

La régulation de la glycémie

Les besoins en glucose de notre organisme sont variables, tout comme les apports alimentaires. Une régulation de la valeur de la glycémie permet de répondre en permanence aux besoins et de gérer les afflux de glucose.

LES PROBLÉMATIQUES DU CHAPITRE

- **Quelle est la valeur normale de la glycémie ?**
- **Quels sont les organes capables d'agir sur cette glycémie ?**
- **Quels sont les mécanismes de régulation de ce paramètre biologique ?**

Cellule hépatique avec des grains de glycogène colorés en brun (microscopie électronique x 10 000).

La régulation de la glycémie

LES ACTIVITÉS DU CHAPITRE

1 La glycémie, une constante physiologique importante 184
2 Le stockage du glucose dans l'organisme 186
3 La libération du glucose dans le sang 188
4 Le rôle du pancréas 190
5 Une boucle de régulation de la glycémie 192

La glycémie, une constante physiologique importante

Au cours d'une journée, l'organisme reçoit du glucose de façon discontinue (au moment des repas) et, par ailleurs, consomme ce glucose de façon irrégulière. *Nous allons rechercher quelle est la conséquence de cette situation au niveau de la glycémie.*

A La glycémie et ses variations

Des mesures de la glycémie à jeun ont été effectuées sur un échantillon représentatif de la population, soit 114 individus.
L'histogramme *ci-dessous* présente les résultats de cette enquête.

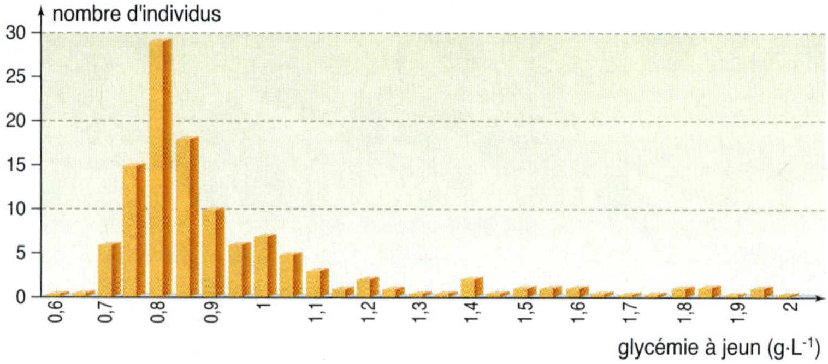

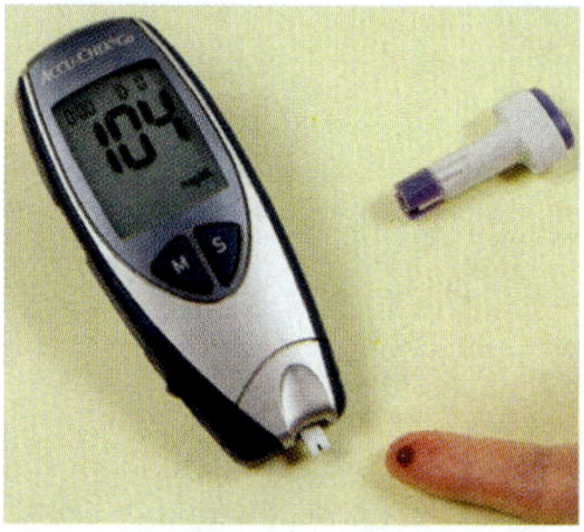

Une mesure de la glycémie (l'affichage est en mg · dL^{-1}, il faut diviser par 100 pour avoir des g · L^{-1}).

Doc. 1 Des variations individuelles.

On dispose actuellement de lecteurs de glycémie performants capables d'effectuer des mesures de la glycémie en continu (une mesure toutes les dix secondes). On peut ainsi enregistrer les variations de la glycémie d'une personne tout au long de la journée. Les mesures présentées ici ont été réalisées chez un sujet ne présentant aucun trouble particulier.

Lecteur de glycémie en continu relié à un capteur placé juste sous la peau.

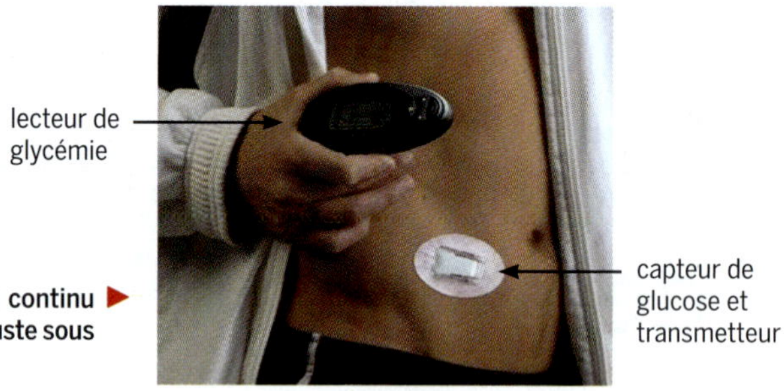

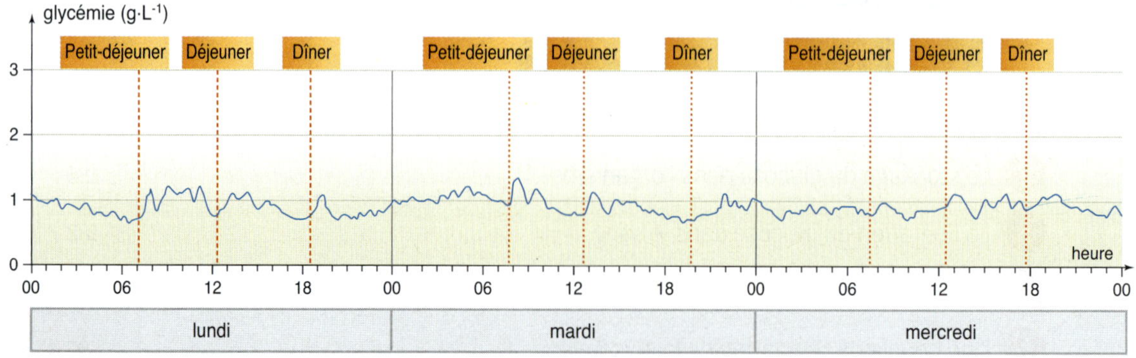

Doc. 2 Des variations au cours de la journée.

B Des organes actifs sur la glycémie

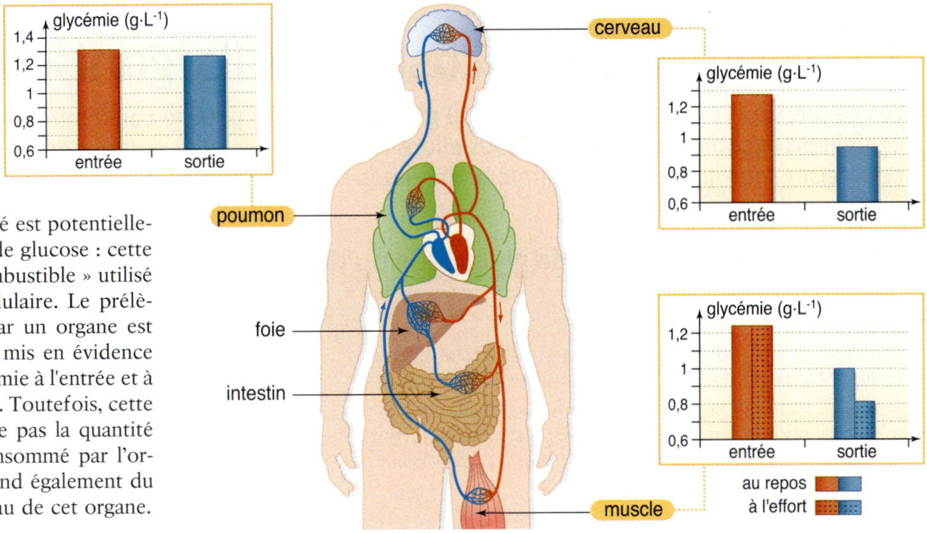

Tout organe en activité est potentiellement consommateur de glucose : cette substance est le « combustible » utilisé par la respiration cellulaire. Le prélèvement de glucose par un organe est variable : il peut être mis en évidence en comparant la glycémie à l'entrée et à la sortie de cet organe. Toutefois, cette comparaison n'indique pas la quantité totale du glucose consommé par l'organe car celle-ci dépend également du débit sanguin au niveau de cet organe.

Doc. 3 Des organes consommateurs de glucose.

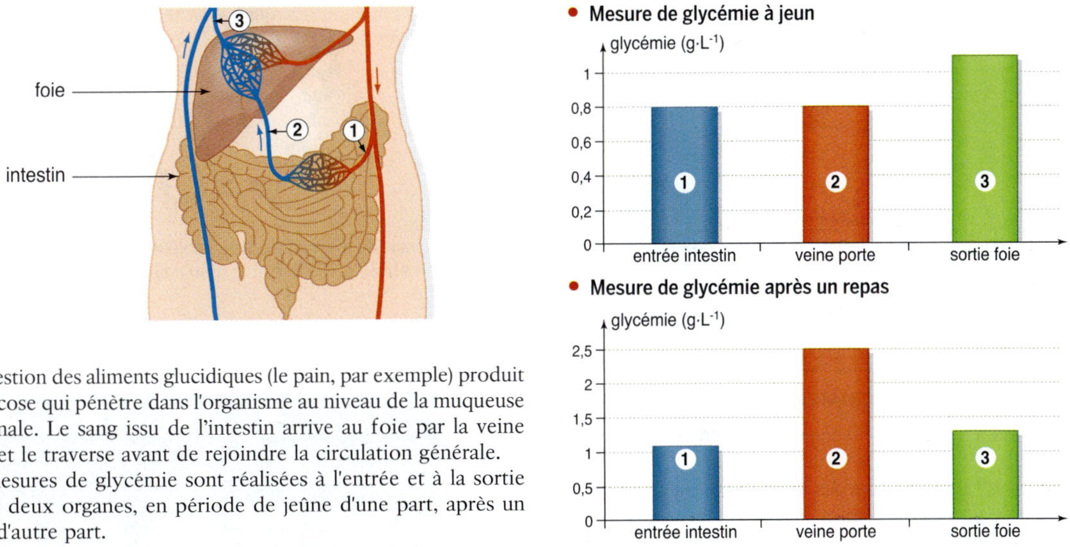

La digestion des aliments glucidiques (le pain, par exemple) produit du glucose qui pénètre dans l'organisme au niveau de la muqueuse intestinale. Le sang issu de l'intestin arrive au foie par la veine porte et le traverse avant de rejoindre la circulation générale. Des mesures de glycémie sont réalisées à l'entrée et à la sortie de ces deux organes, en période de jeûne d'une part, après un repas d'autre part.

Doc. 4 Des organes qui contrôlent l'entrée du glucose dans l'organisme.

Pistes d'exploitation

PROBLÈME À RÉSOUDRE ► Pourquoi qualifie-t-on la glycémie de « constante biologique » ?

Doc. 1 et 2 Proposez une définition de la valeur normale de la glycémie.

Doc. 3 et 4 Identifiez l'action des organes sur la glycémie. Expliquez certaines des variations constatées sur le document 2.

Doc. 4 En vous appuyant sur les variations de la glycémie constatées ici, montrez comment le foie peut agir sur la glycémie.

Lexique, p. 232

Le stockage du glucose dans l'organisme

Les cellules de l'organisme prélèvent du glucose sanguin pour le consommer, mais certaines sont également capables de le stocker. *Nous allons ici déterminer quels organes peuvent stocker le glucose et préciser sous quelle forme chimique est réalisé ce stockage.*

A Un stockage sous forme de glycogène ou de lipides

PROTOCOLE

On injecte à des souris du glucose radioactif (contenant du ^{14}C) puis, dans les heures suivantes, on analyse différentes molécules (dont les acides gras et le glycogène) pour rechercher le devenir de cette radioactivité. Les résultats sont présentés par le *graphique ci-dessous*.

RÉSULTATS

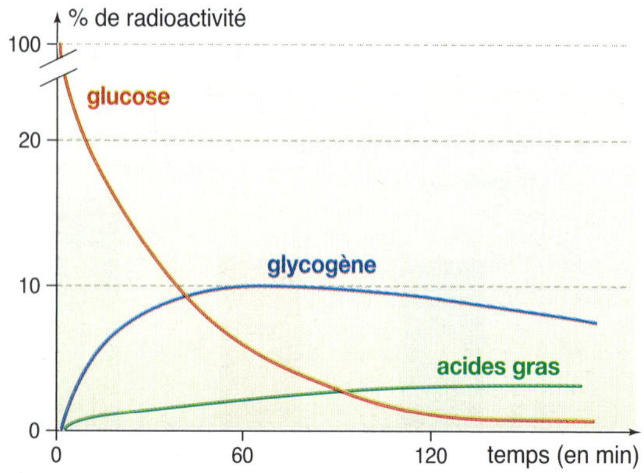

MODÈLES MOLÉCULAIRES

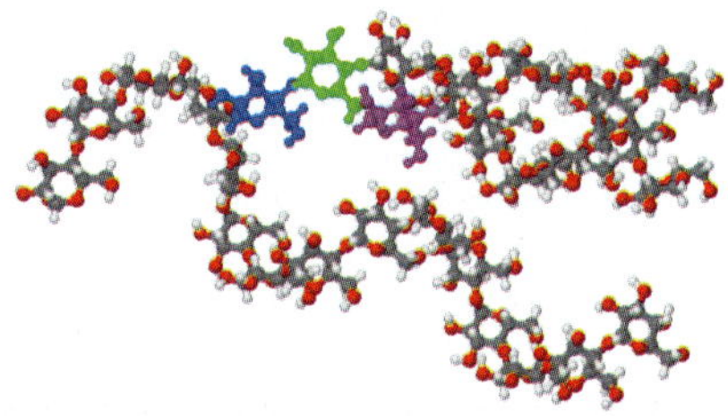

Molécule de glycogène. 3 sous-unités de glucose sont colorées en violet, vert et bleu.

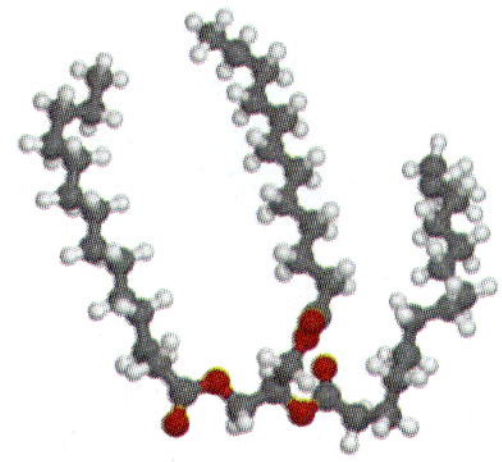

Molécule de triglycéride avec 3 chaînes d'acides gras (molécule synthétisée par le foie et le tissu adipeux à partir de glucose).

Doc. 1 Mise en évidence du stockage de glucose.

PROTOCOLE EXPÉRIMENTAL

Pour rechercher la présence de glycogène dans un organe, on utilise le protocole suivant :
- broyer finement 20 g de l'organe coupé en morceaux avec du sable et 50 mL d'eau ;
- verser dans un bécher et compléter à 100 mL, puis faire bouillir pendant 2 minutes ;
- filtrer le mélange et ajouter une pointe de scalpel de Na_2SO_4 ;
- récupérer, pour chaque organe, 2 mL de filtrat dans un tube à essai et ajouter goutte à goutte 2 mL d'éthanol à 96 %.

En présence de glycogène, il se forme un précipité blanc à l'interface entre la solution à tester et l'éthanol.

EXEMPLES DE RÉSULTATS

Les photographies ci-contre présentent les résultats obtenus pour trois organes (et deux tubes témoins).

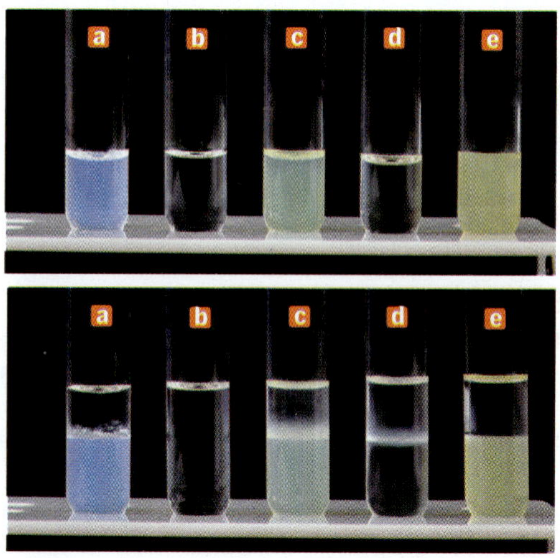

a solution de glycogène
b eau distillée
c foie
d muscle
e rein

Doc. 2 Identification des lieux de stockage.

B Des stockages différents pour des usages différents

Plus il y a de glycogène dans une solution, plus sa coloration par l'eau iodée est foncée. On peut donc quantifier le glycogène présent en mesurant l'intensité de la coloration (l'**absorbance**) avec un spectrophotomètre réglé à 470 nm (maximum d'absorption de l'eau iodée).

PROTOCOLE EXPÉRIMENTAL

– Extraire le glycogène d'un organe (*voir doc. 2*).
– Mélanger 1 mL d'eau distillée, 65 µL de filtrat et 100 µL d'eau iodée, puis lire la valeur de l'absorbance.
– À l'aide de la courbe étalon, déduire la concentration en glycogène de l'organe testé, puis la quantité totale dans l'organisme.

EXEMPLE DE RÉSULTATS

Organe (masse moyenne totale dans l'organisme)	Absorbance
Foie (1 500 g)	1,5
Muscle (20 000 g)	0,6

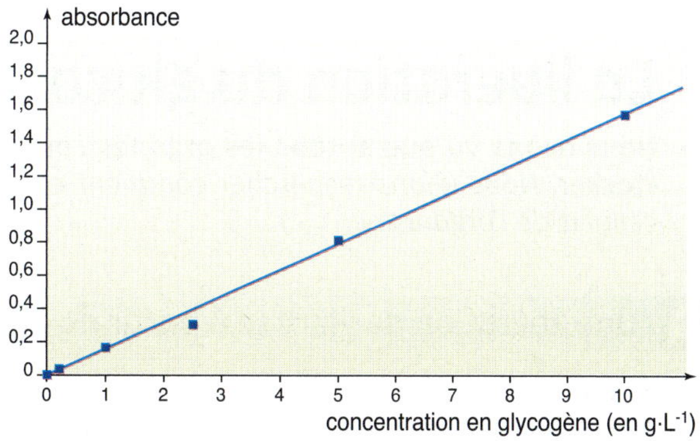

Courbe étalon : Elle est obtenue à partir de mesures de l'absorbance effectuées sur une gamme de solutions de glycogène aux concentrations connues.

Pour une aide au calcul
www.bordas-svtlycee.fr

Doc. 3 Un stockage de glycogène variable d'un organe à l'autre.

Organe (nature des réserves)	Foie (glycogène)	Muscle (glycogène)	Tissu adipeux (triglycérides)
Cellules	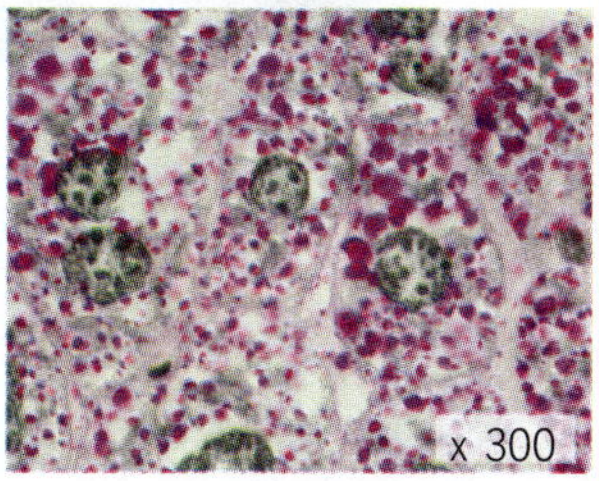 Hépatocytes (glycogène coloré en violet)	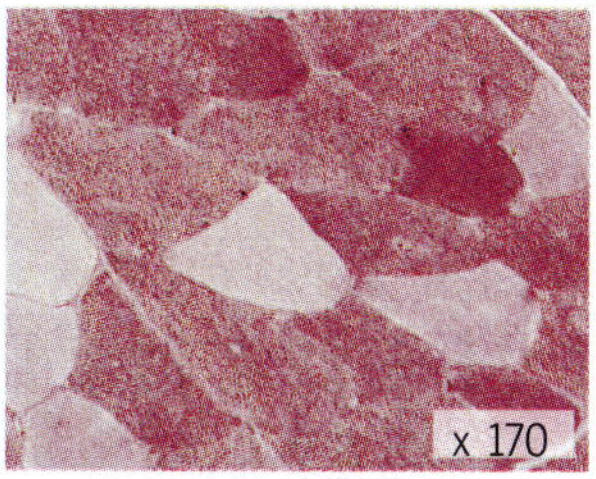 Cellules musculaires (glycogène coloré en rouge)	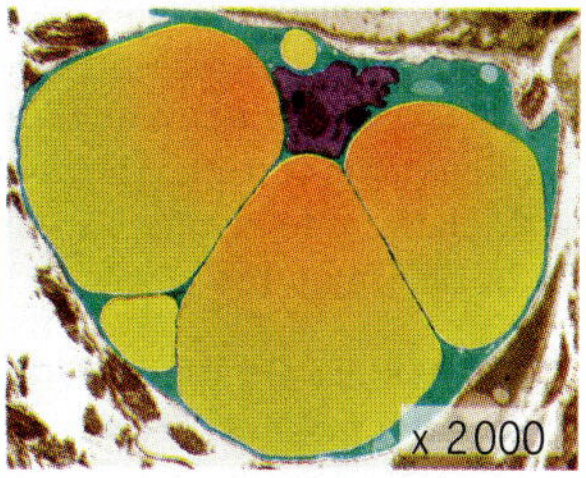 Adipocyte (triglycérides en jaune)
Délai nécessaire à la transformation en glucose utilisable par les cellules	1 min	5 s	10 min
Temps maximal pour épuiser les réserves de l'organisme	• 24 heures en cas de jeûne • 30 minutes en cas d'effort	• 24 heures en cas de jeûne • 1 à 2 heures en cas d'effort	• Plusieurs jours en cas de jeûne ou d'effort

Doc. 4 Des réserves utilisées différemment par l'organisme.

Pistes d'exploitation

PROBLÈME À RÉSOUDRE ► Comment se fait le stockage du glucose dans l'organisme après son absorption au niveau intestinal ?

Doc. 1 Montrez que les molécules présentées ici constituent une forme de réserve du glucose.

Doc. 2 Identifiez les organes capables d'effectuer cette mise en réserve.

Doc. 3 Différenciez le stockage du glycogène dans les muscles et le foie.

Doc. 4 Indiquez les avantages et les contraintes des différents types de réserves de l'organisme.

Lexique, p. 232

La libération du glucose dans le sang

Nous avons vu que si tous les organes consomment du glucose, certains sont capables de le stocker. *Nous allons rechercher comment ce glucose stocké peut être remis à la disposition des cellules de l'organisme.*

A Une libération de glucose à partir du glycogène

diaporama

Si plusieurs organes peuvent stocker du glucose sous forme de glycogène, seuls certains peuvent le restituer dans le sang (réserves « publiques ») alors que les autres le gardent pour leur utilisation propre (réserves « privées »). Le statut des cellules du foie et des muscles peut être déterminé expérimentalement.

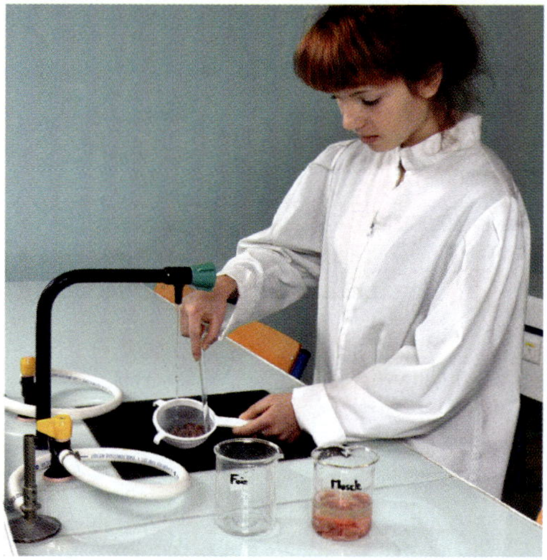

PROTOCOLE EXPÉRIMENTAL

– Rincer à l'eau les échantillons d'organes à tester pour enlever le sang, puis les découper en morceaux avec des ciseaux propres.
– Placer les morceaux de chaque organe dans un bécher avec de l'eau distillée et mélanger de temps en temps pendant 5 minutes.
– Mélanger dans une cuve 1 mL de « glucose RTU » (*voir ci-dessous*) et 10 µL du liquide à tester, attendre 10 minutes pour avoir la coloration rose indiquant la présence de glucose.
– Vider l'eau de chaque bécher puis rincer abondamment les fragments de chaque organe sous le robinet.
– Les recouvrir à nouveau d'eau distillée et faire immédiatement un deuxième test avec le glucose RTU.
– Mélanger de temps en temps et refaire un dernier test au bout de 5 minutes.

EXEMPLES DE RÉSULTATS

Les *photographies ci-contre* présentent les résultats obtenus avec des morceaux de muscle (**a**) et des morceaux de foie (**b**).

On indique *ci-dessous* comment lire les résultats avec le réactif utilisé.

Lecture des résultats avec le glucose RTU

Le « glucose RTU » est un réactif spécifique du glucose. La présence de glucose est révélée par l'apparition d'une coloration rose vif, dix à quinze minutes après mélange avec un produit à tester.

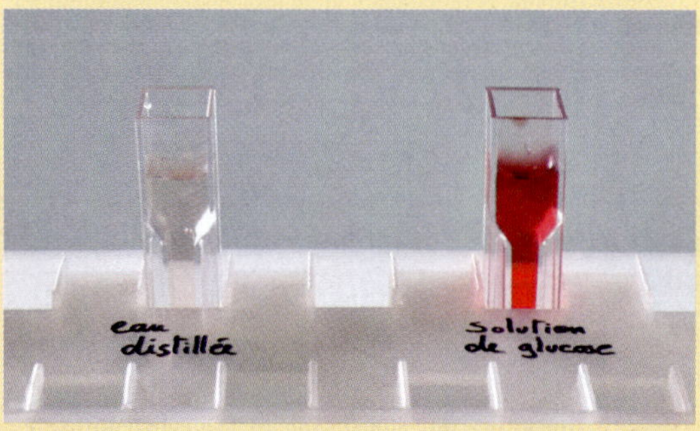

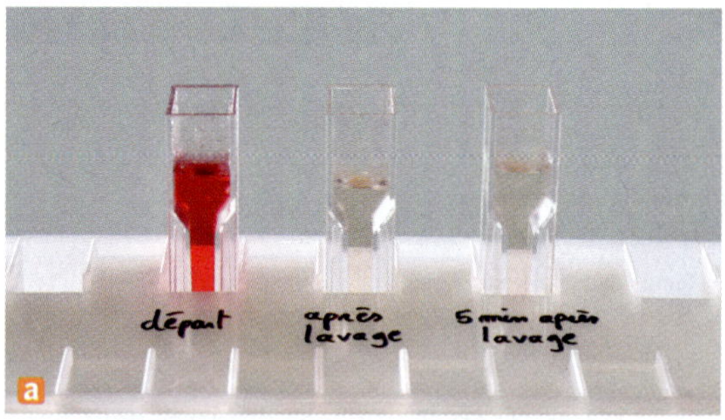

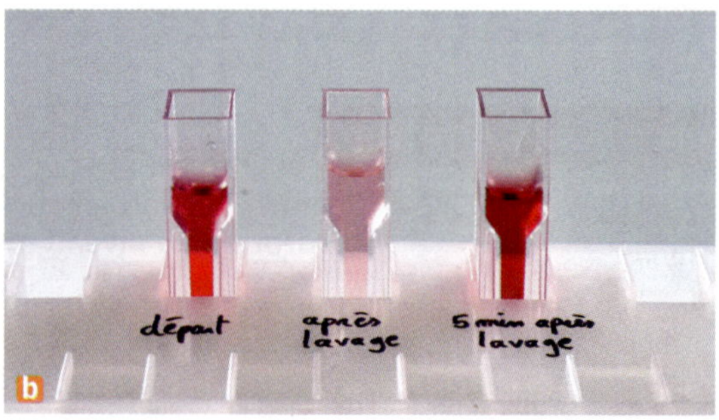

Doc. 1 **Mise en évidence d'une libération de glucose par différents organes.**

B Une libération indirecte à partir des lipides

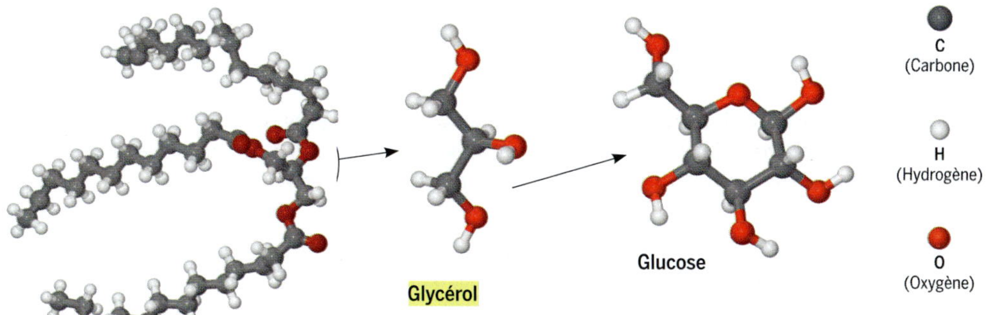

Molécule de triglycéride

(résultat de l'estérification entre trois acides gras et un glycérol)

Le glucose peut être produit par l'organisme à partir de composés glucidiques (glycogène), mais aussi à partir de composés non glucidiques comme le glycérol ou les acides aminés : on parle alors de **néoglucogenèse**.

Doc. 2 Triglycérides, glycérol et glucose.

- **Cellules adipeuses et glycérol**

On cultive des adipocytes de rat et on mesure en parallèle la concentration en glycérol dans le milieu (cultures témoins). La même étude est faite avec des cultures auxquelles on ajoute un produit bloquant le métabolisme lipidique des cellules.

- **Cellules hépatiques et glycérol**

On perfuse des foies de rat avec un liquide physiologique contenant du glycérol marqué (grâce à l'isotope ^{13}C) puis on stoppe la perfusion au temps 0. On suit alors la concentration des molécules marquées par cet isotope (glycérol et glucose) dans les cellules hépatiques.

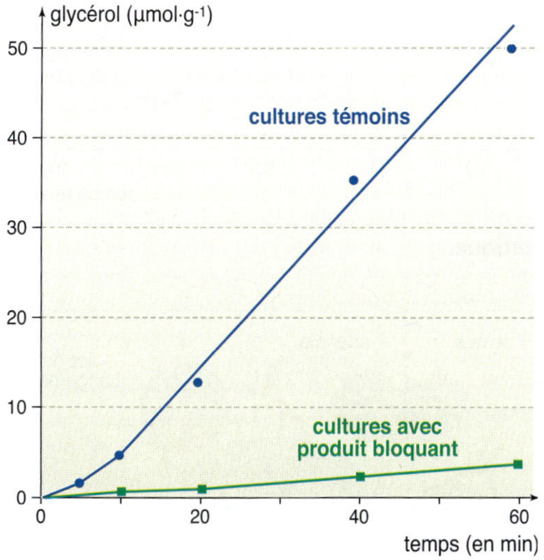

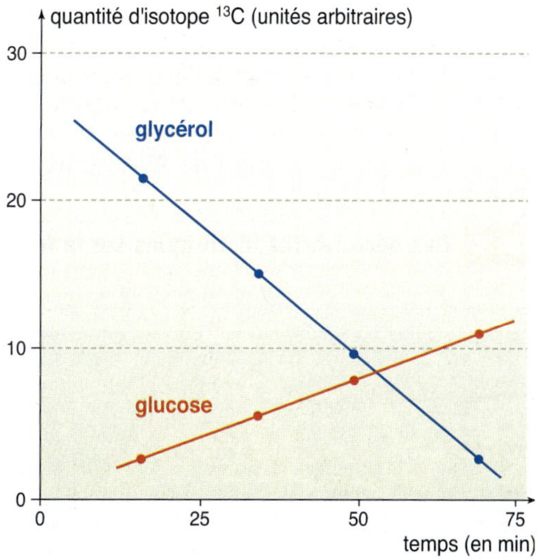

(NB : Les adipocytes ne libèrent pas directement du glucose à partir des triglycérides)

Doc. 3 Mise en évidence de la libération de glucose à partir des triglycérides.

Pistes d'exploitation

PROBLÈME À RÉSOUDRE ► Quelles sont les cellules capables de libérer du glucose dans la circulation sanguine et donc d'agir sur la glycémie ?

Doc. 1 Identifiez les organes capables de produire du glucose, puis de le libérer dans le sang.

Doc. 2 et 3 Comment les réserves de triglycérides des adipocytes peuvent-elles être à l'origine d'une libération de glucose dans le sang ?

Lexique, p. 232

Le rôle du pancréas

La glycémie demeure globalement constante bien que les organes prélèvent ou libèrent du glucose dans le sang. Prélèvements et restitutions sont donc régulés. *Les documents fournis ici vont permettre d'identifier le pancréas comme un organe essentiel dans cette régulation.*

A La mise en évidence de la fonction hormonale du pancréas

- **Premières découvertes au XIXe siècle**

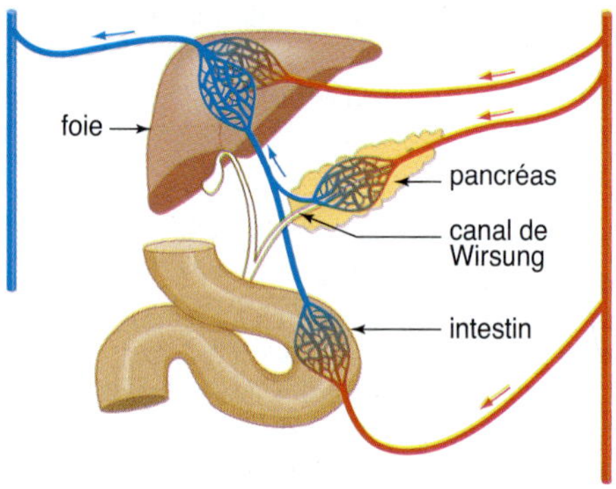

Le **pancréas** produit des enzymes digestives et les libère dans l'intestin *via* le canal de Wirsung. En 1889, Minkowski et Von Mering découvrent un autre rôle du pancréas : l'ablation de cet organe chez un chien provoque une forte hausse de sa glycémie. Une ligature du canal de Wirsung ne reproduit pas cet effet.

- **Les travaux de Banting et Best en 1921**

Ces chercheurs émettent l'hypothèse que le pancréas agit sur la glycémie par voie hormonale. Pour tester cette hypothèse, ils enlèvent le pancréas d'un chien, puis réalisent diverses injections. Les effets de ces injections sur la glycémie sont présentés par le *graphique ci-dessous.*

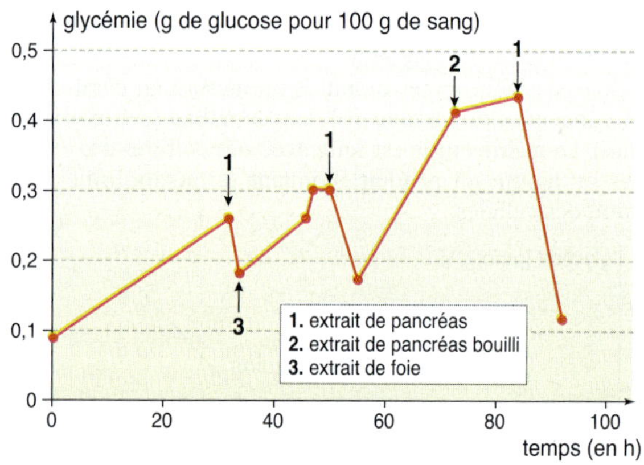

Doc. 1 Des découvertes historiques sur la fonction pancréatique.

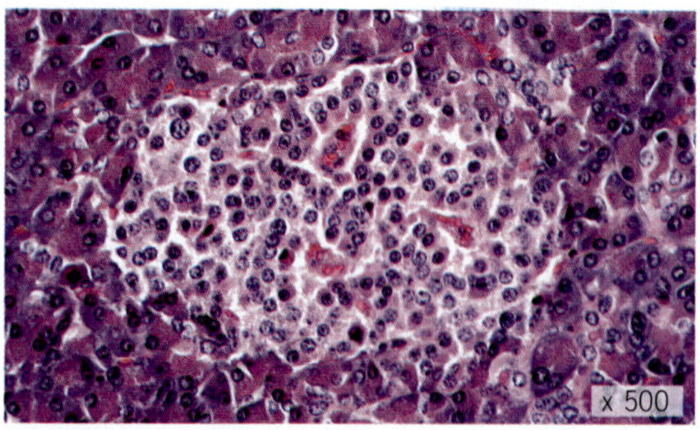

Coupe microscopique de pancréas

Le tissu pancréatique est formé de deux types de structures : les **acinus** et les **îlots de Langerhans**.

– Un acinus est constitué de cellules glandulaires qui sécrètent des enzymes digestives dans un tube collecteur relié au canal de Wirsung.

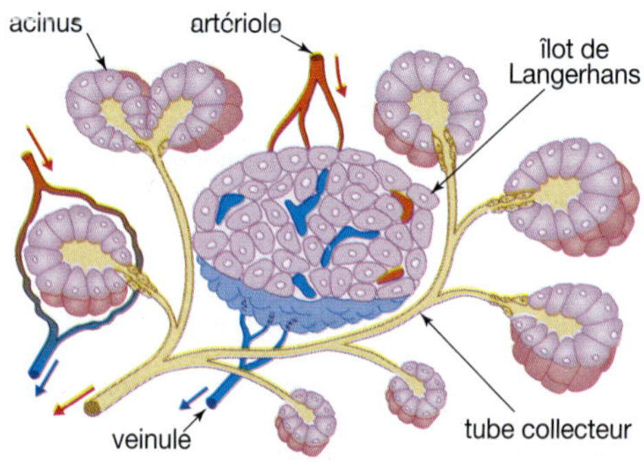

Schéma d'interprétation

– Les îlots de Langerhans sont des amas de cellules glandulaires, les cellules insulaires, très richement vascularisés et dépourvus de canaux collecteurs.

Doc. 2 Deux types cellulaires dans le pancréas.

B Les hormones pancréatiques

À partir des extraits pancréatiques, on a pu isoler deux substances actives sur la glycémie, l'**insuline** et le **glucagon**. L'injection dans le sang d'un animal de l'une ou l'autre de ces deux substances modifie temporairement la glycémie (*graphe ci-dessous*).
Par ailleurs, par la technique d'**immunohistochimie**, il est possible de repérer, dans les îlots de Langerhans, les **cellules endocrines** produisant l'insuline (cellules β) ou le glucagon (cellules α). Cette technique utilise des anticorps qui se fixent de façon spécifique sur une de ces hormones. Ces anticorps sont ensuite colorés pour repérer leur localisation (*photographies ci-dessous*).

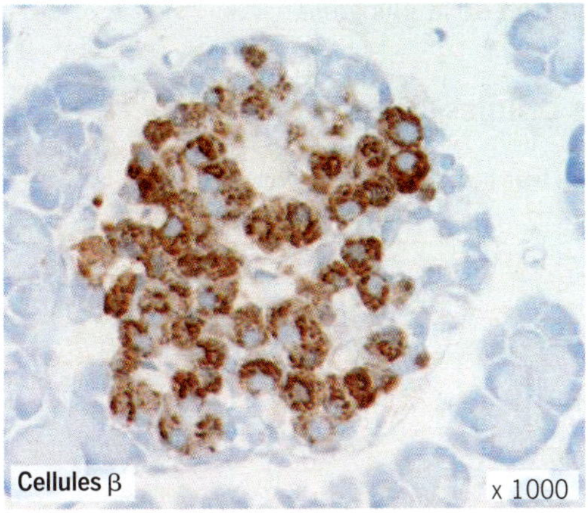

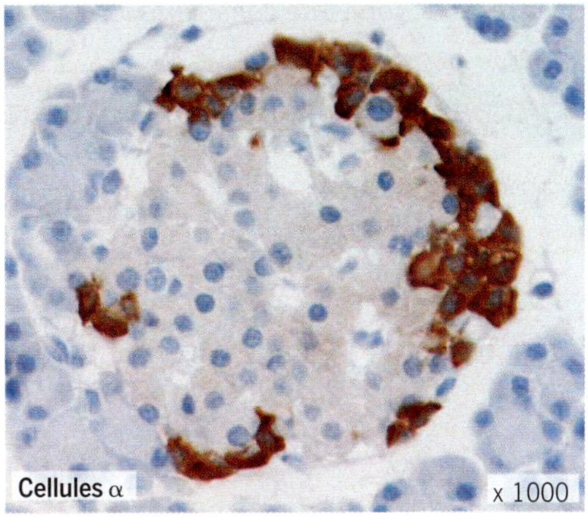

Insuline

Découverte : En 1921 par Banting et Best.

Nature : Protéine formée de deux chaînes peptidiques (21 et 30 acides aminés).

Dégradation : Par le foie et les reins, **demi-vie** de 5 minutes.

Glucagon

Découverte : En 1923 par Murlin et Kimball.

Nature : Protéine formée d'une chaîne peptidique de 29 acides aminés.

Dégradation : Par le foie et les reins, demi-vie de 5 minutes.

Structure de l'insuline (coloration par acides aminés).

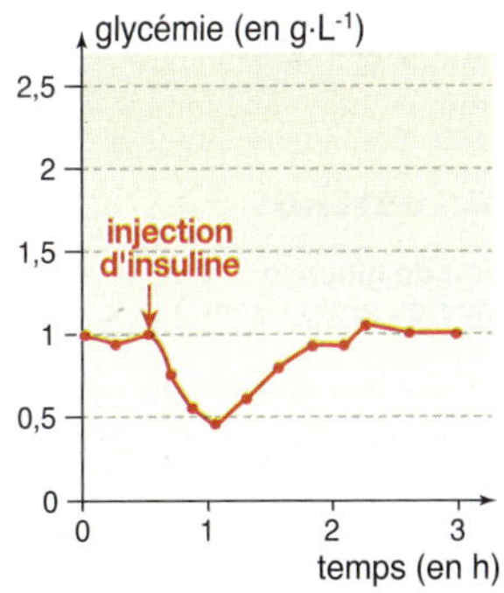

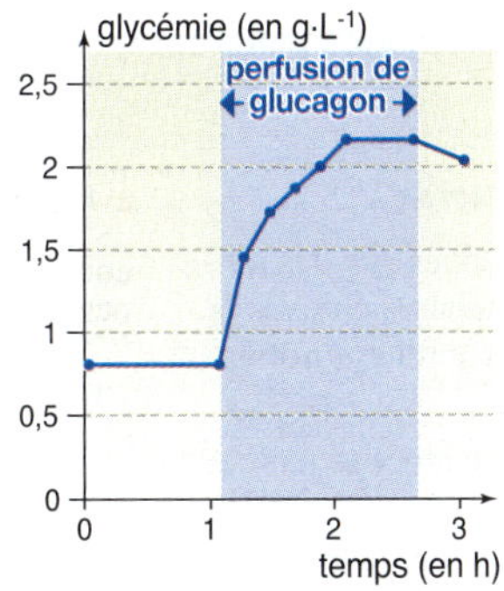

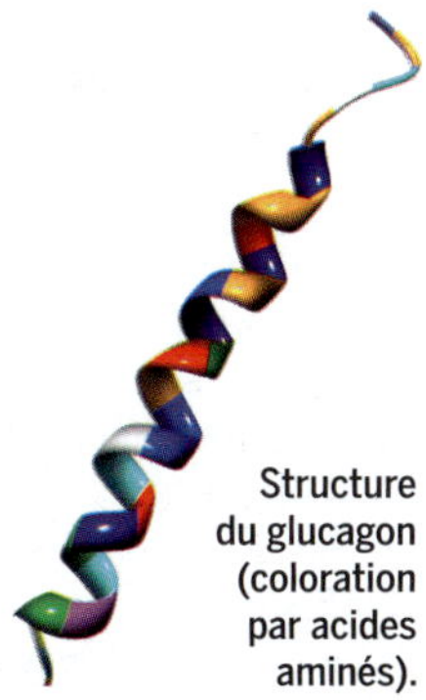

Structure du glucagon (coloration par acides aminés).

Doc. 3 **Les hormones des îlots de Langerhans et leur action.**

Pistes d'exploitation

PROBLÈME À RÉSOUDRE ► **Montrez le rôle du pancréas dans le contrôle de la valeur de la glycémie.**

Doc. 1 Justifiez le protocole mené par Banting et Best pour vérifier l'action hormonale du pancréas.

Doc. 2 Identifiez les cellules pancréatiques responsables de la production des hormones contrôlant la glycémie.

Doc. 3 Identifiez les cellules des îlots de Langerhans sécrétrices d'insuline et de glucagon et définissez l'action de ces hormones sur la glycémie.

Lexique, p. 232

Une boucle de régulation de la glycémie

Les deux hormones pancréatiques modifient la glycémie ; elles doivent donc avoir une action sur les organes produisant ou consommant du glucose. *Les documents proposés vont permettre de préciser cette action et de construire le schéma de régulation de la glycémie.*

A L'action des hormones pancréatiques sur les cellules-cibles

Animation

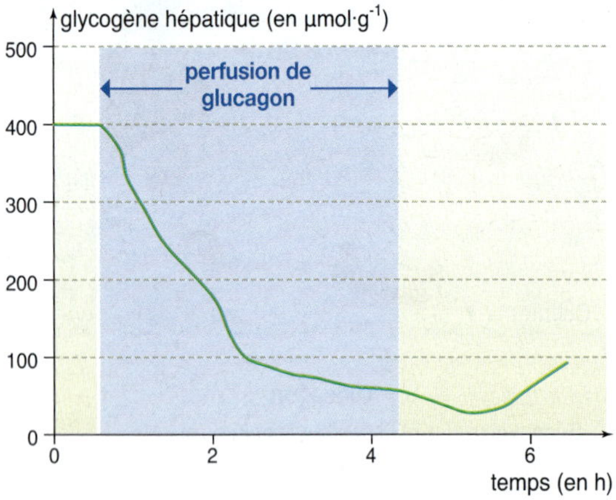

Des animaux à jeun ont été perfusés avec du glucagon (2,5 µg · L-1) : on mesure alors la quantité de glycogène hépatique en fonction du temps.

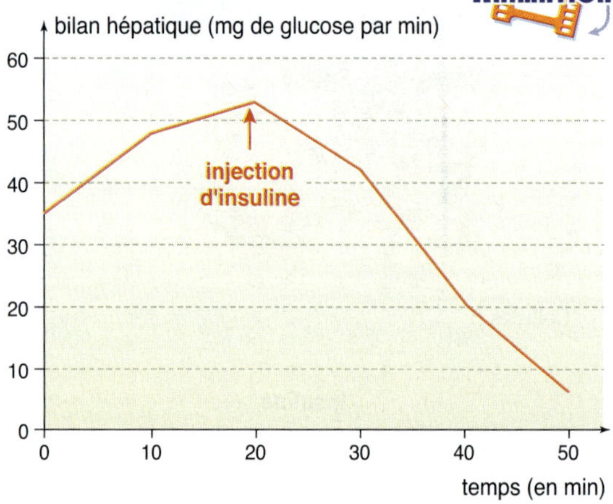

Le **bilan hépatique** (BH) est un calcul permettant d'estimer la production ou la dégradation du glycogène par le foie :

BH = glucose sortant du foie – glucose entrant

Doc. 1 Une action des hormones pancréatiques sur les hépatocytes.

Animation

■ PROTOCOLE EXPÉRIMENTAL

Des expériences ont été menées sur des adipocytes et des cellules musculaires cultivés *in vitro* sur un milieu nutritif contenant notamment du glucose.

On mesure le prélèvement de glucose par ces cellules dans deux conditions :

– le milieu ne contient que des éléments nutritifs (**lots témoins**) ;

– on ajoute de l'insuline au milieu de culture (**lots tests**).

■ RÉSULTATS OBTENUS

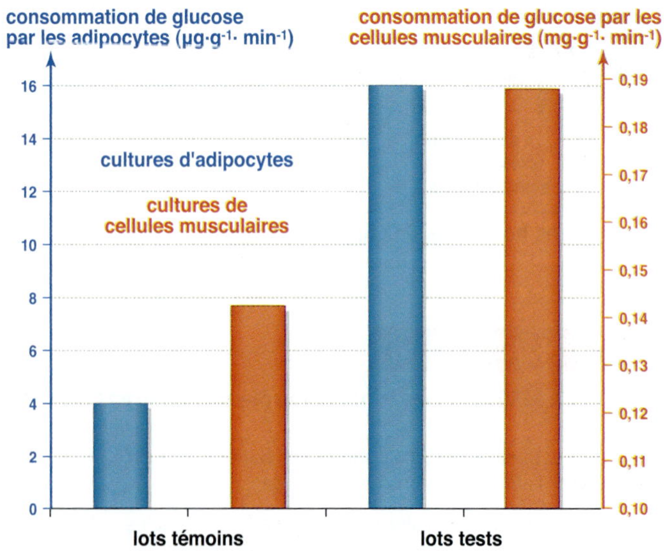

Doc. 2 Une action de l'insuline sur les adipocytes et les cellules musculaires.

B Le déclenchement de la sécrétion des hormones pancréatiques

Une personne à jeun depuis 12 heures (et restant au repos pendant les quatre heures de l'expérience) reçoit, par voie orale, une solution de glucose dosée à 45 g par mètre carré de sa surface corporelle.
On réalise ensuite une série de prélèvements sanguins pour suivre l'évolution de trois paramètres : la glycémie, le taux plasmatique d'insuline (ou insulinémie) et le taux plasmatique de glucagon (ou glucagonémie).

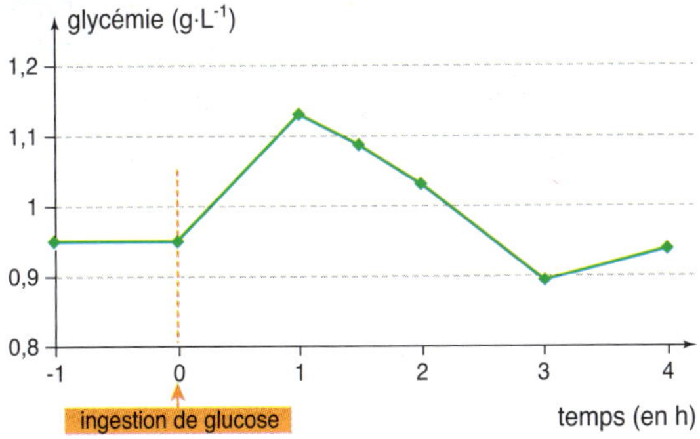

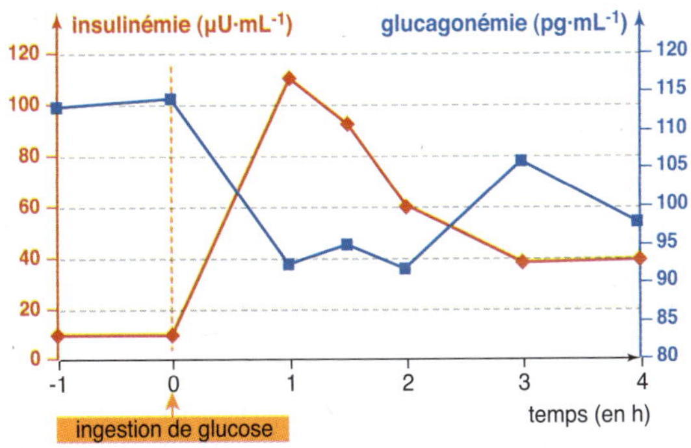

Doc. 3 Évolution de la glycémie et des concentrations plasmatiques d'insuline et de glucagon suite à une ingestion de glucose.

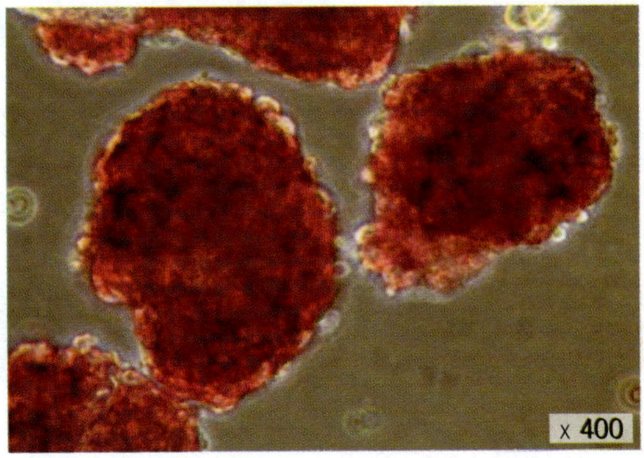

Îlots de Langerhans isolés

Des îlots de Langerhans de pancréas de rat sont isolés puis mis en culture dans un milieu dont on fait varier la concentration en glucose. Les quantités d'insuline et de glucagon libérées dans le milieu par ces îlots sont régulièrement dosées.

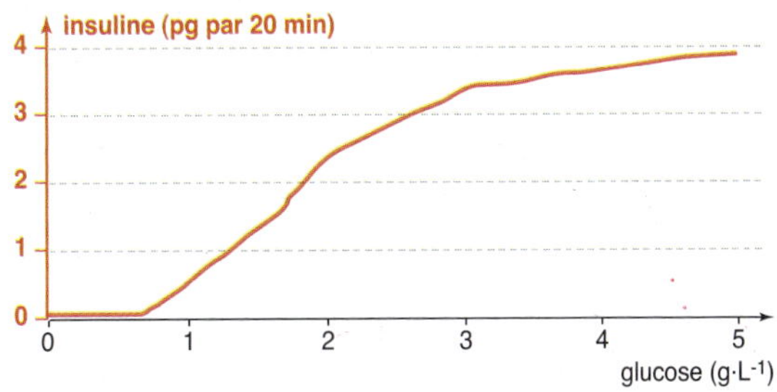

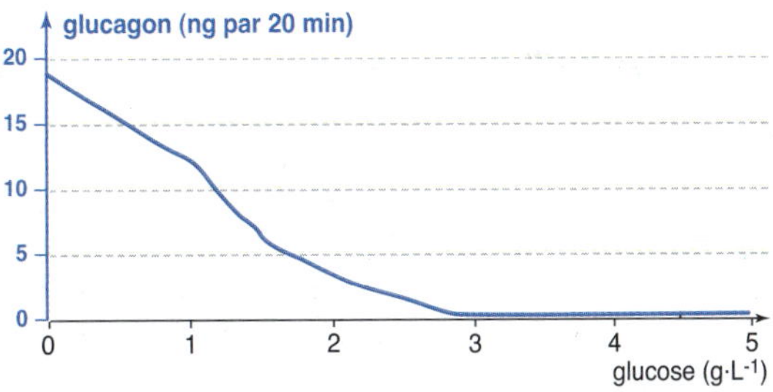

Doc. 4 Étude *in vitro* de l'influence de la teneur du milieu en glucose sur la sécrétion d'insuline et de glucagon par des îlots isolés.

Pistes d'exploitation

PROBLÈME À RÉSOUDRE En vous inspirant des exemples de régulation que vous connaissez déjà (pression artérielle, hormones sexuelles), construisez le système de régulation de la glycémie.

Doc. 1 et 2 Quelles actions les hormones pancréatiques ont-elles sur les différentes cellules-cibles agissant directement sur la glycémie ?

Doc. 3 Quelles corrélations peut-on effectuer ? Montrez l'intérêt pour l'organisme de la variation des concentrations hormonales constatées.

Doc. 4 Que montre cette expérience ? Utilisez ce résultat pour compléter la construction de la boucle de régulation de la glycémie.

Lexique, p. 232

chapitre 2 La régulation de la glycémie

La glycémie est un paramètre important du milieu intérieur. Son maintien par l'organisme, dans une gamme de valeurs étroite, est un indicateur et une condition de bonne santé.

1 La glycémie, un paramètre physiologique régulé

Apports de glucose et consommation par l'organisme varient

La digestion des glucides à grosses molécules produit du glucose qui passe dans le sang au niveau de l'intestin grêle. Cette entrée de glucose dans l'organisme est **discontinue**: forte après les repas, proche de zéro hors des périodes de digestion.

Les cellules de l'organisme puisent le glucose sanguin et l'utilisent comme **source d'énergie**. Si la consommation de certains organes (cerveau) est relativement stable, celle d'autres organes (muscles) augmente fortement à certains moments (contraction musculaire). La consommation de glucose est donc minimale lorsque l'organisme est au repos musculaire, mais jamais nulle.

La régulation glycémique, un impératif physiologique

Chez une personne saine, la mesure en continu de la glycémie révèle de légères **variations autour d'une valeur moyenne** proche de 1 $g \cdot L^{-1}$. La glycémie diminue légèrement quand les organes sont actifs, par exemple au cours d'un effort physique, et augmente tout aussi légèrement après les repas. Cette stabilité globale de la glycémie implique l'intervention de mécanismes physiologiques pour **réguler ce paramètre**.

Une mauvaise régulation peut avoir de graves conséquences. L'**hypoglycémie** sévère (< 0, 5 $g \cdot L^{-1}$) est une situation d'urgence (convulsions, coma, voire décès) car elle affecte notamment les cellules nerveuses (le glucose est leur aliment énergétique exclusif). Le chapitre 3 présentera les risques liés aux **hyperglycémies** (les diabètes).

2 Les organes effecteurs de la régulation

Consommation et stockage du glucose dans l'organisme

Toutes les cellules de l'organisme consomment du glucose, ce qui tend à faire baisser la glycémie.

Par ailleurs, certaines cellules sont également capables de **stocker** sous différentes formes une partie du glucose prélevé.

Les cellules du **tissu adipeux** (**adipocytes**) produisent des molécules lipidiques (**triglycérides**) à partir du glucose puisé dans le sang (mécanisme biochimique de lipogenèse). Ces molécules, stockées dans le cytoplasme des adipocytes sous forme de gouttelettes, représentent la « réserve de glucose » la plus importante de l'organisme. Son utilisation, très indirecte, suppose que les triglycérides soient transformés en glycérol (**lipolyse**) puis que ce glycérol, transporté par le sang jusqu'au foie, y soit enfin transformé en glucose.

Les **cellules musculaires** consomment de grandes quantités de glucose pour fournir l'énergie nécessaire à la contraction. Elles en stockent également une partie sous forme de **glycogène**, molécule obtenue en polymérisant des molécules de glucose (**glycogénogenèse**). Les réserves de glucose ainsi constituées peuvent être facilement mobilisées en hydrolysant le glycogène (**glycogénolyse**) mais le glucose ainsi obtenu ne peut pas être libéré dans le sang. Les réserves en glucose d'une cellule musculaire sont donc **strictement privées**, inutilisables par une autre cellule.

Le rôle essentiel du foie

Le foie joue un rôle central dans la régulation de la glycémie car il est capable à la fois de stocker du glucose et de le libérer dans le sang, en **fonction des besoins de l'organisme**.

Après son absorption au niveau de la muqueuse intestinale, le glucose d'origine alimentaire atteint le foie par la veine porte. La glycémie dans ce vaisseau est alors très supérieure aux valeurs normales habituelles. Les cellules hépatiques, ou hépatocytes, prélèvent le glucose en excès et le stockent en le polymérisant en glycogène (**glycogénogenèse**).

Si la glycémie dans la veine porte diminue (période de jeûne), les hépatocytes peuvent hydrolyser du glycogène (**glycogénolyse**) et reformer du glucose ensuite libéré dans le sang, ce qui contribue à rétablir la valeur normale de la glycémie. Les réserves hépatiques de glycogène jouent donc un **rôle tampon** très important dans la régulation de la glycémie. Le foie est, par ailleurs, capable de produire du glucose à partir de molécules non glucidiques : des acides aminés, du glycérol libéré par les adipocytes (on parle alors de **néoglucogenèse**).

3 Le système de contrôle de la glycémie

L'activité des différents organes est susceptible de faire varier la glycémie ; or, ce paramètre est relativement stable. Quels mécanismes de contrôle assurent cette stabilité ?

Mise en évidence du rôle du pancréas

L'ablation totale du pancréas est suivie d'une augmentation très forte de la glycémie. Cette glande intervient dans la régulation et son action tend globalement à abaisser la glycémie. Des injections sanguines d'extraits pancréatiques permettent, effectivement, d'abaisser la glycémie, jusqu'à une valeur normale si les doses injectées sont correctes. Le pancréas ajuste donc l'action des organes effecteurs en fonction de la glycémie. Cet ajustement est réalisé grâce à des molécules pancréatiques transportées par le sang jusqu'aux organes effecteurs : ces molécules sont des **hormones**.

Les cellules pancréatiques

Le pancréas contient deux types de **cellules glandulaires** : les cellules **acineuses** et les cellules **insulaires**.

– Les **cellules acineuses** sont groupées en boules creuses (les acinus) ; elles produisent le suc pancréatique qui est libéré dans l'intestin et intervient dans la digestion.

– Les **cellules insulaires** sont groupées en amas nommés **îlots de Langerhans**. Ces îlots, très richement irrigués, sont formés de **cellules endocrines**, c'est-à-dire de cellules produisant des hormones et les libérant dans le sang. Les cellules α produisent du **glucagon** et les cellules β produisent de l'**insuline**.

L'action des hormones

L'**insuline** libérée dans le sang peut se fixer sur des récepteurs spécifiques présents à la surface de certaines cellules dites **« cellules cibles »**, ce qui va modifier leur activité. En fait, ces récepteurs sont présents sur toutes les cellules de l'organisme à l'exception des cellules nerveuses. Les effets tendent tous à faire baisser la glycémie en stimulant la capture du glucose sanguin et son stockage dans les cellules. L'insuline a donc un effet **hypoglycémiant** :
– elle augmente l'entrée du glucose sanguin dans les cellules ;
– elle favorise la formation de glycogène dans les cellules du foie en stimulant la glycogénogenèse et en inhibant la glycogénolyse ;
– elle favorise le stockage de lipides dans les adipocytes en stimulant la lipogenèse et en inhibant la lipolyse.

Le **glucagon** a, lui aussi, ses cellules cibles portant des récepteurs spécifiques au glucagon. Ce sont principalement les hépatocytes. Stimulés par le glucagon, ils activent massivement la glycogénolyse et inhibent la glycogénogenèse. Le glucose produit est alors libéré dans le sang. Le glucagon a donc un effet **hyperglycémiant**.

4 Une autorégulation permanente

Nous avons vu que la glycémie doit être maintenue à une valeur proche de 1 $g \cdot L^{-1}$. Ce sont les cellules insulaires qui remplissent le double rôle de **détecteur d'écart** et de **système de commande** et qui règlent le fonctionnement des organes effecteurs.
– Les écarts par rapport à la valeur de consigne sont détectés en permanence par les cellules insulaires α et β qui sont directement sensibles aux variations glycémiques.
– La libération des hormones dépend de la valeur détectée : les cellules β sont stimulées en cas d'hyperglycémie, inhibées en cas d'hypoglycémie. C'est l'inverse pour les cellules α.
– Le message, hypoglycémiant ou hyperglycémiant, est codé par la concentration plasmatique de l'hormone. Par exemple, une forte concentration en insuline est un message hypoglycémiant qui entraîne notamment un fort prélèvement de glucose sanguin par les cellules cibles.
– Le message doit être bref pour que l'effet cesse une fois la glycémie revenue à sa valeur de consigne : cette fonction est assurée par une destruction rapide des hormones une fois qu'elles sont libérées (leur demi-vie est de l'ordre de 5 minutes).

C'est le **paramètre réglé**, la glycémie, qui déclenche l'action du **système réglant** (système de commande et organes effecteurs). Un écart capté par le système réglant déclenche donc une réponse qui tend à réduire cet écart (une hausse de la glycémie par exemple déclenche une baisse de la glycémie). Un tel système de contrôle constitue une **boucle de rétroaction** qui assure une **autorégulation** permanente du paramètre réglé.

chapitre 2 La régulation de la glycémie

À RETENIR

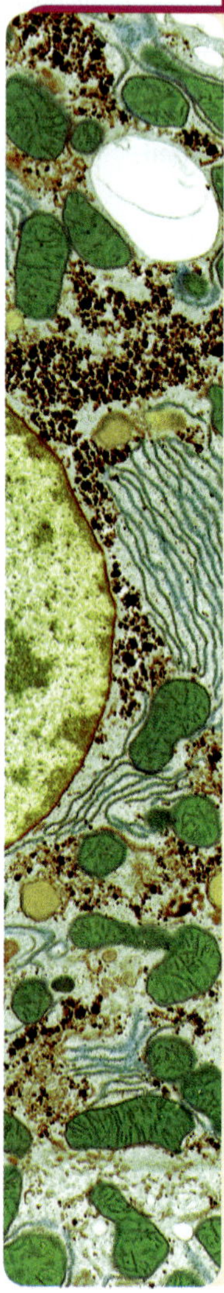

La glycémie, un paramètre physiologique régulé

La **glycémie** représente le taux de glucose dans le sang. Sa valeur oscille autour d'une **constante** (1 g·L^{-1}) bien que les entrées et les sorties de glucose dans le sang soient discontinues. Cette constance résulte de l'intervention d'un **mécanisme de régulation** de ce paramètre.

Les organes effecteurs de la régulation

Toutes les cellules de l'organisme agissent sur la glycémie en prélevant du glucose pour assurer leur production d'énergie. Les cellules du foie (hépatocytes) et les cellules musculaires peuvent également le **stocker** sous forme de **glycogène**. Les cellules des tissus adipeux (adipocytes) le transforment en **molécules lipidiques**.

Les **réserves des cellules musculaires sont privées** : le glucose produit à partir de l'hydrolyse du glycogène n'est utilisable que par la seule cellule musculaire. En revanche, les **réserves du foie sont publiques** : le glycogène peut être hydrolysé en glucose qui est libéré dans le sang.

Par ailleurs, le foie est apte à produire du glucose à partir d'acides aminés ou de glycérol (provenant de l'hydrolyse des lipides de réserve). Le **foie** a donc un **rôle central** dans la régulation de la glycémie en prélevant ou en libérant du glucose dans le sang selon les besoins.

Le système de contrôle de la glycémie

Le pancréas possède des cellules endocrines productrices d'hormones regroupées en amas nommés **îlots de Langerhans**. Les cellules des îlots, ou cellules insulaires, produisent deux hormones agissant sur la glycémie : l'**insuline** sécrétée par les **cellules α** et le **glucagon** par les **cellules β**. L'insuline a un effet **hypoglycémiant** en favorisant le prélèvement de glucose dans le sang par les cellules ainsi que son stockage sous forme de lipides ou de glycogène. Le glucagon a un effet **hyperglycémiant** en stimulant la libération de glucose dans le sang par les cellules du foie.

Une autorégulation permanente

Les **cellules insulaires sont sensibles au glucose**. Un taux élevé de glucose limite la production de glucagon par les cellules α et stimule celle d'insuline par les cellules β. C'est l'inverse dans le cas d'une glycémie faible. Les îlots de Langerhans pancréatiques représentent donc le **système réglant** de la glycémie : ce système associe un **système de détection des écarts** (écarts de la glycémie par rapport à la valeur moyenne) et un **système de commande** des organes effecteurs *via* des messages hormonaux.

Mots-clés

- Glycémie, paramètre réglé
- Organes effecteurs, système réglant
- Glycogène, triglycérides, glycérol
- Glycogénolyse, glycogénogenèse
- Lipolyse, lipogenèse
- Îlots de Langerhans, cellules endocrines
- Insuline, glucagon
- Effet hypoglycémiant ou hyperglycémiant

Capacités et attitudes

- Identifier les valeurs normales de la glycémie.
- Concevoir et mettre en œuvre un protocole expérimental permettant l'identification du rôle d'un organe dans la régulation de la glycémie.
- Exploiter des études expérimentales permettant l'identification du rôle d'une hormone dans la régulation de la glycémie.
- Mettre en évidence une boucle de rétroaction.
- Construire un schéma de régulation de la glycémie.

 LA RÉGULATION DE LA GLYCÉMIE

Animation

Une boucle de régulation de la glycémie

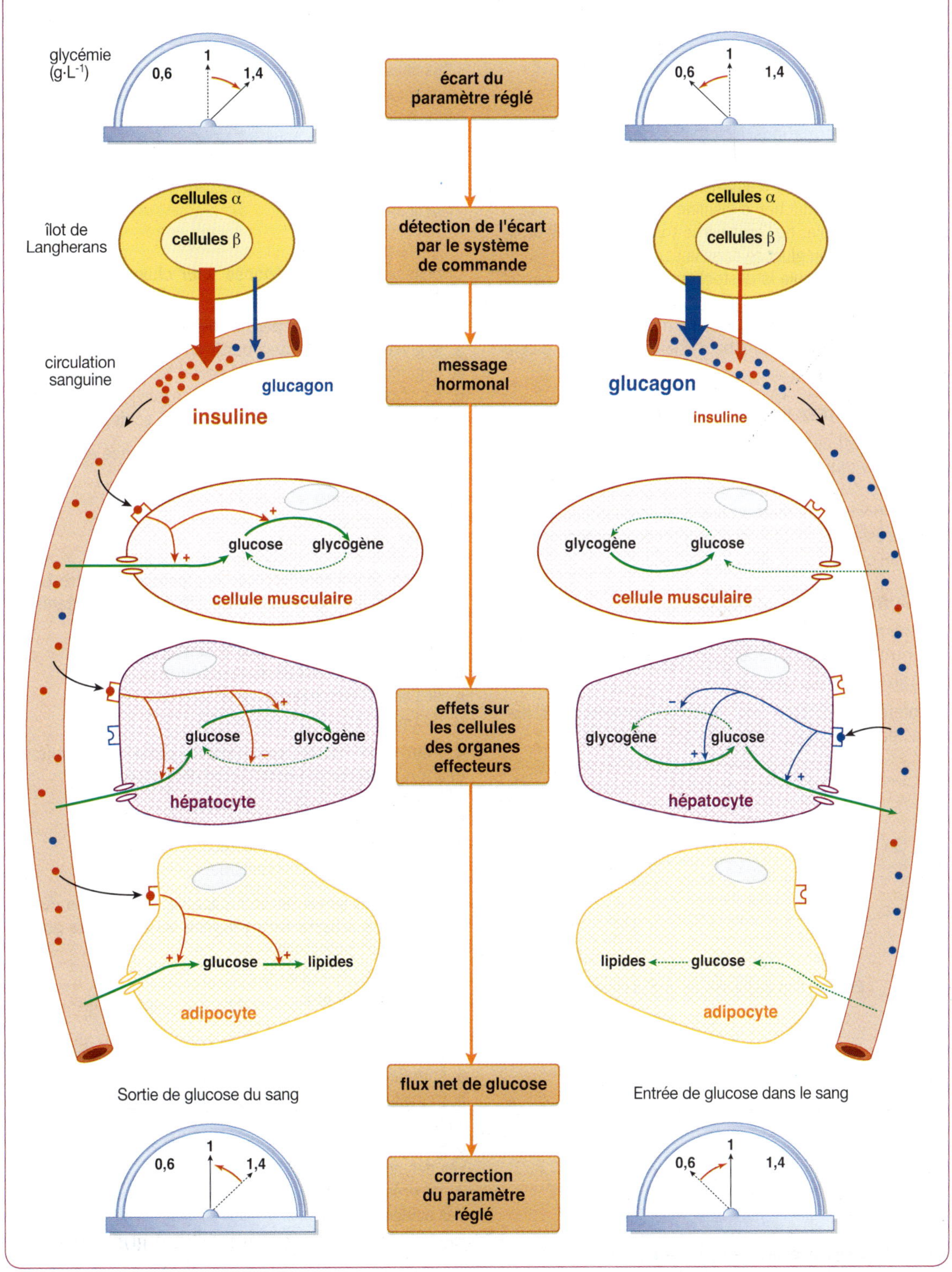

Tester ses connaissances

1 Définissez les mots ou expressions

Glycémie, glycogène, îlot de Langerhans, hépatocyte, insuline, pancréas.

2 Vrai ou faux ?

Repérez les affirmations exactes et corrigez celles qui sont inexactes.

a. Le pancréas peut faire augmenter ou diminuer la glycémie grâce à sa production d'insuline ;
b. Toutes les cellules de l'organisme sont capables de prélever et de libérer du glucose dans le sang ;
c. Le glucagon stimule le déstockage du glycogène par les cellules hépatiques ;
d. La glycémie d'une personne saine montre des variations, mais elle reste toujours proche d'une valeur de 1 g de glucose par litre de sang.

3 Argumentez une affirmation

a. L'insuline est une hormone ;
b. La cellule musculaire joue un rôle dans la régulation de la glycémie ;
c. Les adipocytes permettent le stockage du glucose ;
d. Le foie est capable d'agir sur la glycémie pour la faire baisser ou, au contraire, la faire augmenter.

4 Complétez un schéma

Le schéma ci-dessous représente des échanges réalisés entre une cellule hépatique et un vaisseau sanguin (Gn = glycogène, Gl = glucose).

Complétez ce schéma pour indiquer comment les hormones pancréatiques contrôlent ces échanges.

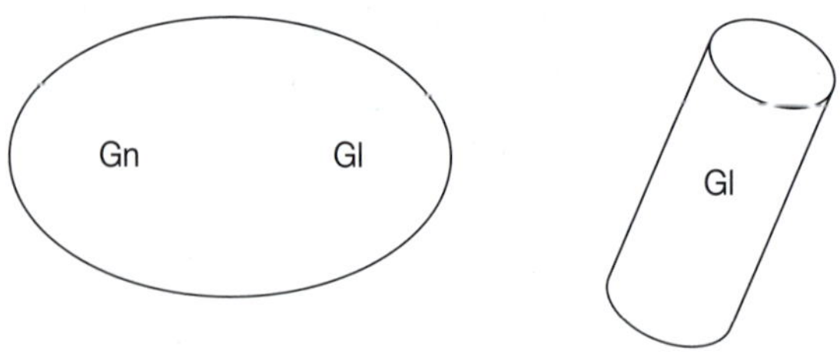

En situation de baisse de la glycémie

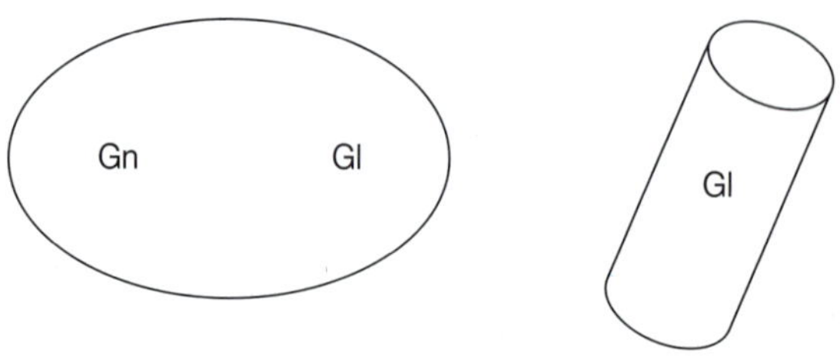

En situation de hausse de la glycémie

5 Questions à choix multiples

QCM

Des chiens sont nourris pendant 13 jours avec de la nourriture en suffisance. On ajoute à cette nourriture des acides gras contenant du deutérium (isotope lourd de l'hydrogène facile à repérer). Au bout des 13 jours, on recherche la présence du deutérium dans différentes molécules. Elle est retrouvée dans des acides gras, dans du glucose et dans du glycogène hépatique.

Choisissez la bonne réponse pour chaque série d'affirmations.

1. Cette manipulation permet de vérifier que :
a. le glycogène se forme à partir du glucose ;
b. le glucose peut se former à partir des acides gras ;
c. les acides gras peuvent se former à partir du glycogène ;
d. les chiens ont besoin de manger des acides gras.

2. Le mécanisme révélé par cette expérience est :
a. la glycolyse ;
b. la glycogénolyse ;
c. la glycogénogenèse ;
d. la néoglycogénogenèse.

3. Si l'on désire montrer que le glucose peut être transformé en acides gras pour être stocké dans l'organisme, on pourra nourrir les chiens avec :
a. du glucose marqué au deutérium ;
b. du glycogène marqué au deutérium ;
c. des acides gras marqués au deutérium ;
d. de l'eau marquée au deutérium.

4. Pour examiner les résultats de cette expérience, on devra rechercher la présence de deutérium dans :
a. le glucose de l'organisme ;
b. le glycogène de l'organisme ;
c. le tissu osseux de l'organisme ;
d. les acides gras de l'organisme.

5. Les cellules suivantes sont capables de restituer du glucose au sang à partir du glycogène ou des acides gras :
a. les cellules pulmonaires ;
b. les cellules musculaires ;
c. les cellules du foie ;
d. les cellules adipeuses.

6. Le deutérium incorporé aux acides gras alimentaires :
a. stimule les réactions métaboliques ;
b. freine la néoglucogenèse, d'où la durée de 13 jours nécessaire ;
c. est un isotope lourd, donc non transféré aux produits dérivés des acides gras ;
d. est présent dans tous les produits hydrogénés provenant des acides gras.

Utiliser ses compétences

6 Explication d'une anomalie de la glycémie

Exploiter des documents, raisonner

Un patient de 54 ans consulte un médecin car il fait des malaises fréquemment. Celui-ci remarque que le patient voit sa glycémie baisser de façon trop importante s'il ne mange pas de façon régulière. Pour comprendre l'origine du problème, le médecin fait réaliser au patient une épreuve de jeûne. À la lecture des résultats de cet examen, il procède à une biopsie du pancréas (prélèvement d'un fragment) pour en analyser la structure. Les résultats de ces examens sont présentés *ci-dessous*.

Question :
Proposez une explication aux valeurs anormalement basses de la glycémie chez ce patient.

Document 1 : Coupe réalisée dans le pancréas du patient.
On repère une tumeur importante et des îlots sains. La production d'insuline est mise en évidence par immunohistochimie (présence d'insuline repérée par une coloration marron).

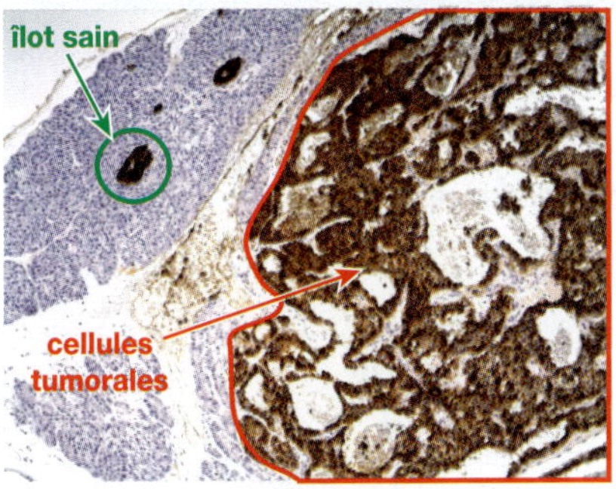

Document 2 : Résultats de l'épreuve de jeûne.
Le patient ne prend aucun aliment autre que de l'eau pendant une durée maximale de 72 heures, le taux sanguin d'insuline est mesuré toutes les 6 heures, et le test est arrêté au premier malaise (dans le cas présent au bout de 18 heures).

Heures de jeûne	6	12	18
Insulinémie (en µU·mL^{-1})	35	42	39
Glycémie (en g·L^{-1})	0,81	0,80	0,45

7 Régulation de la glycémie pendant un effort physique

Raisonner avec rigueur

Lors d'un effort physique, les muscles ont des besoins en énergie qui augmentent ; un apport supplémentaire de glucose est donc nécessaire.

Questions :

1. **Décrivez les variations du glycogène musculaire au cours de l'effort.**
2. **Décrivez les variations des différents paramètres sanguins.**
3. **À partir des réponses précédentes et de vos connaissances, indiquez quelles voies métaboliques successives sont utilisées par l'organisme pour fournir du glucose aux muscles au cours d'un effort prolongé.**

Document 1 : Variation des réserves musculaires de glycogène au cours d'un effort.
L'effort réalisé est un effort modéré (environ 64 % du $\dot{V}O_2$ max), mais prolongé.

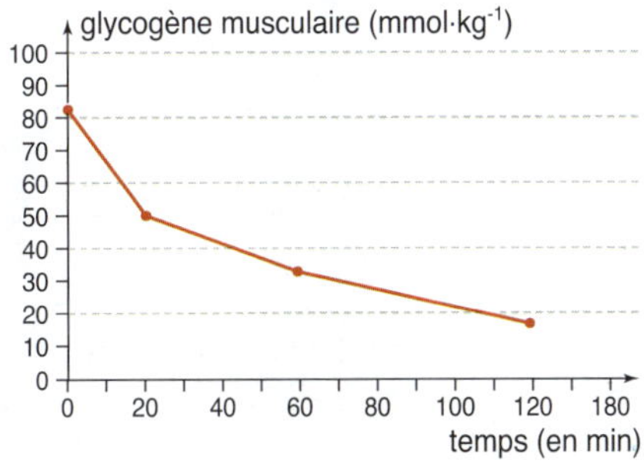

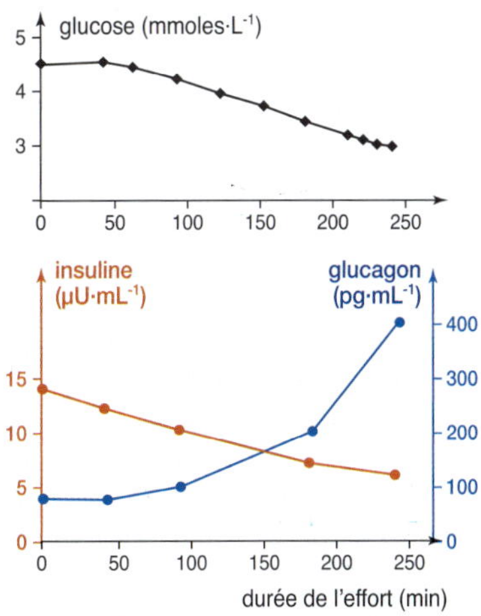

Document 2 : Suivi de différents paramètres sanguins au cours d'un effort physique modéré et prolongé.

8 Une hypothèse de Claude Bernard

Exploiter des documents, raisonner

Exercice TYPE BAC

Claude Bernard (1813-1878), médecin français, est considéré comme le fondateur de la physiologie expérimentale. Il consacra sa carrière à proposer des hypothèses (pour expliquer des questions suscitées par des faits d'observation) et à imaginer des expériences destinées à tester ces hypothèses.

Il s'est notamment intéressé à la présence de sucre dans le sang et a cherché à reconstituer les mécanismes agissant sur la glycémie. À son époque, les scientifiques estimaient que seuls les végétaux pouvaient produire du sucre grâce à la photosynthèse et que les animaux ne faisaient que consommer ce sucre et le transférer dans les différents organes. Claude Bernard s'est demandé si un animal n'était pas capable de produire du glucose à partir d'une autre molécule. Il a donc mené des expériences pour vérifier cette hypothèse.

Claude Bernard réalisant une leçon pour présenter sa démarche. Tableau de L. Lhermitte, 1889

Question :

À partir des documents proposés que vous compléterez avec vos connaissances, argumentez en faveur de l'hypothèse de Claude Bernard.

Document 1 : Première expérimentation

Chez des chiens nourris pendant toute une année exclusivement avec de la viande crue, des prélèvements sanguins sont réalisés au niveau de la veine porte et d'une veine sus-hépatique :
- chez des chiens à jeun ;
- chez des chiens nourris depuis peu.

Des dosages de glucose sont ensuite réalisés dans le sang prélevé. Les méthodes de l'époque ne permettaient pas des mesures très précises ; les valeurs du tableau sont données en pourcentage de la masse sèche du sang.

	Veine porte	Veine sus-hépatique
Chiens à jeun	traces	0,70
Chiens nourris	traces	0,85

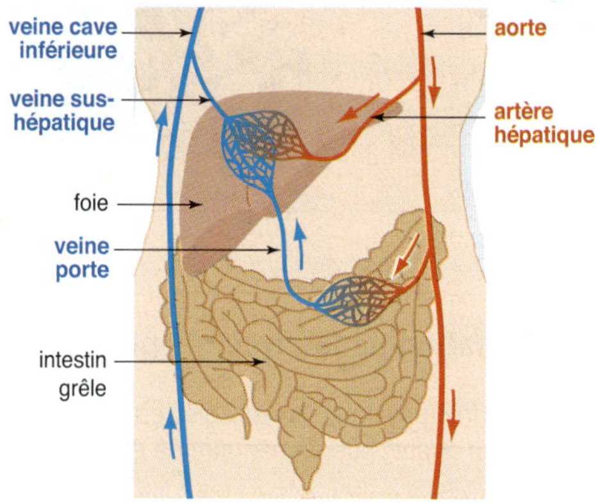

Présentation simplifiée de la circulation sanguine au niveau du foie

Document 2 : Deuxième expérimentation

Claude Bernard perfuse un foie fraîchement prélevé avec de l'eau à l'aide du *dispositif ci-contre*. Il récupère le liquide de lavage, puis place un fragment de foie dans l'eau bouillante ; la décoction présente un aspect laiteux dû à la présence d'une substance qu'il nomme glycogène. Un ajout de salive tiède à la décoction l'éclaircit fortement. Parallèlement, la présence de glucose est recherchée dans les différentes préparations (*tableau*).

Prélèvement réalisé	liquide de lavage	décoction de foie	décoction de foie + salive
Recherche de glucose	positive	négative	positive

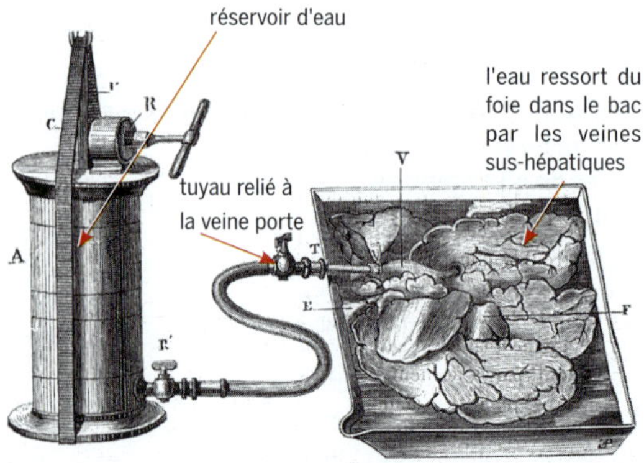

Utiliser ses capacités expérimentales

9 L'action de l'insuline et du glucagon

Concevoir et réaliser un protocole, communiquer, raisonner

SE PRÉPARER aux épreuves pratiques du BAC

■ Problème à résoudre

L'insuline et le glucagon sont deux hormones produites par le pancréas qui jouent un rôle dans la régulation de la glycémie. Pour cela, elles exercent une influence sur l'activité de nombreuses cellules effectrices dont les cellules musculaires et hépatiques. On se propose ici de mettre en évidence cette action expérimentalement.

■ Conception d'un protocole : cellules musculaires

On dispose du *matériel listé ci-contre*.
En utilisant ce matériel, proposez un protocole expérimental permettant de vérifier que les hormones pancréatiques (insuline et glucagon) influencent bien le métabolisme des cellules musculaires.

■ Réalisation d'un protocole : cellules hépatiques

– Coupez 60 g de foie en morceaux et placez-les dans une passoire.
– Lavez soigneusement ces morceaux sous un filet d'eau pendant 5 minutes.
– Remplissez 3 flacons avec 30 mL de liquide de Ringer et 20 g de morceaux de foie.
– Ajoutez dans un flacon 2 mL d'insuline, dans un deuxième 2 mL de glucagon et dans le dernier 2 mL d'eau.
– Placez les flacons au bain-marie réglé à 37 °C.
– Prélevez une goutte de liquide de chaque flacon, puis réalisez une mesure de glycémie.
– Répétez cette mesure toutes les 10 minutes pendant une demi-heure. ATTENTION ! Avant de faire une mesure, mélangez bien le contenu du flacon avec un agitateur, puis rincez cet agitateur à l'eau distillée.

■ Communication d'un résultat

Présentez ces résultats de façon claire et précise.
Un exemple de résultat est donné *ci-contre*.

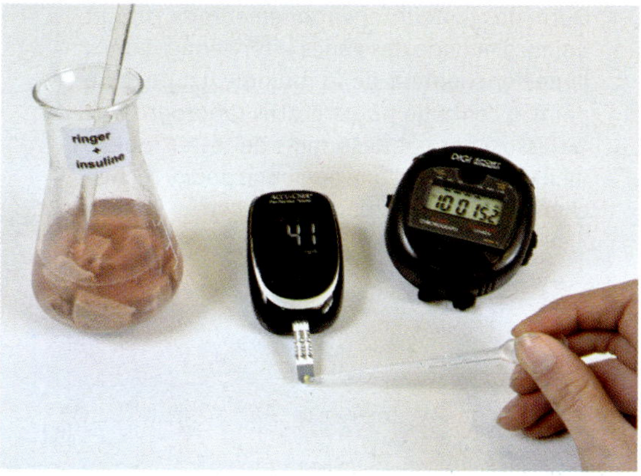

■ Interprétation des résultats

Utilisez les résultats obtenus pour mettre en évidence l'action des hormones pancréatiques sur l'activité des cellules hépatiques.

■ Matériel disponible

– Fragment de muscle fraîchement prélevé (les cellules sont encore vivantes) ;
– solutions d'insuline et de glucagon ;
– liquide de Ringer, convenant aux cellules musculaires.
– solution de glucose à 10 g·L^{-1} ;
– petits erlenmeyers ;
– bain-marie réglé à 37 °C ;
– interface ExAO avec sondes O_2 et CO_2 ;
– glucomètre mesurant la concentration de glucose dans un liquide.

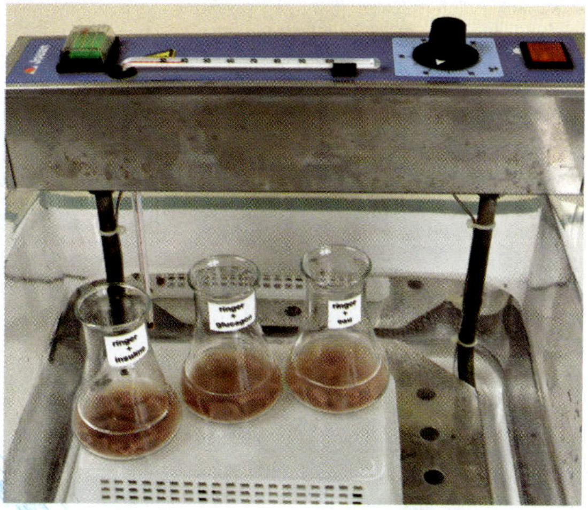

Exemple de mesures de concentration en glucose dans les trois flacons (les valeurs sont données en g·L^{-1}).

Flacon avec insuline
- T_0 : 0
- T_{10} : 0.4
- T_{20} : 0.7
- T_{30} : 1.2

Flacon avec glucagon
- T_0 : 0
- T_{10} : 1
- T_{20} : 2
- T_{30} : 5

Flacon avec eau
- T_0 : 0
- T_{10} : 0.8
- T_{20} : 1.2
- T_{30} : 2.5

Des DOCUMENTS pour se poser des questions

Le diabète en France et dans le monde

Cette maladie, en constante augmentation, touche aujourd'hui plus de 100 millions de personnes dans le monde et ce chiffre pourrait doubler d'ici 2025. En France, la situation est comparable : le nombre de malades a doublé en 10 ans pour passer à près de 4,5 % de la population en 2009 (sans compter les patients non traités qui représentent un chiffre assez élevé).

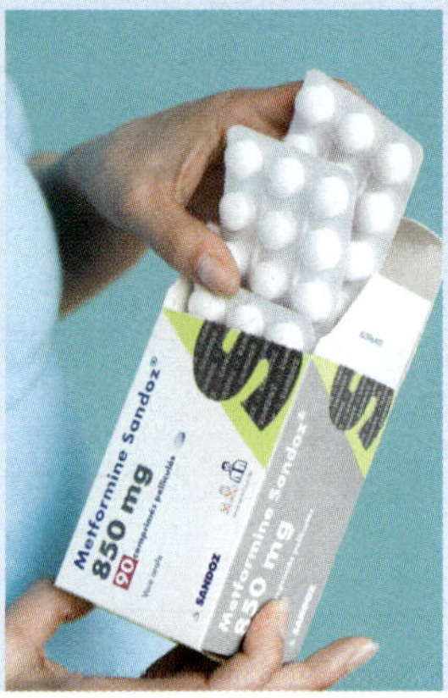

Les diabètes

Il n'y a pas un, mais plusieurs diabètes qui sont traités de façons différentes : injections d'insuline, médicaments oraux, hygiène de vie... La mise en œuvre de ces traitements découle d'une connaissance des mécanismes à l'origine des différents types de diabètes.

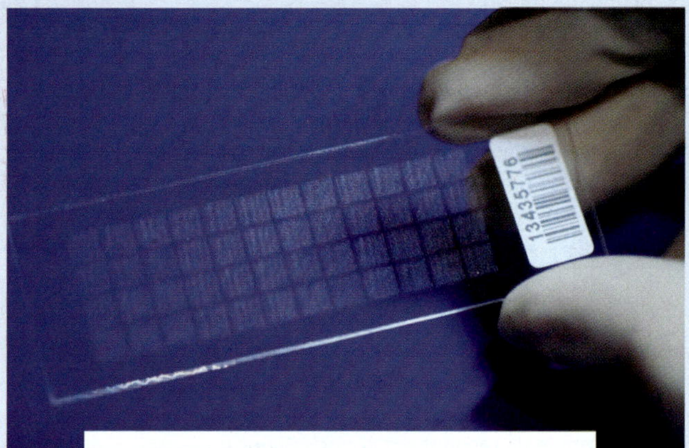

Le déclenchement des diabètes

Outre des facteurs environnementaux, on sait aujourd'hui que des gènes interviennent dans le déclenchement de la maladie. La mise au point récente de puces à ADN (*photographie ci-dessus*) permet désormais de tester rapidement le génome d'une personne pour y rechercher des prédispositions au diabète.

LES PROBLÉMATIQUES DU CHAPITRE

- Comment diagnostique-t-on un diabète chez un patient ?
- Quels sont les mécanismes à l'origine des deux principaux types de diabète ?
- Quels sont les facteurs à l'origine du développement d'un diabète ?

chapitre 3

Avoir une alimentation équilibrée est un des meilleurs moyens pour prévenir un diabète.

Les diabètes

LES ACTIVITÉS DU CHAPITRE

1 Le diabète, une régulation glycémique anormale 204
2 L'origine des diabètes 206
3 Le déclenchement du diabète de type 1 208
4 Le déclenchement du diabète de type 2 210
5 Le traitement des diabètes 212

Le diabète, une régulation glycémique anormale

Certaines personnes, qualifiées de diabétiques, présentent des valeurs de glycémie très différentes de la valeur normale (autour de 1 g · L⁻¹). *Les documents présentés ici vont permettre de comprendre comment s'établit un diagnostic de diabète chez une personne.*

A Les variations glycémiques chez le diabétique

Le *graphique ci-dessous* présente les variations de la glycémie enregistrées sur un patient diabétique âgé de 52 ans. Son diabète vient d'être diagnostiqué et un traitement va lui être proposé. Ce graphique a été obtenu grâce à un capteur automatique de glycémie fixé sur l'abdomen et relié à un système d'enregistrement (*voir dispositif p.184*).

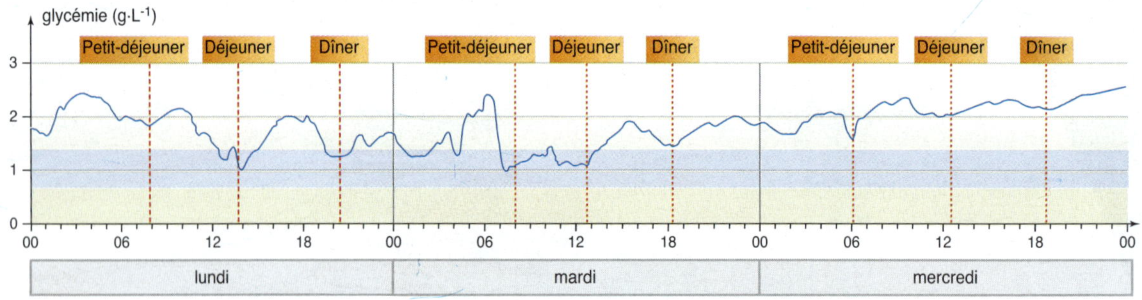

Doc. 1 **Des mesures de la glycémie en continu chez un patient diabétique.**

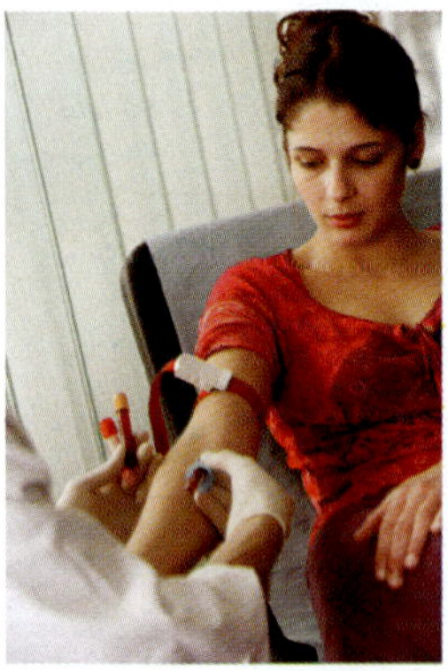

Le diabète est une maladie dont les symptômes ne sont pas toujours faciles à percevoir, ce qui explique que de nombreux malades ignorent leur état et risquent donc des complications. Le critère retenu actuellement par les diabétologues est la valeur de la glycémie à jeun. Elle donne un diagnostic très fiable de l'état du patient.

	Glycémies (en g · L⁻¹)			
Patients	**Jour 1**	**Jour 2**	**Jour 3**	**Jour 4**
1	4,55	début du traitement		
2	1,45	1,15	1,32	1,42
3	0,87	0,79	0,89	0,90
4	1,29	1,18	1,10	1,21

Mesure de la glycémie à jeun chez différents patients

- **Procédure de diagnostic du diabète**

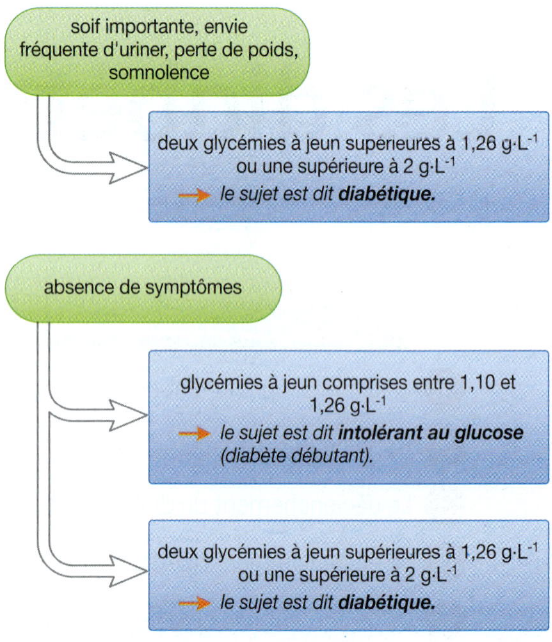

Doc. 2 **Les critères de diagnostic du diabète.**

B Deux types principaux de diabétiques

• Cas de diabète selon l'âge au moment du diagnostic, en France, en 2009. Ces données représentent l'ensemble des patients diabétiques.

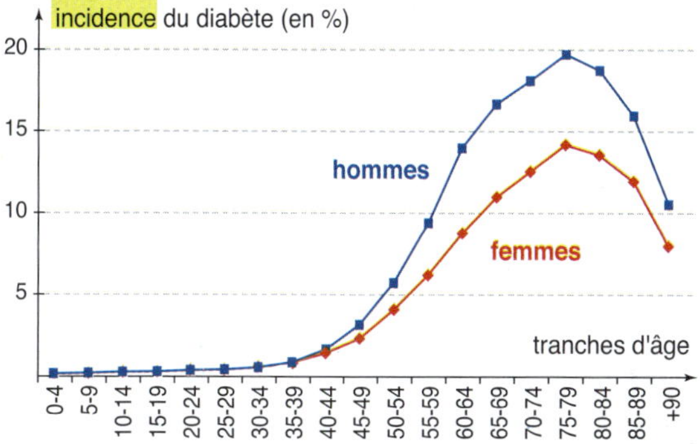

• Cas de diabète selon l'âge au moment du diagnostic en Suède, en 1998. Ces données ne concernent qu'une faible proportion de l'ensemble des diabétiques : ceux présentant les mêmes symptômes que le patient 1 *ci-dessous* (*document* 4).

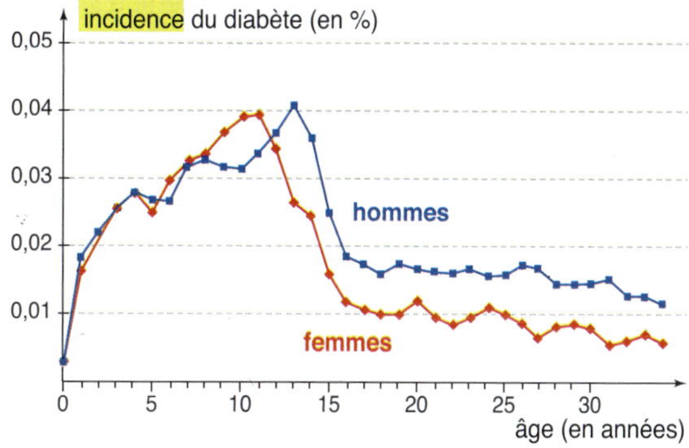

Doc. 3 **Deux âges différents pour déclencher un diabète.**

Patient 1 : masculin, 13 ans

- **Poids (masse corporelle) et taille :** 35 kg, 1 m 40.
- **Évolution du poids :** perte de 7 kg le mois précédant le diagnostic.
- **« Profession » :** collégien.
- **Activité physique :** 6 heures par semaine (basket). Se rend à pied à son collège.
- **Alimentation :** normale.
- **Paramètres médicaux :**
  – polyurie (urines abondantes : 4 L par jour) ;
  – hyperglycémie à jeun ;
  – présence de glucose et de corps cétoniques dans les urines.

Patient 2 : féminin, 52 ans

- **Poids (masse corporelle) et taille :** 120 kg, 1 m 70.
- **Évolution du poids :** augmentation régulière depuis l'âge de 15 ans.
- **Profession :** employée de bureau.
- **Activité physique :** vie sédentaire, se déplace de préférence en voiture.
- **Alimentation :** riche en graisses et sucres.
- **Paramètres médicaux :**
  – hypertension ;
  – hyperglycémie à jeun ;
  – présence de glucose dans les urines ;
  – excès de triglycérides dans le sang.

Doc. 4 **Comparaison de deux patients montrant deux types de diabètes différents.**

Pistes d'exploitation

PROBLÈME À RÉSOUDRE ▶ Comment se fait le diagnostic du diabète ?

Doc. 1 En comparant avec le *document 2, p. 184*, montrez que le diabète est une perturbation de la régulation de la glycémie.

Doc. 2 Proposez un diagnostic pour chacun des patients 1 à 4. Pourquoi débuter le traitement pour le patient 1 ?

Doc. 3 et 4 Montrez qu'il existe deux principaux types de diabète et indiquez leurs caractéristiques essentielles.

Lexique, p. 232

L'origine des diabètes

Une glycémie anormalement élevée permet de diagnostiquer un diabète, mais l'existence de signes associés très différents selon les malades amène à l'idée que les deux types de diabètes ont des causes différentes.
Ces documents vont permettre de confirmer cette idée et de préciser les causes physiologiques des diabètes.

A Le diabète de type 1 (ou DT1)

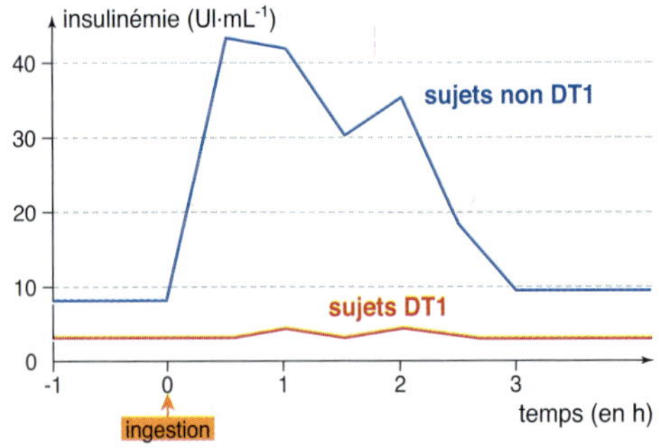

Effets sur l'insulinémie (concentration sanguine en insuline) de l'ingestion de 75 g de glucose chez deux sujets.

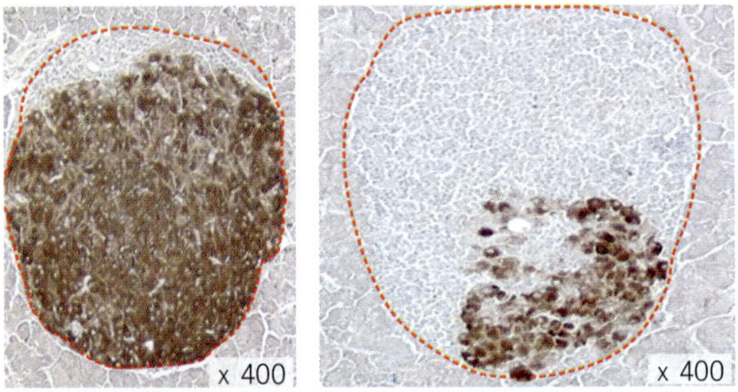

Îlots pancréatiques d'une souris normale (à gauche) et débutant un diabète (à droite). Les cellules β sont colorées en brun.

Doc. 1 Une perturbation du fonctionnement du pancréas.

En cas de **maladie auto-immune**, les lymphocytes d'un organisme détruisent des cellules reconnues à tort comme étrangères. Ces lymphocytes infiltrent les tissus concernés et on note en parallèle une production d'anticorps dirigés contre les cellules détruites.

- **Recherche des anticorps**

On a recherché chez des patients diabétiques nouvellement diagnostiqués ceux présentant des anticorps spécifiques des cellules des îlots (ICA pour *islet cell antibody*).

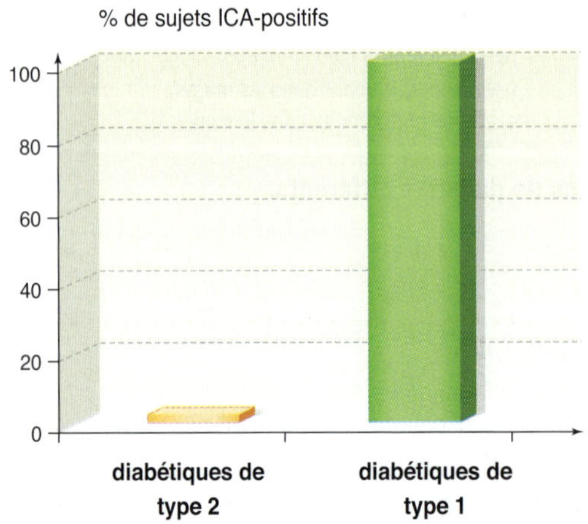

- **Recherche des lymphocytes au niveau des îlots pancréatiques d'une souris débutant un diabète**

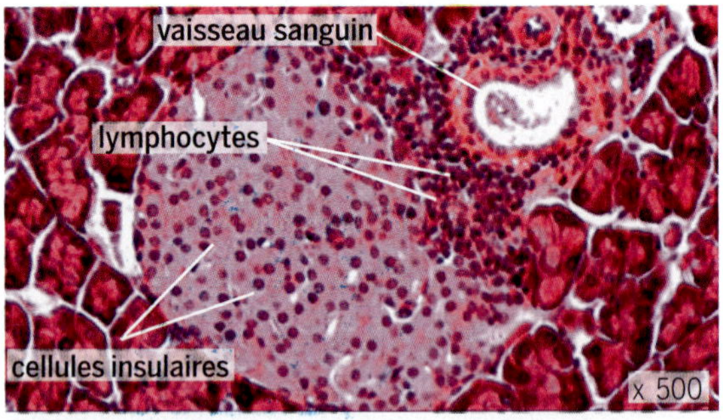

Début de la dégradation d'un îlot.

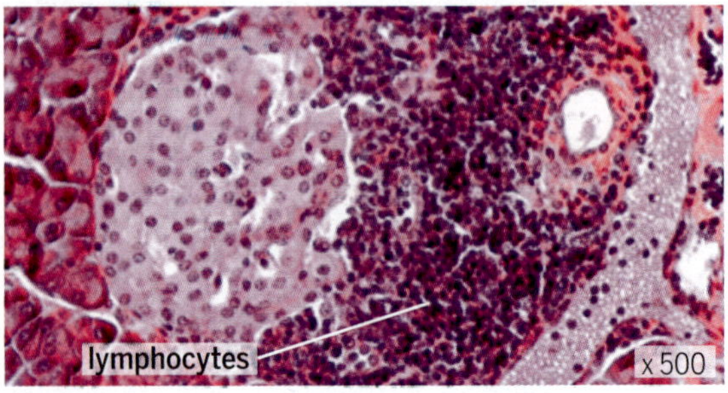

Dégradation plus avancée d'un îlot.

Doc. 2 Un dysfonctionnement du système immunitaire.

B Le diabète de type 2 (ou DT2)

• **Mesure de la sensibilité cellulaire à l'insuline**

Les cellules de notre organisme peuvent perdre leur sensibilité à l'insuline et donc devenir résistantes à son action. Un test simple permet de calculer un indice (indice HOMA) à partir des valeurs à jeun de la glycémie et de l'insulinémie. En effet, si l'insuline perd de son efficacité, le taux de glucose sera élevé, même avec de fortes doses d'insuline dans le sang. Le *tableau ci-dessous* donne des résultats de mesures de cet indice : moins il est élevé, plus la sensibilité à l'insuline est faible.

	Sujets sains	Sujets diabétiques
Valeur de l'indice HOMA	145,1	103,4

• **Mesure de l'activité des cellules β**

La sécrétion d'insuline par les cellules β est estimée à partir de la concentration sanguine d'insuline à jeun ou après un apport de glucose. Le *graphique* donne les résultats obtenus sur trois sujets ayant reçu une perfusion de glucose.

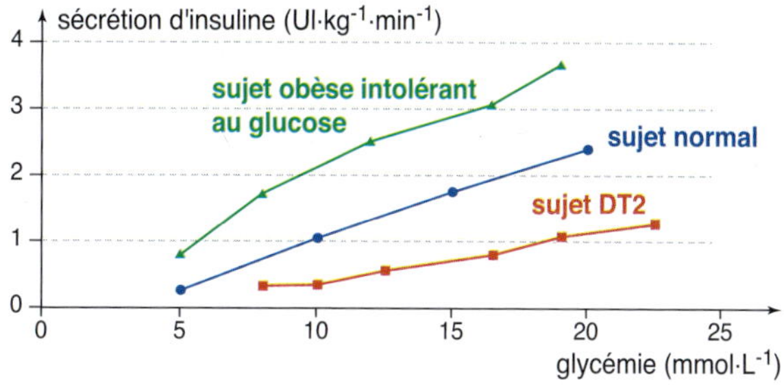

Doc. 3 Des méthodes pour estimer l'efficacité du système de régulation de la glycémie.

Une étude britannique a cherché à retracer la chronologie des événements conduisant à l'apparition du DT2.

■ **PROTOCOLE DU SUIVI**

6538 personnes ont été suivies pendant une dizaine d'années. Parmi elles, 505 ont développé un diabète de type 2 (le suivi est alors arrêté et un traitement mis en place). Les médecins ont mesuré régulièrement la sensibilité à l'insuline et l'activité des cellules β.

■ **RÉSULTATS**

Les résultats sont présentés sur les *graphes ci-contre*. Deux groupes sont distingués :
– le premier est composé des sujets ayant développé un DT2 au cours de l'étude (groupe **diabète**) ;
– le second comprend les sujets n'ayant pas développé de DT2 (groupe **contrôle**).

On a indiqué en orange la période pendant laquelle les sujets sont déclarés comme intolérants au glucose, et en rouge le moment où le diabète de type 2 est diagnostiqué (*voir document 2, p. 204* pour la définition de ces deux états).

D'après Tabak, 2009.

• **Évolution de la sensibilité à l'insuline (indice HOMA)**

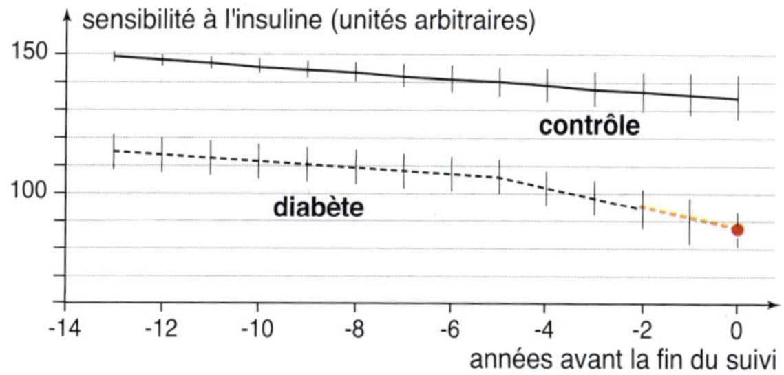

• **Évolution de l'activité de sécrétion des cellules β**

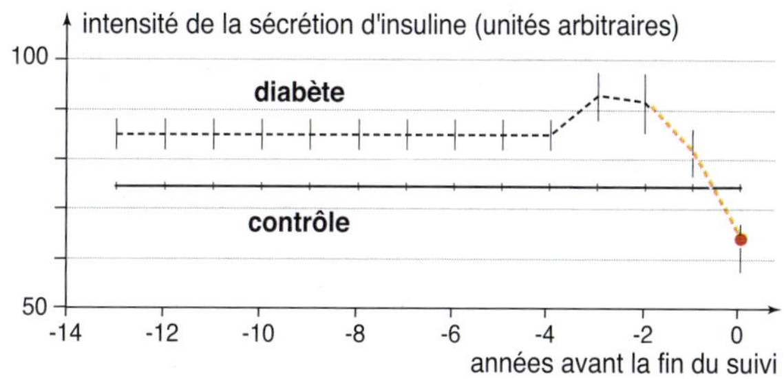

Doc. 4 Un suivi de l'installation d'un diabète de type 2.

Pistes d'exploitation

PROBLÈME À RÉSOUDRE ► **Comment expliquer les valeurs excessives de la glycémie pour les deux principaux types de diabète ?**

Doc. 1 Identifiez, puis expliquez l'anomalie de la fonction pancréatique mise en évidence ici.

Doc. 2 Montrez que le diabète de type 1 est une maladie auto-immune.

Doc. 3 Quelles sont les caractéristiques d'un diabétique de type 2 mises en évidence ici ?

Doc. 4 Retracez les événements conduisant à l'installation d'un diabète de type 2 chez une personne.

Lexique, p. 232

Le déclenchement du diabète de type 1

Le diabète de type 1 (ou DT1) est une maladie auto-immune liée à la destruction des cellules pancréatiques productrices d'insuline. *Ces documents vont permettre de découvrir les facteurs à l'origine du déclenchement de cette maladie.*

A Des facteurs génétiques

On a recherché s'il existait un lien entre le fait d'avoir un parent plus ou moins éloigné atteint de diabète de type 1 et le fait de contracter soi-même cette maladie.

Les résultats sont présentés *ci-dessous*.

Lien de parenté avec un sujet atteint de DT1	Risque d'être soi-même atteint
Jumeau vrai	40 à 50 %
Frère ou sœur	5 à 10 %
Enfant (père atteint de DT1)	4 à 5 %
Enfant (mère atteinte de DT1)	2 à 3 %
Aucun lien	0,2 %

Doc. 1 Sur la piste d'une influence génétique.

• **Le complexe HLA II et la destruction des cellules ß**

Le complexe HLA est un ensemble de six gènes situés sur le chromosome 6 qui codent pour des protéines exposées à la surface des cellules. Trois d'entre elles, nommées DP, DR et DQ, forment le complexe HLA II et interviennent dans la reconnaissance des cellules de l'organisme par le système immunitaire. Or, pour chacune d'elles, il existe de nombreux allèles, donc de nombreuses protéines de surface possibles.

Une anomalie au niveau de l'une de ces trois protéines peut conduire à la destruction de la cellule par le système immunitaire. Par exemple, si les cellules des îlots de Langerhans expriment des molécules HLA II identifiées comme étrangères par le système immunitaire, ce dernier va les détruire.

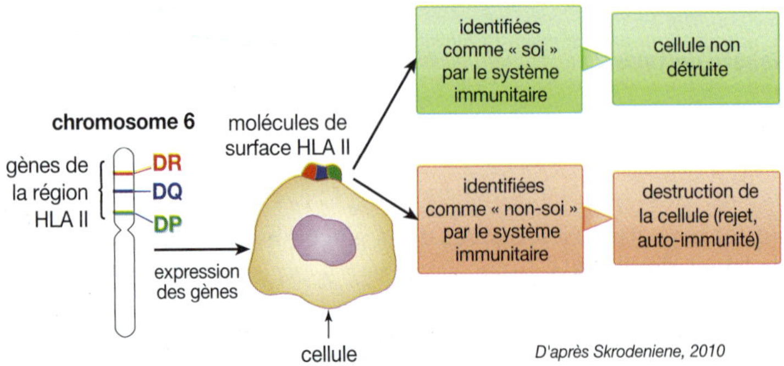

D'après Skrodeniene, 2010

• **Une recherche de combinaisons HLA II impliquées dans le diabète de type 1**

Des médecins ont analysé le génome de 125 enfants DT1 et 78 enfants sains. Ils ont recherché la présence de différents allèles du gène DR pour vérifier si certains étaient liés à un risque élevé de déclenchement du diabète de type 1. Leurs résultats sont présentés dans le *tableau ci-dessous*.

	Nombre d'enfants possédant ces allèles dans leur génome	
Allèles DR	Enfants DT1	Enfants sains
DR3	53	4
DR4	63	11
DR7	28	15
DR9	5	1
DR15	0	18

Doc. 2 La recherche de gènes impliqués.

B Des facteurs environnementaux multiples

L'introduction précoce du lait de vache dans l'alimentation du nourrisson pourrait être à l'origine de réactions immunitaires qui toucheraient ensuite les cellules insulaires. Les mécanismes précis sont mal connus ; on pense à des protéines du lait de vache allergisantes ou à un effet protecteur du lait maternel. Le *graphique ci-dessous* présente les évolutions conjointes des pratiques maternelles et des cas de DT1 en Finlande.

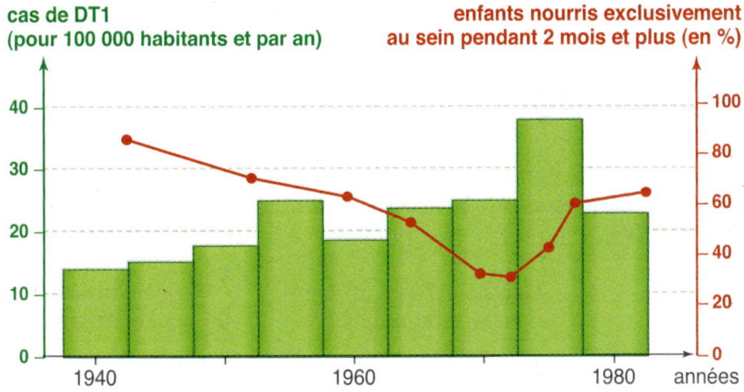

Doc. 3 L'influence de l'alimentation du nourrisson.

Les premiers indices d'une possible relation entre infection virale et déclenchement d'un DT1 ont été donnés dès 1926 par une étude de la répartition des diagnostics de cette maladie sur une année qui révélait un pic au moment des mois d'hiver. Ces mois étant plus propices aux infections virales, des chercheurs formulèrent l'hypothèse qu'une telle infection pouvait déclencher une réaction immunitaire dirigée contre les cellules des îlots de Langerhans.

Pour tester cette hypothèse, un suivi a été lancé en Finlande, en 1994, auprès de 154 enfants présentant une prédisposition génétique au DT1 : on a recherché régulièrement la présence d'infections par des entérovirus. 49 enfants ont développé un diabète au cours de l'étude, certains quelques mois après une infection, d'autres non. On a donc pu comparer les risques de développement d'un DT1 en absence d'infection ou dans les mois qui suivent une infection par entérovirus.

	Enfants ayant développé un DT1	Enfants n'ayant pas développé de DT1
Présence d'une infection par entérovirus	11	2
Pas d'infection par entérovirus	38	103

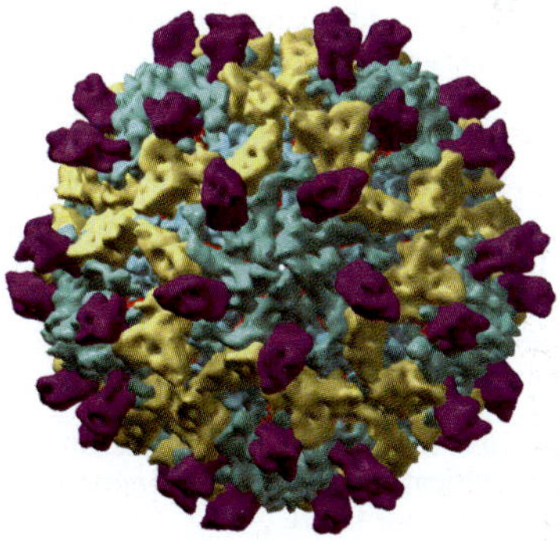

Image de synthèse représentant un exemple d'entérovirus : le virus coxsackie

Pour en savoir plus sur le calcul des risques :
www.bordas-svtlycee.fr

Doc. 4 Des influences virales comme élément déclencheur.

Pistes d'exploitation

PROBLÈME À RÉSOUDRE ► **Quels sont les facteurs à l'origine du déclenchement du diabète de type 1 ?**

Doc. 1 et 2 Montrez qu'il existe un facteur génétique favorisant le déclenchement du DT1. Montrez que ce contrôle génétique n'est pas absolu.

Doc. 3 et 4 Utilisez les résultats pour valider les hypothèses des chercheurs ayant conduit ces études. Montrez que ces facteurs environnementaux ne jouent pas systématiquement un rôle dans le déclenchement d'un DT1.

Lexique, p. 232

Le déclenchement du diabète de type 2

Le diabète de type 2 (ou DT2) est une maladie évolutive qui se déclare donc en général assez tard dans la vie d'un individu. *Ces deux pages vont donner des pistes pour l'identification des facteurs génétiques et environnementaux qui interviennent dans le déclenchement du DT2.*

A Une origine génétique non absolue pour le DT2

Certaines familles sont plus touchées par le DT2 que d'autres. Le *tableau ci-dessous* présente le risque d'être atteint en fonction des antécédents familiaux.

Lien de parenté avec un sujet atteint de DT2	Risque d'être soi-même atteint
Jumeau vrai	plus de 90 %
Frère ou sœur	plus de 40 %
Enfant (père atteint de DT2)	12 %
Enfant (mère atteinte de DT2)	14 %
Aucun lien	2 à 4 %

Doc. 1 Une maladie familiale.

La recherche des gènes impliqués dans le DT2 consiste à étudier les mutations des gènes susceptibles d'être impliqués dans la régulation glycémique.

À partir d'un gène candidat, on cherche si certaines mutations de ce gène se retrouvent fréquemment chez les personnes malades. Mais ces gènes, probablement nombreux, ne sont pas tous connus et doivent donc être localisés sur le génome humain.

- **Une recherche systématique**

Des chercheurs ont sélectionné des membres de 143 familles françaises touchées par le DT2. Ils ont analysé leur génome grâce à la recherche de marqueurs (séquences de nucléotides faciles à repérer). Ils ont ensuite comparé la fréquence de ces marqueurs (A, B, ..., F) chez des individus sains et chez des sujets atteints de DT2 pour calculer une **liaison génétique** : si un gène muté proche de ce marqueur est impliqué dans le déclenchement du DT2, ce gène et le marqueur associé seront plus fréquents chez les sujets atteints par le DT2.

- **Identification d'un gène impliqué**

Au voisinage du locus E, il existe plusieurs gènes dont les gènes KNG1 et EIF4A2.

On recherche alors, pour 148 familles françaises touchées par le DT2, si il y a une liaison génétique entre la maladie et des variations de séquence de ces deux gènes.

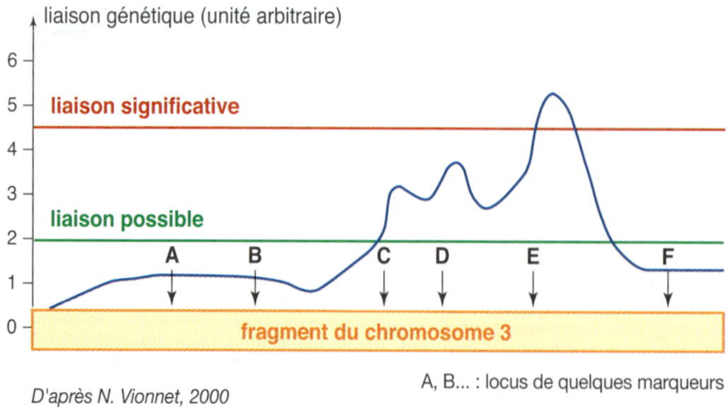

D'après N. Vionnet, 2000

Gène testé et modification de séquence sur l'ADN	Liaison génétique
Gène KNG1 C remplacé par T	0,37
Gène EIF4A2 T remplacé par C	3,36

D'après C. Cheyssac, 2006.

Remarque : si la liaison génétique est inférieure à 2, on considère que le gène n'est pas impliqué.

Doc. 2 À la recherche des gènes de prédisposition au DT2.

B L'importance des facteurs environnementaux

Les Indiens Pima vivent en Arizona et au Mexique. C'est une population génétiquement homogène et présentant un très fort taux de DT2.
En 1962, un chercheur a expliqué ce taux par la possession de gènes permettant un stockage des graisses plus performant que chez les Européens (c'est ce qu'il a appelé le génome de l'épargne).
Le même phénomène se retrouve dans des populations polynésiennes également très touchées par le diabète de type 2.

Indien Pima vers 1860 : à cette époque, les tribus connaissaient de fréquentes périodes de famines.

Indien Pima aujourd'hui : la nourriture est disponible avec un mode de vie très occidentalisé.

Doc. 3 **Les Indiens Pima, une population très touchée par le DT2.**

Une **étude épidémiologique** a comparé trois populations : une population de pimas américains (au mode de vie américain) et deux populations mexicaines, des Pima et des non Pima (vivant toutes deux selon le mode de vie mexicain). On a recherché si le style de vie pouvait avoir une influence sur le déclenchement du diabète de type 2 et si ces facteurs environnementaux pouvaient compenser les facteurs génétiques. Les résultats sont présentés dans les trois graphiques.

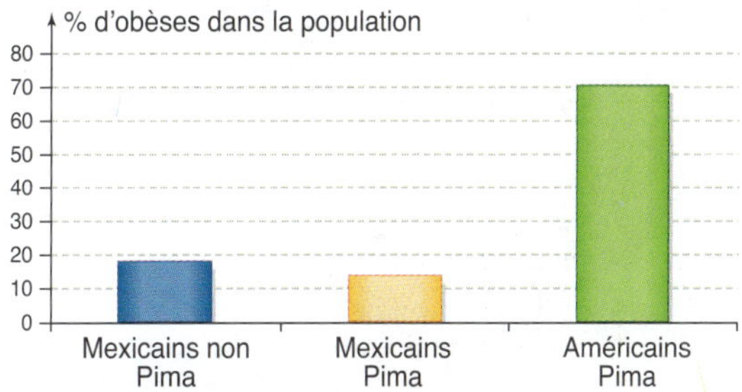

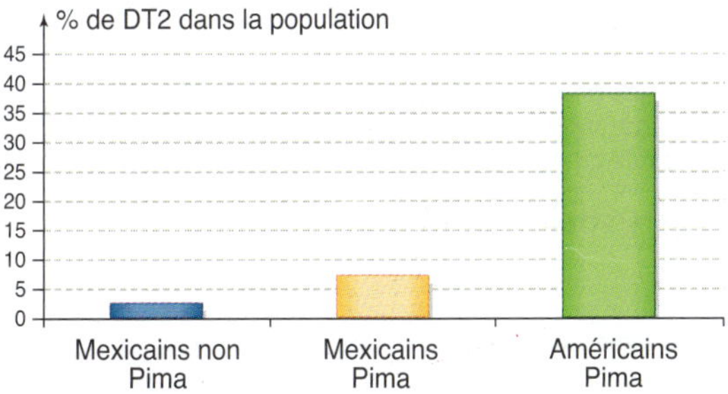

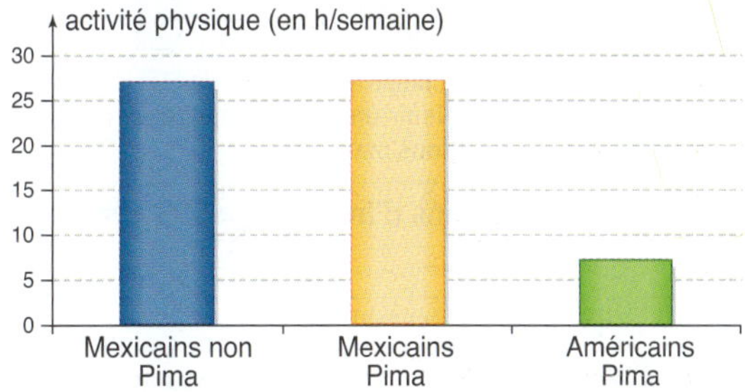

Doc. 4 **L'impact du mode de vie sur le déclenchement du DT2.**

Pistes d'exploitation

PROBLÈME À RÉSOUDRE ► **Quels sont les facteurs à l'origine du déclenchement du diabète de type 2 ?**

Doc. 1 Montrez l'existence d'un lien entre patrimoine génétique et DT2.

Doc. 2 Expliquez comment on peut identifier un gène de prédisposition au DT2.

Doc. 3 et 4 Montrez quels facteurs environnementaux conditionnent le développement du DT2. Montrez que les facteurs génétiques jouent également un rôle.

Lexique, p. 232

Le traitement des diabètes

Les connaissances sur le système de régulation de la glycémie et sur les mécanismes des deux principaux types de diabètes ont permis de développer des traitements de plus en plus efficaces.
Ces deux pages vont présenter quelques-unes de ces applications.

A Limiter l'hyperglycémie grâce à des médicaments

Pompe à insuline sur une patiente atteinte de DT1. Ce dispositif permet d'obtenir un meilleur équilibre glycémique que les injections manuelles.

Des injections quotidiennes d'insuline sont obligatoires pour les diabétiques de type 1, ainsi que pour ceux de type 2 produisant peu d'insuline. Pour reproduire la fonction pancréatique naturelle, il faut avoir dans le sang une insulinémie de base et des pics au moment des repas.
Les injections manuelles classiques peuvent être remplacées par une pompe à insuline. Celle-ci, reliée à un cathéter implanté sous la peau, délivre en continu de l'insuline ; le patient déclenche manuellement une libération plus forte au moment des repas. L'intérêt de la pompe est que le patient peut régler très finement débit de base et injections pour les faire correspondre au plus près à son activité.

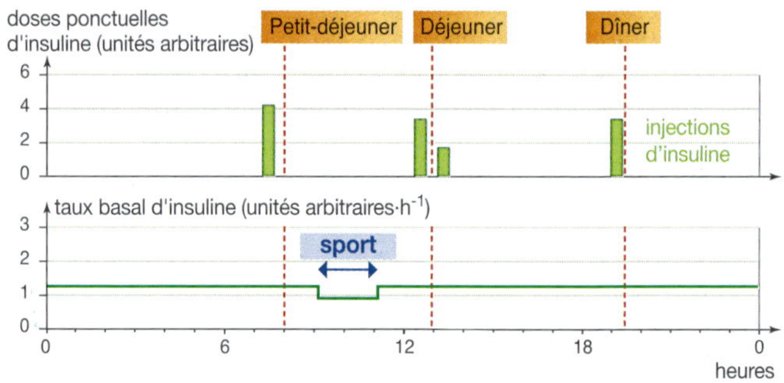

Fonctionnement d'une pompe à insuline sur un patient atteint de DT1. Il a fait 2 heures de sport et son déjeuner a été long et copieux. Sa glycémie est restée normale toute la journée.

Doc. 1 Les injections d'insuline, seul traitement pour les sujets atteints de DT1.

Plus de 75 % des diabétiques français sont traités uniquement par des médicaments oraux **hypoglycémiants**. Ces médicaments peuvent être pris en plus des injections d'insuline. Pour comprendre l'effet de l'un d'entre eux, la metformine, des chercheurs ont cultivé des cellules dans des milieux de compositions différentes et mesuré en parallèle le prélèvement de glucose par les cellules. Les résultats sont présentés *ci-contre*.

Structure de la metformine

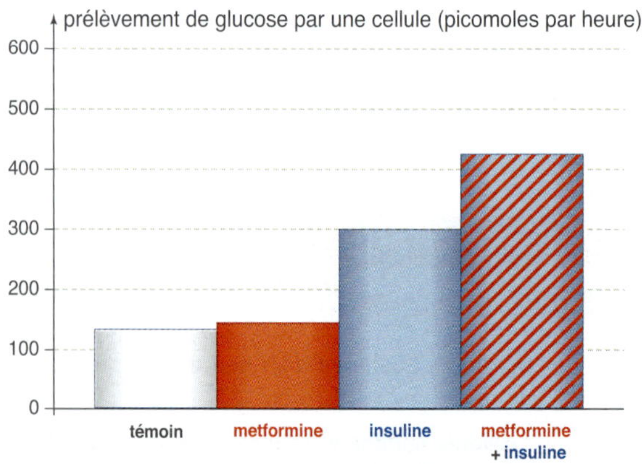

Doc. 2 Les antidiabétiques oraux, principal traitement des sujets atteints de DT2, associés ou non à l'insuline.

B Empêcher le développement de la maladie

Pour évaluer l'impact respectif des médicaments et du mode de vie dans le traitement des diabétiques DT2, on a recherché parmi 2 994 sujets ceux possédant une variation génétique associée à un risque très élevé de DT2 selon la méthode décrite *page 210*. Ils ont ensuite été répartis en trois groupes : l'un reçoit un médicament hypoglycémiant, un deuxième un **placebo** et le troisième doit suivre un régime et augmenter l'activité physique. L'étude suit le nombre de DT2 qui apparaissent dans les trois groupes.

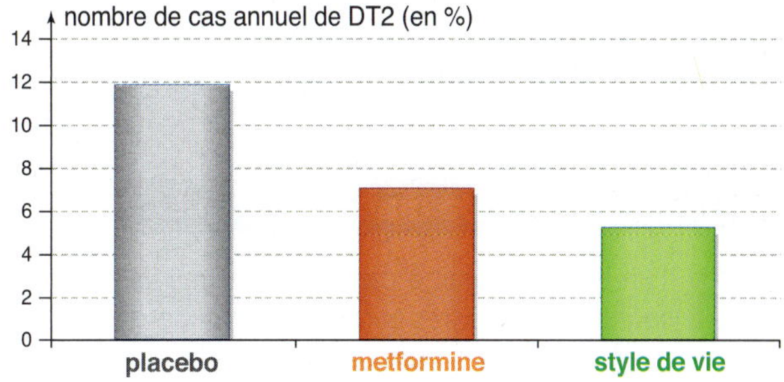

Doc. 3 Adopter un style de vie adapté.

• **Premiers travaux chez l'animal**

Des études menées chez la souris ont montré qu'il était possible d'empêcher la destruction des îlots de Langerhans lors du déclenchement du diabète de type 1. Par exemple, les anticorps anti CD3 et CD4, dirigés contre les lymphocytes T responsables de l'**auto-immunité**, permettent le maintien d'une production d'insuline chez la souris comme le montre la photographie ci-dessous.

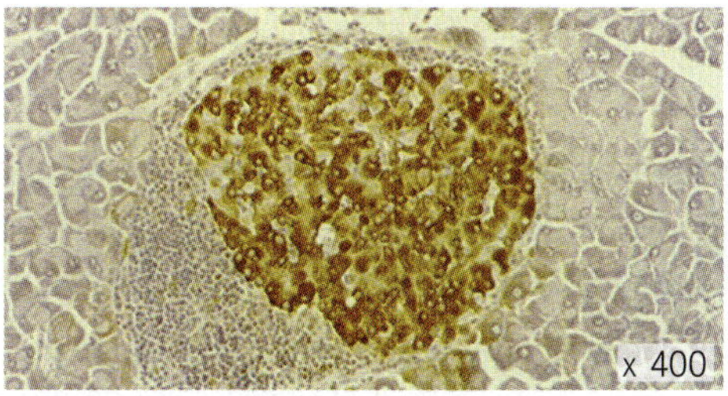

Cellules productrices d'insuline (en marron) préservées grâce à l'action d'anticorps anti CD3 et CD4.

• **Essais cliniques chez l'Homme**

Des essais ont été menés sur deux groupes de patients débutant un diabète de type 1 et traités au début de l'essai par des doses similaires d'insuline. Un groupe a reçu des injections d'anticorps anti-CD3, l'autre un placebo. On a ensuite suivi les doses d'insuline nécessaires dans les deux groupes pour maintenir une glycémie normale. Les résultats du traitement n'ont pas été jugés suffisants pour poursuivre les tests avec cette molécule. Néanmoins, la piste du rétablissement de la tolérance immunitaire vis-à-vis des cellules des îlots de Langerhans continue à être creusée.

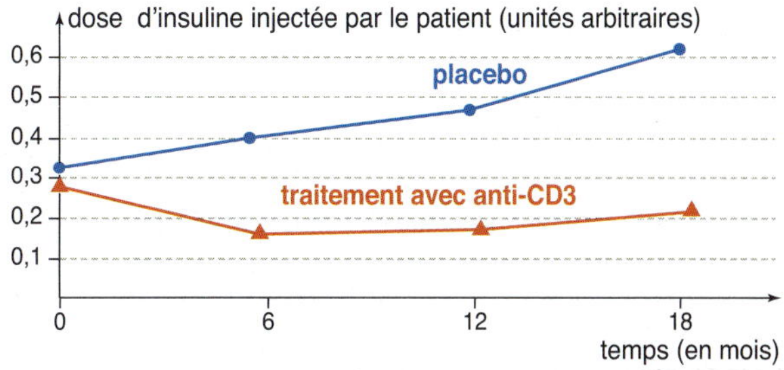

Doc. 4 Stopper la réaction auto-immune.

Pistes d'exploitation

PROBLÈME À RÉSOUDRE ► **Sur quels principes vus précédemment sont fondées les différentes stratégies thérapeutiques du diabète ?**

Doc. 1 Expliquez le principe de fonctionnement de la pompe en montrant qu'il essaie de se rapprocher du fonctionnement naturel du pancréas.

Doc. 2 Expliquez comment la metformine peut permettre de traiter efficacement des sujets atteints de DT2.

Doc. 3 Comment est-il possible de prévenir l'apparition d'un diabète de type 2 ?

Doc. 4 Expliquez l'objectif visé par ce traitement. Montrez-en les limites.

Lexique, p. 232

chapitre 3 Les diabètes

En France, environ 3,5 % de la population est atteinte de diabète sucré, c'est-à-dire présente une hyperglycémie chronique (glycémie à jeun supérieure à 1,26 $g{\cdot}L^{-1}$). Dans tous les cas, cette affection correspond à un **dysfonctionnement des mécanismes de régulation de la glycémie** étudiés dans le chapitre précédent.

1 Deux grands types de diabètes

Le diagnostic d'un diabète se fait à partir de mesures de la glycémie à jeun : les spécialistes considèrent que deux glycémies à jeun consécutives supérieures à 1,26 $g{\cdot}L^{-1}$ (ou une seule supérieure à 2 $g{\cdot}L^{-1}$) caractérisent la présence d'un diabète chez un patient. Il existe différents types de diabètes, mais deux d'entre eux regroupent la quasi-totalité des malades : les **diabètes de type 1 et de type 2**.

Le nombre de diabétiques dans le monde, évalué aujourd'hui à 190 millions, devrait atteindre 370 millions d'ici 2030, soit plus de 6 millions de nouveaux cas chaque année. En France, le nombre de diabétiques a doublé entre 2000 et 2010 pour atteindre près de 3 millions de personnes.

Le diabète de type 2, qui représente 90 % des cas de diabète, devient un problème de santé publique préoccupant car la maladie présente de multiples complications graves (atteintes des yeux, des reins, du système nerveux...) qui doivent être prises en charge par les système de santé.

Le diabète de type 1 est une maladie auto-immune

Le diabète de type 1 se déclare chez des **individus jeunes** (avant 20 ans le plus souvent, avec un pic à la puberté). Les signes cliniques sont les suivants : amaigrissement malgré une alimentation excessive, soif intense et émission importante d'urine. Les analyses révèlent une **glycémie très forte**, souvent supérieure à 4 $g{\cdot}L^{-1}$, et la présence de glucose dans les urines. Il peut arriver que l'hyperglycémie soit responsable de malaises, voire même d'un coma nécessitant l'hospitalisation en urgence du patient.

Le diabète de type 1 est une **maladie auto-immune** car c'est le système immunitaire du malade qui attaque ses propres cellules : au début de la maladie, des lymphocytes envahissent les îlots de Langerhans et détruisent les cellules β productrices d'insuline. Sans insuline, les cellules n'absorbent plus correctement le glucose sanguin. Elles dégradent alors des lipides (et des protéines) pour se procurer de l'énergie, ce qui entraîne une libération de produits cétoniques toxiques. Le sucre en excès dans le sang est éliminé dans les urines.

Le diabète de type 2 est dû à une baisse de l'efficacité de l'insuline

Le diabète de type 2 affecte plutôt des personnes de **plus de 50 ans**, présentant le plus souvent un **surpoids** et une **vie très sédentaire**. La glycémie à jeun est supérieure à la normale, mais n'atteint généralement pas des valeurs aussi élevées que dans le cas d'un diabète de type 1. Cela explique que de nombreux malades ignorent leur état et que des complications peuvent s'installer avant la mise en place d'un traitement de la maladie.

Le diabète de type 2 s'installe très progressivement quand l'insuline commence à **perdre son efficacité** sur ses cellules cibles. En réaction à une glycémie qui a tendance à s'élever, les cellules β augmentent leur production. Pendant plusieurs années, il y a ainsi production croissante d'une insuline dont l'efficacité est de moins en moins grande. Au bout d'un certain temps, les cellules β fonctionnent moins bien et la production d'insuline décroît, ce qui rend la régulation de la glycémie impossible. Le sujet commence donc à présenter des hyperglycémies modérées ; il est alors dit **intolérant au glucose**. L'évolution de la maladie se poursuit avec des hyperglycémies plus sévères marquant le début du diabète.

2 Les facteurs de déclenchement des diabètes

Pour connaître l'influence éventuelle d'un facteur sur le déclenchement d'un diabète, il est nécessaire de procéder à des **études épidémiologiques**. Il s'agit de comparer les pourcentages de diabétiques dans des populations différentes, concernées ou non par le facteur incriminé. Des analyses statistiques permettent de conclure à l'existence, ou l'absence, d'un lien entre le facteur étudié et la survenue du diabète.

L'influence du patrimoine génétique

Les études de familles touchées par le diabète montrent l'existence d'une **prédisposition génétique** : un individu a un risque plus fort de développer un diabète si un membre de sa famille est touché par cette maladie.

On a ainsi pu établir un lien entre certains gènes du groupe HLA (codant pour les marqueurs membranaires du CMH) et le diabète de type 1. La prédisposition génétique existe également pour le diabète de type 2 (et la prédisposition semble même y être plus forte que pour le diabète de type 1), mais le nombre de gènes impliqués s'avère être très important et seuls quelques-uns ont pu être identifiés. Des études de balayage systématique du génome humain permettent régulièrement aux scientifiques de trouver de nouveaux gènes liés au diabète de type 2.

L'influence de l'environnement et du mode de vie

Les études épidémiologiques ont établi de façon très claire qu'un mode de vie **sédentaire**, associé à une **obésité**, augmente très fortement le risque de développer un **diabète de type 2**. La hausse très forte des cas de diabète enregistrée depuis plusieurs années dans de nombreux pays s'explique par la progression de l'obésité. Le cas des indiens Pima est particulièrement démonstratif : cette population présente une prédisposition génétique qui lui conférait un avantage tant que la nourriture disponible était rare. Dans une société d'abondance alimentaire, ce patrimoine génétique conduit à un développement de l'obésité et, par voie de conséquence, les cas de diabète de type 2 sont particulièrement fréquents dans cette population. Toutefois, la fréquence des diabètes chute nettement avec une alimentation et une activité physique contrôlées.

Pour le **diabète de type 1**, l'existence de facteurs environnementaux est reconnue, mais leur nature est controversée. Plusieurs hypothèses sont avancées : virus, alimentation des nourrissons au lait de vache... Il serait possible que plusieurs facteurs différents soient capables de déclencher un diabète chez des sujets génétiquement prédisposés.

3 Des traitements de la maladie en constante évolution

Des traitements au quotidien pour limiter l'hyperglycémie

Tous les diabétiques doivent **contrôler très régulièrement leur glycémie** pour connaître leur état et ajuster leur traitement.

Les **diabétiques de type 1** doivent **s'administrer quotidiennement de l'insuline** pour compenser la non sécrétion de cette hormone par l'organisme. Ces apports se font par injections ou grâce à des pompes plus ou moins automatisées. L'objectif de ces traitements est de reproduire au plus près le fonctionnement normal du pancréas : les lecteurs de glycémie représentent le système de détection des écarts de la glycémie par rapport à la normale et c'est le patient qui doit jouer le rôle du système de commande en décidant des doses d'insuline à injecter.

Les **diabétiques de type 2** peuvent également avoir besoin d'injections d'insuline quand leurs cellules β en produisent trop peu. La plupart d'entre eux peuvent cependant se contenter de médicaments oraux destinés à **augmenter l'efficacité de l'insuline** ou à **limiter l'absorption intestinale du glucose**. Il leur est conseillé de plus de pratiquer régulièrement une activité physique et de contrôler leur alimentation (limiter graisses et sucres rapides).

Des perspectives de traitements pour l'avenir

Les traitements du diabète sont de plus en plus efficaces, mais présentent **deux inconvénients majeurs** :
- ils nécessitent une bonne connaissance de sa maladie par le patient qui doit remplacer le système de régulation de sa glycémie ;
- ils sont à mettre en œuvre tout au long de la vie.

Les **pompes à insuline** devraient bientôt être complètement automatisées en étant couplées à un appareil mesurant la glycémie en continu. Si cette technique est prometteuse, elle n'apporte pas pour autant une guérison.

Les recherches actuelles portent donc sur des pistes visant à soigner de façon définitive ces maladies. On envisage par exemple des greffes d'îlots, une suppression de la réaction auto-immune pour les diabétiques de type 1 ou la transformation de cellules de l'organisme en cellules insulaires β sensibles au glucose et capables de produire de l'insuline.

Dans le cas du diabète de type 2, cas le plus préoccupant en terme de santé publique, la lutte contre l'obésité et la sédentarité reste la méthode la plus efficace à mettre en œuvre.

chapitre 3 Les diabètes

À RETENIR

Le diabète est défini par une **glycémie supérieure à la normale**. Une glycémie à jeun supérieure à 2 g·L^{-1} ou deux glycémies consécutives supérieures à 1,26 g·L^{-1} suffisent pour diagnostiquer un diabète. Il existe **deux principaux types de diabètes** respectivement nommés diabète de type 1 et diabète de type 2.

Les mécanismes des deux grands types de diabète

Le diabète de type 1 est une **maladie auto-immune** : le système immunitaire détruit les cellules β des îlots de Langerhans et rend impossible la production d'insuline.

Dans le diabète de type 2, c'est l'**efficacité de l'insuline** qui diminue. Pour compenser cette inefficacité, les cellules β augmentent leur production, mais elles finissent par s'épuiser et la production d'insuline décroît.

Les facteurs de déclenchement de la maladie

Il existe une **prédisposition génétique** au diabète : une personne a plus de risque d'être malade s'il existe déjà des cas de diabète dans sa famille. Ce contrôle génétique n'est cependant pas absolu et un diabète peut s'installer en l'absence de gènes de prédisposition.

Le déclenchement du diabète est lié à différents facteurs environnementaux. Pour le diabète de type 2, ces facteurs sont bien connus : un **mode de vie sédentaire** et une **obésité** importante favorisent fortement la survenue de la maladie. Pour le diabète de type 1, la nature de ces facteurs (virus, alimentation...) est encore discutée, les liens étant beaucoup moins systématiques.

Des traitements de la maladie en constante évolution

Les malades doivent **surveiller constamment leur glycémie**.

Pour le diabète de type 1, le traitement consiste en des **injections d'insuline** pour compenser l'absence des cellules insulaires β qui, normalement, sécrètent cette hormone. Dans le cas du diabète de type 2, des médicaments oraux permettent, entre autres, d'**améliorer l'efficacité de l'insuline**.

De nombreuses recherches sont en cours pour tenter de proposer de nouvelles solutions pour traiter cette maladie, qui pourrait représenter une des principales causes de décès dans l'avenir.

Mots-clés

- Diabète, hyperglycémie
- Intolérance au glucose
- Diabètes de type 1 et 2
- Maladie auto-immune
- Efficacité de l'insuline
- Facteurs environnementaux
- Prédisposition génétique
- Traitements du diabète

Capacités et attitudes

- Identifier les deux principaux types de diabètes.
- Reconstituer les mécanismes à l'origine du déclenchement des diabètes de type 1 et 2.
- Concevoir et mettre en œuvre une démarche permettant de relier un gène à un type de diabète.
- Exploiter des documents pour identifier les facteurs environnementaux jouant un rôle dans le déclenchement du diabète.
- Comprendre les politiques de santé publique à mener pour éviter l'augmentation des cas de diabète de type 2.

SCHÉMA BILAN LES DIABÈTES

Animation

Deux mécanismes différents à l'origine des diabètes

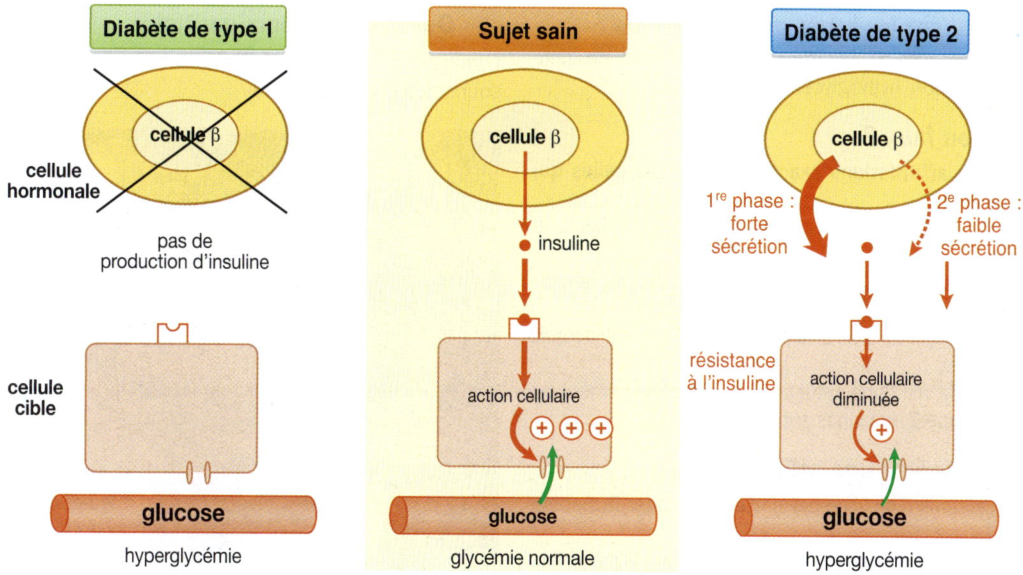

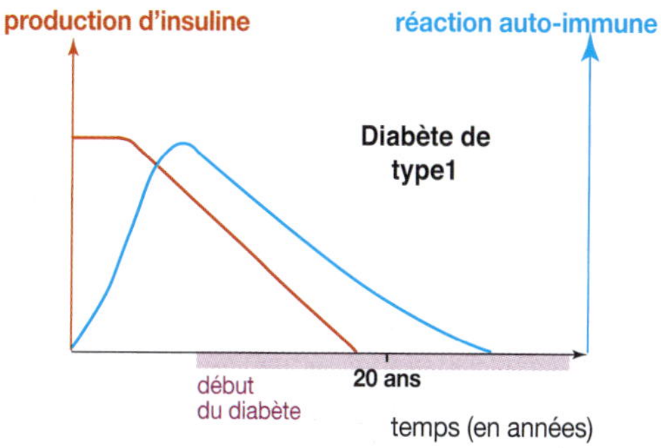

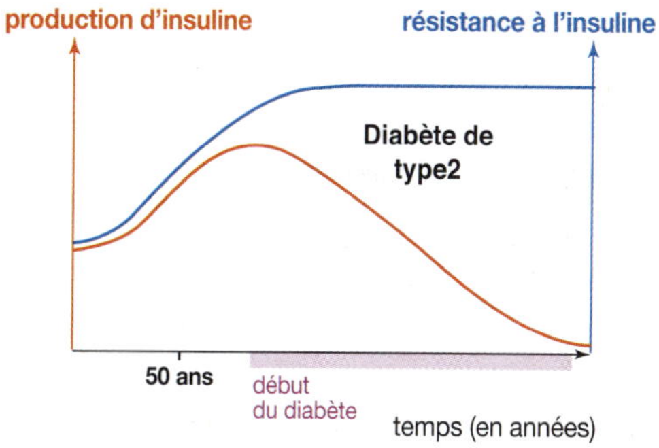

Des facteurs de déclenchement complexes

Diabète de type 1

Une influence de gènes de prédisposition

Diabète de type 1	Diabète de type 2
Implication des gènes du système HLA	Implication de nombreux gènes dont beaucoup restent à découvrir

Une influence du mode de vie et de l'environnement

Diabète de type 1	Diabète de type 2
Des hypothèses : – allaitement au lait de vache ? – action de virus ? – stress ?	Des influences établies : – sédentarité – obésité, souvent liée à un déséquilibre alimentaire

Diabète de type 2

Exercices

Tester ses connaissances

1 Définissez les mots ou expressions

Diabète, résistance à l'insuline, maladie auto-immune, gène de prédisposition, hyperglycémie.

2 Vrai ou faux ?

Repérez les affirmations exactes et corrigez celles qui sont inexactes.

a. Les diabètes de tous types se caractérisent par une glycémie élevée.
b. Dans le diabète de type 1, l'insuline produite par le pancréas n'arrive plus à agir sur ses cellules cibles.
c. Dans le diabète de type 2, la production d'insuline décroît avec le temps.
d. Le mode de vie a une influence sur le déclenchement du diabète de type 2, mais pas sur celui de type 1.

3 Argumentez une affirmation

a. Les injections d'insuline permettent de traiter le diabète de type 1.
b. Le diabète est une anomalie de la régulation glycémique.
c. Les facteurs génétiques à l'origine du déclenchement des diabètes sont complexes.

4 Complétez un schéma

Le *schéma ci-dessous* représente une cellule hépatique d'un individu ne présentant pas de diabète. Indiquez sur ce schéma quelles modifications sont constatées chez un diabétique de type 2.

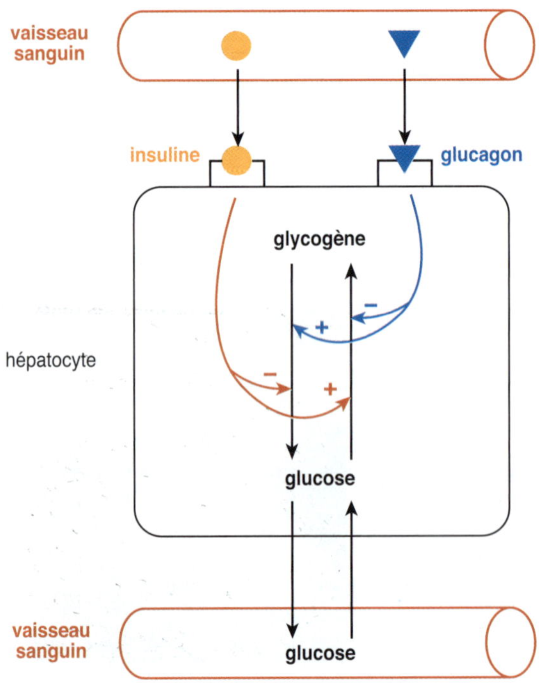

5 Questions à choix multiples QCM

L'*image ci-dessous* représente un îlot de Langerhans d'une souris débutant un diabète.

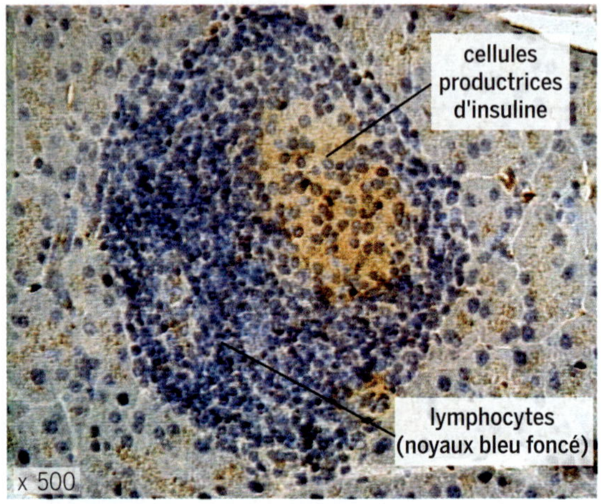

Choisissez la bonne réponse pour chaque série d'affirmations.

1. Ce mécanisme correspond :
a. à un diabète de type 1 ;
b. à un diabète de type 2 ;
c. à une intolérance au glucose ;
d. à aucune de ces anomalies.

2. Chez cette souris :
a. les lymphocytes sont en train de combattre le diabète ;
b. la production d'insuline va augmenter ;
c. les lymphocytes vont détruire l'îlot ;
d. les lymphocytes vont détruire le pancréas.

3. Chez des patients humains ayant développé un diabète de type 2, on peut rencontrer les caractéristiques suivantes :
a. une trop grande efficacité de l'insuline ;
b. une destruction des îlots de Langerhans ;
c. une incapacité des cellules hépatiques à produire du glycogène provoquant l'accumulation du glucose dans le sang ;
d. une réactivité des cellules hépatiques à l'insuline qui diminue fortement.

4. Parmi les points communs entre diabètes de type 1 et 2, on peut trouver :
a. la résistance à l'insuline ;
b. une perte de poids importante au moment du déclenchement de la maladie ;
c. une forte tendance à l'hyperglycémie ;
d. un régime alimentaire trop riche en sucres et en graisses les années précédant le déclenchement de la maladie.

Utiliser ses compétences

6 Le diabète de type 2 en Nouvelle-Calédonie

Exploiter des documents, raisonner

Le diabète de type 2, *a priori* inconnu en Nouvelle-Calédonie au moment de la colonisation par des populations européennes, semble progresser beaucoup plus vite qu'en métropole. Différentes études ont permis d'évaluer l'importance de cette maladie.

Questions :

1. **Décrivez l'évolution de la fréquence du DT2 chez les Mélanésiens et proposez une explication à cette évolution.**
2. **Comparez la fréquence du DT2 pour les différentes populations résidant en Nouvelle-Calédonie. Déduisez-en l'existence d'une prédisposition génétique au DT2.**

Document 1 : Mode de vie des populations autochtones avant la colonisation

Avant la colonisation de leurs îles au XVIIIe siècle, les Européens, Polynésiens et Mélanésiens avaient une alimentation pauvre en matières grasses et protéines animales (sauf le poisson). Leur mode de vie s'est ensuite occidentalisé avec l'introduction du beurre, de l'huile, de la viande ou de l'alcool. La langue dréhu, un dialecte néo-calédonien, a d'ailleurs puisé directement dans l'anglais pour nommer ces nouvelles denrées : melek (lait), oel (huile), batra (beurre).

Document 2 : Résultats d'études menées sur des populations mélanésiennes (populations autochtones)

Année de l'étude	1979	1993	2003
% de personnes atteintes dans la population mélanésienne	4,3	4,8	10,2
% de personnes atteintes dans la population mondiale	-	3,6	4,5

Document 3 : Prévalence du diabète de type 2 pour diverses populations urbaines de Nouvelle-Calédonie

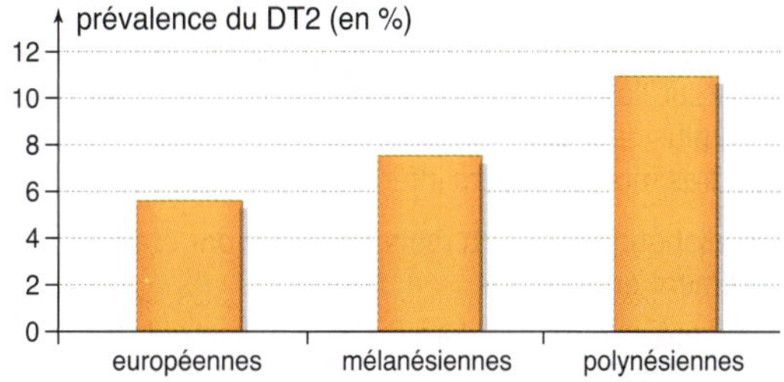

Le graphique ne comporte que les populations féminines, car elles sont plus touchées que les populations masculines.

7 Diagnostic de deux cas de diabète chez l'enfant

Raisonner avec rigueur

Si le diagnostic de diabète est assez simple à poser, le classement d'un patient comme diabétique de type 1 ou de type 2 peut parfois poser des difficultés. Dans le cas présenté ici, deux enfants aux caractéristiques très similaires sont admis à l'hôpital à la suite de contrôles glycémiques élevés. Différents examens sont réalisés pour poser un diagnostic sûr.

Questions :

1. **Proposez un diagnostic pour le cas 1.**
2. **Montrez que le résultat du dosage de l'insuline du cas 2 est compatible avec les deux types de diabètes.**
3. **Quels tests ou suivis pourriez-vous proposer pour trancher ?**

Document 1 : Mesure du taux plasmatique d'insuline après une absorption de glucose

	Cas 1	Cas 2
Âge	14 ans	13 ans
Taille	1, 61 m	1, 58 m
Poids	91 kg	85 kg
Activité	Collégien, très sédentaire	Collégien, très sédentaire
Antécédents	4 cas de DT2 dans la famille	5 cas de DT2 dans la famille, 1 cas de DT1
Évolution récente du poids	Perte de 6 kg	Perte de 8 kg

Document 2 : Mesure de l'insulinémie chez les deux enfants

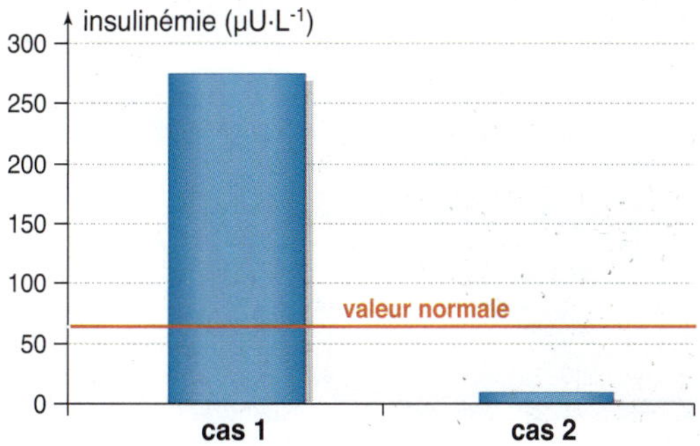

8 L'identification d'un facteur à l'origine du diabète de type 1

Exploiter des documents, raisonner

Exercice TYPE BAC

Avant 1940, le diabète de type 1 était une maladie pratiquement inconnue en Islande. Sa prévalence a ensuite progressivement augmenté pour atteindre, en 1970, 1,3 cas pour 1 000 habitants. La région de Kureyri présente un taux plus important encore avec une prévalence de 2,55 cas pour 1 000 habitants.

Des scientifiques ont cherché à comprendre les raisons de cette augmentation. Ils ont profité du faible nombre d'habitants en Islande pour faire une analyse complète des cas de diabète dans ce pays. Ils se sont intéressés à différentes pistes : le génome, l'infection par un virus avant le déclenchement, puis le mois de naissance. Les résultats sont présentés ici.

Question :
À partir des documents proposés, que vous compléterez avec vos connaissances, proposez une explication des cas de diabète de type 1 à la hausse en Islande après 1940.

Document 1 : Les pistes virales et génétiques

Les cas de diabète ne se déclenchent pas de façon homogène sur l'année (*graphique ci-contre*). Pour certains mois, il y a plus de cas que prévu (valeurs supérieures à 1) et pour d'autres moins (valeurs inférieures à 1).

Les diabétiques nés au mois d'octobre ont été plus particulièrement étudiés :
– il a été montré que, lors du déclenchement de leur maladie, des épidémies virales étaient notées dans leur région ;
– l'analyse de leur génome a montré que tous possédaient des prédispositions génétiques au diabète de type 1.

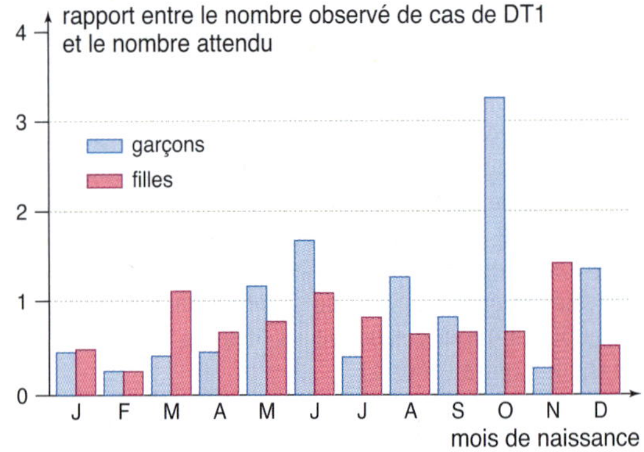

Document 2 : La piste alimentaire

Pendant la période des fêtes de Noël et du nouvel an, les Islandais consomment traditionnellement en grande quantité de la viande de mouton fumée ou séchée (le hangikjöt). A partir de 1940, la technique de préparation de la viande a évolué, ajoutant des nitrites et des nitrates au sel utilisé pour la conservation. Or, des bactéries peuvent transformer ces composés en produits toxiques, comme les nitrosamides. L'analyse d'échantillons de hangikjöt a révélé la présence de nitrosamides.

Document 3 : Expérimentation chez des souris

La même équipe a ensuite testé les effets des nitrosamides sur des souris. Certaines ont été nourries avec du hangikjöt avant l'accouplement et au début de la grossesse. On a ensuite analysé les conséquences sur les souriceaux, 6 semaines après leur naissance, en mesurant leur glycémie après une absorption de glucose.

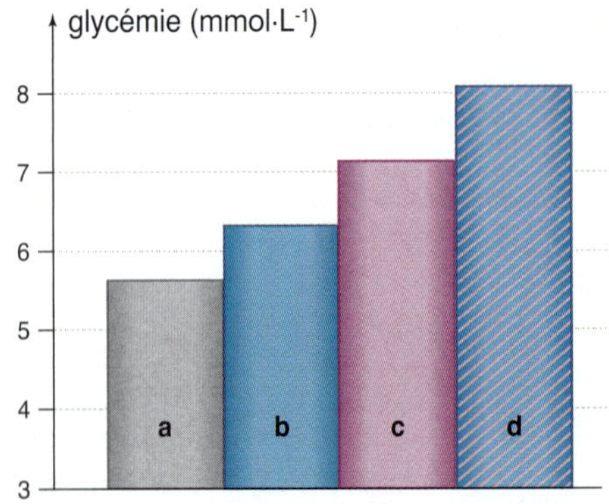

a : contrôle
b : père nourri
c : mère nourrie
d : père et mère nourris

Utiliser ses capacités expérimentales

9 La recherche d'un génome prédisposant au diabète de type 2 (DT2)

Mettre en œuvre une démarche épidémiologique, communiquer des résultats

SE PRÉPARER aux épreuves pratiques du BAC

Problème à résoudre

Le déterminisme génétique du DT2 est très complexe : un très grand nombre de gènes sont impliqués et beaucoup restent encore à découvrir. Parmi les gènes candidats se trouve le gène de la glycogène synthase (GYS), situé sur le chromosome 19. On se propose d'étudier le génome de 20 personnes pour déterminer si le gène GYS est lié ou non au DT2.

Réalisation d'un protocole

– Ouvrez le fichier GYS-DT2 avec le logiciel Anagène.
– Utilisez les fonctionnalités du logiciel pour déterminer les génotypes des différents sujets de l'étude.
– Calculez la prévalence du DT2 pour les différents génotypes.
(Prévalence = nombre de cas / effectif de la population étudiée)

Communication et interprétation d'un résultat

– Présentez les résultats obtenus de façon claire et précise.
– Utilisez ces résultats pour répondre à l'objectif de l'étude.

Critique des résultats

Indiquez si les résultats obtenus peuvent être considérés comme fiables, ou s'il y aurait des modifications du protocole ou des analyses complémentaires à faire.

Pour télécharger les séquences
www.bordas-svtlycee.fr

Le gène GYS présente plusieurs allèles. L'étude concerne deux d'entre eux : les allèles A1 et A2, qui diffèrent par un seul nucléotide.

Vingt personnes ont été sélectionnées. Les sujets repérés par les codes D1 à D10 sont atteints de diabète de type 2. Les sujets repérés par les codes de S1 à S10 ne sont pas diabétiques.

Un fragment du gène GYS a été séquencé pour les deux chromosomes 19 de chaque individu. La mutation est visible en position 101 sur ce fragment : l'allèle A1 présente un C, et l'allèle A2 un T. On peut donc établir le génotype de chaque individu pour le gène GYS.

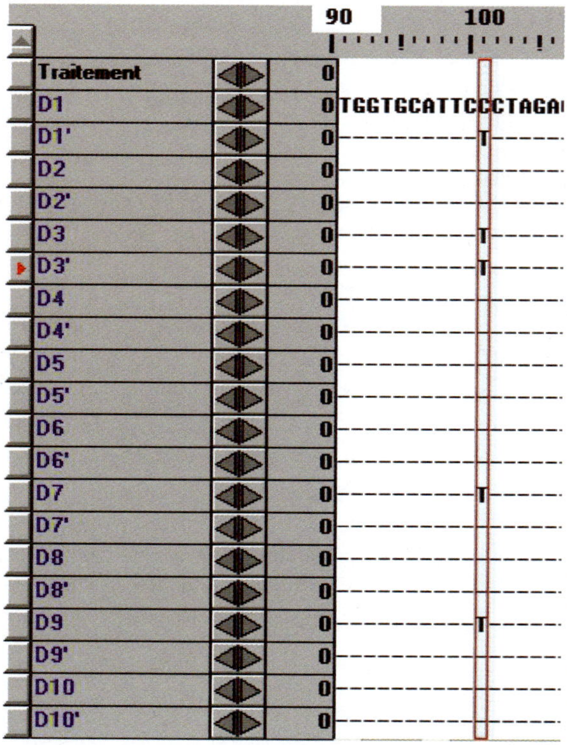

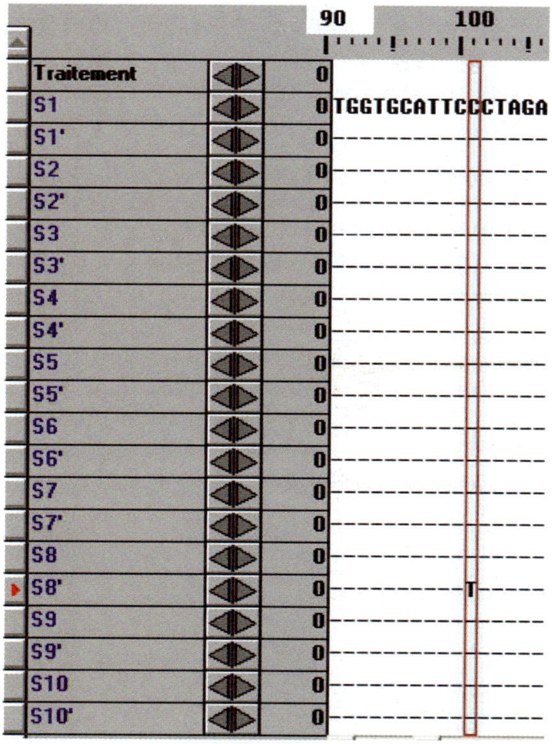

Les glucides : de la digestion enzymatique au stockage cellulaire

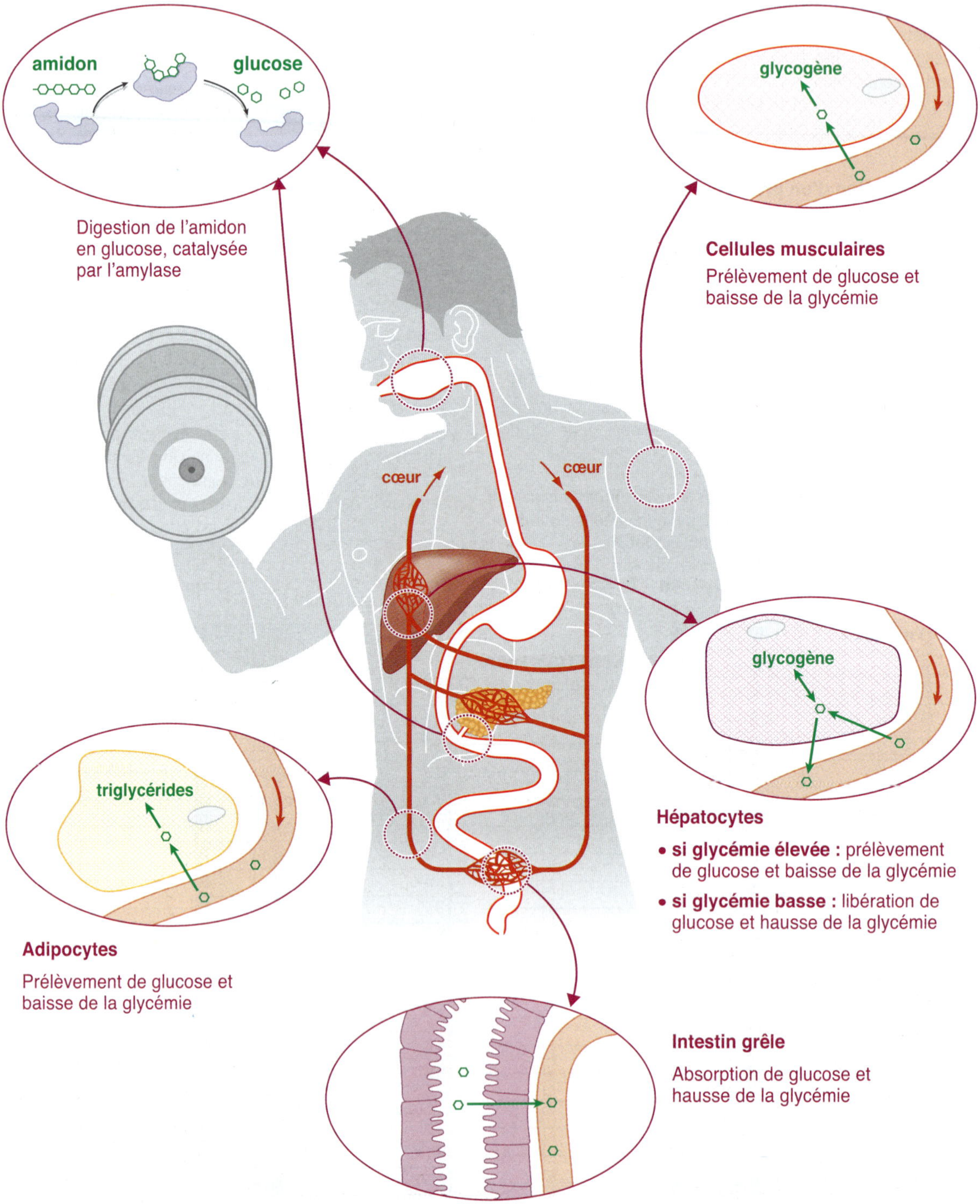

Production des hormones pancréatiques et organes cibles

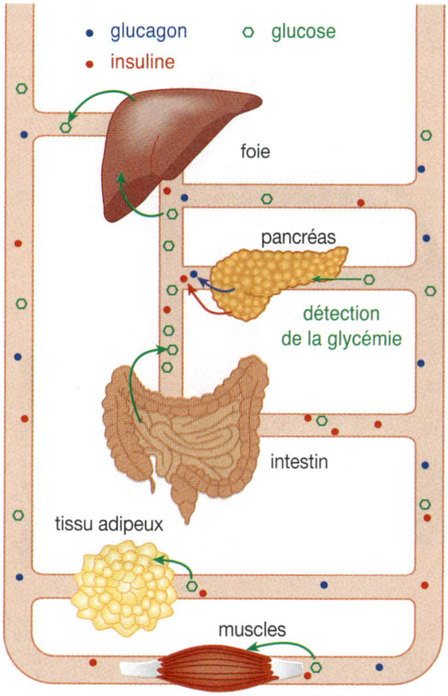

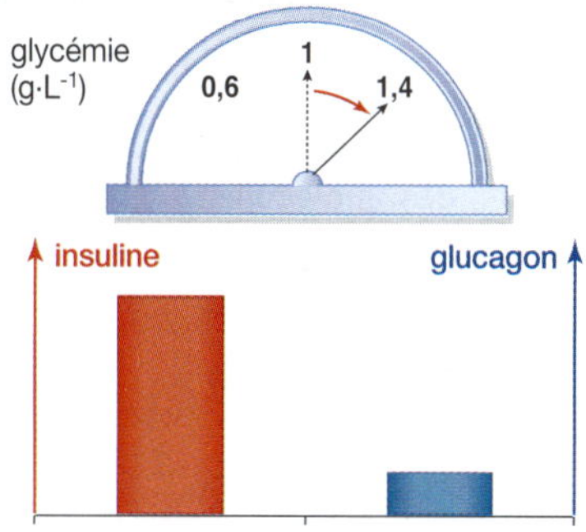

Hausse de la glycémie détectée par le pancréas : Les îlots pancréatiques secrètent surtout de l'insuline pour rétablir l'équilibre.

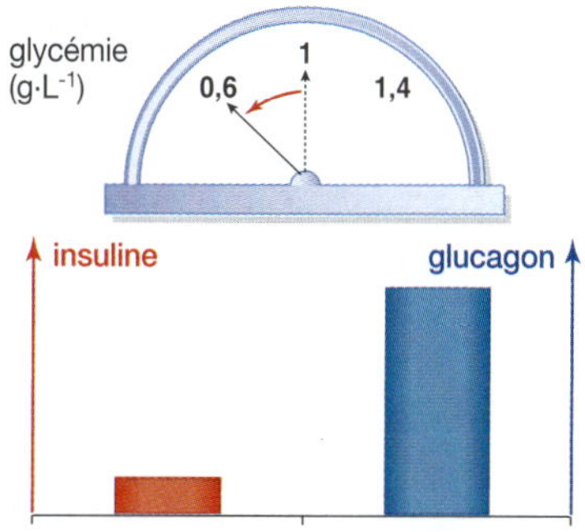

Baisse de la glycémie détectée par le pancréas : Les îlots pancréatiques secrètent surtout du glucagon pour rétablir l'équilibre.

Action cellulaire des hormones pancréatiques et perturbations chez des sujets diabétiques

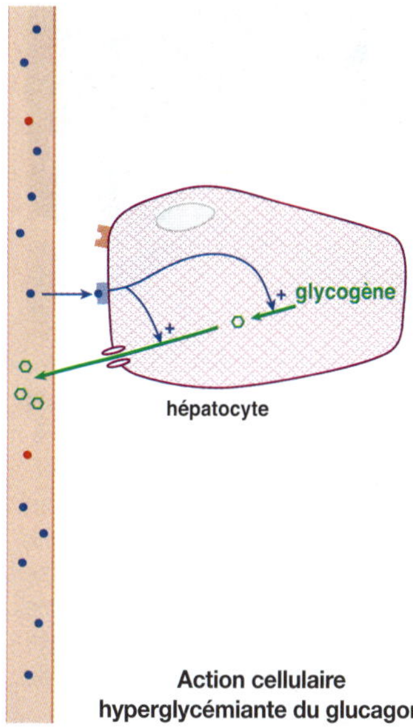

Action cellulaire hyperglycémiante du glucagon

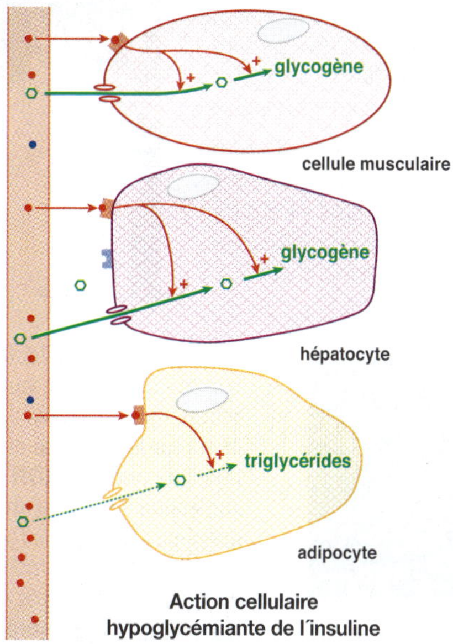

Action cellulaire hypoglycémiante de l'insuline

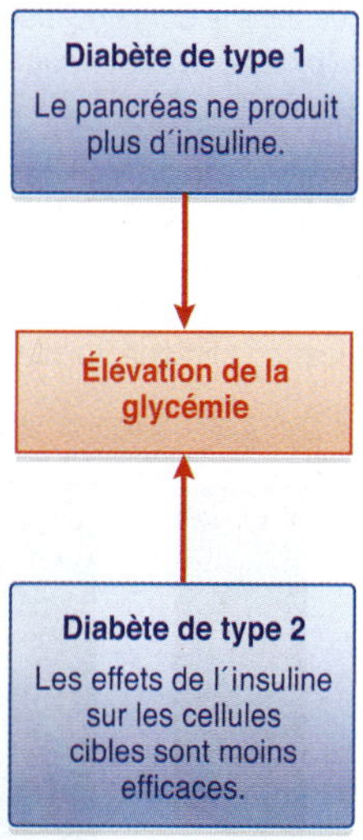

… aller plus loin

Les enzymes : une « serrure » flexible qui s'ajuste à sa « clé »

Vidéo

Le **modèle « clé-serrure »** imaginé par Fisher dès 1894 pour décrire les relations entre substrat et enzyme ne permet pas d'expliquer certaines propriétés des réactions enzymatiques. Par exemple, des molécules de formes très proches sont capables de se fixer sur une même enzyme sans subir de catalyse. En 1958, Koshland propose le modèle de **« l'ajustement induit »** :

« – *une orientation précise du groupe catalytique est requise pour l'action enzymatique ;*
– le substrat peut provoquer des modifications sensibles dans l'orientation des acides aminés du site actif ;
– les modifications de la structure protéique causées par un substrat vont amener les groupements catalytiques dans l'orientation adaptée pour la réaction tandis qu'une autre molécule ne le pourra pas ».

Aujourd'hui, cet « ajustement induit » par le substrat est confirmé par la comparaison des **modèles moléculaires** d'une enzyme avec et sans son substrat (*image ci-contre*).

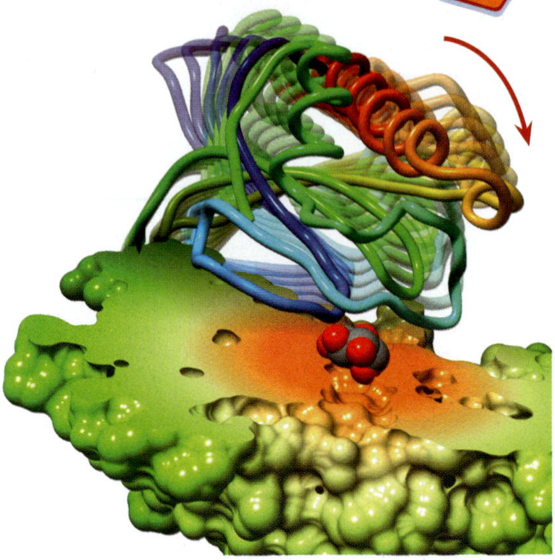

Le diabète, un thème de recherche porteur

La progression constante du nombre de diabétiques dans le monde fait de cette maladie une **préoccupation majeure** pour les scientifiques. L'article écrit par une équipe du **CNRS de Lille** sur les liens entre obésité et diabète de type 2 a ainsi été, en 2007, le plus cité au monde dans le domaine médical. L'équipe de Philippe Froguel (*photographie ci-contre*) a donc réalisé la production scientifique médicale la plus marquante de l'année.

Un **centre européen de recherche sur le diabète** (EGID) a été créé, en 2009, à Lille. Pour avoir un champ d'action aussi vaste que possible, on y croise les différentes approches de la maladie (génomique, physiologie, application clinique, formation, prévention…).

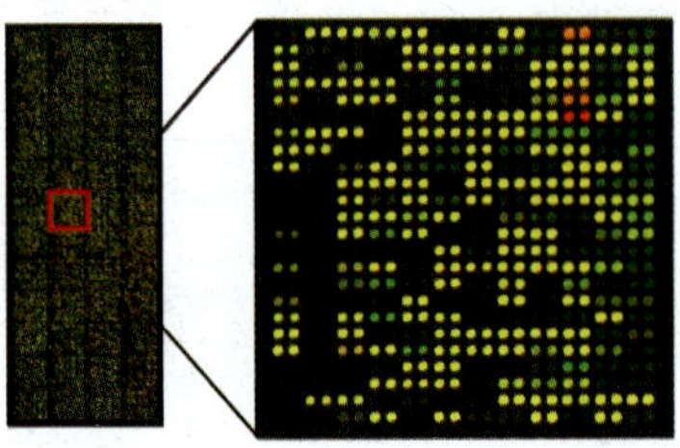

Puce à ADN

L'équipe de Lille collecte un très grand nombre de **données génétiques** sur des patients et leurs familles. L'ADN est ensuite analysé par différentes méthodes pour repérer des **mutations éventuelles** et rechercher leur lien avec le déclenchement de la maladie. La mise au point en 2006 de **puces à ADN** (*photographie*) de quelques centimètres carrés, sur lesquelles près d'un demi-million de mutations de l'ADN peuvent être gravées, a permis de faire des progrès considérables. En particulier, ces chercheurs ont pu montrer une association très forte entre le **diabète de type 2** et au moins 4 gènes qui pourraient expliquer jusqu'à 70 % de la **prédisposition héréditaire** pour ce type de diabète.

Plusieurs prix Nobel pour l'insuline !

- **La découverte**

En 1921, **Frederick Banting**, un médecin canadien, assisté d'un jeune étudiant, **Charles Best**, découvre l'insuline à l'issue de recherches expérimentales méthodiques menées chez l'animal. La première injection à un être humain est pratiquée le 11 janvier 1922 : F. Banting et C. Best injectent de l'**insuline bovine** à un patient diabétique de 14 ans, Léonard Thompson, et lui sauvent la vie. C'est l'apport d'un biochimiste, James Collip, qui a permis de purifier les extraits pancréatiques utilisés. Dès l'année suivante, des milliers de **patients diabétiques** bénéficient d'un traitement par l'insuline. Ces travaux vaudront le prix Nobel à Frederick Banting en 1923.

- **Vers la production d'une insuline humaine**

Après 1922, de nouvelles méthodes permettent de purifier les insulines d'origine animale et donc de limiter les **effets secondaires** du traitement. Cependant, certains effets indésirables persistants ne seront véritablement expliqués qu'en 1955 avec l'établissement de la structure chimique de l'insuline humaine par **Frederick Sanger** (*photographie ci-contre*) : ce dernier établit que l'insuline est constituée de deux chaînes polypeptidiques A et B, comportant respectivement 21 et 30 acides aminés, liées entre elles par deux ponts disulfures. Il montre ainsi que l'insuline humaine diffère de celle du porc par un acide aminé. Ces travaux seront couronnés par le prix Nobel en 1958.

La mise au point par **Rosalyn Yalow** d'une méthode de dosage de l'insuline et des autres protéines lui vaudra le prix Nobel en 1977.

En 1982, l'insuline humaine est le premier médicament mis sur le marché produit par des **bactéries génétiquement modifiées**. C'est cette insuline qui est utilisée aujourd'hui par tous les diabétiques.

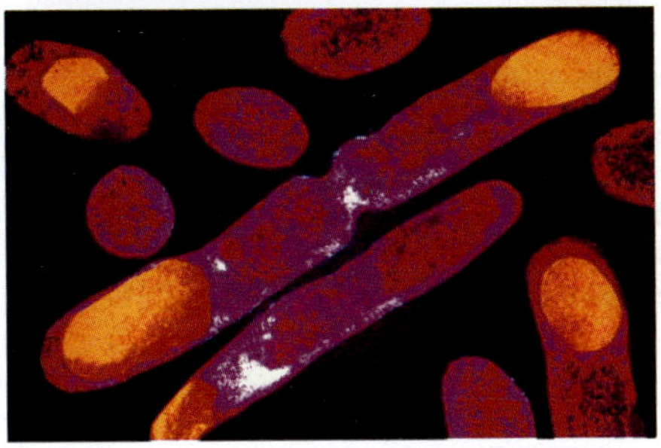

Bactéries *Escherichia coli* génétiquement modifiées pour produire de l'insuline humaine

- **Un espoir : restaurer la production d'insuline**

Les traitements par injections d'insuline ont fait d'énormes progrès (glucomètres pratiques et fiables, pompes à insuline asservies à la glycémie, etc.). Cependant, l'idéal serait de pouvoir restaurer une production d'insuline par les cellules de l'organisme. Quelques pistes sont explorées : **transformation de cellules pancréatiques** acineuses en cellules insulaires, modification de cellules souches **embryonnaires** humaines pour obtenir des lignées de cellules ß faciles à cultiver en grandes quantités, utilisation de **cellules souches neurales** du patient lui-même comme autre source d'insuline... Des résultats prometteurs sont obtenus chez l'animal et l'on peut espérer que l'implantation chez l'Homme interviendra dans un avenir proche.
Si ces travaux se concrétisent, seront-ils couronnés par un nouveau prix Nobel ?

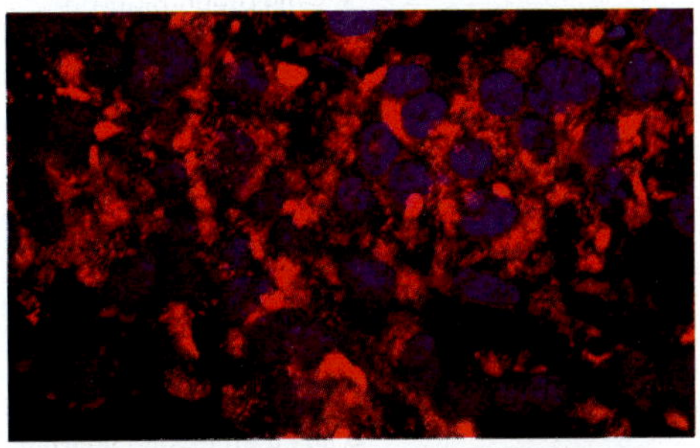

Amas de cellules fœtales modifiées : l'insuline est colorée en rouge.

Des métiers...

Mettre au point de nouveaux traitements, comprendre les mécanismes des maladies.

Chercheur dans un laboratoire de recherche privé ou public

8 à 11 ans d'études en faculté de médecine, de biologie ou de chimie.

Forte sélection en première année de médecine.

La recherche scientifique

Assister les chercheurs dans les manipulations ou les essais cliniques.

Technicien de laboratoire ou Biostatisticien

BTS biotechnologie ou licence pro spécialité *essais cliniques*.

Admission sur dossier, licence pro en alternance.

Superviser la production d'un médicament (lancement, contrôle qualité...).

Ingénieur dans l'industrie pharmaceutique

5 ans d'école d'ingénieurs en chimie ou 6 ans d'études de pharmacie.

Forte sélection à l'entrée.

L'industrie pharmaceutique

Conduire des procédés de production pharmaceutique.

Technicien dans l'industrie pharmaceutique

Licence pro *industries chimiques et pharmaceutiques*, BTS chimiste.

Offres d'emplois importantes et diversifiées.

Diffuser un médicament auprès des professionnels de santé.

Visiteur médical

Licence pro *visiteur médical*.

Secteur très concurrentiel.

Délivrer les médicaments aux patients en officine ou dans un hôpital.

Pharmacien

6 ans d'études de pharmacie.

Secteur en restructuration.

La fourniture des médicaments aux patients

Les soins aux patients

Suivre les patients, diagnostiquer puis traiter une pathologie.

Médecin généraliste ou spécialiste
Infirmier

9 à 11 ans d'études de médecine.
École d'infirmiers en 3 ans.
Forte sélection à l'entrée.

Réaliser des analyses biologiques sur des patients.

Technicien d'analyses biomédicales

BTS *analyses de biologie médicale* ou DUT *génie biologique*.
Large champ d'activité possible.

Rééduquer des patients, leur enseigner comment maintenir son corps en bonne forme.

Kinésithérapeute, éducateur sportif

École de kinésithérapie en 3 ans ou Brevet d'état activités physiques et sportives adaptées.
Concours sélectif pour l'entrée en école de kinésithérapie.

Prévention et éducation

Aider des patients à adapter leurs habitudes alimentaires, conseiller des collectivités.

Diététicien

BTS *diététique* ou DUT *génie biologique option diététique*.
Une profession en essor.

La gestion administrative et statistique

Mesurer l'état de santé des populations, suivre les dépenses de santé, les épidémies.

Biostatisticien dans des organismes de gestion de la santé publique

Nombreuses formations possibles dont l'IUT *STID*, l'École nationale de la statistique et de l'analyse de l'information et des masters pro.

Organiser et gérer les hôpitaux et les organismes de protection sociale.

Cadre dirigeant au sein de la sécurité sociale

Concours d''entrée à l'EN3S, puis formation en 18 mois.
Il existe de nombreux centres préparant à ce concours.

Corrigés d'exercices

*Les corrections fournies dans ces pages concernent uniquement, pour chaque chapitre, la partie « **Tester ses connaissances** ». Elles vous permettront de procéder à une auto-évaluation et donc de contrôler vous-même le degré d'acquisition des connaissances.*

Partie 1

Énergie
et cellule vivante

Chapitre 1, page 28

1 Définissez les mots ou expressions

Thylakoïde : voir Lexique.
Spectre d'absorption : voir Lexique.
Phase photochimique : voir Lexique.
Acide phosphoglycérique (APG) : voir Lexique.
Ribulose biphosphate (Ru-BP) : voir Lexique.
Chlorophylle : voir Lexique.

2 Questions à choix multiples

Les bonnes réponses sont : **1-c** ; **2-a** ; **3-b**.

3 Vrai ou faux

a. Faux. Le ribulose biphosphate permet la fixation du CO_2 dans le stroma des chloroplastes.
b. Faux. Pour une plante, la fonction de la photosynthèse est la production de matières organiques.
c. Vrai.
d. Faux. La chlorophylle est localisée dans la membrane des thylakoïdes des chloroplastes.
e. Vrai.
f. Faux. RH_2 et ATP sont des produits de la phase photochimique nécessaires à la phase chimique.
g. Faux. Les produits de la photosynthèse sont exportés du chloroplaste lorsque la plante est à l'obscurité.

4 Questions à réponse courte

a. La phase photochimique de la photosynthèse produit des composés réduits RH_2 et de l'ATP qui sont indispensables à la réalisation des réactions de la phase chimique. La phase chimique est donc dépendante de la phase photochimique, les deux phases sont couplées.
b. La chlorophylle absorbe certaines radiations lumineuses. L'énergie ainsi absorbée permet d'élever le niveau énergétique de certains électrons, autorisant ainsi la réalisation de réactions d'oxydoréductions exigeant un apport d'énergie (oxydoréductions de la chaîne photosynthétique entre l'eau et les composés R).
c. Le dioxyde de carbone est d'abord fixé sur une molécule à 5 atomes de carbone qui se scinde en deux pour former de l'APG. Ce dernier est ensuite réduit en trioses, glucides à 3 atomes de carbone, grâce aux composés RH_2 et à l'ATP. Les trioses peuvent alors former des hexoses, etc.

Chapitre 2, page 50

1 Définissez les mots ou expressions

Respiration : voir Lexique.
Fermentation : voir Lexique.
Glycolyse : voir Lexique.
Cycle de Krebs : voir Lexique.
Chaîne respiratoire : voir Lexique.
ATP : voir Lexique.
Crête mitochondriale : voir Lexique.
Conditions anaérobies : conditions dans lesquelles le milieu de vie (air ou eau) est dépourvu de dioxygène.

2 Questions à choix multiples

Les bonnes réponses sont **1-b** ; **2-a** ; **3-d** ; **4-c** ; **5-b**.

Chapitre 3, page 64

1 Questions à choix multiples

Les bonnes réponses sont **1-c** ; **2-b** ; **3-d** ; **4-a** ; **5-d** ; **6-b**.

Partie 2

Atmosphère, hydrosphère, climats :
du passé à l'avenir

Chapitre 1, page 92

1 Définissez les mots ou expressions

Stromatolites : voir Lexique.
Chondrites : voir Lexique.
Fers rubanés : voir Lexique.
Paléosols rouges : sols anciens (fossiles) formés d'alternance de couches rouges contenant du fer oxydé. Ils témoignent de l'existence d'une atmosphère riche en dioxygène. Ils sont toujours plus récents que 2,2 Ga.
Uraninite : voir Lexique.

2 Questions à choix multiples

Les bonnes réponses sont **1-b** ; **2-a** ; **3-c**.

3 Questions à réponse courte

a. L'ozone (O_3) se forme par réaction des molécules de dioxygène aux rayonnements UV dans la haute atmosphère. La couche d'ozone a pu se mettre en place quand l'atmosphère est devenue oxydante (vers – 2,2 Ga). La formation de l'ozone a été progressive, on pense que le niveau actuel a pu être atteint vers – 360 Ma, ce qui a permis l'épanouissement de la vie hors de l'eau.
b. Le dioxygène a tout d'abord été produit par des êtres vivants photosynthétiques vivant dans les océans. Avant d'enrichir l'air, il a été capté par des phénomènes d'oxydation au sein des océans. Ces phénomènes ont notamment permis la formation d'immenses gisements de fer (fers rubanés).
c. Le taux de CO_2 atmosphérique a pu diminuer par solubilisation dans les océans, par phénomène de photosynthèse et par piégeage de la matière organique, ou encore par les phénomènes d'altération et la formation de roches sédimentaires.
d. On peut connaître la composition de l'atmosphère primitive de la Terre en étudiant l'atmosphère des autres planètes du système solaire, en étudiant la proportion de certains gaz rares, en étudiant les gaz émis par les éruptions volcaniques ou en provoquant le dégazage de météorites indifférenciées (les chondrites).

Chapitre 2, page 114

1 Définissez les mots ou expressions

Polluant atmosphérique : toute substance présente dans l'atmosphère à une concentration supérieure à la moyenne peut être qualifiée de polluant atmosphérique d'origine naturelle (gaz et aérosols volcaniques, poussières désertiques...) ou anthropique, c'est-à-dire liée à l'activité humaine (poussières et gaz liés à la combustion, émissions industrielles...). Certains polluants sont primaires, directement émis, ou des polluants secondaires, issus de transformations chimiques au sein de l'atmosphère.

Thermomètre isotopique : représentation graphique mettant en relation la valeur du $\delta^{18}O$, ou du δD, et la température de surface.
Pollen : voir Lexique.
Biome : voir Lexique.
Spectre pollinique : voir Lexique.
Diagramme pollinique : voir Lexique.
Foraminifères : voir Lexique.
Calottes polaires : voir Lexique.
Moraines : voir Lexique.

2 Vrai ou faux ?

a. Faux. L'air des bulles piégées dans les glaces polaires permet de mesurer la concentration des gaz emprisonnés au moment du dépôt de la neige.
b. Vrai.
c. Vrai.
d. Faux. Certains foraminifères ont des exigences climatiques variables ; ainsi, *Neogloboquadrina pachyderma* a une présence maximale dans des eaux de 4 à 6 °C, alors que *Globigerina ruber* est essentiellement présent dans les eaux chaudes supérieures à 24 °C.
e. Faux. L'extension (donc la surface) occupée par les glaces mais aussi leur épaisseur est évaluée. Les glaces arctiques sont en diminution en surface et en épaisseur donc en masse alors que les glaces antarctiques ne diminuent pas en surface mais sont globalement en perte de masse.

3 Argumentez une affirmation

a. L'évolution du $\delta^{18}O$ ou du δD mesurée sur la glace polaire permet de mettre en évidence des cycles climatiques d'environ 100 000 ans mais aussi des variations à plus petite échelle de temps de l'ordre de quelques dizaines de milliers d'années. À l'intérieur d'une période interglaciaire, l'évolution des rapports permet d'identifier des périodes de refroidissement, comme le petit âge glaciaire, ou de réchauffement, comme l'optimum climatique médiéval, chacune de ces périodes ayant duré environ 300 ans. L'analyse des gaz contenus dans les bulles emprisonnées dans la glace permet de mieux comprendre l'évolution atmosphérique depuis 800 000 ans.
b. L'établissement de diagrammes polliniques dans différentes localités permet de reconstituer l'extension des grandes zones climatiques pour une période donnée. De même, l'analyse des foraminifères (détermination des différentes espèces et de leur fréquence) présents dans les sédiments marins permet de reconstituer les paléo-températures océaniques. La comparaison de ces indices recueillis sur l'ensemble du globe avec les résultats obtenus sur les carottes polaires confirme l'existence de changements climatiques globaux.

4 Commentez un schéma

a. En période glaciaire, les précipitations aux latitudes moyennes sont abondantes. La différence de masse entre les isotopes ^{18}O et ^{16}O explique la précipitation préférentielle à ces latitudes des molécules $H_2{}^{18}O$, ce qui appauvrit les nuages en ^{18}O et les enrichit en ^{16}O. Les précipitations neigeuses aux hautes latitudes sont donc proportionnellement plus riches en ^{16}O, le rapport ^{18}O sur ^{16}O diminue ainsi que le $\delta^{18}O$. En période interglaciaire, la faiblesse des précipitations aux latitudes tempérées inverse le processus.

5 Questions à choix multiples

Les bonnes réponses sont **1-c** ; **2-b** ; **3-a** ; **4-b**.

Chapitre 3, page 132

1 Définissez les mots ou expressions

Source de CO_2 : se dit de tout phénomène entraînant une émission de CO_2 atmosphérique, d'origine naturelle (respiration, volcanisme, décomposition, libération de CO_2 dissous par les océans...) ou anthropique (déforestation, combustion d'hydrocarbures fossiles...).
Puits de CO_2 : se dit de tout phénomène entraînant une capture de CO_2 atmosphérique, d'origine naturelle (photosynthèse, dissolution de CO_2 dans les océans, fossilisation de matière organique) ou anthropique (reforestation, stockage du CO_2...).
Albédo : voir Lexique.
Forçage radiatif : le forçage radiatif est défini comme la tendance d'un facteur climatique à garder l'énergie incidente (par exemple, les gaz à effet de serre) ou au contraire à renvoyer l'énergie vers l'espace (par exemple, les aérosols). Dans le premier cas, on parle de forçage positif car le facteur tend à entraîner un réchauffement, dans le second cas, on utilise le terme de forçage négatif à l'origine d'un refroidissement. Le forçage radiatif, mesure donc la propension d'un paramètre à perturber l'équilibre énergétique de la Terre.
Rétroaction positive ou négative : voir Lexique.

2 Vrai ou faux ?

a. Vrai.
b. Faux. D'autres gaz présents naturellement dans l'atmosphère sont des gaz à effet de serre : la vapeur d'eau (H_2O), le dioxyde de carbone (CO_2), le méthane (CH_4), le protoxyde d'azote (N_2O), l'ozone (O_3). De plus, des gaz industriels sont aussi des gaz à effet de serre : par exemple, les CFC.
c. Vrai. La photosynthèse constitue un puits de CO_2 car elle est à l'origine de la fabrication de matière carbonée. Les forêts et le plancton constituent des moyens efficaces de séquestrer du carbone atmosphérique ; en effet, leur activité photosynthétique est dépendante des conditions de température et de la concentration en CO_2.
d. Faux. La déforestation, mais aussi des facteurs naturels, comme le volcanisme ou encore la respiration sont des sources de CO_2.

3 Argumentez une affirmation

a. Différents paramètres agissent sur le climat : énergie incidente, concentration en gaz à effet de serre, albédo mais aussi des interactions ayant lieu entre les différents réservoirs de carbone (sols, hydrosphère, océans, biosphère, atmosphère). Pour établir des modèles d'évolution climatique, il est indispensable de connaître ces paramètres, mais aussi les rétroactions possibles. Cependant, les forçages radiatifs exercés par les émissions anthropiques nécessitent de tenir compte de la démographie mondiale, de l'augmentation du niveau de vie, de la mise en place et de l'efficacité de certaines réglementations, de l'évolution de l'économie mondiale.
b. L'augmentation du CO_2 atmosphérique est à l'origine d'une augmentation de température. Celle-ci peut induire une diminution de la solubilité du CO_2, ce qui diminue le « pompage » du CO_2 par les océans à l'origine d'une amplification de la concentration en CO_2 atmosphérique. Il se pourrait que l'augmentation de la teneur en CO_2 diminue le stockage biologique du carbone (par photosynthèse), ce qui amplifierait, là encore, la teneur en CO_2 atmosphérique et le réchauffement climatique.

4 Complétez un schéma

Signe + entre CO_2 d'origine anthropique et CO_2 atmosphérique.

Signe + entre CO_2 atmosphérique et température moyenne au sol.

Signe + entre température moyenne au sol et température moyenne des océans.

Signe – entre température moyenne des océans et CO_2 piégé dans les océans.

Signe – entre CO_2 piégé dans les océans température et CO_2 atmosphérique.

5 Questions à choix multiples

Les bonnes réponses sont **1-c** ; **2-b** ; **3-c**.

Corrigés d'exercices

Chapitre 4, page 150

1 Définissez les mots ou expressions

Bauxite : roche sédimentaire, souvent rouge, caractérisée par une abondance d'oxyde d'aluminium et de fer. Elle se forme en climat tropical.

Évaporites : voir Lexique.

Charbon : roche sédimentaire riche en carbone provenant du piégeage d'une intense production de matière organique le plus souvent d'origine végétale.

Crétacé : dernière période du Mésozoïque, elle s'étend de – 145 à – 65 Ma. Elle est caractérisée par un climat globalement chaud, une forte activité tectonique et magmatique. C'est une époque propice au développement des dinosaures, mais aussi plus discrètement dans les océans aux coccolithophoridés, à l'origine de la craie qui caractérise la période et lui vaut son nom.

Transgression marine : voir Lexique.

Coccolithophoridés : êtres vivants unicellulaires, planctoniques, appartenant à la lignée verte. Chaque cellule vivante est entourée d'un test de forme sphérique d'une dizaine de µm de diamètre, constitué d'un assemblage de plaquettes calcaires appelées « coccolithes ». À la mort de la cellule, le test calcaire tombe sur le fond, les coccolithes se dissocient et s'accumulent pour constituer un sédiment à l'origine de la craie.

Indice stomatique : voir Lexique.

2 Questions à choix multiples

Les bonnes réponses sont **1-a** ; **2-b** ; **3-b**.

3 Questions à réponse courte

a. Pour reconstituer des climats vieux de plus de 100 Ma, on étudie la répartition latitudinale des roches indicatrices du climat et on applique le principe d'actualisme.

b. La Pangée, constituée à la fin de l'ère Paléozoïque, poursuit sa dislocation au Crétacé. L'océan Atlantique s'ouvre, l'Afrique et l'Eurasie se séparent des Amériques. L'Inde et l'Australie sont toutes deux proches de l'Antarctique.

c. L'augmentation d'activité des dorsales océaniques se traduit par une augmentation de volume qui provoque une transgression généralisée (les rivages se déplacent vers l'intérieur des terres). La diminution de l'activité magmatique des dorsales se traduit par un phénomène inverse (régression marine).

d. L'augmentation de l'activité magmatique (dorsales océaniques, point chaud) a provoqué une augmentation de la teneur atmosphérique en CO_2, ce qui, par un effet de serre additionnel important, a réchauffé le climat global de la planète.

e. La craie se forme par l'accumulation de tests carbonatés de coccolithophoridés. Ces formes planctoniques ont proliféré tout au long du Crétacé sur les immenses plates-formes continentales induites par la montée générale du niveau des eaux.

f. Les fleuves amènent à la mer des ions HCO_3^- solubles (ils proviennent de l'altération des roches continentales). En présence des ions Ca^{2+} du milieu marin, il se forme du carbonate de calcium CO_3Ca peu soluble qui précipite.

Partie 3

Glycémie et diabète

Chapitre 1, page 178

1 Questions à choix multiples

Les bonnes réponses sont : **1-c** ; **2-b** ; **3-a** ; **4-d** ; **5-c** ; **6-a**.

Chapitre 2, page 198

1 Définissez les mots ou expressions

Glycémie : voir Lexique.

Glycogène : voir Lexique.

Hépatocyte : cellule constituant le foie.

Insuline : voir Lexique.

Pancréas : voir Lexique.

2 Vrai ou faux ?

a. Faux. La production d'insuline par le pancréas a une action exclusivement hypoglycémiante.

b. Faux. Seuls les hépatocytes peuvent à la fois prélever et libérer du glucose dans le sang. Les autres cellules ne peuvent que prélever ce glucose.

c. Vrai.

d. Vrai.

3 Argumentez une affirmation

a. L'insuline est produite par des cellules du pancréas. Elle est libérée dans le sang et va se fixer sur des récepteurs de différentes cellules dont elle modifie l'activité. C'est donc bien une hormone.

b. La cellule musculaire est capable de prélever du glucose dans le sang pour en tirer de l'énergie ou pour le stocker sous forme de glucose. Elle a donc un rôle hypoglycémiant.

c. Les adipocytes sont capables de transformer le glucose en glycogène qui est ensuite stocké dans la cellule.

d. Les cellules du foie peuvent prélever du glucose et le stocker sous forme de glycogène. Elles peuvent également hydrolyser ce glycogène pour redonner du glucose.

4 Complétez un schéma

En situation de baisse de la glycémie : le glucagon sanguin vient stimuler la transformation du glycogène en glucose et la sortie de glucose dans le sang. En situation de hausse de la glycémie : l'insuline sanguine vient stimuler l'entrée de glucose dans l'hépatocyte et sa transformation en glycogène.

5 Questions à choix multiples

Les bonnes réponses sont **1-b** ; **2-d** ; **3-a** ; **4-d** ; **5-c**.

Chapitre 3, page 218

1 Définissez les mots ou expressions

Diabète : voir Lexique.

Résistance à l'insuline : baisse de l'efficacité des cellules cibles de l'insuline.

Maladie auto-immune : voir Lexique.

Gène de prédisposition : allèle dont la possession confère un risque plus élevé de déclenchement d'une maladie.

Hyperglycémie : valeur anormalement élevée de la glycémie (supérieure à 1,26 $g \cdot L^{-1}$ à jeun).

2 Vrai ou faux ?

a. Vrai.

b. Faux. Dans le DT1, il n'y a plus de production d'insuline.

c. Vrai.

d. Faux. Les facteurs environnementaux exercent une influence sur le déclenchement des deux types de diabètes.

3 Argumentez une affirmation

a. Un diabétique de type 1 ne produit plus d'insuline, donc doit s'en injecter quotidiennement.

b. Dans le diabète, l'insuline est absente ou inefficace, la régulation de la glycémie est donc perturbée.

c. Il existe de très nombreux gènes favorisant la survenue d'un diabète ou exerçant une action protectrice. Beaucoup d'entre eux restent encore à découvrir.

4 Complétez un schéma

L'insuline perd de son efficacité. L'entrée de glucose dans la cellule et sa transformation en glycogène sont donc fortement diminués. Le glucose reste alors dans le vaisseau sanguin.

5 Questions à choix multiples

Les bonnes réponses sont **1-a** ; **2-c** ; **3-d** ; **4-c**.

Aide méthodologique

En enseignement de spécialité, les exercices proposés visent à évaluer la ***pratique d'une démarche scientifique****.*
Il s'agit de ***résoudre un problème scientifique*** *en* ***exploitant un ensemble de documents***
et en ***mobilisant des connaissances****.*

❶ Identifier et comprendre le problème posé

En général, l'exercice débute par l'exposé d'un fait précis qui soulève un problème. Le problème à résoudre est alors exposé clairement sous la forme d'une question ou, de façon affirmative, sous la forme d'un objectif à atteindre.

Il est essentiel de lire et relire cet exposé introductif pour bien comprendre en quoi consiste le problème à résoudre. Toujours garder en tête cet objectif à atteindre.

❷ Analyser chaque document

Étudier successivement chaque document, en choisissant l'ordre qui paraît le plus pertinent. Analyser n'est pas paraphraser : inutile de répéter ce que le document indique en toutes lettres.

Bien lire les légendes, relever des chiffres significatifs, des variations : il s'agit d'**extraire une ou des informations nouvelles** révélées par le document et qui apparaissent en relation avec le problème à résoudre.

❸ Confronter les documents

Mettre en relation les informations apportées par chaque document : elles peuvent apparaître complémentaires. Une information apportée par un document peut s'avérer nécessaire pour l'analyse d'un autre document.

---

7 Les aérosols, une composante importante du climat — Exploiter des documents, raisonner

Exercice TYPE BAC

L'atmosphère contient de toutes petites particules solides ou liquides en suspension, appelées aérosols. Leur taille varie de quelques nanomètres à presque 100 micromètres soit l'épaisseur d'un cheveu. En moyenne globale, plusieurs millions de tonnes d'aérosols sont émis chaque jour par de multiples sources à la fois naturelles (cendres volcaniques, poussières désertiques, embruns marins) et humaines (fumées d'industrie, gaz d'échappement, poussières...).

Question :

Par une mise en relation des informations extraites des documents, retrouvez les origines des aérosols et leur intervention dans la dynamique climatique.

Document 1 : Éruptions volcaniques et refroidissement

Benjamin Franklin fut le premier à mettre en lumière l'effet direct des aérosols sur le climat. En 1783, alors que l'Islande venait de connaître une forte éruption volcanique, le physicien américain nota l'apparition d'un « brouillard sec » sur la France et émit l'hypothèse que ce brouillard pouvait être la cause de l'hiver glacial que connut l'Europe cette année-là. À cause de cette éruption volcanique, il supposa alors qu'une quantité moins importante d'énergie solaire parvenait au sol. De même, après l'éruption du Mont Pinatubo aux Philippines, en 1991, les observations ont montré que la température moyenne de notre planète avait baissé de 0,5 °C.

Document 2 : Aérosols et caractéristiques des nuages

Des mesures par satellite permettent de suivre les caractéristiques optiques de l'atmosphère. Ainsi, on peut mesurer avec des radiomètres embarqués la densité optique, grandeur proportionnelle à l'opacité des nuages. Il est aussi possible d'évaluer la concentration en aérosols ainsi que le diamètre des gouttelettes d'eau dans les nuages. Un ensemble de relevés a permis d'établir la *graphique ci-dessous.*

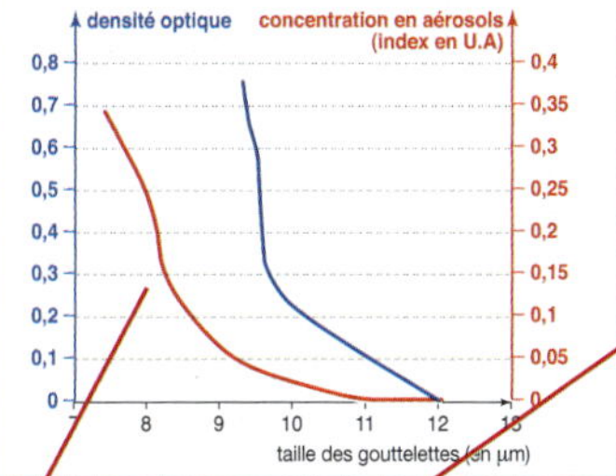

Document 3 : Un des effets des aérosols

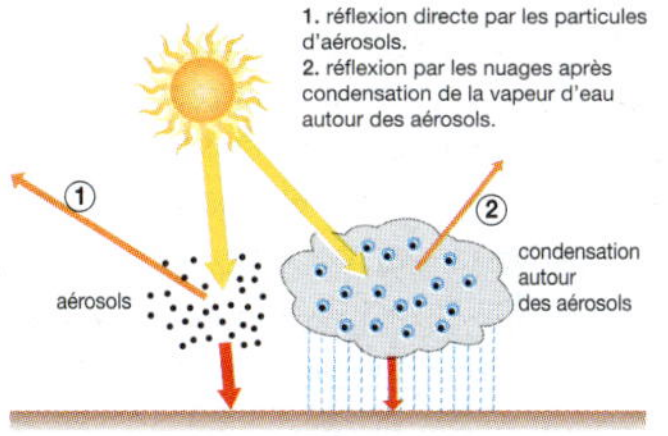

Document 4 : Cartographie de la taille des gouttes dans les nuages, mesurée par le radiomètre Polder

Le projet Parasol est un suivi satellitaire des caractéristiques de la lumière réfléchie par les surfaces terrestres et par l'atmosphère, réalisé grâce au radiomètre Polder. Cet outil a permis de collecter un ensemble de mesures traduites sous la forme de la *carte ci-contre.*

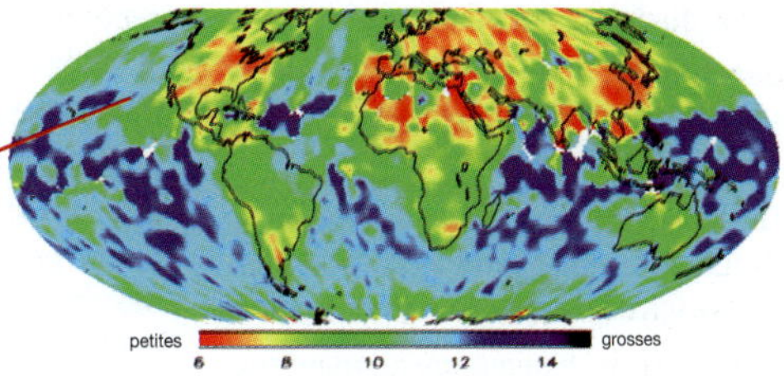

Taille des gouttes dans les nuages

---

❹ Mobiliser des connaissances

Rechercher dans les connaissances acquises :

– celles qui sont en lien avec les documents étudiés ;

– celles qui, indépendamment des documents, sont en lien avec le problème posé.

❺ Raisonner et faire un bilan

– Faire un raisonnement, c'est-à-dire faire des déductions, en exploitant à la fois les informations apportées par l'étude des documents et les connaissances utiles.

– Ordonner le raisonnement en étapes logiques, expliciter clairement la démarche mise en œuvre.

Finalement, vous devez aboutir à une réponse claire au problème posé en introduction.

Lexique

A

Absorbance : Grandeur sans unité correspondant à la quantité de lumière absorbée par une solution. Dans une certaine limite, l'absorbance est proportionnelle à la concentration (syn. *densité optique*).

Accrétion : Croissance d'un objet géologique par apports successifs de matière.

Acides gras : Molécule lipidique. Trois acides gras associés à une molécule de glycérol forment un triglycéride.

Acinus : Ensemble de cellules pancréatiques exocrines groupées autour d'un canal collectant les enzymes digestives.

Actine : Protéine constitutive des myofilaments fins de la fibre musculaire.

Activité catalytique : Augmentation de la vitesse d'une réaction due à l'intervention d'un catalyseur.

Albédo : Valeur représentant le rapport entre l'énergie réfléchie par une surface et l'énergie reçue par cette même surface (échelle de 0 à 1 ou de 0 à 100 %).

Amidon : Glucide complexe, polymère du glucose, constituant les réserves glucidiques des végétaux. Peut former des grains dans certaines cellules végétales.

Amylase : Enzyme, d'origine salivaire ou pancréatique, catalysant l'hydrolyse de l'amidon en glucides plus simples.

Anaérobie : Se dit d'un milieu privé de dioxygène ou d'un être vivant ne nécessitant pas de dioxygène pour vivre.

Anaérobiose : Conditions de vie dans laquelle le milieu (air ou eau) est dépourvu de dioxygène.

APG : Molécule organique à trois atomes de carbone, premier produit de la photosynthèse formé par incorporation du CO_2.

Argon : Élément chimique appartenant aux gaz rares de symbole Ar et de numéro atomique 18. D'origine radiogénique (désintégration du ^{40}K), son comportement est révélateur de l'histoire de l'atmosphère.

Astéroïde : Petit corps rocheux de forme irrégulière et de dimensions variables, allant de quelques kilomètres, jusqu'à 1 000 km pour le plus gros (Cérès).

ATP : Adénosine triphosphate, molécule universelle dans le monde du vivant, constituée d'un nucléotide et de trois phosphates et dont l'hydrolyse fournit l'énergie nécessaire aux activités cellulaires.

Auto-immunité : Réaction immunitaire dirigée vers les cellules de l'organisme.

Autoradiographie : Technique qui consiste à localiser des molécules par incorporation préalable d'atomes radioactifs. La localisation est révélée par contact avec un film photographique.

B

Bactérie lactique : Bactérie qui est capable d'effectuer la fermentation lactique.

Banquise : Étendue de mer gelée pouvant atteindre 1,5 à 2 mètres d'épaisseur, se formant durant l'hiver polaire lorsque la température de l'eau de mer descend en dessous de – 1,8 °C.

Bilan hépatique : Calcul permettant de savoir si le foie prélève ou rejette du glucose dans le sang.

Bilan radiatif : Différence entre le rayonnement solaire incident reçu par la Terre et son atmosphère et le rayonnement thermique réémis par cet ensemble vers l'espace (exprimé en $W \cdot m^{-2}$). Le bilan radiatif est nul à l'échelle du globe et pour un an. En revanche, il change selon le lieu et la saison.

Biome : Aussi appelé macroécosystème, c'est un très vaste milieu de vie, d'extension mondiale, sous un même climat. Les principaux biomes sont la toundra, la forêt tempérée, la savane, la steppe, le désert, la forêt tropicale et équatoriale, les eaux fluviales, les eaux saumâtres, le littoral, les abysses.

Bioréacteur : Enceinte qui permet l'étude expérimentale d'une réaction biologique, la multiplication de cellules vivantes, etc.

Biosynthèse : Fabrication d'une molécule biologique par une cellule vivante.

Bloc erratique : Bloc rocheux isolé, de nature géologique souvent très différente des roches environnantes. Ces blocs, qui peuvent être de taille très imposante, ont été transportés par des glaciers aujourd'hui disparus, sur des distances parfois considérables.

C

Calotte glaciaire : Couche de glace recouvrant une masse continentale.

Catalyseur : Substance permettant l'augmentation de la vitesse d'une réaction, restituée sans modification à la fin de la réaction.

Cellules endocrines : Cellules produisant des hormones et les libérant directement dans le sang.

Chaîne respiratoire : Ensemble de diverses molécules situées dans les crêtes mitochondriales, assurant par oxydoréductions successives, le transfert des électrons et de l'hydrogène des composés réduits $R'H_2$ jusqu'au dioxygène, permettant ainsi la synthèse de grandes quantités d'ATP.

Chlorofluorocarbures ou CFC : Gaz fluorés, encore appelé fréons, appartenant à la famille des halocarbures. Ce sont des molécules d'hydrocarbures où l'hydrogène est totalement remplacé par du chlore et du fluor. Leur utilisation est réglementée car ce sont de puissants gaz à effet de serre et, en outre, ils détruisent la couche d'ozone dans la haute atmosphère.

Chlorophylle a : Pigment photosynthétique de couleur verte, situé dans la membrane des thylakoïdes des chloroplastes, seul pigment capable de convertir l'énergie lumineuse en énergie chimique au cours de la photosynthèse.

Chlorophylle : Pigment photosynthétique de couleur verte, permettant l'absorption de l'énergie lumineuse nécessaire à la photosynthèse. Il existe en réalité plusieurs sortes de chlorophylles : chlorophylle a et chlorophylle b par exemple.

Chlorophyllien : Qui possède de la chlorophylle. Par conséquent, qualifie un organisme ou une cellule apte à effectuer la photosynthèse.

Chloroplaste : Organite de couleur verte, spécifique aux cellules chlorophylliennes, dans lequel se déroule la photosynthèse.

Chondrite : Météorite présentant des chondres (petites sphères formées d'une association finement cristallisée de silicates (olivine) et de globules métalliques). Les météorites de ce type sont dites indifférenciées et leur composition reflète celle du système solaire.

Chromatographie : Technique de séparation des constituants d'un mélange qui consiste à les faire migrer sur un support.

Climat : Caractéristiques de l'atmosphère résultant de différentes conditions météorologiques (température, précipitations, ensoleillement, humidité, vitesse du vent) pendant une longue période dans une région donnée.

Coccolithophoridé : Algue unicellulaire dont le corps cellulaire est entouré d'un test de forme sphérique constitué d'un assemblage de plaquettes calcaires appelées « coccolithes ». À la mort de l'algue, les coccolithes tombent sur le fond, se dissocient et s'accumulent pour constituer le composant majeur des boues crayeuses.

Colorimètre : Appareil permettant de déterminer une concentration par mesure de la quantité de lumière absorbée par une solution.

Comète : Petit objet du système solaire, approximativement sphérique, qui peut atteindre une dizaine de kilomètres de diamètre. Les comètes sont constituées d'un noyau de glace et de poussières. Le nom vient du grec *coma* qui signifie « queue ». En effet, lorsque ces sphères de glaces « sales » s'approchent du Soleil, une partie de la matière se sublime, ce qui développe une longue « chevelure » de poussières de plusieurs millions de kilomètres. Cette matière réfléchit la lumière du Soleil et la rend visible depuis notre planète.

Complexe enzyme-substrat : Association temporaire d'une enzyme et de son substrat permettant à l'enzyme d'exercer son activité catalytique.

Crête mitochondriale : Repli de la membrane interne de la mitochondrie, contenant les molécules de la chaîne respiratoire qui assurent l'oxydation des composés réduits $R'H_2$, ce qui permet la synthèse de grandes quantités d'ATP.

Cyanobactérie : Bactérie autrefois classée improprement dans le groupe des « algues bleu-vert ». Ces êtres procaryotes sont capables de réaliser la photosynthèse grâce à des pigments chlorophylliens.

Cycle de Calvin : Succession des réactions chimiques de la photosynthèse au cours desquelles le CO_2 est fixé sur un accepteur (Ru-BP), permettant ensuite la synthèse des glucides et la régénération de l'accepteur.

Cycle de Krebs : Succession de réactions chimiques se déroulant dans la matrice mitochondriale, au cours desquelles le métabolite organique est fixé sur un accepteur, puis entièrement dégradé en CO_2 et en composés réduits $R'H_2$, l'accepteur étant finalement régénéré.

Cyclose : Mouvement du contenu cellulaire qui amène les divers organites à parcourir le volume cytoplasmique. Les mouvements de cyclose s'observent chez diverses cellules vivantes.

D

$\delta\ ^{18}O$: Grandeur définie par la comparaison entre le rapport $^{18}O/^{16}O$ de la glace et un rapport de référence, le $^{18}O/^{16}O$ moyen des océans. Exprimé en ‰, il varie dans le même sens que le rapport $^{18}O/^{16}O$.

Demi-vie (d'une hormone) : Temps nécessaire pour qu'une hormone comme l'insuline ou le glucagon perde la moitié de son efficacité après sa production.

Diabète : Maladie caractérisée par un taux de glucose sanguin anormalement élevé. Elle est due à une perturbation dans la régulation de la glycémie.

Diabétique : Personne atteinte de diabète, c'est-à-dire présentant une glycémie anormalement élevée.

Diagramme pollinique : Représentation graphique de l'évolution des fréquences des pollens de différentes espèces (en général en abscisses) en fonction de la profondeur dans les sédiments, donc de l'âge (en général en ordonnées). Ces diagrammes permettent de reconstituer l'évolution du paléo-climat et du paléo-environnement d'un territoire donné.

Différenciation (de la Terre) : Processus par lequel les différentes enveloppes concentriques de la Terre se sont constituées par migration de ses éléments (les plus denses vers le centre, les plus légers vers la périphérie).

E

Eau de chaux : Solution transparente d'hydroxyde de calcium qui devient trouble en présence de CO_2.

Eau iodée : Réactif de couleur orangée qui permet de caractériser la présence d'amidon par une coloration bleu-violacé.

Entérovirus : famille de virus dont le matériel génétique est constitué par de l'ARN simple brin. Ils sont responsables de maladies comme la poliomyélite, l'hépatite A des gastro-entérites virales (principalement chez les enfants).

Enzyme : Molécule biologique (en général une protéine) accélérant la vitesse d'une réaction biochimique, et par là-même, nécessaire à sa réalisation.

Épicontinentale (mer) : Se dit d'une étendue marine reposant sur une croûte continentale.

Étude épidémiologique : Étude recherchant un lien statistique entre un facteur et le déclenchement d'une maladie.

Eucaryote : Organisme qui possède une ou des cellules comportant divers organites délimitées par une membrane, notamment le noyau.

Évaporite : Roche sédimentaire d'origine chimique formée par la précipitation de sels de différentes natures (par exemple le gypse ($CaSO_4$) ou l'halite (NaCl).

ExAO : Expérimentation assistée par ordinateur : chaîne comportant un dispositif expérimental avec divers capteurs, une interface reliée à un ordinateur, ce dernier traduisant en temps réel les mesures des différents paramètres.

F

Fermentation : Dégradation incomplète d'un métabolite organique, formant de l'ATP et un produit secondaire organique.

Fers rubanés : minerais très riches en fer formés par l'alternance de lits clairs (siliceux) et de lits rouges (riches en oxydes ferriques). Ils représentent 90 % du minerai de fer exploité dans le monde. Ils se sont formés de – 4 000 à –2 000 Ma.

Fibre musculaire : Cellule constitutive du muscle pouvant atteindre plusieurs centimètres de long. Une fibre musculaire comporte de nombreux noyaux car elle résulte en fait de la fusion de plusieurs cellules.

Foraminifère : Animal unicellulaire, surtout marin, possédant un test carbonaté (carbonate de calcium : $CaCO_3$) synthétisé à partir d'éléments puisés dans son environnement et s'accumulant après sa mort dans les sédiments.

G

Gaz à effet de serre : Composant gazeux qui absorbe le rayonnement infrarouge émis par la surface terrestre contribuant ainsi à l'effet de serre. Les principaux gaz à effet de serre qui existent naturellement dans l'atmosphère sont : la vapeur d'eau (H_2O), le dioxyde de carbone (CO_2), le méthane (CH_4), le protoxyde d'azote (N_2O), l'ozone (O_3). Les gaz à effet de serre industriels, en plus de ceux cités, comportent essentiellement des gaz fluorés comme les CFC.

Glucagon : Hormone pancréatique ayant un effet hyperglycémiant.

Glycémie : Concentration de glucose dans le sang.

Glycérol : Molécule à trois fonctions alcools, constituant essentiel des triglycérides.

Glycogène : Glucide complexe, polymère ramifié du glucose, constituant les réserves glucidiques des animaux et des champignons.

Glycolyse : Dégradation du glucose en acide pyruvique, dans le hyaloplasme. La glycolyse est la première étape de la respiration ou d'une fermentation ; elle produit un peu d'ATP.

Granum : Empilement de plusieurs thylakoïdes, situé à l'intérieur du chloroplaste.

H

Hélium : Élément chimique appartenant aux gaz rares de symbole He et de numéro atomique 2. Très léger, son comportement est révélateur de l'histoire de l'atmosphère terrestre.

Hyaloplasme : Gel intracellulaire contenant diverses substances dissoutes et dans lequel baignent tous les organites.

Hydrolyse : Rupture d'une liaison chimique due à l'eau, réalisée par fixation d'un ion OH^- et d'un ion H^+.

Hypoglycémiant : Effet caractérisé par une baisse de la glycémie.

I

Îlots de Langerhans : Groupes de cellules endocrines produisant les hormones insuline et le glucagon.

Immunohistochimie : Technique de marquage utilisant des anticorps spécifiques des protéines que l'on cherche à repérer. Ces anticorps sont marqués par des molécules fluorescentes.

Incidence : Valeur représentant le nombre de nouveaux cas d'une maladie dans une population donnée et pendant un intervalle de temps précis.

Indice stomatique : Pourcentage de stomates par rapport au nombre de cellules épidermiques d'une feuille.

Inlandsis : Calotte glaciaire située aux pôles et ayant une superficie égale ou supérieure à 55 000 km^2, aussi appelée calotte polaire.

Insuline : Hormone pancréatique ayant un effet hypoglycémiant.

L

Lactose : Glucide présent dans le lait, formé de l'association de deux glucides simples.

Langue glaciaire : Partie du glacier qui s'écoule en direction de sa zone d'ablation (zone de fonte du glacier), en général en forme de langue occupant le fond de la vallée glaciaire.

Liaison génétique : Proximité de deux éléments du génome, telle qu'ils sont en général transmis ensemble.

Liaison hydrogène : Liaison de faible énergie (électrostatique) entre un atome électronégatif et un atome d'hydrogène lui-même lié par une liaison covalente à un autre atome.

M

Maladie auto-immune : Maladie liée à une destruction de certaines cellules de l'organisme par le système immunitaire.

Matrice (de la mitochondrie) : Gel hydraté situé à l'intérieur de la mitochondrie et dans lequel se déroule le cycle de Krebs.

MEB : Microscope électronique à balayage, utilisant un faisceau d'électrons qui balaie la surface de l'échantillon. Permet d'obtenir une image tridimensionnelle en vue externe.

MET : Microscope électronique à transmission, utilisant un faisceau d'électrons qui traversent une coupe ultrafine d'un échantillon biologique. Permet d'obtenir des grossissements très importants.

Métabolisme : Ensemble des réactions enzymatiques qui se déroulent au sein d'une cellule, assurant la production d'énergie ou la synthèse des molécules nécessaires à son activité.

Métabolite : Molécule intervenant dans une réaction du métabolisme, c'est-à-dire dans l'ensemble des réactions enzymatiques qui se déroulent au sein d'une cellule.

Météorite : Petit corps rocheux ou ferreux provenant du milieu interplanétaire et qui atteint une planète (par exemple la Terre).

Milieu minéral : Milieu de culture dépourvu de matières organiques, contenant en général divers ions minéraux.

Mitochondrie : Organite spécialisé dans lequel se déroule la respiration cellulaire, présent aussi bien dans les cellules animales que dans les cellules chlorophylliennes.

Moraine : Matériaux de toutes tailles transportés par la langue glaciaire et provenant de l'érosion des flancs de la vallée (moraines latérales) ou du raclage du fond (moraines de fond) ; les matériaux déposés dans la partie aval (fonte du glacier) forment la moraine frontale.

Muscle squelettique : Muscle relié aux os du squelette, jouant donc un rôle dans la motricité de l'organisme.

Muscle strié : Muscle auquel la disposition ordonnée des myofilaments confère un aspect strié à l'observation microscopique.

Mycète : Synonyme de champignon (un des règnes du monde vivant).

Myofibrille : Structure cylindrique formée d'un faisceau de myofilaments, constituant un des ensembles contractiles d'une fibre musculaire

Myofilament : Filament protéique fin d'actine ou filament protéique épais de myosine. Les myofilaments sont les constituants essentiels des myofibrilles et sont responsables de la contraction musculaire.

Myosine : Protéine constitutive des myofilaments épais de la fibre musculaire. Possède une « tête » globuleuse pouvant se fixer à l'actine. La myosine peut fixer et hydrolyser l'ATP.

P

Pancréas : Organe possédant la double fonction de glande endocrine (production des hormones insuline et glucagon) et de glande exocrine (production d'enzymes pancréatiques libérées dans le tube digestif).

Phase chimique (de la photosynthèse) : Ensemble des réactions de la photosynthèse utilisant les produits de la phase photochimique pour réduire le CO_2 et produire les glucides. Ces réactions constituent le cycle de Calvin.

Phase photochimique (de la photosynthèse) : Ensemble des réactions de la photosynthèse directement dépendantes de la lumière. Elle produit des composés réduits RH_2 et de l'ATP nécessaires aux réactions de la phase chimique.

Phosphate inorganique : Phosphate non lié à une molécule organique.

Phosphocréatine : Petite molécule pouvant très rapidement transférer un phosphate et de l'énergie à de l'ADP, pour reformer de l'ATP.

Pigment : Substance absorbant sélectivement certaines radiations du spectre de la lumière blanche, donnant ainsi une couleur à l'objet qui la contient.

Placebo : Traitement ne contenant aucune molécule active donné à un patient. Le placebo sert de comparaison avec des patients ayant reçu un principe actif dans leur traitement.

Pollen : Elément reproducteur mâle des plantes à fleurs. Les grains de pollen sont caractéristiques des végétaux qui les produisent par leur taille, leur forme et l'aspect de leur enveloppe. Cette dernière, très résistante, se fossilise dans les sédiments des lacs et des tourbières.

Polymère : Macromolécule constituée de l'association de molécules unitaires identiques.

Polymérisation : Obtention de macromolécules par association de molécules unitaires identiques.

Polymériser : Associer un grand nombre de molécules identiques pour former une macromolécule (polymère).

Polyurie : Production d'urine excessivement abondante.

Prévalence : Valeur représentant le nombre de personnes atteintes d'une affection dans une population donnée.

Procaryote : Être vivant unicellulaire ne comportant pas d'organites délimités par une membrane, notamment pas de noyau. Les procaryotes sont les bactéries.

Protozoaire : Terme (du grec ancien *proto*, « premier », et du suffixe *zoa*, « animal ») qui désigne un eucaryote unicellulaire hétérotrophe, c'est-à-dire dépourvu de chlorophylle.

R

Rapport δ ^{18}O : voir δ ^{18}O.

Réduction (chimique) : Réaction chimique qui consiste en un don d'électrons, une désoxygénation ou encore une hydrogénation.

Respiration : Dégradation complète d'un métabolite organique produisant l'ATP nécessaire aux activités cellulaires.

Rétroaction positive : Lorsque qu'une composante du système climatique est modifiée par une hausse de la température moyenne et que cette modification agit en retour sur le climat en amplifiant le réchauffement, on parle de rétroaction positive. Au contraire, une rétroaction négative affaiblit le réchauffement.

RH_2 : Nom générique donné à divers composés réduits formés à l'issue de la phase photochimique de la photosynthèse et apportant les atomes d'hydrogène nécessaires aux réactions de la phase chimique.

Roche sédimentaire détritique : Roche formée après la sédimentation de particules provenant de l'altération et de l'érosion de roches préexistantes. Par exemple, les gisements très anciens d'uraninite se sont formés à partir du dépôt d'UO_2 préalablement présents dans des filons au sein de roches granitiques.

Ru-BP : Glucide à 5 atomes de carbone sur lequel se fixe le CO_2 incorporé au cours du cycle de Calvin.

S

Sarcomère : Unité répétitive constitutive d'une myofibrille, limitée par deux stries Z.

Site actif : Partie d'une enzyme dont la forme est complémentaire du substrat, pouvant ainsi fixer une molécule de substrat et catalyser une réaction chimique.

Sol rouge : Sol rouge vif ou rouge-brun, très riche en oxyde de fer et alumine, formé sous climat tropical et appelé latérite. De tels sols anciens (fossilisés) sont appelés paléosols.

Spécificité d'action : Propriété d'une enzyme signifiant qu'elle ne peut catalyser qu'un seul type de réaction chimique sur un substrat.

Spécificité de substrat : Propriété d'une enzyme signifiant qu'une enzyme donnée ne peut agir que sur un seul type de substrat. Cette spécificité s'explique par la complémentarité de forme entre le site actif de l'enzyme et son substrat.

Spectre d'absorption : Spectre de la lumière obtenu après passage de celle-ci à travers une substance absorbant sélectivement certaines radiations.

Spectre pollinique : Représentation, sous forme d'un diagramme circulaire, des proportions (en %) des grains de pollen des différentes espèces présentes dans un niveau donné, donc à un moment donné.

Spectre (de la lumière) : Répartition des différentes radiations chromatiques de la lumière en fonction de la longueur d'onde.

Spectromètre de masse : Appareil permettant de séparer et de mesurer des abondances isotopiques d'atomes stables ($^{13}C/^{12}C$, $^{15}N/^{14}N$, $^{18}O/^{16}O$, $^{2}H/^{1}H$) présents dans la structure de la molécule à analyser.

Stroma : Gel hydraté constituant l'intérieur du chloroplaste et dans lequel se déroule la phase chimique de la photosynthèse.

Suc pancréatique : Sécrétion du pancréas déversée dans l'intestin grêle et contenant diverses enzymes digestives.

T

Téphras : Ensemble des matériaux, solides et liquides, entraînés par les gaz lors d'une éruption volcanique.

Thylakoïde : Sorte de sac aplati situé à l'intérieur du chloroplaste, comportant les pigments et autres molécules de la chaîne photosynthétique et permettant la réalisation de la phase photochimique de la photosynthèse.

Transgression marine : Mouvement d'avancée de la mer sur le continent.

Trapps : Vient du suédois signifiant « escaliers ». On parle de trapps pour qualifier de vastes plateaux volcaniques constitués par l'accumulation de coulées de laves basaltiques provenant de l'intense activité de points chauds.

Triglycéride : Molécule lipidique constituant les réserves de graisses des animaux.

U X

Unicellulaire : Être vivant constitué d'une seule cellule (chlorophyllienne ou non).

Uraninite : Minéral de formule UO_2 (oxyde uraneux). L'uranium, sous forme élémentaire (U), n'existe pas dans la nature, il est toujours associé à l'oxygène O, même en milieu réducteur. La forme UO_2 est la forme réduite de l'uranium, et la forme UO_3 la forme oxydée. La présence d'uraninite dans un milieu indique l'absence de dioxygène.

Xénon : Élément chimique, de symbole Xe et de numéro atomique 54. Le xénon est un gaz inodore et incolore. Sa concentration moyenne dans l'atmosphère est de 0,087 ppm.

Index

Un index n'est pas une liste de mots à connaître ; c'est un outil de travail pour se repérer dans le livre à partir d'un mot ou d'une expression.

A

Absorbance 167
Accrétion 80
Acide acétique 68
Acide gras 186, 189
Acide lactique 44
Acide phosphoglycérique 19, 20
Acide pyruvique 37, 38, 45
Acides aminés 168, 169, 172
Acinus 190
Actine 59, 61
Activité catalytique 169, 170, 171
Activité enzymatique 172
Adipocyte 187, 189, 192
ADP 40
Aérobie 57
Agriculteur 71
Albédo 122, 123
Amidon 8, 10, 16, 17, 43, 166, 167, 168, 168, 170
Anaéorobie 44, 45, 57
Anaérobies (êtres) 87
Anaérobiose 44, 45, 57
Antarctique 98, 107
APG 19
Appareil digestif 162
Arbre à pain 140
Arctique 106, 119
Argon 80
Astéroïde 82
Atmosphère de la Terre primitive 80
Atmosphère de Vénus 78
Atmosphère terrestre 74, 78
ATP 19, 20, 38, 39, 40, 41, 42, 43, 45, 56, 61, 69
Autoradiographie 18

B

Bactéries lactiques 45
Banded Iron Formation 84
Banquise 97, 106, 119, 123
Bauxite 139
Benson 18
Bilan radiatif 75, 122
Biogaz 68
Bio-informaticien 70
Biologiste 70
Biomes 102, 104
Biostatisticien 227
Biosynthèse 43
Bloc erratique 108
Boucle de régulation 163, 192, 193
Boue océanique 105

C

Calamites 77
Calorimètre 41
Calotte glaciaire 97
Calvin 18, 19
Carbonates 82, 143
Carbonates (formation) 143
Carotène 22
Carottes (glaces polaires) 98, 101, 156
Catalyse 166, 167
Cellule 9
Cellule endocrine 191
Cellule hépatique 183
Cellule musculaire 187, 189, 192
Cellules chlorophylliennes 14, 35
Cellules cibles 192
Cellules insulaires β 191, 206, 207, 208, 213
Centrifugation 37
CFC 99
CH_4 98
Chaîne respiratoire 39, 41
Charbon 77, 139
Chercheur 226
Chlorofluorocarbures 99
Chlorophylle 17, 22, 23
Chloroplaste 16, 17, 42
Chondrite 81
Chromatographie 18, 19, 22
Climat (évolution) 102, 103, 104, 105, 126, 127, 156
Climat (modélisation) 124, 125
Climat 122, 123, 124, 125
Climat du Crétacé (indices paléontologiques) 140, 141
Climat du Crétacé (indices pétrographiques) 138
Climat du Crétacé (indices sédimentologiques) 138
Climaticien 159
Climatologue 158
CO_2 atmosphérique 82, 83, 98, 120
CO_2 atmosphérique (et activités humaines) 76
CO_2 (échanges atmosphère-hydrosphère) 121
CO_2 (piégeage par les océans) 82
Coccolithe 136
Coccolithophoridé 136
Cœur 69
Colorimètre 167, 172
Comète 82
Contraction musculaire 56, 60, 61
Courants marins 77, 127
Craie 136, 142
Crétacé 136, 137, 138, 139, 140, 141, 142, 143, 144, 145
Crête mitochondriale 39
Crocodile fossile 140
Cyanobactéries 86
Cyanure 40, 42
Cycle biogéochimique 76
Cycle de Calvin 19
Cycle de Krebs 38, 41
Cycle du carbone 76
Cyclose 42

D

δ D 101
$\delta\ ^{18}O$ 100, 101
Dégazage 80
Demi-vie d'un isotope radioactif 80
Deutérium 82
Dextrines 166
Diabète 202, 204, 205, 206, 207, 208, 209, 210, 211
Diabète de type 1 205, 206, 208, 209, 212
Diabète de type 2 205, 207, 210, 211, 213
Diagramme pollinique 103, 156
Diététicien 227
Différenciation de la Terre 80
Digestion 162, 166
Dorsale océanique 144

E

Eau de chaux 44
Eau iodée 8, 10, 14, 17, 43, 167, 173
Économie de flux 159
Effet de serre 75, 76
Enzyme 162, 166, 168, 169
Érik Le Rouge 156
Éthanol 44, 45
Éthylotest 44
Êtres anaérobies 87
Étude épidémiologique 163
Eucaryote 9, 16
Euglène 15
Évaporite 139
ExAO 14, 15, 34, 35,37, 167, 172
Expérience de Hill 21

F

Facteurs environnementaux du diabète 209, 211, 213
Fermentation 44, 45
Fermentation aérobie 68
Fermentation alcoolique 44, 45
Fermentation lactique 45, 57
Fers rubanés 84
Fibre musculaire 36, 56, 58
Fibres cardiaques 69
Fluorescence 23
Foie (et glycémie) 185, 186, 187, 188, 189
Foraminifère 105
Forçage radiatif 123
Forêt boréale 102
Forêt chaude 102
Forêt houillère 77
Forêt tempérée 102
Formations végétales 102
Front d'un glacier 108
Fumerolle 81

G

Gaz à effet de serre 118, 120, 121, 124, 125
Gaz atmosphériques (évolution) 87, 98, 99
Gaz volcaniques 81
Gène de prédisposition au diabète 208, 210
Geomapp (logiciel) 100
GIEC 124, 126
Ginkgo 141
Glaces polaires 106, 119
Glacier 96, 106, 108, 109
Glaciologue 158
Globigérines 105
Glucagon 191, 192, 193
Glucide complexe 166
Glucose 8, 34, 38, 41, 43, 166
Glucose (stockage) 186, 187
Glycémie 182, 184, 185, 190, 191, 192, 193, 204
Glycérol 187, 189
Glycogène 43, 57, 186, 187, 188, 192
Glycogénogenèse 186, 187
Glycogénolyse 188
Glycolyse 38, 41
Granum 17
Groenland (climat) 156
Glucomètre 182, 184
Gulf Stream 127

H

Hélium 80
Hépatocyte 187, 189, 192
Hexose 19
Hill 21
Hormone 163
Hyaloplasme 36, 38, 45

Hydrogénocarbonate 82, 143
Hydrolyse 166, 167

I

Iceberg 96, 107
Îlot de Langerhans 190, 191, 193, 206
Indice stomatique 141
Ingénieur 158, 159
Ingénieur agroalimentaire 71
Ingénieur industrie pharmaceutique 226
Ingénieur numéricien 158
Inlandsis 106, 107
Insuline 191, 192, 193, 206, 207
Intolérance au glucose 204, 207
Ions Fe^{2+} et Fe^{3+} 85

J

Journaliste 71
Jurassique 144

K

Kinésithérapeute 227
Krebs 38

L

Langue glaciaire 108
Lecteur de glycémie 182, 184
Levure 34, 44
Liaison génétique 210
Liaison hydrogène 172

M

Magmatisme (au Crétacé) 144, 145
Maladie auto-immune 206, 208
Maladies plurifactorielles 163
Maltose 166
Matières organiques 8, 18, 19
Mato Grosso 156
Matrice (mitochondrie) 38
Médecin 227
Mer épicontinentale 142
Métabolisme 9, 56
Métabolite 35, 40
Météorite 81, 82
Météorologue 159
Méthane 68, 98
Milieu minéral 35
Mitochondrie 36, 38, 39
Modélisation du climat 124, 125
Molécule 9
Moraine 108
Muscle 56, 58
Muscle squelettique 58
Muscle strié 58
Myocarde 69
Myofibrille 59, 60
Myofilament 59, 60, 61
Myosine 59, 61

N

N_2O 98
Néoglucogenèse 189
Nutriments 162

O

Océanographe 158
Organe 9
Organisme 9
Organite 9
Ovalbumine 170
Oxydoréduction 21, 39, 41

P

Paléobiome (logiciel) 103
Paléoclimats 104
Paléosol rouge 85
Paléotempérature 100
Paléothermomètre 100
Pancréas 190, 191, 192, 193
Pecopteris 77
Pepsine 170
Période glaciaire 96
pH 172
Pharmacien 226
Phase chimique 18
Phase photochimique 20
Phosphate 40
Phosphocréatine 56, 69
Pigments 22
Plateforme continentale 142
Point chaud 145
Pollen 102
Polymère 166
Polymérisation 43
Prédisposition génétique 163
Professeur 71
Protoxyde d'azote 98
Province volcanique géante 145
Puce à ADN 202
Puits de carbone 156
Puits de CO_2 120
Pyruvate 38

R

R'H2 38, 39, 45
Rapport $\delta^{18}O$ 100
Rayonnement solaire incident 122
Réactif de Hill 21
Red beds 85
Résistance à l'insuline 207
Respiration mitochondriale 37
Rétroaction positive 123
RH_2 19, 20, 21
Ribulose biphosphate 19, 20
Roche carbonatée 83, 142
Ru-BP 19, 20

S

Salive 166
Sarcomère 59, 60
Scénarios du GIEC 124, 126
Scenedesmus 35
Sédimentologue 158
Simclimat (logiciel) 125
Site actif 169, 170, 224
Sols rouges 139
Sources de CO2 120
Spécificité d'action 171
Spécificité de substrat 170
Spectre de la lumière 23
Spectre d'absorption 23
Spectre pollinique 103
Spectromètre de masse 100
Spectroscope 23
Spermatozoïde 36
Spirogyre 14
Steppe 102
Stomates 141
Stratosphère 74
Strie Z 59, 60
Stroma 17, 19, 20
Stromatolites 79, 86
Styracosaure 137
Subsidence 77
Substrat 168, 170, 171
Suc digestif 162, 166
Suc pancréatique 166
Système de régulation 163

T

Technicien océanographe 158
Technicien d'analyses biomédicales 227
Technicien de laboratoire 70, 226
Technicien forestier 71
Technicien qualité 71
Température du globe 118
Température du globe (évolution) 101
Test calcaire 105
Tête de myosine 61
Thermomètre isotopique 100
Thylakoïde 17, 20
Toundra 102
Traitements du diabète 212, 213
Transgression 142
Trapps 145
Triglycérides 186, 187, 189
Triose 19
Troposphère 74
Tube digestif 162

U

Unicellulaire 15
Uraninite 84

V

Vallée glaciaire 108
Vénus 78
Vinaigre 68
Visiteur médical 226

X

Xanthophylle 22
Xénon 80

Programme de l'enseignement de Spécialité SVT

(Bulletin Officiel spécial n°8 du 13 octobre 2011)

L'enseignement de spécialité de sciences de la vie et de la Terre prépare l'élève à une poursuite d'études dans ces domaines scientifiques en renforçant l'acquisition des connaissances et démarches spécifiques qui y sont associées. Le programme est organisé en trois thèmes, dans le respect de la logique structurant les programmes du lycée en relation avec les Univers-métiers correspondants. C'est l'occasion pour l'élève de mieux appréhender la perspective de ses futures études, de préciser son choix d'orientation et de faciliter la transition vers l'enseignement supérieur. L'enseignement de spécialité se doit d'être délibérément concret. Les objectifs de connaissance sont ainsi modestes, mais ils doivent être acquis grâce à la mise en œuvre de démarches d'investigation (fondées sur le raisonnement, l'observation, l'habileté expérimentale, le débat argumenté, etc.) qui offrent une place prépondérante à l'initiative de l'élève, au développement de son autonomie et de ses compétences.

Les thèmes abordés permettront notamment de développer par la pratique des capacités méthodologiques portant sur la microscopie, l'expérimentation (éventuellement assistée par ordinateur), l'analyse du terrain, la recherche documentaire, la modélisation numérique, etc.

Thème 1
La Terre dans l'Univers, la vie et l'évolution de la vie
Énergie et cellule vivante

(on se limite aux cellules eucaryotes)

Tout système vivant échange de la matière et de l'énergie avec ce qui l'entoure. Il est le siège de couplages énergétiques.

- La cellule chlorophyllienne des végétaux verts effectue la photosynthèse grâce à l'énergie lumineuse. Le chloroplaste est l'organite clé de cette fonction. La phase photochimique produit des composés réduits RH_2 et de l'ATP. La phase chimique produit du glucose à partir de CO_2 en utilisant les produits de la phase photochimique. [Les mécanismes moléculaires de la chaîne photosynthétique et la conversion chimio-osmotique ne sont pas au programme. Seuls les bilans devront être mémorisés. La réduction dans le chloroplaste d'autres substances minérales que le CO_2 n'est pas au programme.]
- La plupart des cellules eucaryotes (y compris les cellules chlorophylliennes) respirent : à l'aide de dioxygène, elles oxydent la matière organique en matière minérale. La mitochondrie joue un rôle majeur dans la respiration cellulaire. L'oxydation du glucose comprend la glycolyse (dans le hyaloplasme), puis le cycle de Krebs (dans la mitochondrie) : dans leur ensemble, ces réactions produisent du CO_2 et des composés réduits $R'H_2$. La chaîne respiratoire mitochondriale permet la réoxydation des composés réduits ainsi que la réduction de dioxygène en eau. Ces réactions s'accompagnent de la production d'ATP qui permet les activités cellulaires. [Le détail des réactions chimiques, les mécanismes de la chaîne respiratoire et la conversion chimio-osmotique ne sont pas au programme.]
- Certaines cellules eucaryotes réalisent une fermentation. L'utilisation fermentaire d'une molécule de glucose produit beaucoup moins d'ATP que lors de la respiration. [On se limite aux fermentations alcoolique et lactique.]
- La fibre musculaire utilise l'ATP fourni, selon les circonstances, par la fermentation lactique ou la respiration. L'hydrolyse de l'ATP fournit l'énergie nécessaire aux glissements de protéines les unes sur les autres, qui constituent le mécanisme moléculaire à la base de la contraction musculaire. [Les autres aspects de l'énergétique de la fibre musculaire sont exclus.]
- L'ATP joue un rôle majeur dans les couplages énergétiques nécessaires au fonctionnement des cellules. [L'étude préalable des différents exemples du programme permet d'aboutir à une conclusion générale qui ne génère pas en elle-même d'étude complémentaire.]

Thème 2
Enjeux planétaires contemporains
Atmosphère, hydrosphère, climats : du passé à l'avenir

Les enveloppes fluides de la Terre (atmosphère et hydrosphère) sont le siège d'une dynamique liée notamment à l'énergie reçue du Soleil. Elles sont en interaction permanente avec la biosphère et la géosphère. Le climat, à l'échelle globale ou locale, est à la fois le résultat de ces interactions et la condition de leur déroulement. La compréhension, au moins partielle, de cette complexité permet d'envisager une gestion raisonnée de l'influence de l'Homme. Sans chercher l'exhaustivité, l'objectif de ce thème est d'aborder quelques aspects de la relation entre histoire des enveloppes fluides de la Terre et histoire du climat.

- L'atmosphère initiale de la Terre était différente de l'atmosphère actuelle. Sa transformation est la conséquence, notamment, du développement de la vie. L'histoire de cette transformation se trouve inscrite dans les roches, en particulier celles qui sont sédimentaires. [Il s'agit de traiter le passage de l'atmosphère primitive à l'atmosphère oxydante en s'appuyant sur un nombre limité d'arguments pétrographiques.]
- Les bulles d'air contenues dans les glaces permettent d'étudier la composition de l'air durant les 800 000 dernières années, y compris des polluants d'origine humaine. La composition isotopique des glaces et d'autres indices (par exemple la palynologie) permettent de retracer les évolutions climatiques de cette période. [Les élèves doivent connaître les apports essentiels de la glaciologie. Aucun autre argument n'est exigible, mais les élèves devront pouvoir étudier des documents permettant de les mettre en évidence.]

• L'effet de serre, déterminé notamment par la composition atmosphérique, est un facteur influençant le climat global. La modélisation de la relation effet de serre/climat est complexe. Elle permet de proposer des hypothèses d'évolutions possibles du climat de la planète, notamment en fonction des émissions de gaz à effet de serre induites par l'activité humaine. [L'ensemble des mécanismes agissant sur le climat n'est pas au programme, mais on indiquera que l'effet de serre n'est qu'un facteur parmi d'autres. En particulier, l'influence des paramètres astronomiques pourra être évoquée, mais n'est pas exigible des élèves au baccalauréat.]

• Sur les grandes durées (par exemple pendant le dernier milliard d'années), les traces de variations climatiques importantes sont enregistrées dans les roches sédimentaires. Des conditions climatiques très éloignées de celles de l'époque actuelle ont existé. [On étudie seulement un exemple permettant de reconstituer les conditions climatiques et leur explication en termes de géodynamique. L'histoire de la variation du climat en elle-même est hors programme, ainsi que l'étude exhaustive des relations entre géodynamique et climat.]

Thème 3
Corps humain et santé
Glycémie et diabète

La glycémie est un paramètre du milieu intérieur. Son maintien par l'organisme dans une gamme de valeurs étroite est un indicateur et une condition de bonne santé.

• Les glucides à grosses molécules des aliments sont transformés en glucose grâce à l'action d'enzymes digestives. Les enzymes sont des protéines qui catalysent des transformations chimiques spécifiques (ici, celles de la digestion). [La digestion n'est pas en elle-même au programme. Elle est simplement l'occasion d'enseigner les notions fondamentales concernant les enzymes.]

• La régulation de la glycémie repose notamment sur les hormones pancréatiques : insuline et glucagon. [Les autres mécanismes physiologiques de régulation de la glycémie sont exclus.]

• Le diabète de type 1 résulte de la perturbation de la régulation de la glycémie, provoquée par l'arrêt ou l'insuffisance d'une production pancréatique d'insuline. L'absence ou l'insuffisance de l'insuline est due à une destruction auto-immune des cellules β des îlots de Langerhans. Le diabète de type 2 s'explique par la perturbation de l'action de l'insuline. [Les mécanismes de la réaction auto-immune sont exclus.]

• Le déclenchement des diabètes est lié à des facteurs variés, génétiques et environnementaux. [La référence au surpoids, envisagée sous l'angle du lien avec le diabète de type 2, n'entraîne aucune étude exigible du tissu adipeux ou du métabolisme lipidique.]

Baccalauréat général, série scientifique : épreuve de Sciences de la Vie et de la Terre

(Extraits du *Bulletin Officiel spécial* n°7 du 6 octobre 2011)

Épreuve écrite et pratique

***Coefficient* : 8 pour les candidats ayant choisi cette discipline comme enseignement de spécialité.**

Première partie : épreuve écrite de Sciences de la Vie et de la Terre

Durée : 3 h 30
Notée sur 16 points

L'ensemble de l'épreuve écrite s'appuie sur la totalité du programme. Elle est constituée de deux parties, la seconde étant composée de deux exercices distincts.

Le second exercice permet d'évaluer la capacité du candidat à pratiquer une démarche scientifique, dans le cadre d'un problème scientifique, à partir de l'exploitation d'un ensemble de documents et en mobilisant ses connaissances. Le questionnement amène le candidat à choisir et exposer sa démarche personnelle, à élaborer son argumentation et à proposer une conclusion.
Ce second exercice est noté sur 5 points.

Pour les candidats ayant choisi la spécialité Sciences de la Vie et de la Terre, cet exercice porte sur l'un des thèmes du programme de spécialité.

Deuxième partie : épreuve pratique d'évaluation des compétences expérimentales

Durée : 1 heure
Notée sur 4 points

Les élèves ayant choisi l'enseignement de spécialité peuvent avoir à réaliser une activité spécifique de l'enseignement de spécialité, ou bien une activité appartenant à une partie du programme du tronc commun.

Crédits photographiques

Couverture : g : (gros plan d'une boîte de Petri), Ph © Tek Image / SPL / COSMOS
fond : Ph © Tek Image / SPL / COSMOS
hd : voir p. 113
p. 6 ht g : voir p. 14
p. 6 bas g: voir p. 22
p. 6 et p.7 : mil, voir p. 36
p. 7 m : voir p. 34
p. 8 ht g (2 docs), et p. 10 ht d (2 docs), p. 29 g, p. 31 mil (2 docs), p. 45, p. 77 bas d, p. 131 bas d (sol asséché), 162 bas (2 docs), 12Ph © GRAND - MILHAVET Hélène/ T
p. 8 bas d (2 docs), et p. 10 b d, p. 14 m g, p. 16 ht d, p. 22 ht d (reprise p.6), p. 23 ht d (2 docs), p. 35 ht m, p. 43 b d, p. 44 ht (2 docs) et 1 reprise p. 53, p. 53 mil, p. 64 (2 docs), p. 68 bas, p. 85 mil (6 docs), p. 105 ht d, p. 121 m g, p. 135 m d, p. 141 m d, p. 164 m d, p. 167 ht et mil, p. 170 mil (2 docs), p. 173 (2 docs), p. 181 ht d, p. 185 bas (2 docs), p. 188 bas (3 docs), p. 201 mil, 40 Ph © GRAND - MILHAVET Hélène
p. 8 m d Ph © PILLOT Paul / T
p. 8 m et p. 39 bas d, p. 40 ht (2 docs), p. 61 ht d, p. 165, p. 166 (8 docs), p. 167 (graphique), p. 168 (3 docs) et 1 reprise pp. 161, 169 (2 docs) et 1 reprise p. 160, p. 170 bas, p. 171 (2 docs), p. 172 (2 docs), p. 179 (4 docs), p. 180 ht d, p. 186 ht (2 docs), p. 189 (3 docs), p. 191 (2 docs), p. 224, 37 Ph © PILLOT Paul
p. 9 m g Ph © Dennis Kunkel / ISM
p. 9 m d Ph © CT-UCBL / ISM / T
p. 11 ht g et bas g (2 docs), et p. 15 g, p. 21, p. 71 mil, 5Ph © FABRE Claude/ T
p. 11 m g Ph © Juniors Bildarchiv / SUNSET/ T / D.R.
p. 12 ht g Ph © WENDELL David Ph.D., University of Cincinnati
p. 13 Ph © E.H. Newcomb et W.P. Wergin / BIOLOGICAL PHOTO SERVICE / T
p. 14 ht d et bas g, b d (et 1 reprise p. 6), p. 16 bas g, bas d (et 1 reprise p. 27), p. 23 mg, p. 35 hg, p. 42 (4 docs) (et 1 reprise p. 66), p. 56 (2 docs), 13 Ph © AUCLAIR Jean Jacques
p. 17 ht d PH © Photo Researchers / PHANIE
p. 17 m d Ph © K.R. Miller / SPL / COSMOS / T
p. 18 ht d Ph © Courtesy of Lawrence Berkeley National Laboratory / D.R.
p. 18 bas g Ph © J.A. Bassham, Lawrence Berkeley National Laboratory / D.R. / T
p. 27 ht g voir p. 16
p. 30 ht d Ph © Premaphotos / PHOTO12.COM / ALAMY
p. 31 ht d Ph © Julie Pigula / PHOTO12.COM / ALAMY
p. 32 ht g Ph © Dr. Gopal Murti / SPL / PHANIE
p. 32 bas d Ph © Owen Franken / CORBIS
p. 33 Ph © Photo Researchers / PHANIE
p. 34 ht g et reprise p. 7, Ph © H. Conge / ISM
p. 34 m d et p. 37 ht d, p. 58 ht d, p. 117 m d, p. 122 bas g, p. 143 (3 docs), p. 182 ht g, p. 184 ht d, p. 188 ht d, p. 193 ht g, p. 201 bas g, 13 Ph © FABRE Claude
p. 36 ht d et reprise p. 6, Ph © Dr. Gopal Murti / SPL / PHANIE
p. 36 bas g Ph © Steve Gschmeissner / SPL / PHANIE
p. 36 bas d Ph © Steve Gschmeissner / SPL / PHANIE
p. 38 ht g Ph © CNRI / SPL / PHANIE
p. 38 bas g Ph© CNRI / SPL / PHANIE
p. 39 ht g Ph © Pr. P. Motta et T. Naguro / SPL / COSMOS / T
p. 51 ht g Ph © / BSIP
p. 52 ht d boîte de Petri, Ph © BAUDE Denis/ T
p. 52 ht d, colonie de levures et gros plan, 2 Ph © CONGE Hervé / T
p. 54 ht d Ph © Don W. Fawcett / BSIP
p. 54 ht g Ph © Bertrand Guay / AFP
p. 55 et reprise p. 67, Ph © Thomas Deerinck, NCMIR / SPL / PHANIE
p. 58 m g Ph © J. Cl. Revy / ISM / T
p. 58 m d Ph © Biophoto Associates / BSIP
p. 59 ht d Ph © Rosalind King / SPL / PHANIE
p. 59 bas g Ph © Visuals Unlimited / BSIP
p. 59 bas m Ph © Visuals Unlimited / BSIP
p. 60 g et d, 2 Ph © James E. Dennis / Phototake / ISM / T
p. 61 ht g Ph © Visuals Unlimited / BSIP
p. 65 ht d Ph © Bruce Ayres / Stone / GETTY IMAGES France
p. 65 m d Ph © Gladden Willis / Visuals Unlimited / BSIP
p. 66 m g voir p. 42
p. 67 m d voir p. 55
p. 68 ht d Ph © GAEC-OUDET
p. 69 ht d Ph © MEDI-MATION / SPL / PHANIE
p. 69 m g Ph © INNERSPACE Imaging / SPL / PHANIE
p. 69 m d Ph © Steve Gschmeissner / SPL / PHANIE
p. 70 ht d Ph © Stephen Ausmus / US Dpmt of Agriculture / SPL / BIOSPHOTO
p. 70 m g Ph © Scott Bauer / US Depmt of Agriculture / SPL / BIOSPHOTO
p. 70 bas d Ph © Regis Domergue / BIOSPHOTO
p. 71 ht g Ph © WATIER Christian
p. 71 bas g Ph © Denis Bringard / BIOSPHOTO
p. 72 ht g voir p. 86
p. 72 et p. 73 mil, voir p. 96
p. 72 bas g voir p. 98
p. 73 m voir p.84
p. 74 bas g Ph © Christophe Courteau / BIOSPHOTO
p. 76 Ph © Bettmann / CORBIS
p. 77 ht 2 Ph © GALTIER Jean / T
p. 77 m d Ph © Ludek Pesek / SPL / COSMOS / T
p. 77 bas g Ph © NASA
p. 78 ht g Ph © NASA
p. 78 m g Ph © Nasa / CIEL ET ESPACE
p. 79 Ph © Edd Westmacott / PHOTO12.COM / ALAMY
p. 81 ht g Ph © Roger Ressmeyer / CORBIS
p. 81 bas g Ph © Detlev van Ravenswaay / SPL / BIOSPHOTO
p. 82 Ph © Richard Bizley / SPL / PHANIE
p. 83 ht d Ph © MOYEN Jean-François
p. 84 ht d et 2 reprises pp. 73, p. 91, Ph © Gerald et Buff Corsi / Visuals Unlimited / CORBIS
p. 84 bas g Ph © Dorling Kindersley / GETTY IMAGES France
p. 85 ht d et 2 reprises pp. 91, 54, Ph © Peter Arnold / GETTY IMAGES France
p. 86 ht g Ph © X-D.R.
p. 86 ht d et 2 reprises pp. 72, 91, Ph © Frans Lanting / JOEL HALIOUA EDITORIAL AGENCY
p. 86 bas g Ph © John Cancalosi / PHOTO12.COM / ALAMY
p. 86 bas m Ph © X-D.R.
p. 86 bas d Ph © Ron Dengler / BSIP
p. 87 ht d Ph © WESTALL Frances Dr.
p. 91 voir pp. 84, 85, 86
p. 93 m g Ph © Ghedoghedo / D.R.
p. 93 m d Ph © Walter Myers / SPL / PHANIE
p. 94 ht d Ph © Nasa / JPL / USGS / CIEL ET ESPACE
p. 94 bas g Ph © Nasa / JPL-Caltech / UMD / CIEL ET ESPACE
p. 95 4 Ph © LABAUNE Frederic
p. 96 ht g et 1 reprise pp.72, 73, Ph © Gary Hincks / SPL / PHANIE
p. 96 ht d Ph © Paul Souders / CORBIS
p. 96 bas g Ph © Régis Cavignaux / BIOSPHOTO
p. 97 et reprise pp. 106, 113, Ph © NASA
p. 98 ht g et reprise p. 72, Ph © British Antarctic Survey / SPL / PHANIE
p. 98 ht m Ph © Laurent Augustin / CNRS / Photothèque
p. 98 bas d et 1 reprise p. 113, Ph © Volodia Lipenkov / CNRS / Photothèque / T
p. 99 ht d Ph © NASA
p. 102 m d 6 Ph © Renault-Miskowsky Josette / T
p. 104 © Prentice et al. (2000), Harrison et al. (2001, Bigelow et al. (2003) and Pickett et al. (2004) and website : http://www.bridge-bris-ac.uk/resources/Databases/BIOMES_data
p. 105 ht g Ph © Manfred Kage / BSIP
p. 105 m g et 1 reprise p. 113, 3 Ph © X-D.R.
p. 106 ht m Ph © NASA
p. 106 ht d voir p. 97
p. 106 m d Ph © NASA
p. 106 bas g 2 Ph © USGS
p. 107 d'après image Google
p. 107 bas g © d'après NASA / MODIS
p. 107 bas g, Ph © Nasa / SPL / PHANIE
p. 108 ht g Ph © Mario Colonel / Aurora Photos / CORBIS
p. 108 m d Ph © Wing-Chi Poon / D.R.
p. 108 bas g Ph © LEROY-PATAY Martine
p. 109 ht g et ht d, 2 Ph © Gary Braasch / JOEL HALIOUA EDITORIAL AGENCY
p. 109 m g Ph © Pierre René / ASSOCIATION MORAINE
p. 113 ht g voir p. 98
p. 113 m g voir p. 97
p. 113 ht d et reprise p. 155, Ph © David Scharf / SPL / BIOSPHOTO / T
p. 113 m d voir p. 105
p. 116 ht d Ph © NOAA
p. 116 m d Ph © Eloïse Leclaire / LSCE Laboratoire mixte CNRS / CEA / T
p. 117 bas g et bas d, 2 Ph © X-D.R.
p. 118 m g Ph © Eberhard Streichan / CORBIS
p. 118 m d Ph © NASA / Goddard Space Flight Center SVS / SPL / PHANIE
p. 119 Ph © Paul Souders / CORBIS
p. 121 ht d Ph © GLODAP / D-R.
p. 122 et p. 123 ht (1 reprise p. 155), 3 Ph © LMD CNRS / Frederic Hourdin / CERES EBAF (Energy Balanced and Filled) Fluxes-Monthly and 5-year Climatology NASA Langley Research Center
p. 123 m g Ph © Arctic- Images / CORBIS
p. 126 et reprises pp. 131, 155, 4 Ph © IPCC (GIEC), Fourth Assessment Report, Climate change 2007 (AR4 WG1 fig.10-9) / D-R.
p. 127 ht g Ph © NASA
p. 127 m d et 1 reprise p. 155, Ph © MASSON Sébastien (LOCEAN-IPSL) d'après simulation NEMO / Mercator-Ocean (R. Bourdallé-Badie)
p. 131 bas g voir p. 126
p. 131 bas d atoll, Ph © Reinhard Dirscherl / BIOSPHOTO
p. 131 bas d vaches dans pré, Ph © J.-C. Klein et M.-L. Hubert / BIOSPHOTO / T
p. 131 bas d papillons, Ph © François Gilson / BIOSPHOTO / T
p. 133 Ph © D-R.
p. 134 bas in «Aerosol Effect on Cloud Droplet Size Monitored from Satellite», Science, vol.295, 1 Feb. 2002, François-Marie Bréon, Sylvia Generoso (labo.des Sciences du Climat et de l'environnement, CEA, Gif sur Yvette) et Didier Tanré (labo. d'Optique Atmosphérique, CNRS, Université des Sciences et Technologies de Lille, Villeneuve d'Ascq) © CNES (mesures par POLDER)
p. 136 ht g Ph © Power and Syred / SPL / COSMOS
p. 136 ht m Ph © Photo Quest Ltd / SPL / CORBIS
p. 136 m g Ph © Tom McHugh / BSIP
p. 137 Ph © Friedrich Saurer / SPL / COSMOS
p. 138 et reprise p. 149, Ph © KAREN CARR STUDIO
p. 139 ht d Ph © HALLEUX Bernard, Association Protection Nature des Hauts Cantons / http://pedagogie.ac-montpellier.fr/svt/litho/herault.htm
p. 139 m g Ph © Blaine Harrington III / CORBIS
p. 139 m d Ph © WEAVER Stephen G.
p. 140 ht d Ph © Sylva Villerot / REA
p. 140 ht d gros plan, Ph © Ocean / CORBIS
p. 140 bas d Ph © X-D.R.
p. 141 ht m Ph © BLUME Rüdiger Dr. / www.chemieunterricht.de
p. 141 ht d Ph © Dr. Stanley Flegler/ V.U. / BSIP
p. 142 ht Ph © BLAKEY Ron / Colorado Plateau Geosystems
p. 142 bas Ph © Christophe Courteau / BIOSPHOTO
p. 149 voir p. 138
p. 154 ht d voir p. 85
p. 155 ht g voir p. 113
p. 155 ht d voir p. 126
p. 155 bas g voir p. 123
p. 155 bas d voir p. 127
p. 156 ht d Ph © Hervé Richard
p. 157 ht d Ph © HO / Arctic and Antarctic Research Institute / AFP
p. 157 bas g Ph © Remi Lengereau / CNRS/ Photothèque / ESCOMPTE
p. 158 ht d Ph © Jon Wilson / SPL / PHANIE
p. 158 m g Ph © Photostock-Israël / SPL / PHANIE
p. 158 bas d Ph © Hank Morgan / SPL / PHANIE
p. 159 ht g Ph © Michael Donne / SPL / PHANIE
p. 159 m d Ph © Blend Images / PHOTONONSTOP
p. 159 bas g Ph © Johnny Greig / SPL / PHANIE
p. 160 ht g voir p. 208
p. 160 bas g voir p. 169
p. 160 et p. 161, mil, voir p. 190
p. 161 m voir p.168
p. 164 ht g Ph © Emmanuel Dunand / AFP
p. 182 m g Ph © David Harrigan / ableimages / CORBIS
p. 183 Ph © Medimage / SPL / PHANIE
p. 184 m d Ph © Association Dextro en fête, website: www.dextro.fr
p. 187 m g Ph © CONGE Hervé / T
p. 187 m Ph© R. Labas / INRA / T
p. 187 m d Ph © Steve Gschmeissner / SPL / COSMOS / T
p. 190 bas g et 1 reprise p.160, Ph © Dr. Frederick Skvara / BSIP
p. 191 ht 2 Ph © Ventana Medical Systems SA / D.R. / T
p. 193 ht d Ph © Pr. Pierre Yves Benhamou, CHU Grenoble / T
p. 199 m g Ph © Pr. Jean-Christophe Sabourin, CHU de Rouen / T
p. 200 ht d Académie nationale de Médecine, Paris, Ph Luc Joubert © Archives Larbor / BIS / T
p. 200 bas d Ph © X-D.R.
p. 202 m g Ph © Voisin / PHANIE
p. 202 m Ph © Garo / PHANIE
p. 202 m d Ph © CDRC-APHP / PHANIE
p. 203 Ph © Drew Myers / CORBIS
p. 204 bas g Ph © Voisin / PHANIE
p. 205 m g et 1 reprise p. 217, Ph © Westend 61 Gmbh / PHOTO12.COM / ALAMY
p. 205 m d et 1 reprise p. 217, Ph © Gary Gladstom / CORBIS / T
p. 206 ht d 2 Ph © X-D.R.
p. 206 m d et bas d, 2 Ph © F. Homo-Delarche, CNRS, UMR 7059, Université Paris VII, D.R. / T
p. 208 ht d et reprise p. 160, Ph © Voisin / PHANIE
p. 209 ht d Ph © Ian Hooton / SPL / COSMOS / T
p. 209 bas g Ph © SPL / PHANIE
p. 210 ht g Ph © Martin Riedl / SPL / COSMOS / T
p. 211 ht g Ph © Alex Gardner / CORBIS / T
p. 211 ht d Ph © Arne Hodalic / CORBIS
p. 212 m g Ph © Garo / PHANIE
p. 212 bas g Ph © Dr. Tim Evans / SPL / PHANIE
p. 213 ht g Ph © Michael Donne / SPL / COSMOS / T
p. 213 bas g Ph © X-D.R.
p. 217 bas g et bas d, voir p. 205
p. 218 ht d Ph © F. Homo-Delarche, M.N. Gangnerau et P. Serradas, CNRS UMR 7059, Univ. Paris VII / T
p. 220 bas g Ph © Gunnar Freyr Steinsson / PHOTO12.COM / ALAMY
p. 224 m d Ph © IBL- Garo / PHANIE
p. 224 bas g Ph © INSTITUT PASTEUR / Photothèque
p. 225 ht d Ph © Science Source / Photo Researchers / BSIP
p. 225 m ht Ph © Corbin O'Grady Studio / SPL / PHANIE
p. 225 m bas Ph © Volker Steger / Siemens / SPL / PHANIE
p. 225 bas d Ph © RAVASSARD Philippe / CNRS

MIXTE
Papier issu de sources responsables
FSC
www.fsc.org
FSC® C022030

N° projet : 10216855
Dépôt légal : Juin 2015
Imprimé en Italie
par Bona

IMPRIM'VERT